ITALIANA

La Cucina Regionale

義大利的地方料理　從北到南 20州273品在地佳餚

SHIBATASHOTEN
柴田書店 編

前往義大利修習廚藝，進而發現地方料理的
美味與深奧，許多廚師都有這樣的體驗。
然而，回國後，打算推出相同料理時，
不少人也面臨同樣的難題
——即使作法不變，還是做不出道地的義大利口味。
而且，原汁原味呈現的當地料理，國內的客人能夠接受嗎？——
其實，重點在於，自己要有確切的概念。
以及，時時提醒自己，勿忘初衷。
本書在知識篇的部分，先針對二十大區的地方料理進行說明。
了解各大區地方料理的原點後，接著進入料理篇，
試著以自身的觀點組構料理。
透過二十五位專業廚師各自的見解，
感受義大利地方料理的嶄新魅力。
藉由書中的兩百多道料理
探尋義大利地方料理的精髓。

※ 編註：本書內容為專業人士取向，故在食譜作法上無詳細的份量標記。

義大利的地方料理　*La Cucina Regionale Italiana*
北義至南義二十大區的兩百多道料理

目次

序

【知識篇】──各大區的特徵、傳統料理、特產　須山雄子

義大利的地方料理　7

【料理篇】

Staff
設計　田島浩行
校閱　河合寬子
編集　網本祐子

5

●為省都

列支敦斯登
LIECHTENSTEIN

瑞士
SVIZZERA

奧地利
AUSTRIA

匈牙利
UNGHERIA

特倫提諾 -
上阿迪傑大區
TRENTINO-ALTO ADIGE

特倫托
TRENTO

弗留利 -
威尼斯朱利亞大區
FRIULI-VENEZIA
GIULIA

斯洛維尼亞
SLOVENIA

克羅埃西亞
CROAZIA

瓦萊達奧斯塔大區
D'AOSTA

倫巴底大區
LOMBARDIA

威尼斯
VENEZIA

奧斯塔
AOSTA

第里雅斯特
TRIESTE

威尼托大區
VENETO

波士尼亞 - 赫賽哥維納
BOSNIA ERZEGOVINA

法國 FRANCIA

米蘭
MILANO

皮埃蒙特大區
PIEMONTE

杜林
TORINO

艾米利亞 -
羅馬涅大區
EMILIA-ROMAGNA

利古里亞大區
LIGURIA

熱那亞
GENOVA

波隆那
BOLOGNA

聖馬利諾
S.MARINO

摩納哥
MONACO

利古里亞海
MARE LIGURE

馬爾凱大區
MARCHE

佛羅倫斯
RIRENZE

佩魯賈
PERUGIA

安科納
ANCONA

亞得里亞海
MARE ADRIATICO

科西嘉島
（法國）
CORSICA
（FRANCIA）

托斯卡尼大區
TOSCANA

溫布里亞大區
UMBRIA

拉奎拉 L'AQUILA

拉吉歐大區
LAZIO

阿布魯佐大區
ABRUZZO

莫利塞大區
MOLISE

巴里
BARI

◎羅馬
ROMA

坎波巴索
CAMPOBASSO

坎帕尼亞大區
CAMPANIA

普利亞大區
PUGLIA

薩丁尼亞島
SARDEGNA

拿波里
NAPOLI

波坦察
POTENZA

巴西利卡塔大區
BASILICATA

卡利亞里
CAGLIARI

第勒尼安海
MARE TIRRENO

卡拉布里亞大區
CALABRIA

卡坦扎羅
CATANZARO

巴勒摩
PALERMO

西西里島
SICILIA

阿爾及利亞
ALGERIA

愛奧尼亞海
MARE IONIO

突尼西亞
TUNISIA

地中海
MARE MEDITERRANEO

◎梵蒂岡（Città del Vaticano）位於首都羅馬市內。

義大利的地方料理

須山雄子

氣候風土的影響

形似長靴的義大利是自歐洲大陸延伸入地中海的義大利半島，以及地中海最大的西西里島、第二大的薩丁尼亞島組成。北方是背對歐洲大陸的阿爾卑斯群山高聳綿延，接壤法國、瑞士、奧地利、斯洛維尼亞，南方的西西里島對岸就是北非的突尼西亞（Tunisia）。半島中央宛如脊柱的亞平寧（Appennini）山脈蜿蜒縱橫，形成明確的山岳地帶與海岸地帶，位處山脈延長線上的西西里島埃特納（Etna）火山，是每天都會噴發的活火山。相當於半島根部的波河平原（Pianura Padana，又稱巴丹平原）佔地遼闊，義大利最長的波河（Po）流經此處，滋養著這片土地。南北狹長、起伏多變的地形，造就複雜的氣候，帶來豐沛的自然資源。

產物方面，平原種植玉米、小麥等穀類，水田地帶種稻還能捕捉蛙類，牧草地盛行酪農業，除了食用畜肉，也生產起司與莎樂美腸等加工食品。丘陵地帶可採收水果及堅果類，山區有栗子、野生蕈菇，以及豐富的野味。地中海與亞得里亞海蘊藏新鮮的海鮮，河川湖泊也可捕獲各種淡水魚。活用身邊的特產，設法調整各地既有的料理，傳承發展出多采多姿的地方料理。在這樣的背景下，從北到南，在義大利各地旅行時，接觸到多元的飲食文化，令人難以想像是身處同一個國家。

南北飲食的差異

南北狹長的義大利，象徵南北差異的事物很多。例如，在盛行酪農業的北部，基本烹調以奶油為主，但在廣泛種植橄欖的中南部，橄欖油是基礎。另外，主要穀物的麵粉也是如此，北部主要栽培軟質小麥，南部則是硬質小麥。因此，製作手工義大利麵時，北部是以軟質小麥粉加蛋液，南部是以水加筋性強的硬質小麥粉。軟質與硬質小麥粉的差異也反映在麵包上。北部是用麩質少的軟質小麥粉，口感酥鬆輕盈的小麵包為主流，南部是用麩質多的硬質小麥粉，多為紮實的大麵包。

**歷史背景
的影響**

義大利地方料理的發展也受到歷史背景很大的影響。回溯至羅馬時代，當時隨著士兵遠征，東西各地的食材廣為流通，後來又被好幾個國家統治，或是透過戰爭傳入各種飲食文化。而那些飲食文化在各地生根發展，成為獨特的鄉土料理。再加上義大利曾長期處於繁盛的城邦時代，因此各地的飲食沒有太多機會交流。直到 1861 年，義大利統一為單一國家，距今才 150 多年。巧合的是，對義大利王國統一有功的加里波底（Giuseppe Garibaldi）將軍卻說過：「統一已達成，往後必須創造義大利人」。由各個獨立的小城邦集結而成的義大利，並沒有所謂共通的義大利人特質。料理也是如此，義大利料理過於多樣化，所以才會有人說「義大利料理是地方料理的綜合體」。再者，重視獨特性的義大利人，即便是相同料理也會設法調整改變，形成各地區或鄉鎮村落的差異。

**以二十大區
說明的用意**

本書的【知識篇】除了概介二十大區各地的傳統料理與特產，也會針對飲食文化進行深入說明。基本上，書中介紹的是自古流傳的料理，並且根據認知度或普遍度，加入部分的新料理。二十大區目前的行政區分是，在義大利成為共和國（1946 年～）後，經由反覆議論，將地形、語言、歷史、傳統、文化等固有特徵共通的地區整併合一而成（莫利塞大區是 16 年後，由阿布魯佐莫利塞區劃分出來的兩大區之一）。另外，二十大區中有五個特別自治區（瓦萊達奧斯塔大區、佛里烏利 - 威尼斯朱利亞大區、特倫提諾 - 上阿迪傑大區、西西里島、薩丁尼亞島），享有高度的自治權。這些特別自治區都是有接壤其他國家的大區，受到鄰近國家的影響頗深，當地人所重視的各地獨特性就是最好的證明。

話雖如此，並非所有的大區或市鎮都有明確的邊界，住在邊界附近的人們，無論是哪邊的習慣都視為自己的傳統習俗。而且，在更小的獨立城邦地區，即使是同一大區，有時也有顯著的差異。因此，以各大區說明飲食文化其實有些勉強，但基於方便起見，也為了讓各位掌握概況，所以採用二十大區的方式進行解說。

訪古知新　料理會隨著時代演進，時至今日，資訊的傳播發達迅速，新的烹調技術也被陸續開發出來，世界各地的食材變得容易取得。然而，遙想過往，如今在全義大利相當普及的鹽漬鱈魚乾，卻是 15 世紀末威尼斯商人在北歐歷經船難才帶回義大利。現在已是義大利料理必備的番茄，也是 17 世紀末才用於烹調，搖身一變成為食材。

今後的義大利料理仍會受到各種新食材或飲食文化的影響，持續進化。就連看似沒有改變的地方料理也有了微妙變化。但經過漫長歲月傳承下來的料理也有值得保留的價值，當中肯定有著那樣的「食」力。乍看簡單樸素的地方料理，隱藏了許多前人的生活智慧與巧思。即使在義大利生活許久，各地還有很多未知的世界。義大利的地方料理，越了解越是令人感到深奧。

須山雄子 (SUYAMA YUKO)

生於東京品川區。大學畢業後，至佩魯賈外國人大學、佩魯賈市立飯店學校進修。自 1984 年旅居米蘭。擔任月刊《專門料理》（柴田書店出版）的駐義特派員，也從事餐廳或食材的採訪、食物搭配等工作。著有《義大利的地方糕點》（料理王國社出版）、《義大利的餐廳》、《義大利餐廳的 200 道菜》、《燉飯》（以上皆為柴田書店出版）等書籍。

關於本書的標示

【知識篇】

●地名的標示
＜＞內為省、地區、市鎮、鄉、村等地名。

例）＜杜林省＞、＜加里安諾地區＞、＜特拉帕尼市＞

●傳統料理的刊載順序
基本上是以第一主菜（primo piatto）、蔬菜料理、魚料理、肉料理、甜點的順序刊載。

●起司的種類
關於起司的分類（硬質、軟質、半硬質、其他），由於各國基準不同，無法仔細分類。本書主要是以成品的軟硬度為判斷依據，供各位作為參考。

●特產物部分的 DOP（受保護原產地名）與 IGP（受保護地理性標示）
本書僅刊載義大利農林業政策部於 2010 年 11 月 30 日前公布的資料中，已完成認證的品項，詳細說明請參閱 P145。

●慢食捍衛計畫（Presidio Slow Food）標籤
本書僅刊載慢食協會於 2011 年 1 月 31 日前公布的資料，詳細說明請參閱 P145。

【料理篇】

●料理名稱的標示
‧為了方便查證，故將義大利原文料理名稱保留。

‧關於中譯的料理名稱，因為原書是採用日本的通用名稱，所以部分與原文標示不同。

例）
‧（原文）zuppa、tagliatelle、risotto、milanese、Bologna、Sicilia
‧（中譯標示）湯、寬麵、燉飯、蔬菜湯、波隆那、西西里

●料理名稱的原文
前置詞「di」後接母音開頭的名詞時，寫法有兩種：中間加「'」變成一個單字，以及不加「'」空半格，本書是採用後者的方式。
例）di oliva（d'oliva） di oca（d'oca）
　　di agnello（d'agnello）

●關於食材
‧麵粉：本書是使用日本國產的軟質小麥粉，以高筋麵粉、中筋麵粉標示，低筋麵粉直接標示為麵粉。義大利產的軟質小麥粉，盡可能以精製程度分類刊載，共分為 5 種：00 型、0 型、1 型、2 型、全麥，00 型是精製度最高的麵粉。

‧粗粒小麥粉：原本是指粗磨麵粉，主要用於硬質小麥（杜蘭小麥），在日本即一般的「硬質小麥粉」。硬質小麥粉依碾磨方式分為 3 種：「semola」的顆粒最粗、其次是「semolato」、最細的是「farina di semola（semola rimacinata）」。不過，本書除了部分食譜，硬質小麥粉皆標示為粗粒小麥粉。

‧帕米吉安諾起司（parmigiano reggiano）標示為帕瑪森起司。另外關於使用方式，帕瑪森起司、格拉娜帕達諾起司（grana padano）、佩克里諾羊起司（pecorino），除有特別說明，基本上都是磨碎使用。

‧茴香（finocchio selvation）並非野生品種的球莖茴香，而是使用葉子部分的茴香菜（fennel），本書是以別名「finocchietto」標示。

‧奶油基本上是使用無鹽奶油。

瓦萊達奧斯塔大區

VALLE D'AOSTA

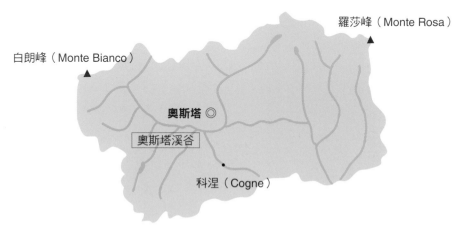

羅莎峰（Monte Rosa）

白朗峰（Monte Bianco）

奧斯塔 ◎

奧斯塔溪谷

科涅（Cogne）

●瓦萊達奧斯塔大區的省與省都
奧斯塔省（Aosta）⋯⋯奧斯塔市（大區首府）

瓦萊達奧斯塔大區的特徵

位於義大利西北端，與法國、瑞士接壤，是二十大區中面積最小的一個。境內多是風光明媚的山岳、溪谷。屬於大陸性氣候，顯著的氣溫變化是山岳地帶的特有特徵。濕度低，降雨量也是二十大區中最少，但經常下雪，成為滑雪客的朝聖地。

一般家庭至今仍使用法蘭克 - 普羅旺斯語，法語與義大利語並用的雙語文化也是此大區的重要特徵，這個特色也反應在此處的傳統料理上。不過，羅莎峰（Monte Rosa）附近鄰接瑞士的格雷索內伊（Gressoney）地區，則是受到德國的影響。

傳統料理中較少使用橄欖油的料理，主要是奶油與精製豬油（strutto）等動物性油脂。義大利麵也不常見，主菜多為湯類或玉米糊。

由於嚴冬漫長，處在被雪包圍的環境下，發展出許多方便保存的畜肉加工品，像是以羊肉或山羊肉等製成的肉乾（mocetta）、加了豬血的血腸（boudin）等。以前的人沒有吃牛肉的習慣，只有在役牛年老無法工作時，才會宰殺食用，最常吃的肉是鹿或野兔等野味。

能讓身體變暖的利口酒，以及把紅酒加熱做成的香料熱紅酒（vin brulé）也是順應寒冷氣候而誕生的飲品。以前的人一年只烤幾次麵包，當作長期保存的食品。變得乾硬的麵包，必須以專用道具「copapan」分切，沾湯或牛奶食用。

另外，使用吃高原野草長大的乳牛乳汁製成的芳提娜起司（Fontina），是此大區的代表特產。味道很有特色，加熱後滑順化口、用途廣泛，為此大區的料理增色不少。

群山環繞、風景優美的科涅（cogne）溪谷、瓦爾薩瓦倫凱（Valsavarenche）溪谷、雷梅斯（Rhêmes）溪谷 等併稱為「奧斯塔溪谷」，位處深山地區。

瓦萊達奧斯塔大區的傳統料理

◎瓦萊達奧斯塔大區的常見料理

＊**奶油玉米糊 Polenta concia**……將切成薄片的芳提娜起司與玉米糊疊放，淋上熱奶油，以烤箱烘烤。或是玉米糊混拌切塊的芳提娜起司，加熱融化。

＊**起司焗烤麵疙瘩**……在馬鈴薯麵疙瘩上放奶油與芳提娜起司，以烤箱烘烤。

＊**栗子湯**……牛奶加栗子與米煮成的湯。有時會使用乾燥栗子。

＊**蕁麻湯**……以清湯煮米、馬鈴薯和蕁麻葉，再利用肉桂、丁香增添香味的湯。

＊**洋蔥湯**……即焗烤洋蔥湯。在洋蔥湯裡加入熟成的托馬起司（Toma）或芳提娜起司，以烤箱烘烤。

＊**韭蔥湯**……韭蔥、洋蔥、馬鈴薯、米煮成的湯。

＊**科涅湯 Zuppa di Cogne**……在陶鍋裡放入黑麥麵包，再將事先以清湯煮過的米連同湯汁一起倒入，加入芳提娜起司，以烤箱烘烤。科涅（Cogne）是此大區中部的市鎮。

＊**瓦爾帕林涅斯湯 Zuppa alla valpellinense**……將切成薄片的麵包與芳提娜起司交疊放進容器，再把事先以清湯煮過的皺葉甘藍連同湯汁一起倒入，淋上熱奶油、撒肉桂粉，以烤箱烘烤。

＊**融聚起司 Fonduta**……即起司鍋。把芳提娜起司、蛋黃和牛奶加熱融化混拌，搭配用大量奶油烤過的麵包。

＊**烤洋蔥、起司、香腸**

＊**鹽醃肉 Carne salata**……使用無法再分泌乳汁的牛或羊、山羊等畜肉做成的生火腿。把肉撒上粗鹽、大蒜、迷迭香、鼠尾草，裝入陶瓦製的容器，蓋上木蓋、以重物壓住，醃漬約兩星期。取出後，吊掛在通風良好的場所使其乾燥。

＊**紅酒燉鹽漬牛肉 Carbonada**……把切成小塊的牛肉（以鹽醃漬）以紅酒（或白酒）燉煮。又稱Carbonade、Carbonata。

＊**瓦萊達奧斯塔風味炸小牛排 Cotoletta valdostana**……小牛肉夾芳提娜起司的炸肉排。

＊**燉野兔 Lepre in salmì**……把野兔肉以紅酒與葡萄酒醋醃漬後，下鍋燉煮。

＊**燉羚羊 Civet di camoscio**……將帶血羚羊肉以紅酒燉煮。這是依循法式料理的烹調法。

瓦萊達奧斯塔大區的特產

◎蔬菜、水果、堅果類

＊栗子

＊馬丁賽克西洋梨 Martin Sec……果肉細緻的小西洋梨。比起生吃，多半是加熱食用。

＊雷內特蘋果 Reinette……帶酸味，可長期保存，比起生吃，更常加熱食用。

＊覆盆子、藍莓等莓果類

＊核桃

◎起司

＊芳提娜起司 frontina DOP（牛奶，硬質）

＊瓦萊達奧斯塔弗爾瑪佐 Valle d'Aosta fromadzo DOP（牛奶，硬質）

＊列布列克起司 réblèque（牛奶，新鮮）

＊薩林紐起司 salignon（山羊奶、羊奶，新鮮）

◎加工肉品

＊醃豬背脂 Valle d'Aosta lard d' Arnad DOP ＜阿爾納德產＞

＊生火腿 Valle d'Aosta jambon be Bosses DOP ＜博塞斯產＞

＊血腸 boudin……以豬血（有時是用甜菜）、馬鈴薯、醃豬背脂、香料製成的莎樂美腸。

＊肉乾 mocetta、motzetta……以鹽、香草、香料增添風味的肉乾。略乾的生火腿。使用羚羊、牛、羊、山羊等的肉製作。

＊鹽漬牛乳房 teuteum……將牛乳房以鹽水醃漬，加壓、加熱製成口感綿密的慕斯狀加工品。切成薄片，做為前菜食用。

◎調味料

＊核桃油

＊蜂蜜……採集自石楠花、栗子、高山植物的花製成的蜜。

◎飲料

＊結奈皮利口酒 genepì、génépy……以名為「genepì」的蒿草醃漬而成的利口酒。

＊香料熱紅酒 Vin brulé……加了檸檬皮、砂糖、香料的熱紅酒。

＊瓦萊達奧斯塔風味咖啡 caffè valdostano……濃縮咖啡加入檸檬皮、渣釀白蘭地、砂糖，倒入專用容器「葛羅拉 (Grolla)」飲用。「葛羅拉」是有多個壺口的木雕壺，一群人輪流喝是當地的習俗（請參閱 P16）。

◎麵包、糕點

＊黑麥麵包 pan ner……添加黑麥麵粉的麵包。以前的人會乾燥保存，整年食用，現在也可新鮮食用。

＊米古拉麵包 micoula……軟質小麥粉與黑麥麵粉各半，加了葡萄乾的麵包。

＊科涅奶油 crema di Cogne……將鮮奶油、蛋黃、巧克力和砂糖混拌，以蘭姆酒及香草增添風味的奶油。

＊杏仁榛果瓦片 tegole……以杏仁粉與榛果粉製成的薄餅乾。

＊義式蒙布朗 montebianco……在栗子奶油上放發泡鮮奶油的義式蒙布朗。

瓦萊達奧斯塔風味咖啡
caffe valdostano

瓦萊達奧斯塔大區特有的咖啡，別名「友
情咖啡」。將熱咖啡、渣釀白蘭地、砂糖、
橙皮、肉桂、丁香等倒入名為「葛羅拉」
的 木雕壺。蓋上蓋子、撒砂糖，再打開蓋
子，點火欣賞火燄，讓渣釀白蘭地的酒精
成分蒸發。火燄熄滅後，大夥依序就著壺
口輪流飲用。喝的時候，要用手指按住另
外兩邊的壺口，以免流出，

001

Mocetta

鹿肉火腿

瓦萊達奧斯塔大區有許多耐放的肉類料理，加工肉品的種類更是多元。當中又屬肉乾最廣為人知。現今大多以牛肉或鹿肉製作，以前是用被視為頂級食材的羚羊肉。本食譜介紹的是當地加工業者傳授的作法，先把肉以紅酒、鹽、香草仔細醃漬入味，再進行乾燥處理。鹽與紅酒的相互作用可提高保存性，不必像只用鹽醃漬的加工肉品那樣必須去鹽，作法很有效率。若是秋冬時節，在日本也很方便製作。

岡谷文雄（Rossi）

ricetta

①以紅酒、鹽、月桂葉、鼠尾草、迷迭香、杜松子、肉桂棒醃漬鹿肉，直到變色為止。如果是成鹿，大約醃漬兩週。小一點的肉塊，醃漬一晚即可。

②仔細擦乾表面的水分，以料理棉繩綁住定型。吊掛在通風良好的低溫場所。待表面出現些許白黴即完成。

002

Fonduta

融漿起司

說起瓦萊達奧斯塔大區最知名的產物，莫過於芳提娜起司。這個起司被用於各種料理，像是夾進肉裡做成炸肉排等。不過，當地人秋冬時常吃的是，和牛奶或蛋黃一起加熱融化的「瓦萊達奧斯塔式融漿起司（fonduta）」。本書大量使用相當對味的白松露（最好選用皮埃蒙特大區產的白松露），做成了奢華的前菜。

岡谷文雄（Rossi）

ricetta

①芳提娜起司切成薄片後，以牛奶浸泡 30 分鐘以上。

②取出起司放入鍋中，以 80℃隔水加熱，邊加熱邊攪拌。接著倒入少量泡過起司的牛奶拌合。然後，邊攪拌邊加奶油。

③待整體變濃稠後，少量加入蛋黃混拌。拌至呈現有光澤感的稠狀即可盛盤，撒上白松露薄片。

003

Favo

蠶豆義大利麵

「favo」是蠶豆（fave）的方言，這道食譜是參考友人傳授的奧斯塔家常作法。使用瓶裝番茄醬汁、圓形且表面劃十字的黑麥硬麵包、乾燥或冷凍蠶豆，從這些食材不難了解奧斯塔地區因為冬季嚴寒，必須仰賴能長期保存的食品。烤至乾硬的麵包，加入番茄醬汁煮烤後，保留些許脆口感是最佳的享用狀態。雖不是什麼大菜，卻能細細品嚐平民生活的滋味。

岡谷文雄（Rossi）

ricetta

①將洋蔥、紅蘿蔔、西洋芹切成適當大小，以橄欖油拌炒。接著加鼠尾草一起炒，再倒入水煮番茄罐頭，做成番茄醬汁。
②取一半底鍋，放入奶油加熱，油煎變硬的黑麵包（或是以鄉村麵包代替）。
③燒一鍋熱鹽水煮義大利短麵，過程中放入去莢的蠶豆一起煮。本食譜使用的是小彎管通心麵（pipette）。

④把義大利麵與蠶豆倒進番茄醬汁裡，加入切成適當大小的黑麵包混拌。盛至耐熱烤盤內，擺上切成薄片的芳提娜起司，放進200℃的烤箱烤12分鐘。

※ 可以多做一些，做好後直接吃就很美味，即使重新復熱還是很好吃。

004

Risotto alle castagne

栗子燉飯

相鄰的皮埃蒙特大區的諾瓦拉
（Novara）與韋爾切利（Vercelli）
是稻米產地。因此，瓦萊達奧斯
塔大區也有不少米料理，像是燉
飯或湯品。在這個常用乳製品的
地區有個特色，煮燉飯時，牛奶
加得比清湯多。放入當地的名
產栗子，宛如眺望名山白朗峰
（Monte bianco）的奧斯塔溪谷。

岡谷文雄（Rossi）

ricetta

①剝除栗子的硬皮（外殼），蒸 15 分鐘後，剝除
澀皮（內皮）。
②以牛高湯（牛肉加洋蔥、紅蘿蔔、西洋芹熬煮
6 小時）煮 5 分鐘。

③加入比高湯量多一點的牛奶，煮滾後，再倒入
米燉煮。
④以鹽調味後，與大量的奶油拌合即完成。

005

Sfogliata di funghi porcini ai formaggi

牛肝菌派

位處阿爾卑斯山地帶的瓦萊達奧斯塔大區，蕈菇產量豐富。以奶油香煎後，混拌特產芳提娜起司等方便入手的起司，做成經典的派。只使用奶油與起司，感覺味道濃厚偏膩，但這是當地的特色。刻意不放其他配菜，簡單上桌。

岡谷文雄（Rossi）

ricetta

①製作派皮。
②清理牛肝菌表面，切成適當大小。以奶油略炒，加鹽、胡椒調味，放涼備用。
③將皮埃蒙特產的瑞可達起司攪散，加入磨碎的帕瑪森起司、切丁的芳提娜起司，再拌入炒過的牛肝菌，放進冰箱冷藏（A）。
④擀薄派皮，包入 A，塑整成橢圓形。
⑤表面刷塗蛋黃，放進 270℃ 的烤箱烤 12 分鐘。

Secondo Piatto

006

Cervo arrosto e carbonade

烤鹿肉與
紅酒燉鹿肉

「carbonade」是瓦萊達奧斯塔大
區的方言，意即紅酒燉煮（一
般是說 carbonata ＝法國料理的
carbonnades）。紅酒燉鹿肉或牛
肉是這個地方的基本料理之一。
一般都是用碎肉，以紅酒醃漬後，
直接把混著血水的紅酒下鍋燉
煮。不過，這樣會產生大量的浮
沫，所以仔細撈除很重要。以前
在北義的餐廳學藝，當時流行的
作法是，菲力肉（腰內肉）或腿
肉爐烤、多筋的肉燉煮，即便是
不同部位的鹿肉，也能裝在同一
盤享受味道的變化。最受歡迎的
配菜是當地常吃的玉米糊。

岡谷文雄（Rossi）

ricetta

①將多筋的鹿肉切碎，以紅酒、切成適當大小的
紅蘿蔔、洋蔥、鼠尾草、月桂葉醃漬一晚。
②鹿肉與醃漬液分開。鹿肉撒上鹽、胡椒及高筋
麵粉，放入倒了橄欖油的平底鍋煎。
③醃漬液加紅酒，煮滾後撈除浮沫。接著放入煎
過的鹿肉，邊燉煮邊撈除浮沫，煮約 2.5 小時，
紅酒燉鹿肉即完成。
④另外處理鹿里肌肉或腿肉塊。在肉上撒鹽、胡

椒，和月桂葉、迷迭香一起放進 200 ～ 250℃的
烤箱烘烤，過程中不時移位。烤好後，放在溫暖
的場所靜置一會兒。
⑤製作玉米糊。牛高湯倒入鍋中煮滾，加粗粒玉
米粉，邊煮邊攪拌。再加入芳提娜起司拌合，以
鹽、胡椒調味。
⑥玉米糊盛盤，鋪排切薄的烤鹿肉片，再舀入紅
酒燉鹿肉。

岡谷文雄（Rossi）

007

Zuppa di mandorle

杏仁湯

據說是在十八～十九世紀，自皮埃蒙特大區傳入的杏仁，在這個需要耐放食材的地方，已相當普遍。這道湯品是奧斯塔高級餐廳的招牌菜，以濃郁的牛奶稀釋杏仁糊，再以奶油增添香醇，具有山區特色的一道料理。冷熱皆宜，可當作餐點或是甜點。

ricetta

①將帶薄皮的杏仁略煮一會兒，瀝乾水分、剝除薄皮。
②倒入果汁機，加少量的牛奶，攪打成糊狀，再以牛奶稀釋，加入肉桂粉。
③倒入一鍋內，加入丁香、麵包粉、砂糖、奶油加熱，
④盛盤後，擺上丁香做為裝飾。

Dolce

008

Torta di riso

米塔

這個大區的甜點種類不多,當地人倒是經常吃塔。由於是蘋果產地,蘋果塔最受歡迎。為了呼應此處常使用米的特色,本食譜介紹的是米塔。以牛奶、蛋等製作,成品看起來就像麵包布丁。儘管外觀樸素厚實,但因為加了檸檬皮,味道出乎意料的清爽,餐後也能一口接一口地吃。

岡谷文雄(Rossi)

ricetta

①將 50g 的葡萄乾以水或葡萄酒泡軟,撒上薄薄一層麵粉。
②在塔模塗上奶油,撒入磨得很細的麵包粉。
③鍋中倒入 1ℓ 牛奶,煮滾後加入鹽、250g 米一起煮。快煮好前,再加磨碎的檸檬皮、葡萄乾、

150g 砂糖、2 顆蛋、80g 奶油,混拌均勻。
④把③的麵糊倒進塔模,表面塗上融化奶油、撒麵包粉,放進 170℃ 的烤箱烤 15 ～ 20 分鐘。放涼後即可享用。

皮埃蒙特大區

PIEMONTE

羅莎峰（Monte Rosa）

韋爾巴尼亞

奧爾塔湖
（Lago d'Orta）

馬焦雷湖（Lago Maggiore）

比耶拉

諾瓦拉

韋爾切利

卡納韋塞
（Canavese）地區

波河平原

◎杜林

波河

亞歷山德里亞

阿斯蒂

塔納羅河（Tanaro）

波河

阿爾巴
（Alba）

庫內奧

朗格地區

●皮埃蒙特大區的省與省都

阿斯蒂省（Asti）……阿斯蒂市
亞歷山德里亞省（Alessandria）……亞歷山德里亞市
韋爾切利省（Vercelli）……韋爾切利市
韋爾巴諾 - 庫西奧 - 奧索拉省（Provincia del Verbano Cusio
Ossola）……韋爾巴尼亞市（Verbania）
庫內奧省（Cuneo）……庫內奧市
杜林省（Torino）……杜林市（大區首府）
諾瓦拉省（Novara）……諾瓦拉市
比耶拉省（Biella）……比耶拉市

皮埃蒙特大區的特徵

在以阿爾卑斯山為邊界，接壤瑞士與法國的二十大區中，位處最西邊的大區。義大利成為共和國之前，大區首府杜林曾是薩伏依王朝（Casa Savoia）統治時期的義大利王國（1861～1946年）首都，在歷史上也是促成義大利統一的重要場所。

地形起伏變化豐富，43％為山區、30％是丘陵，剩下的27％是平原，孕育出多種產物。屬於典型的大陸性氣候，寒暖溫差顯著、季節鮮明。一天當中溫差大，到了冬季，山區會大量降雪，平原與丘陵則被濃霧包圍。

此大區的命名是取自拉丁語的「山麓（Pede Mantis）」，如同其名，這裡山產豐足。除了秋季的頂級美饌白松露，還有牛肝菌、橙蓋鵝膏菇（funghi ovoli）等蕈菇，及豐富野味。在時令的十月至十二月，阿爾巴鎮（Alba）就成了白松露市集的買賣中心，規模之大甚至擴及義大利中部。山區地帶盛行放牧，生產具特色且多元的起司、奶油等乳製品。

另一方面，在大區東部的波河平原（或稱巴丹平原），利用波河與卡武爾（Cavour）的水路灌溉，稻作廣泛普及，義大利國內生產的60％以上皆來自此處。此外，畜產農家也很多，飼養上等的皮埃蒙特種肉牛，產量居義大利之冠。丘陵地帶整齊劃一的葡萄田連綿不絕，釀造出各種知名的葡萄酒，不適合栽種葡萄的土地用來種榛果等其他果樹，或是栽培玉米或蔬菜，產量也很豐富。

說到皮埃蒙特大區的飲食特色，莫過於好幾盤接連上桌的前菜。尤其在朗格（Langhe）地區，通常是五、六道，婚宴等特殊場合時，甚至多達三十道。除了加工肉品，沙拉也是常見的前菜。一般料理多是以奶油或豬油等動物性油脂製作，不過知名的蔬菜料理熱沾醬沙拉卻是用橄欖油。儘管此處沒有種植橄欖，但因為鄰近橄欖油產地的利古里亞大區，自古就有以物易物的習慣，對傳統料理也造成影響。

此外，值得一提的是種類豐富的甜點。杜林有許多家巧克力工坊，烘焙點心的種類也很多，在二十大區中極為突出。如此蓬勃的點心文化發展也與義大利最後的王朝－薩伏依王朝的存在有著重要的關連性。

翠綠丘陵上的橘色屋頂，形成優美的皮埃蒙特景觀。

皮埃蒙特大區的傳統料理

◎杜林省周邊的料理

＊牛胃湯

＊燉雜碎 Finanziera……雞冠或雞肝、小牛胸腺、蕈菇等燉煮而成的料理。可以當作單品料理，或是加入米做成燉飯、烤成派，也可當成醬汁。

◎卡納韋塞地區的料理

＊卡納韋塞風味牧師帽餃 Agnolotti canavesani……以牛肉、香腸等為餡的義式麵餃。

＊蕎麥粉麵疙瘩

＊卡納韋塞風味燉飯 Risotto alla canavesana……加了芳提娜起司等起司的燉飯。

＊陶瓦鍋燉豬什錦 Tofeja……將菜豆、豬皮與豬的各部位放進陶瓦鍋（tofeja）燉煮的料理。

＊卡納韋塞風味燉兔肉 Coniglio alla canavesana……加了洋蔥、鼠尾草、葡萄酒醋等的陶瓦鍋燉兔肉。

＊卡納韋塞風味肉卷 Involtini alla canavesana……小牛肝、生香腸、葡萄乾等混拌後，用豬網油捲成小條狀，以番茄醬汁燉煮。

◎諾瓦拉省、韋爾切利省的料理

＊雜菜燉飯 Paniscia ＜諾瓦拉省＞……米加入洋蔥、豬脂醃腸（salam d'la duja）、豬皮、醃豬背脂、花豆、皺葉甘藍等蔬菜類，以紅酒與清湯煮成的燉飯。

＊花豆燉飯 Panissa ＜韋爾切利省＞……米加入洋蔥、豬脂醃腸（salam d'la duja）、豬皮、醃豬背脂、花豆等，以紅酒與清湯煮成的燉飯。

＊田雞燉飯　　＊米沙拉

＊卡紐那燉飯 Riso in cagnon ……以煮好的飯混拌蛋黃與鼠尾草風味奶油、磨碎的起司。或將煮好的飯混拌芳提娜起司與奶油。cagnon 是義大利語的「幼蟲」，因米粒的形狀類似而以此命名。

＊奶油煎河鱸 pesce persico

＊紅酒燉驢肉 Tapulone……將切碎的驢肉以紅酒與清湯燉煮。

◎山區料理

＊香草風味烤鱒魚……加了迷迭香、百里香、鼠尾草、薄荷、杜松子、大蒜等香料的烤鱒魚。

＊燉野兔 Civet di lepre……加了肝臟或血的紅酒燉野兔，採用法式料理的作法。civet 是法語的「燉」，義大利語則是 sivé、civé。

◎朗格地區的料理

＊雞蛋寬麵 Tajarin……將雞蛋麵團切成細長的義大利麵。有時會加帕瑪森起司或玉米粉。近年來加入蛋黃的作法成為主流。雞蛋寬麵在皮埃蒙特大區其實就是細寬麵（Tagliolini）。

＊捏捏餃 Agnolotti al plin……以手指抓捏塑型的包餡義大利麵。

＊起司麵疙瘩 Gnocchi alla bava……將馬鈴薯麵疙瘩拌裹托馬或芳提娜等起司，再加入鮮奶油煮溶的奶油醬汁。bava 在義大利語是指口水、線狀纖維之意。

＊綜合果醬 cugnà……榲桲（木梨）、蘋果、西洋梨、無花果等水果，以葡萄汁煮稠的果醬。有的也會加入核桃、榛果或其他香料。用於搭配水煮肉（bollito）或玉米糊、熟成的起司等。

＊熱沾醬沙拉 Bagna caoda……將紅蘿蔔、西洋芹、甜椒、茴香、洋薑（topinambur）、刺菜薊等生蔬菜（或是水煮、烤過），沾取以小鍋加熱保溫的鯷魚大蒜橄欖油醬料。

＊阿爾巴風味生牛肉 Carne cruda all'albese……生牛菲力切碎後，以檸檬汁、大蒜、香芹、酸黃瓜等調味。

＊**阿爾巴風味雞胸肉 Insalata di pollo all'albese**
……水煮雞胸肉沙拉，擺上白松露。

＊**義式紅酒燉牛肉 Brasato di manzo al Barolo**……牛腿肉插入醃豬背脂或紅蘿蔔，以巴羅洛紅酒（Barolo）醃漬後，加入清湯或番茄一起以小火長時間燜煮。

◎皮埃蒙特大區的常見料理

＊**奶油玉米糊 Polenta concia**……攪煮玉米糊時，加入切碎的芳提娜、古岡左拉、托馬等數種起司混拌煮溶，最後淋上加熱過的奶油。

＊**綜合起司燉飯**……加了磨碎的格拉娜帕達諾起司、芳提娜起司、熟成的托馬起司等的燉飯。

＊**紅酒燉飯 Risotto al barolo**……加了巴羅洛紅酒（Barolo）的燉飯。

＊**融漿起司醬**……將起司以蛋黃或牛奶煮溶的醬汁。使用當地產的各種起司，搭配義大利麵或蔬菜、蕈菇等。

＊**洋蔥鑲餡**

＊**橙蓋鵝膏菇沙拉 Insalata di ovoli** ……將橙蓋鵝膏菇直接削片做成的沙拉。

＊**貝拉蘿西娜蛋 Uova alla Bela Rosin** ……貝拉蘿西娜是伊曼紐二世（Vittorio Emanuele II）的情婦（日後成為夫妻）蘿莎威爾切拉那（Rosa Teresa Vercellana Guerrieri）的小名。水煮蛋對半切開，取出蛋黃壓成泥，與美乃滋拌合後，擠在蛋白上。

＊**綠醬鯷魚 Acciughe al verde**……把義大利香芹、辣椒、大蒜、葡萄酒醋、橄欖油拌合的醬汁淋在鯷魚上。

＊**水煮雞肉沙拉**

＊**鮪魚醬小牛肉 Vitello tonnato**……不含脂肪的小牛肉塊水煮後切成薄片，搭配鮪魚醬而成的冷盤料理。

＊**馬倫哥燴雞 Pollo alla Marengo**……加了蘑菇、河蝦的番茄燉雞。搭配炸麵包與荷包蛋已是固定吃法。這道菜很有名，是拿破崙在馬倫哥會戰（Bataille de Marengo）後吃的料理。

＊**炸物拼盤 Fritto misto**……使用了二十～二十五種食材做成炸物。沾裹蛋液、細粒麵包粉，炸油是使用奶油或奶油混合其他油。皮埃蒙特風味必備的是小牛肝、牛胸腺、牛腦髓、帶骨小羊里肌肉、雞肉餅、馬鈴薯餅、帶甜味的粗粒小麥粉團（切塊）、蘋果等。

＊**水煮肉拼盤 Bollito misto**……包含牛的各種部位、豬肉、豬皮香腸（cotechino，以豬肉與豬皮為餡的生香腸）、雞肉等。皮埃蒙特風味是搭配番茄紅醬（bagnetto rosso）、義大利香芹綠醬（bagnetto verde）或綜合果醬（cugnà，詳細說明請參閱左頁）等醬汁一起享用。

皮埃蒙特大區的特產

◎穀類

＊米 riso di Baraggia biellese e vercellese DOP ＜韋爾切利省、諾瓦拉省＞

＊玉米

◎蔬菜、水果、蕈菇、堅果類

＊甜椒＜卡爾馬尼奧拉（Carmagnola）＞

＊刺菜薊＜基耶里（Chieri）、卡斯泰爾諾沃貝爾博（Castelnuovo Belbo）＞……形似西洋芹，味似朝野薊的蔬菜。

＊綠蘆筍＜桑泰納（Santena）＞

＊小洋蔥＜伊夫雷亞（Ivrea）周邊＞……製作醋漬小洋蔥。

＊栗子 castagna Cuneo IGP ＜庫內奧、博弗斯（Boves）＞

＊栗子 marrone della Valle di Susa IGP ＜蘇薩（Susa）溪谷＞

＊櫻桃＜佩切托托里內塞（Pecetto Torinese）＞

＊桃子＜沃爾佩多（Volpedo）、蒙泰烏羅埃羅（Monteu Roero）＞

＊牛肝菌＜皮內羅洛（Pinerolo）＞

＊白松露＜阿爾巴周邊＞

＊榛果 nocciola Peimonte IGP ＜（Tonda Gentile delle Langhe）＜朗格地區＞

◎海鮮類

＊鱒魚

＊河鱸 pesce persico

＊白鮭 coregone……一種生長在湖泊裡的淡水魚

＊丁鱥 tinca gobba dorata del Pianalto di Poirino DOP……鯉科淡水魚

◎肉類

＊皮埃蒙特牛……在食用肉市場是有名的品種。

＊蛙類＜韋爾切利省、諾瓦拉省＞

＊蝸牛＜博爾戈聖達爾馬佐（Borgo San Dalmazzo）＞

＊閹雞 cappone ＜莫羅佐（Morozzo）＞

◎起司

＊古岡左拉 gorgonzola DOP（牛奶，軟質、藍紋）

＊布拉 bra DOP（牛奶，tenero 是軟質、duro 是硬質）

＊卡斯特馬諾 castelmagno DOP（牛奶，硬質）

＊穆拉扎諾 murazzano DOP（羊奶，軟質／有時會加少量的牛奶）

＊拉斯克 raschera DOP（牛奶，硬質／有時會加少量的山羊奶或羊奶）

＊羅卡韋拉諾盧比歐拉 robiola di Roccaverano DOP（牛奶、山羊奶、羊奶，新鮮）

＊托馬皮埃蒙特 toma piemontese DOP（牛奶，硬質）

＊賽伊拉斯 seirass（牛奶、羊奶／或是牛奶混合羊奶，分為新鮮與熟成兩種）……一種以乳清製作的瑞可達起司。

＊貝特爾瑪特 bettelmatt（牛奶，硬質）

＊卡普里諾 caprino（山羊奶，新鮮）

＊塔雷吉歐 taleggio DOP（牛奶，軟質）

＊格拉娜帕達諾 grana padano DOP（牛奶，硬質）

◎加工肉品

＊豬脂醃腸 salam d'la duja ……以豬脂醃漬的莎樂美腸。

＊紅酒豬肉莎樂美腸 cacciatorino……加了紅酒的小型豬肉莎樂美腸。

＊醃豬背脂 lardo……以加了迷迭香的鹽醃漬豬背脂，使其熟成。

＊水煮紅酒豬肉腸 salame cotto……將大略切碎的豬肉加紅酒做成莎樂美腸，再水煮成熟肉腸。

＊托爾托納莎樂美腸 salame delle valli tortonesi……製作於托爾托納近郊，將大略切碎的豬肉做成的莎樂美腸。

＊馬鈴薯莎樂美腸 salame di patate ……豬肉餡拌入水煮馬鈴薯的莎樂美腸。

＊庫內奧生火腿 prosciutto crudo di Cuneo DOP ＜庫內奧＞

＊克雷莫納莎樂美腸 salame Cremona IGP

＊波隆那摩德代拉香腸 mortadella Bologna IGP

＊獵人風味迷你莎樂美腸 salamini italiani alla cacciatora DOP

◎麵包、糕點

＊麵包棒 grissini……細長棒狀的硬麵包。

＊佐餐麵包 biova……小型餐用麵包，有時也用於製作帕尼尼（義式三明治）。

＊橄欖油佛卡夏 focaccia novese IGP……使用橄欖油製作的佛卡夏。製作於諾維利古雷（Novi Ligure）近郊。

＊義式杏仁餅 amaretti……使用杏仁粉烤製的小餅乾。

＊手指餅乾 savoiardi……口感酥脆的長條狀餅乾。

＊沙巴雍 zabaione……蛋黃與葡萄酒混和打發的甜醬。

＊榛果巧克力 gianduiotti……口感滑順的榛果風味巧克力。

＊榛果巧克力蛋糕 torta gianduja……把巧克力奶

油夾入加了榛果與巧克力的海綿蛋糕，表面抹上杏桃醬，再用巧克力糖衣裝飾的蛋糕。

＊榛果海綿蛋糕 torta di nocciola ……加了榛果粉的海綿蛋糕。

＊貴婦之吻 baci di dama……兩個半球狀的小餅乾夾入巧克力奶油內餡的點心。

＊義式奶酪 panna cotta……以吉利丁凝固的鮮奶油布丁。

＊帽子布丁 bonet……以吉利丁凝固、加了義式杏仁餅的巧克力布丁。

＊巴羅洛紅酒燉洋梨 martin sec al barolo……以巴羅洛紅酒燉煮馬丁賽克品種小西洋梨。

＊蛋白霜烤餅 meringhc……蛋白加砂糖打發的蛋白霜，擠成一口大小，低溫烘烤的小點心。

＊烤桃子鑲杏仁餅

＊義式蒙布朗 montebianco……將發泡鮮奶油擺在栗子奶油上。名稱是義大利語的白朗峰。

31

慢食捍衛運動（Presidio Slow Food）標籤

＊尼扎蒙費拉托（Nizza Monferrato）產的彎菜薊
（cardo gobbo，彎曲如樹瘤，口感柔軟的刺菜薊）

＊卡爾馬尼奧拉產的牛角椒（Corno di Bue）……
Corno di Bue 即牛角之意。

＊卡普里廖（Capriglio）產的當地品種甜椒

＊寇勒特列吉歐（Cortereggio）產的皮亞代拉豆
（piattella canavesana）……菜豆的一種

＊卡布納拉（Caplana）產的蕪菁

＊歐勒巴薩諾（Orbassano）產的紅西洋芹

＊加爾巴尼亞（Garbagna）產的貝拉（Bella）品
種櫻桃

＊托爾托納周邊丘陵的野生草莓……大小、顏色
皆近似覆盆子（木莓）的草莓，滋味香甜。

＊瓦萊布隆達（Valle Bronda）產的拉姆辛李
（ramssin）……李子的一種。

＊皮埃蒙特大區的古老品種蘋果……Grigia
di Torriana、Buras、Runsè、Gamba Fina、
Magnana、Dominici、Carla、Calville 等。

＊切雷索萊亞爾巴（Ceresole Alba）產的丁鱖（淡
水魚）

＊桑布科（Sambuco）小羊

＊莫羅佐產的閹雞

＊卡爾馬尼奧拉產的深灰色皮埃蒙特兔

＊薩盧佐（Saluzzo）白母雞與皮埃蒙特黃母雞

＊皮埃蒙特牛

＊卡司特爾馬紐起司（Castelmagno di Alpeggio）
……以皮埃蒙特牛的乳汁少量生產的半硬質起
司。使用夏季在阿爾卑斯山海拔較高處的牧場牛
乳製成的起司，稱為 Alpeggio。

＊科阿澤（Coazze）產的切弗林起司

（Cevrin）……獐鹿系的山羊奶與牛奶混合製成的
盧比歐拉（Robiola）新鮮起司。

＊瑪甘嫩起司（Macagn）……牛奶製的硬質起
司，產地是羅莎峰附近的瑪甘嫩。

＊蒙特伯雷起司（Montèbore）……庫羅內
（Curone）產的起司。

＊傳統的盧比歐拉羅卡韋拉諾起司（robiola di
Roccaverano）……牛奶佔 85%、剩下為羊奶或
山羊奶混合製成的新鮮起司。

＊賽伊拉斯德拉梵起司（Seirass del Fen）……將
佩利切（Pellice）溪谷產的瑞可達起司（以牛奶、
羊奶，或牛羊奶混合的乳清製成）使用乾草包
裹，使其熟成。

＊朗格地區產的羊乳起司（tuma）……半硬質起
司，分為十～十五天的短期熟成與一個月以上的
長期熟成。

＊瓦爾第希溪谷（Valli Valdesi）產的姆斯塔代拉
香腸（Mustardela）……將豬碎肉與豬血灌入牛
腸加熱製成的香腸。

＊托爾托納溪谷產的莎樂美腸……製作於托爾托
納近郊三處溪谷地帶的莎樂美腸。使用半放牧的
豬肉，熟成九十天。

＊加維（Gavi）產的豬頭肉凍（Testa in
Cassetta）……將豬頭肉、牛心、牛舌、牛筋肉
和辛香料一起灌入牛盲腸凝固製成的加工品。

＊蒙雷加雷斯（Monregalese）產的玉米餅乾
（paste di meliga）……以玉米粉製成的餅乾。

009

Insalata di trota, patate e crescione

鱒魚、馬鈴薯與
西洋菜沙拉

這是在皮埃蒙特西部、接近法國國境的溪谷一帶能夠吃到的沙拉。此處不靠海也不生產橄欖油，將鱒魚或鯉魚等河魚，搭配水煮蛋或蒲公英葉拌核桃油，是當地少數的基本魚料理。本食譜使用該地區經常作成醬汁的「貝涅托」（begnetto，莎莎醬的皮埃蒙特方言）代替淋醬，以香煎鱒魚與水煮馬鈴薯做成沙拉。貝涅托是把泡過葡萄酒醋的麵包粉和切碎的水煮蛋、核桃油、洋蔥或酸豆、酸黃瓜、鯷魚等混拌而成。

堀川　亮（Fiocchi）

ricetta

①把鱒魚切成三片、去骨。撒些鹽、胡椒和麵粉，下鍋以奶油煎。
②馬鈴薯帶皮以鹽水煮熟後，剝皮切成 5mm 厚。
③製作核桃油莎莎醬。水煮蛋切碎後，和泡過白酒醋的麵包粉、核桃油、洋蔥末、酸豆末、酸黃瓜末、鯷末魚拌合，以鹽、胡椒調味。

④先將馬鈴薯盛盤，放些切塊的小番茄。舀放一些核桃油莎莎醬，擺上鱒魚，再舀放些核桃油莎莎醬。放上大量的西洋菜，澆淋核桃油莎莎醬，再淋些核桃油、撒上一些碎核桃即完成。

010

Insalata russa

俄羅斯沙拉

類似馬鈴薯沙拉的美乃滋涼拌菜。雖然名為「俄羅斯沙拉」，卻是義大利熟食常見的菜色。基本材料是馬鈴薯、紅蘿蔔、洋蔥、豌豆，道地的作法不只與美乃滋混拌，還會加入切碎的酸豆或鯷魚、鮪魚等增加味道的變化。蔬菜各別以加了香料的湯汁煮過後，以鹽、胡椒、紅酒醋調味，直接吃也很夠味，這是重點。另外，我使用了兩種馬鈴薯，黏質的保留形狀，粉質的壓成泥，混入醬汁，讓馬鈴薯味變得更濃郁。各位也可試著混拌西洋芹、醋漬蕈菇，或是撒些松露。

堀江純一郎（Ristorante i-lunga）
ricetta P49

011

Vitello tonnato

鮪魚醬小牛肉

肉（小牛）搭配魚（鮪魚）醬汁的特殊組合，在皮埃蒙特卻是傳承已久的料理。現在多是柔滑泥狀的佐醬，傳統的作法是將鮪魚等材料切碎、拌入美乃滋，保留食材的纖維正是美味之處。而且，不是現做現吃，靜置幾天後，更入味可口。至於小牛肉，現在會依照不同部位施以不同的烹調方法，傳統作法是將腿肉塊水煮。除了要煮出玫瑰般的美麗色澤，咀嚼時在口中擴散的鮮甜肉汁也很重要，為了不讓肉質變得乾柴，必須留意火候的拿捏、把肉切成薄片。另外，葡萄酒醋也是完美襯托醬汁與肉的關鍵。

堀江純一郎（Ristorante i-lunga）
ricetta P49

012

Griva

豬網油豬肝卷

把切碎的豬肝以酒或蔬菜、香草等調味，做成肉排狀，下鍋煎烤。多數的義大利料理都是切成大塊、簡單燒烤，相較之下，這道菜顯得格外費工，這也是此大區的特色。儘管義大利的內臟料理很豐富，可惜的是，隨著飲食清淡化的趨勢，食用內臟的客人越來越少，餐廳供應的機會也變少了。身為廚師的我也很喜歡，希望這些料理能夠流傳下去。

堀江純一郎（Ristorante i-lunga）
ricetta P49

013

Carne cruda

馬肉韃靼

「carne cruda」即「生肉」之意，在皮埃蒙特的阿爾巴一帶，生肉冷盤出現前，當地人早就在吃這道生肉料理。將特產的皮埃蒙特牛肉剁碎，以檸檬汁或橄欖油、鹽、胡椒調味，做成牛肉韃靼。我的餐廳從北海道中足寄買來少見的馬菲力，為了讓客人品嘗那股獨特的風味，以相同的作法做成這道前菜。這個馬肉是取自四十個月大、喝起司乳清長大的馬，菲力肉有著鮪魚肚般的化口感及奶味，相當適合做成生肉料理。此外，我用的不是絞肉，而是以菜刀「剁碎」的肉，肉沒有因為放進絞肉機而受熱，吃起來更有嚼勁、格外美味。

堀江純一郎（Ristorante i-lunga）
ricetta P50

014

Tofeja

陶瓦鍋燉豬什錦

把豬皮香腸（cotecchino）、豬耳、豬舌、豬頰肉、豬腳等，各種豬的部位與豆類一起蒸煮而成的料理。「多飛亞（tofeja）」原本是指這道料理使用的陶瓦鍋。當地人會把「prete（水煮豬皮包裹香草）」煮過後切碎加入，但膠質太濃會覺得脹，所以餐廳大多不採用。另外，當地吃到的是比較「有口感」的塊狀，餐廳也維持相同味道，只是配料切得更細，量也稍微減少，做成湯品，讓客人吃起來更順口。皮埃蒙特的方言會把多飛亞（tofeja）唸作「杜飛亞（toufeja）」。

堀川 亮（Fiocchi）

ricetta

①在鍋中倒入水、香味蔬菜（＊洋蔥、紅蘿蔔、西洋芹）、白胡椒粒、月桂葉，再加豬頰肉、豬耳、豬舌、豬腳、豬皮香腸（以豬皮包裹豬瘦肉與肥肉的香腸）一起煮約 3 小時。依序撈起煮熟的食材切成適當的大小，煮汁留下備用。
②另取一鍋，放入橄欖油與切成小丁的大蒜，加熱炒出香氣。
③將切成大丁的洋蔥、紅蘿蔔和西洋芹下鍋拌炒，

炒至釋出甜味。再放入切成大丁的馬鈴薯一起炒，最後倒入白酒。
④把浸泡一晚變軟的花豆與白腰豆倒進鍋內。豆子煮熟後，放入預先煮好的肉類及煮汁、水煮番茄罐頭、水、香草束（月桂葉、鼠尾草、迷迭香）、香料（肉桂、肉豆蔻）一起煮。
⑤盛盤後，淋些特級初榨橄欖油。

015

Paniscia

諾瓦拉風味
花豆燉飯

花豆燉飯（paniscia）是諾瓦拉
地區有名的米料理，也是餐廳常
見的菜色。一般來說，燉飯的主
角是米，所以不會放太多配料，
但這道卻加了很多料。必放的配
料有豆類、莎樂美腸或豬碎肉、
蔬菜及紅酒。少量的起司也是特
徵。原以為這道菜合日本人的口
味，但味道還是偏重，必須做調
整。因此，我保留當地的作法，
以豬油醃漬莎樂美腸，減少盛盤
的分量。吃套餐時，餐點的分量
拿捏很重要。

堀川　亮（Fiocchi）

ricetta

①花豆以水泡軟，靜置一晚後，水煮備用。煮汁
也留下備用。
②用橄欖油拌炒洋蔥末與米蘭莎樂美腸（添加碎
脂肪的豬肉腸）。
③再放入卡納羅利米（Carnaroli），炒至米粒呈
現光澤。
④接著倒入紅酒（巴貝拉＜ Barbera ＞等較酸的

紅酒）、豬耳（先和香味蔬菜煮過，請參考 P36
＊）。倒入蔬菜高湯，加進水煮番茄罐頭的番茄
果肉，以及少量的花豆煮汁一起煮。
⑤快煮好的 1 分鐘前，再加花豆、西洋芹、紅蘿
蔔和切成大塊的高麗菜。
⑥最後加帕瑪森起司、奶油拌一拌，以鹽、胡椒
調味。

016

Zuppa di lumache

蝸牛湯

義大利各地都有蝸牛，位於皮埃
蒙特大區阿爾巴西邊的凱拉斯科
（Cherasco），產量更是豐富。吃
法多樣化，香煎或燉煮、做成燉
飯等，我最喜歡的就是這道湯。
看似簡單樸素，和蔬菜一起燉
煮，最後再加馬鈴薯泥增稠，口
感滑順，蝸牛與蔬菜的鮮甜在舌
尖留下深刻印象。利用馬鈴薯泥
的澱粉質增加濃度，是皮埃蒙特
料理常見的作法。

堀江純一郎（Ristorante i-lunga）

ricetta
_____

①在鍋內倒水，加入新鮮月桂葉、白酒和鹽加熱，
煮滾後放入蝸牛（法國產。去殼與內臟），煮至
變軟。
②另取一鍋，以橄欖油拌炒大蒜末、迷迭香、鼠
尾草、百里香、新鮮月桂葉、杜松子，炒出香味
後，放入馬鈴薯、紅蘿蔔、西洋芹、洋蔥（各切
成 5mm～1cm 的塊狀）一起炒。等到一半的料

都熟了，放入①的蝸牛，撒些鹽、胡椒，倒入白
蘭地與瑪薩拉酒進行焰燒。再加入肉湯及蝸牛的
煮汁，以小火燉煮入味。
③最後加馬鈴薯泥增加稠度，以鹽、胡椒調味。
④櫛瓜花縱切半，以烤箱烘烤。蝸牛湯盛盤，擺
上櫛瓜花，淋上特級初榨橄欖油、撒點義大利香
芹末。

017

Riso mantecato
alla fonduta
con tartufo bianco

融漿起司燉飯
佐阿爾巴白松露

簡單的燉飯、香醇的融漿起司、義大利號稱最香的阿爾巴白松露。這道菜可說是結合了皮埃蒙特的招牌鄉土料理與食材。融漿起司原本是用當地的拉斯克起司（Raschera，主要是牛奶，有時會加羊奶或山羊奶，產自庫內奧的硬質起司），或是鄰近的瓦萊達奧斯塔大區的芳提娜起司（硬質起司）製作，可是味道太重，日本人吃不慣，所以我的店改用帕瑪森起司加鮮奶油、蛋黃煮成「融漿起司風味奶醬」。溫醇的起司味頗受好評。基本上，白松露多是撒在雞蛋寬麵（tajarin）上，但我認為燉飯的作法更能發揮香氣。大量使用奶油或起司，煮出米飯的黏性後，不易變冷的燉飯溫熱了松露片，也使香氣變得更明顯。

堀江純一郎（Ristorante i-lunga）

ricetta

①製作燉飯。以奶油拌炒洋蔥末與新鮮月桂葉，炒至洋蔥變軟後，倒米下鍋一起炒。待米粒稍微變白，再倒入白酒拌炒，讓酒精成分蒸發。少量地加入肉湯，順著固定方向攪煮。待米煮成剩下些許米芯的彈牙狀態，拌入奶油及帕瑪森起司，靜置約1分鐘。這麼做，米飯與湯汁會融合得更緊密，盛盤時不會有多餘湯汁，味道也不會過重。另外，提醒各位一件事，帕瑪森起司是增稠用，

若為增加濃郁感而放太多，味道會變得太重，請留意用量。
②製作融漿起司醬。將鮮奶油煮滾，加鹽、胡椒後，煮成略帶黏性的稠狀。接著，邊加入帕瑪森起司與蛋黃邊攪煮，把爐溫調至70℃以上，消除蛋腥味。撒入磨碎的肉豆蔻。
③燉飯盛盤，淋上②的起司醬，再加入打散的蛋黃，增加濃醇感及增色，最後撒些白松露薄片。

018

Tajarin al ragù classico

經典肉醬
手工雞蛋寬麵

雞蛋寬麵是混和麵粉與蛋黃，手
工揉製的長麵，但在當地，粗
細與口感依店家而異。我做的雞
蛋寬麵比較細，看似柔軟其實很
有咬勁。搭配任何醬汁都能感受
到麵的存在感。當地人多是用麵
粉（00型）混合粗粒小麥粉，做
出有嚼勁的麵條，我也是如此。
此外，讓麵團在各種階段乾燥也
是我的作法，這樣能增加麵的口
感，濃縮蛋與麵粉的美味。雞蛋
寬麵可搭配奶醬或肉醬等各種醬
汁，本食譜為各位介紹的是，用
牛絞肉及香腸製作的經典肉醬。

堀江純一郎（Ristorante i-lunga）

ricetta

①製作雞蛋寬麵。將麵粉（00型）、粗粒小麥粉、
全蛋、蛋黃、特級初榨橄欖油、鹽混拌後，搓揉
約5分鐘。包上保鮮膜，放進冰箱冷藏醒麵1小
時。取出麵團，放進製麵機壓薄，切成約15cm
的長度。放在平台上攤開，靜置7～10分鐘，
使其稍微乾燥，再以製麵機切成2mm寬的麵條。
②切好的寬麵放到平台上攤開，用手撥翻數次，
讓空氣混入麵條。將麵條攤平於台上，靜置3～
4分鐘後，翻面再放3～4分鐘。重複二至三次，
使麵條稍微乾燥。假如不易變乾，撒些粗粒小麥
粉。把麵條分成一人份的量、輕揉成團，擺在鋪
了烤盤紙的網架上，再蓋上烤盤紙，置於廚房內

一晚，使其乾燥。
③製作肉醬。牛肉切末，撒些鹽、胡椒，以橄欖
油拌炒後，加入紅酒燉煮，讓酒精成分蒸發。另
取一鍋，倒入切成末的洋蔥、紅蘿蔔、西洋芹、
大蒜、香芹梗、迷迭香、鼠尾草、百里香、杜松子，
用橄欖油仔細拌炒後，放進牛肉末。接著加入巴
薩米克醋、波特酒、瑪薩拉酒，再放丁香及月桂
葉，倒入蓋過鍋中食材的肉湯燉煮。最後以鹽、
胡椒和肉湯調味。
④把雞蛋寬麵放入鹽略多的熱水中煮20～30秒，
瀝乾水分後，與熱肉醬拌一拌。撒上帕瑪森起司
與義大利香芹末拌合，盛盤即完成。

019

Agnolotti dal "Plin"

捏捏餃

捏捏餃就是義式麵餃,意指大大小小的包餡義大利麵,「plin」也是其中之一。麵皮兩端用手指捏壓定型為特徵,朗格地區、阿斯蒂一帶等皮埃蒙特大區南部流傳的料理。餡料豐富費工,以三種烤過的肉混拌煮好的米、菠菜和蛋等,加上麵皮的製作,結合了各種烹飪技術。為了突顯複雜的口感及肉香,加強這道料理給人的印象,所以麵皮擀得比原本薄,彷彿可以透光。餃皮口感滑順,咀嚼時餡料在口中溢出的鮮美形成對比滋味。此外,內餡也常放入融漿起司。

堀江純一郎(Ristorante i-lunga)

ricetta

①製作麵皮。麵粉(00型)、全蛋、鹽、特級初榨橄欖油混拌後,搓揉約5分鐘。包上保鮮膜,放進冰箱冷藏醒麵1小時。取出麵團,放進製麵機反覆壓薄(手放在麵皮下,隱約可見的薄透程度)。切成寬10cm、長度適當的帶狀麵皮。
②製作內餡。牛腿肉、豬里肌肉、兔肉(所有部位分開)撒些鹽、胡椒,和大蒜、迷迭香一起以烤箱烘烤。烤好後放冰箱冷藏,取出變硬的冷肉切成3cm塊狀,以食物調理機攪碎。另取一平底鍋,加熱融化奶油,放入米拌炒,待米粒開始變白,倒入白酒與牛高湯,煮至變軟後,加帕瑪森起司混拌,再以果汁機稍微打碎。菠菜水煮後,

擠乾水分,切碎和大蒜一起拌炒。所有材料混拌,最後加入蛋液拌合。
③把內餡填入擠花袋,在麵皮寬幅中央處,以1.5cm的間隔在麵皮的其中一側擠餡。接著將麵皮對摺,蓋住內餡,手指沾麵粉捏壓內餡兩側,擠出空氣,使麵皮與內餡緊密貼合。再用派皮刀切除多餘麵皮,自捏合處進行分切。
④捏捏餃下鍋以鹽水煮。另取一平底鍋,放入奶油、迷迭香、肉汁(glace de viande,煮稠的小牛汁等濃縮肉湯)加熱,倒入煮好的捏捏餃拌合。撒些鹽、胡椒、帕瑪森起司拌合,盛盤即完成。

Secondo Piatto

020

Bollito misto
水煮肉拼盤

這是北義一帶非常受歡迎的料
理，種類變化很多。一般常用牛
肩肉或牛尾，不過前者肉質易乾
柴，後者又太大，所以使用牛頰
肉、牛舌取代。牛頰肉不乾柴，
又能煮出好滋味。當地人會把煮
完肉的湯汁拿來做燉飯或湯，本
食譜是直接做成湯品。原是連鍋
上桌的料理，在日本的餐廳供應
時，盛裝為一人份。配菜除了當
地必搭的馬鈴薯、高麗菜，還加
上了鮮豔多彩的蔬菜，以及貝涅
托（begnetto 莎莎醬的皮埃蒙特
方言）與芥末糖漬水果。

堀川　亮（Fiocchi）

ricetta

①取一鍋，倒入鹼性水加鹽煮滾，土雞（本食譜
使用栃木縣產的藏王香雞）腿肉、牛頰肉、牛舌
（泡水去血水）下鍋煮。撈除浮沫，煮至不再有浮
沫後，放入洋蔥、紅蘿蔔、西洋芹（連同少量葉
子）、月桂葉、白胡椒粒一起煮。依序撈出煮好
的肉，雞腿肉大約煮 1.5 小時、牛頰肉約 4 小時、
牛舌約 5 小時。牛舌趁熱剝除外皮。
②將牛頰肉、牛舌切成方便入口的大小，煮汁煮
稠，以胡椒調味。
③馬鈴薯、高麗菜、紅蘿蔔、綠蘆筍以鹽水煮過
後，切成方便入口的大小。

④製作莎莎醬。把切成末的水煮蛋、酸豆、酸黃
瓜、鯷魚、洋蔥、西洋芹，與加了白酒醋的麵包
粉、特級初榨橄欖油、少量的大蒜拌合。
⑤肉類與蔬菜盛盤，舀入湯汁。另外附上莎莎醬
及芥末糖漬水果（＊）。

＊ 芥末糖漬水果

以加了芥末籽的糖漿醃漬的果乾或果醬。本食譜使用
的芥末糖漬水果是將義大利產的葡萄汁（mosto）加
核桃等再次煮過。

021

Filetto e animella di vitello alla finanziera

燉雜碎風
香煎小牛菲力肉與胸腺

皮埃蒙特有名的鄉土料理，把小牛腦髓、胸腺肉、雞冠、雞肝、牛肝菌等，以小牛高湯（sugo di carne）、瑪薩拉酒等炒煮而成。有時也會加葡萄酒醋。原本我也想放雞冠，但顧及女性客人可能會排斥，所以只使用了小牛菲力肉與胸腺肉、牛肝菌，另外附上雞肝醬讓客人佐餐。整體味道的印象是希望使人聯想到當地的燉雜碎（finanziera）。

堀川 亮（Fiocchi）

ricetta

①小牛菲力肉撒些鹽、胡椒後，下鍋以奶油加橄欖油大火煎。胸腺肉放入蔬菜高湯煮過後，撒上鹽、胡椒和麵粉，以奶油煎至金黃。
②製作醬汁。將洋蔥末以奶油略炒後，加瑪薩拉酒煮乾水分。過濾後倒回鍋內，把已經泡軟的乾燥牛肝菌連同泡過的水加進鍋裡煮。再加入小牛高湯、蜂蜜煮稠，以鹽、胡椒調味。最後加入鮮奶油、奶油增加稠度。
③製作雞肝醬。洋蔥末以奶油炒成焦糖色，放入清理過的雞肝、瑪薩拉酒一起煮，讓酒精成分蒸

發。再加入月桂葉，待雞肝煮熟後，以食物調理機打碎。倒回鍋中，稍微放涼後，加入奶油增加稠度、白蘭地增加香氣。最後使用網篩壓成泥，以鹽、胡椒調味。
④製作配菜。小洋蔥、櫛瓜、紅蘿蔔淋上橄欖油、撒鹽後，以低溫烘烤。小松菜以鹽水煮。馬鈴薯切丁水煮，煮熟瀝乾後以網篩壓成泥。在煮馬鈴薯的鍋內加少量的鮮奶油煮稠，倒入馬鈴薯泥混拌，以鹽調味。

022

Brasato di stinco di manzo

紅酒燉牛肉

來自紅酒盛產地的肉料理，以大量紅酒慢火燉煮肉塊。把肉的纖維煮至柔軟化口的狀態很重要，必須花 3 ～ 4 小時仔細燉煮。牛肉最好是選用牛腱或頸部等部位，膠質含量多的筋肉，經過長時間燉煮，肉質變軟、鮮味增加。傳統作法是使用皮埃蒙特的紅酒代表品牌「巴羅洛（Barolo）」，但依個人喜好選擇皮埃蒙特產的紅酒即可。我認為酸味明顯的巴貝拉（Barbera）能讓味道濃厚的筋肉變得爽口，相當適合。

堀江純一郎（Ristorante i-lunga）

ricetta

①牛腱肉塊綁上棉繩，撒些鹽、胡椒，以沙拉油煎至表面上色。另取一鍋，倒入巴貝拉（Barbera）紅酒和丁香，加熱煮稠，讓酒精成分蒸發。
②在一烤鍋中，把切成末的洋蔥、西洋芹、紅蘿蔔、大蒜、迷迭香、鼠尾草、百里香，以及新鮮月桂葉、杜松子以橄欖油拌炒，撒些鹽、胡椒。
③將①的肉塊與紅酒倒進②的鍋內，加水、蓋上鍋蓋，放進 180 度的烤箱燉烤 3 小時。肉塊燉至竹籤可輕鬆穿透的狀態即可。
④取出肉塊，包上保鮮膜，放涼後密封保存。麵粉以肉湯調和，倒入煮汁內增加稠度，煮稠後以鹽、胡椒調味，做成醬汁。肉塊與醬汁皆放進冰箱冷藏三天。食用前，將肉切成 2 ～ 3cm 的塊狀，和醬汁一起加熱。
⑤製作玉米糊。在煮滾的熱水裡加入鹽、特級初榨橄欖油、玉米粉（皮埃蒙特產的石臼碾磨玉米粉），邊煮邊攪拌，煮 1 小時。
⑥玉米糊舀入盤內，盛入紅酒燉牛肉，最後撒上義大利香芹。

023

Arrosto di agnello
alle erbe aromatiche e aglio

大蒜香草風味烤小羊肉

一般餐廳的小羊肉料理多是將背肉烤成玫瑰色澤。這種作法讓小羊肉的味道溫和、口感柔嫩，吃起來很美味，但我認為小羊肉的魅力不只如此。我經常做這道料理，頸部或腹肉塊以低溫火慢慢烤掉水分及油脂，外觀和味道都很厚重夠味。自肉、蔬菜、香草釋出的水分、油脂，以及增添風味而加的白酒，在煮稠燒乾水分後，形成融為一體的鮮香附著在肉上，讓肉呈現有如焦糖化的狀態。這是皮埃蒙特的傳統技法，可以品嘗到無比濃郁、與細膩形成強烈對比的鮮味。還在當地工作時，復活節等節日常做這道料理。

堀江純一郎（Ristorante i-lunga）

ricetta

①備妥小羊頸肉與帶骨五花肉塊，平底鍋內倒入橄欖油加熱，羊肉下鍋低溫慢煎，煎出表面的水分及油脂。過程中撒些鹽、胡椒，因為羊肉會再釋出水分，所以要繼續煎至水分蒸散。
②接著加入洋蔥、紅蘿蔔、切成小塊的西洋芹、帶皮大蒜、迷迭香、鼠尾草、百里香、杜松子、新鮮月桂葉，撒些鹽、胡椒，煎至蔬菜的水分消失。倒入白酒，放進 180℃的烤箱烤約 2 小時。過程中不時將肉翻面、補充白酒。
③取出肉塊，包上保鮮膜，放在溫暖的場所。煎烤完的湯汁加白酒與肉湯煮稠，過濾做成醬汁。
④帶皮馬鈴薯（本食譜是使用紅皮黃肉的 Star RuLy 馬鈴薯）以鹽水煮 10 ～ 20 秒，對半切開後，和拍碎的大蒜、迷迭香、鹽、胡椒、橄欖油一起放進 180℃的烤箱烤至變軟。
⑤把小羊肉分切成 1 人份的量，淋上少量醬汁，以烤箱高溫加熱，特別煎封切口鎖住肉汁。盛盤、淋醬汁，以香草做裝飾，旁邊再擺上④的馬鈴薯和大蒜。

024

Panna cotta con nocciole

榛果義式奶酪

傳統的義式奶酪是將鮮奶油加熱後，加入明膠或蛋白使其凝固。現在為了減輕濃郁感，加入牛奶已成為主流作法。我也試著加入鮮奶油二分之一量的牛奶。但成品的味道卻像牛奶凍一樣清淡，口感也太滑嫩。軟稠帶點黏性才是奶酪的特色，於是我重新調整明膠的用量與混拌時間，總算做出那種獨特的口感。另外，因為皮埃蒙特的特產是榛果，所以我也加了自製的榛果糊。除了口感黏密，堅果香氣增添風味，讓這道甜點美味倍增。

堀江純一郎（Ristorante i-lunga）

ricetta

①將烤過的榛果以食物調理機打碎後，攪拌至出油的黏稠糊狀。
②鮮奶油與牛奶以2：1的比例拌合，加入細砂糖、①的榛果糊加熱煮滾。再加入泡水溶解的吉利丁片，煮融後放涼。
③把細砂糖煮成焦糖，倒入布丁模鋪底，再倒②

的榛果奶糊，放進冰箱冷藏凝固。
④製作榛果糖。烤過的榛果和細砂糖一起下鍋煮成焦糖狀。倒入托盤等物鋪平，冷卻凝固後，以食物調理機打碎即完成。
⑤將③的奶酪脫模、盛盤，擺上草莓與薄荷葉做裝飾，旁邊再撒些④的榛果糖。

025

Terrina alla gianduia con salsa di lampone

榛果巧克力蛋糕佐木莓醬

杜林近郊至皮埃蒙特大區南部的朗格地區是榛果的一大產地。巧克力與榛果組合的糕點，種類相當豐富。當中又以榛果巧克力蛋糕（gianduia）、榛果巧克力（gianduiottio）特別有名。在餐廳供應時，保留黏稠的口感，做成份量較少的甜點，搭配非常對味的木莓醬。

堀川　亮（Fiocchi）

ricetta

⑴巧克力切碎煮融後，加入奶油。再加入榛果糊、濃縮咖啡、蘭姆酒、煮溶的吉利丁。接著加入拌勻的蛋黃和細砂糖、義式蛋白霜、打至六分發的鮮奶油輕輕混拌。最後放入烤過並切碎的榛果。
⑵倒入長方形烤模，冷藏凝固。

⑶分切盛盤，舀入醬汁。擺上配料、薄荷葉做裝飾，撒些糖粉。醬汁是覆盆子加細砂糖煮成，配料是沾了白巧克力的覆盆子，及裹上焦糖的榛果。

026

Dolci piemontesi

皮埃蒙特的茶點拼盤

好吃的醜餅乾 Brutti ma buoni
貴婦之吻 Baci di dama
貓舌餅 Lingue di gatto
賽伊拉斯起司小點 Ballotti di seirass
沙巴雍 Zabaione

皮埃蒙特的糕點豐富多元，本食譜選出幾款做成餐後配茶的小餅乾（petit beurre）拼盤。包含好吃的醜餅乾（brutti ma buoni）是肉桂風味的蛋白霜烤餅、口感鬆酥的貴婦之吻（baci di dama），以及可能是受法國影響而誕生的貓舌餅（lingue di gatto，法文的 langue de chat）、將賽伊拉斯起司麵團沾麵包粉油炸的賽伊拉斯起司小點（ballotti di seirass）。裝在小盅裡的沙巴雍（zabaione）源自皮埃蒙特，其實就是蛋黃醬，現已成為全國普及的甜點。除了用湯匙舀食，沾餅乾或水果吃的人也很多，因此有時會搭配貓舌餅。

堀川　亮（Fiocchi）
ricetta P50

#010　Antipasto

俄羅斯沙拉
Insalata russa

①鍋裡加入水、新鮮月桂葉、丁香和鹽，煮滾後倒一點紅酒醋，做成煮汁。月桂葉有著清爽的甜香，丁香和紅酒醋十分對味。在煮汁裡依序加入切成 7～8mm 小塊狀的黏質馬鈴薯（本食譜是用紅皮黃肉的 Star Ruby 馬鈴薯）、紅蘿蔔、洋蔥，煮至軟透後瀝乾煮汁，趁熱撒上鹽、胡椒、紅酒醋備用。
②將粉質馬鈴薯（本食譜是用男爵馬鈴薯）去皮，以相同的煮汁煮，瀝乾水分，撒上鹽、胡椒、紅酒醋，用網篩等壓成泥。
③豌豆以鹽水煮過後，瀝乾水分。
④製作醬汁。將洗掉鹽分的鹽漬酸豆、鯷魚、鮪魚切碎後，加入自製的美乃滋（蛋黃、鹽、白酒、沙拉油混拌而成）、羅埃洛阿涅斯白酒（Roero Arneis）、紅酒醋、肉汁（＊1）、②的馬鈴薯泥拌合。
⑤將①和③的蔬菜全部與醬汁拌勻，試吃調整味道。放進冰箱冷藏一～兩天再食用。

#011 Antipasto

鮪魚醬小牛肉
Vitello tonnato

①熬煮蔬菜高湯（洋蔥、紅蘿蔔、西洋芹、鼠尾草、迷迭香、香芹梗、丁香、杜松子、新鮮月桂葉、鹽、白胡椒粒、白酒、水），煮出香味後，再加入紅酒醋、綁上棉繩的小牛腿肉塊（1kg 以上）。保持微滾狀態，讓肉的中心溫度升高至 35℃ 以上（若是使用退冰至常溫的肉，約莫煮 20 分鐘）。
②取出肉塊，趁熱淋上紅酒醋，以保鮮膜包好，置於常溫下，利用餘溫讓肉變成粉嫩的玫瑰色。放涼後，置於冰箱冷藏保存。
③製作鮪魚醬。以蛋黃、鹽、白酒醋、沙拉油混拌成質地略稠的美乃滋。接著拌入切碎的鯷魚、鹽漬酸豆、鮪魚（本食譜是用義大利的鮪魚罐頭）、奧勒岡。再加入紅酒醋、羅埃洛阿涅斯白酒（Roero Arneis）、肉汁（＊1）、壓成泥的水煮蛋黃混拌，試吃調整味道。放進冰箱冷藏兩天，使其入味。
④小牛肉切成薄片，鋪排於盤內，中央舀放鮪魚醬，擺上細葉香芹做裝飾。

#012 Antipasto

豬網油豬肝卷
Griva

①把切成 1cm 塊狀的豬肝、鹽、胡椒、帕瑪森起司、切成末的大蒜和迷迭香、切碎的焦糖紫洋蔥（＊2）、瑪薩拉酒、蛋混拌後，揉成漢堡肉排狀。攤開豬網油，中央擺上新鮮月桂葉，再放豬肝排，大略包好。
②鍋內倒入橄欖油，將豬肝卷有月桂葉的那面先下鍋煎，兩面都煎至焦香。澆淋白酒醋，放進 180℃ 的烤箱烤 4 分鐘，使中心熟透。
③製作配菜。雞油菇以橄欖油拌炒，撒些鹽、胡椒，加入大蒜末與紅蔥頭泥（將紅蔥頭和沙拉油倒入果汁機攪打）一起炒。倒入白酒醋煮乾水分後，再加牛高湯及肉汁（＊1）煮稠。
④製作醬汁。以奶油拌炒切成薄片的紫洋蔥和月桂葉，炒軟後加粗糖、鹽、胡椒、巴薩米克醋、瑪薩拉酒、波特酒一起煮，煮至酒精成分蒸發。倒入果汁機打碎、過濾，再倒回鍋裡加熱，加入奶油麵粉糊（beurre manie）增加稠度。
⑤將烤好的豬肝卷盛盤，旁邊放炒過的雞油菇，撒上義大利香芹末，舀入醬汁。

＊ 1 **肉汁（glace de viande）**
煮稠的小牛汁等濃縮肉湯。

＊ 2 **焦糖紫洋蔥**
切成薄片的紫洋蔥和月桂葉以奶油慢炒。炒軟後，加粗糖、鹽、胡椒、巴薩米克醋煮至稠狀。

堀江純一郎（Ristorante i-lunga）

ricetta

#013 Antipasto

馬肉韃靼
Carne cruda

①將馬菲力剁碎。以
叉子壓碎大蒜,使蒜
香留在叉子上。依序
在肉上加鹽、胡椒、
鯷魚、檸檬汁、特級
初榨橄欖油,以叉子
拌合。
②製作淋醬。把鯷
魚、檸檬汁、特級初
榨橄欖油以果汁機打勻。
③馬肉盛盤,一旁擺上削成薄片的帕瑪森起司和
生菜沙拉。淋上②的淋醬與打散的蛋黃。

堀江純一郎（Ristorante i-lunga）

---

ricetta

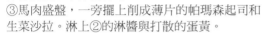

#026 Dolce

皮埃蒙特的茶點拼盤
Dolci piemontesi

好吃的醜餅乾 Brutti ma buoni
在蛋白中加入多一倍分量的砂糖打發,做成蛋白
霜。接著放入切碎的烤榛果與杏仁、香草糖、肉
桂混拌,下鍋加熱。待麵糊開始會黏鍋底時,關
火,以湯匙將麵糊舀至烤盤。放進烤箱,將溫度
調至比一般烤蛋白霜略高,約 130℃。

貴婦之吻 Baci di dama
奶油加糖粉搓拌,再加入低筋麵粉、杏仁粉稍
微揉拌。靜置一會兒後,揉成小圓球狀,放進
170℃的烤箱烤。放涼後,先取一片,在平整的
那一面塗上融化的巧克力,再取一片交疊密合。

貓舌餅 Lingue di gatto
奶油加糖粉仔細搓拌,再加入蛋白、低筋麵粉、
香草糖混拌。也可加些磨碎的檸檬皮。靜置一會
兒後,填入擠花袋,擠成細長條狀,放進 180℃
的烤箱烤。

賽伊拉斯起司小點 Ballotti di seirass
刨除賽伊拉斯起司（＊）的表面,清乾淨後磨
碎。取一調理碗,倒入蛋黃、砂糖、蜂蜜打發,
接著加肉桂、肉豆蔻、白胡椒,以及磨碎的賽伊
拉斯起司拌合,再加低筋麵粉大略混拌。靜置一
會兒後,將麵團揉成小圓球狀。撒上低筋麵粉,
沾裹蛋液、麵包粉,放進豬油和沙拉油各半的油
鍋裡,以低溫油炸。

＊ 賽伊拉斯起司

正式名稱是「Seirass del Fen」。把羊奶、牛奶或
兩種奶混合的乳清加鹽,裝進瀝水袋脫水製成的
Giunca' 起司（Giunca' 是皮埃蒙特的方言,意即瑞
可達起司）,用稻草包覆,靜置熟成。這是在杜林
省西南部特定溪谷地帶製作的起司。本食譜建議使
用散發熟成香氣前的輕熟成款。

沙巴雍 Zabaione
蛋黃加細砂糖、辣味瑪薩拉酒（Marsala Secco）
隔水加熱,攪拌至呈現黏稠狀即完成。

堀川　亮（Fiocchi）

利古里亞大區
LIGURIA

●利古里亞大區的省與省都

因佩里亞省（Imperia）……因佩里亞市
薩沃納省（Savona）……薩沃納市
熱那亞省（Genova）……熱那亞市（大區首府）
拉斯佩齊亞省（Provincia della Spezia）……拉斯佩齊亞市

利古里亞大區的特徵

有如沿著利古里亞海畫出大圓弧的利古里亞大區面積其實很小，約莫只有相鄰的皮埃蒙特大區的五分之一。海岸線旁就是山，平原又少。圓弧東側的雷萬特海岸（Riviera di Levante）地勢傾斜陡峭，相較之下，西側的波內德海岸（Riviera di Ponente）就比較平緩。

雖然位處義大利北部，周圍的群山阻隔了冷空氣，造就溫暖的氣候。因此，人們自古就在丘陵地帶堆砌石牆、闢墾梯田。儘管環境嚴苛，無法使用大型耕作機械，還是種植出各種蔬菜、水果與鮮花。當中最值得一提的就是橄欖。小顆的塔加斯卡黑橄欖，壓榨出來的油，色澤金黃、風味細膩，果實也被當作餐用橄欖食用。

回顧歷史，這裡曾是繁榮的海洋國家熱那亞共和國，遠至伊斯蘭諸國，以及西班牙、希臘、西西里島等皆有往來，料理也受到影響。

使用鷹嘴豆粉製成的鷹嘴豆烘餅（farinata）令人聯想到西西里島的炸鷹嘴豆泥餅（panelle）；發酵乳醬汁與希臘的醬汁如出一轍。傳統義大利麵也是從西西里島傳入。相較於同為繁盛海洋國家的威尼斯將香料運用在料理中，熱那亞只使用周邊可取得的香草。也許是因為當時貴重的香料被視為商品，人們無法拿來做成料理享用。

利古里亞大區的料理特色是，以橄欖油的香醇為底，活用各式各樣的香草。最具代表性的就是，羅勒香氣滿溢的熱那亞青醬（Pesto alla Genovese）。此外，面海的地形使此處誕生出許多海鮮料理，但活用豐富蔬菜的料理反倒成為特色。甜點方面，當地人代代傳承糖漬水果的技術，至今在熱那亞或薩沃納仍有專門的工坊。

聖雷莫海岸為利古里亞海沿岸的渡假聖地。

利古里亞大區的傳統料理

＊**細扁麵 trenette**……斷面呈現紡錘形的義大利長麵。

＊**特飛麵 trofie**……形似短扭繩的義大利短麵。

＊**鷹嘴豆烘餅 Farinata**……以鷹嘴豆粉製作，厚約 5mm 的烤餅。除了原味，還有放迷迭香、朝鮮薊、小洋蔥、利古里亞經典起司（Stracchino）、古岡左拉起司、香腸、鯷仔魚（沙丁魚幼魚）等的口味。

＊**雷科佛卡夏 Focaccia di Recco**……據說源自雷科的薄烤佛卡夏。吃的時候會夾入利古里亞經典起司等新鮮起司一起吃。

＊**熱那亞青醬 pesto alla genovese**……將葉片小、呈湯匙彎曲狀的羅勒與松子、大蒜、佩克里諾沙多起司（pecorino Sardo）、鹽、橄欖油混拌而成的醬汁（傳統作法是以研磨缽製作）。

＊**糖醋鱈魚乾 Stoccafisso in agrodolce**……泡軟的鱈魚乾以橄欖油炒過後，加入葡萄酒醋、砂糖等燉煮。還可以加松子、葡萄乾。

＊**牛五花肉卷 Cima alla genovese**……小牛五花肉填餡，以清湯煮過並壓製的冷盤料理。切成薄片食用。填餡使用小牛胸腺、牛腦髓、牛乳房、松子、豌豆、馬鬱蘭、大蒜、帕瑪森起司等混拌而成。有時也會加入整顆水煮蛋。

＊**番茄燉牛胃與馬鈴薯**

＊**熱那亞風味肉丸 Polpettine alla genovese**……炸肉丸。將小牛絞肉、煮過切碎的牛乳房、泡軟並切碎的乾燥蕈菇、馬鬱蘭等混拌成球狀，下鍋油炸。

＊**8 字麵 Corzetti alla polceverasca**……將切成短棒狀的麵團用兩根手指壓扁兩端，扭轉做成 8 字形的義大利短麵。polceverasca 意指「polcevera 溪谷的」。在其他地區，一般是將木製壓模壓成獎牌形的義大利麵稱為 corzetti（徽章麵），這種比較受歡迎。

＊**蔬菜麵餃 Pansotti**……拌裹核桃醬汁的蔬菜麵餃。傳統作法是使用早上採的七種蔬菜，現在則是選用莙薘菜、琉璃萵苣（borragine／borage）等方便取得的蔬菜。形狀很多，有半月形或餛飩形等。

＊**豆子湯 la mes-ciua**……以菜豆、鷹嘴豆、麥子煮成的湯。

＊**橄欖、洋蔥、番茄佛卡夏**……據說早期是用榨完油的橄欖做成佛卡夏。種類豐富、口味多元，還有添加切碎的鼠尾草或迷迭香的佛卡夏。

＊**起司蔬菜鹹派 Torta pasqualina**……以瑞可達起司、莙薘菜、蛋為內餡的鹹派。在復活節吃是傳統習俗。

＊**朝鮮薊塔**　　＊**櫛瓜米塔**

＊**烤鑲餡蔬菜**……在櫛瓜、洋蔥、茄子、番茄、甜椒等蔬菜內填入馬鬱蘭風味的內餡（麵包內層、火腿、蛋、起司等），以烤箱烘烤。

＊**香芹風味朝鮮薊 Carciofi in tegame**……把煮過的朝鮮薊放進平底淺鍋（tegame），加入橄欖油、大蒜、義大利香芹、白酒炒煮。

＊**朝鮮薊烘蛋**……朝鮮薊加入麵包粉（mollica，麵包白色部分乾燥而成）、馬鬱蘭做成的煎蛋。

＊**香芹檸檬風味的水煮鯷仔魚沙拉**

＊**鯷仔魚烘蛋 Frittata di bianchetti**……加了沙丁魚幼魚的煎蛋。

＊**醋漬魚 Pesce in scapece**……將牛眼鯛（bogue 鯛魚的一種）等小魚油炸後，以醋醃漬。

＊**番茄燉鯷魚 Bagnùn di acciughe**……搭配羅勒風味的加列塔麵包（galletta 小圓形扁麵包）一起享用。

＊**利古里亞海鮮沙拉 Cappon magro**……把調理過的七～八種海鮮與當季蔬菜擺在沾過葡萄酒醋

利古里亞大區的特產

的加列塔麵包（galletta 小圓形扁麵包）上，擺成金字塔狀。傳統習俗是在聖誕夜等節日吃。

＊番茄海鮮湯 Ciuppin

＊番茄燉海鮮 Buridda……以前是使用鱈魚乾，近年來也會選用各種鮮魚製作。

＊綠蔬燴花枝 seppie in zimino……番茄燉花枝與蔬菜。

＊炸鹽漬鱈魚乾佐發酵乳醬 Fritto di baccalà, salasa latte cagliata……latte cagliata 是成為起司前的凝乳。

＊炸鱈魚乾佐蒜醬

＊紅酒燉兔肉加黑橄欖與松子

＊水煮牛肉沙拉……水煮牛肉切成薄片後，以鰻魚、酸豆、橄欖油、葡萄酒醋調味做成沙拉。基本上是搭配加列塔麵包（galletta 小圓形扁麵包）一起吃。

◎穀類、豆類

＊菜豆　　＊玉米

◎蔬菜、水果

＊櫛瓜　　＊朝鮮薊

＊長櫛瓜 Trombetta……形似伸縮喇叭的淺綠色櫛瓜＜薩沃納省＞

＊番茄　　＊塔加斯卡橄欖

＊栗子　　＊桃子、杏桃

◎香草

＊熱那亞羅勒 basilico genovese DOP……布拉鎮（Bra）產的特別有名。

＊馬鬱蘭、迷迭香、鼠尾草、百里香、琉璃苣（borragine ／ borage）

◎海鮮類

＊蝦＜聖雷莫（Sanremo）＞

＊鯛魚、紅點海鯡鯉、銀魚、星鰻、青花魚

◎肉類

＊牛　　＊豬　　＊兔　　＊雞

◎水產加工品

＊鹽漬利古里亞海鯷魚 acciughe sotto sale del Mar Ligure IGP

◎起司

＊布魯茲起司 bruzzu……口感綿密，以羊奶製成的新鮮起司。

＊阿爾瓊緹那溪谷起司 formaggetta della Valle Argentina……製作於阿爾瓊緹那溪谷，以山羊奶、羊奶、牛奶或混合奶做成的新鮮起司。

＊普列許希瓦起司 prescinsêua……以牛奶製成帶

有酸味的新鮮起司。

＊桑斯代起司 san stè……以牛奶製作的硬質起司，熟成六十天以上。

◎加工肉品

＊聖奧爾切塞莎樂美腸 salame di San Olcese……以 50％的布魯納高地（Bruna Alpina）牛肉或皮埃蒙特牛肉混合 50％的豬肉做成的莎樂美腸。聖奧爾切塞是主要產地。

＊莫斯塔代拉莎樂美腸 mostardella……牛、豬肉各半做成略粗的莎樂美腸。直接生吃，或是切成厚片淋上白酒烤過再享用。

＊豬頭肉凍 testa in cassetta……將豬肩肉與豬頭肉水煮、撥散，再以豬網油包好後，放進四方形的模子重壓定型。

◎橄欖油

＊利古里亞海岸（里維耶拉）Riviera ligure DOP

◎麵包、糕點

＊加列塔麵包 galletta……小圓形扁麵包。

＊卡爾帕西那麵包 carpasinna……以大麥粉製作的硬麵包。泡水變軟後，以橄欖油、大蒜、番茄、鯷魚、羅勒調味，做成沙拉。

＊恰普麵包 ciappe……口感酥脆的極薄橢圓形麵包。

＊熱那亞佛卡夏 focaccia genovese……加了大量橄欖油的佛卡夏。

＊小冊子麵包 libretto……外形類似書本翻開的小麵包。

＊栗子蛋糕 castagnaccio……栗子粉拌成糊，撒上松子與葡萄乾的烘焙點心。黏密的口感是其特徵，分切後享用。

＊卡尼思脆莉 canestrelli……以快速派皮製作的

瑪格麗特造型餅乾。

＊潘朵契蛋糕 pandolce genovese……加了葡萄乾、糖漬水果的發酵麵團做成的麵包。特徵是比托尼甜麵包（Panettone）更細緻的口感。

＊拉加契歐麵包 lagaccio……口感類似麵包脆餅（rasku）的橢圓形甜點麵包。

慢食捍衛運動（Presidio Slow Food）標籤

＊巴達盧科（Badalucco）產的皮尼亞菜豆（Pigna）、蔻尼奧菜豆（Conio）

＊韋薩利科（Vessalico）產的大蒜

＊阿爾本加（Albenga）產的紫蘆筍

＊佩里納爾多（Perinaldo）產的維歐列塔朝鮮薊（Violetta）

＊卡利扎諾（Calizzano）與穆里亞爾多（Murialdo）產的栗子……置於石造屋（tecci）使其乾燥。

＊瓦爾加（Valleggia）產的杏桃

＊薩沃納產的苦橙（chinotto）……柑橘類的一種，因為直接使用會有苦味，通常是做成糖漬或糖漿醃漬等的加工品。

＊諾利（Noli）產的 Ciciarelli……類似沙 的細長小魚。

＊維多溪谷（Val d'Aveto）產的卡巴尼那乳牛（cabannina）

＊瓦拉溪谷（Val di Vara）產的黑雞……體型偏大，產蛋量多。

＊比里卡斯加羊奶（brigasca）製成的多姆起司（Tome）

027

Testaroli al pesto genovese
熱那亞青醬千層派

Focaccia con patate al rosmarino
迷迭香風味馬鈴薯佛卡夏

Torta di carciofi e patate
馬鈴薯朝鮮薊塔

試著將利古里亞大區的鹹食麵點做成前菜。圖右的千層派（testaroli）是類似可麗餅的食物。原始作法是將寬麵般的麵皮以炭火烘烤，如今在當地已不復見。本食譜介紹的是當地媽媽傳授的千層蛋糕風作法；利古里亞的佛卡夏（圖左）歷史悠久，據說這個從利古里亞傳至拿坡里後，成為披薩的原型。製作重點在於表面的馬鈴薯很薄，彷彿與麵皮合而為一；塔派（圖中）是以義大利麵般的麵皮包覆馬鈴薯與朝鮮薊做成的內餡，烤成頗具份量的小點。馬鬱蘭風味的內餡象徵利古里亞的特色。

小塚博之（LA LUNA）

ricetta

● **熱那亞青醬千層派**
①將麵粉（０型）、蛋、鹽、胡椒拌合，加入牛奶避免麵糊結塊。
②平底鍋倒入橄欖油加熱，舀入麵糊煎成薄餅狀，約煎八片的量。
③將每一層麵皮塗上熱那亞青醬（作法請參閱P63），層層疊起後，置於常溫下，稍微放涼、分切成小塊。

● **迷迭香風味馬鈴薯佛卡夏**
①將麵粉（０型）1kg、酵母粉 8g、鹽 18g、溫水 610g、橄欖油 100g 倒入攪拌盆，揉拌約 15分鐘。放進冰箱冷藏一晚，進行低溫發酵。
②取出麵團分成 2 份，以 27～34℃的溫度進行二次發酵。
③放在烤盤上壓薄攤平，表面鋪放切成薄片的馬鈴薯。撒些細粒岩鹽、迷迭香與帕瑪森起司，淋上特級初榨橄欖油，放進烤箱，以下火 230～250℃烤約 10 分鐘。

● **馬鈴薯朝鮮薊塔**
①製作塔皮。將麵粉（０型）1kg、橄欖油100g、水 480g 混拌揉合。壓薄後，鋪入塔模。再準備一塊塔皮，當作上蓋備用。
②製作內餡。朝鮮薊清乾淨後，切成薄片，以檸檬水浸泡。在平底鍋內加大量的橄欖油及蒜末加熱炒出香氣，接著把切成末的馬鬱蘭與義大利香芹、朝鮮薊薄片下鍋拌炒。再加白酒、鹽、胡椒，煮至所有材料變軟。
③將整顆馬鈴薯蒸熟，去皮，放進調理碗。加鹽、胡椒、特級初榨橄欖油、奶油，以叉子壓爛混拌，靜置放涼。
④在①的塔模內依序疊放馬鈴薯、朝鮮薊、帕瑪森起司、朝鮮薊、馬鈴薯，最後再放入帕瑪森起司及切塊的塔雷吉歐起司，蓋上塔皮蓋，像是包餃子似的將邊緣捏合。
⑤淋上特級初榨橄欖油，放進烤箱，以 180～200℃烤約 35 分鐘。

028

Cima alla genovese

熱那亞風味牛肉卷

熱那亞風味牛肉卷原本是將小牛肉的絞肉，加入小牛腦髓或胸腺肉等內臟，做成內餡填入小牛五花中，再以清湯煮熟的料理。但在當地，不同地方的內餡仍有差異。但因為部分的內臟類在日本買不到，所以本食譜是以小牛肉加豬背脂、蕈菇或蔬菜、水煮蛋做成填餡。由於味道已經很足，只淋橄欖油即可，也可依個人喜好搭配綠莎莎醬等其他佐醬。

小塚博之（LA LUNA）

ricetta

①在小牛五花肉上剖一刀，使其變成袋狀。
②製作內餡。小牛肉與豬油以 8：2 的比例混拌，做成絞肉。再加入切成骰子狀的小牛肉、已用水泡軟並切成末的乾燥牛肝菌、馬鬱蘭、蒜末、水煮過的豌豆、鹽、胡椒拌合。
③將內餡填入小牛五花，放入兩個水煮蛋，以粗

針與料理棉繩縫合切口。以乾淨的布包好，放入煮滾的蔬菜高湯煮約 2.5 小時。
④煮好後留在湯裡冷卻，取出後，擺上約整體重量 30% 的重物，放進冰箱冷藏一晚。
⑤取出肉卷、拆線，切成薄片，淋些特級初榨橄欖油。

029

Cappon magro

利古里亞海鮮沙拉

誕生於海洋帝國熱那亞一帶的「海鮮蔬菜沙拉」。原為漁夫料理，後來變成精緻的貴族料理，甚至有了「沙拉女王」的封號。如今多是當作聖誕夜等節日的料理。左圖的擺盤是以各項食材都能被看見的方式呈現，不過原本的作法是將十幾種食材堆疊成金字塔狀，營造出華麗感。儘管現代無論海鮮或蔬菜多半只以水煮烹調，但我認為過去或許也有使用乾貨或鹽漬、油漬的海鮮加工品。雖然本食譜是選用油漬青花魚製作，若以日本特產的鰈魚乾或鱈魚乾（棒鱈）等應該也不錯。這道料理不是冷菜，是在常溫的狀態下食用。

堀江純一郎（Ristorante i-lunga）

ricetta

①烹調海鮮類。龍蝦、小蝦（本食譜是使用新潟縣產的妙高雪蝦）連殼放進鹽水煮，去除腹部的殼與腳。小卷去除口、眼球等部位，放進鹽水煮。淡菜和岩牡蠣連殼以白酒蒸熟，淡菜去除一邊的殼，岩牡蠣只取肉。石頭魚去除鰭與皮，以鹽水煮過後，切成一口大小。
②前一天製作油漬青花魚。青花魚切成兩片，帶骨以鹽水煮，和大蒜、迷迭香、杜松子、橄欖油一起真空密封，放進冰箱冷藏醃漬一天。
③烹調蔬菜類。櫛瓜和紅蘿蔔切成略厚的斜片，

馬鈴薯也切成略厚的片狀，放進鹽水煮。豇豆莢同樣以鹽水煮。綠花椰菜分成小朵、西洋芹切段、牛肝菌切成四塊，放進加了鹽、丁香、新鮮月桂葉、紅酒醋的熱水裡煮軟。
④製作綠莎莎醬。將義大利香芹、酸豆、黑橄欖、松子、水煮蛋的蛋黃、白酒醋、特級初榨橄欖油倒入果汁機打勻。
⑤組裝盛盤。將海鮮與蔬菜交疊成金字塔狀，綠莎莎醬舀放在空隙處。撒上煮過的魩仔魚、金箔做裝飾。

030

Zuppa di ceci

埃及豆湯

義大利各地都有埃及豆（鷹嘴豆）湯，當中又以利古里亞的最有名。這道湯因為是每年 11 月「諸聖節（Festa dei santi ）」的料理而普遍傳開，就連我以前工作過的皮埃蒙特大區，每到那個時期，餐廳皆會供應。原本只使用埃及豆，為了提升美味度，我加了近四成鮮味濃郁的白腰豆。另外，豆湯多半會放莙薘菜，本食譜則是以風味佳的奈良產小松菜代替。

堀江純一郎（Ristorante i-lunga）

ricetta

①在大量的水中加入新鮮月桂葉、迷迭香、百里香、鼠尾草、拍碎的大蒜、特級初榨橄欖油做成浸泡液。埃及豆（鷹嘴豆）和白腰豆洗淨後，放進浸泡液泡一晚，使其變軟。
②分別將兩種豆子連同浸泡液下鍋煮，變軟後加鹽，煮至中心熟透（埃及豆約煮 1.5 小時、白腰豆視乾燥情況而異，大約 3 小時）。
③把切成末的洋蔥、紅蘿蔔、西洋芹、大蒜、西洋芹梗、以水泡軟並切末的羊肚菌（morille）、

醃豬背脂以橄欖油拌炒，做成調味菜。接著加番茄醬汁混拌，再把兩種豆子連同適量的煮汁倒入鍋裡，煮約 30 分鐘至入味。取出少量的豆子，剩下的以果汁機打成泥。
④小松菜水煮後切碎，以橄欖油拌炒。倒入③的豆泥與取出的豆子一起加熱，以豆子的煮汁調整濃度，加鹽、胡椒調味。
⑤盛盤，淋上特級初榨橄欖油、撒上白胡椒。

031

Minestrone di trippa alla ligure

利古里亞風味什錦牛胃湯

使用大量的熱那亞青醬做成的利古里亞風味什錦湯。牛胃加菜豆及蔬菜，份量十足。不過，羅勒的清香很爽口，讓人一口接一口。原本在義大利是混合第一～第三胃來製作，本食譜使用的是第二胃（蜂巢胃）加第三胃（重瓣胃）製作。

小塚博之（LA LUNA）

ricetta

①鍋裡放入橄欖油與拍碎的大蒜，加熱炒出香氣後，加入紅蘿蔔、洋蔥、切成小塊的西洋芹，拌炒至充分釋出甜味。
②接著將預先煮過並切成條狀的蜂巢胃、重瓣胃下鍋炒，再加入清湯燉煮。過程中倒入以水泡軟

的白腰豆，以及切成末的迷迭香、鼠尾草、醃豬背脂一起煮。
③最後加進大量的熱那亞青醬（作法請參閱「63」），淋上特級初榨橄欖油、撒些帕瑪森起司即完成。

032

Trofie al pomodoro fresco e pesto

鮮茄羅勒醬特飛麵

特飛麵是將麵粉加水和鹽揉成的
麵團,以手掌搓成短繩狀的義大
利麵。帶有黏性的口感。一般作
法是使用代表利古里亞的羅勒醬
拌合,本食譜是以番茄醬汁為主
體,羅勒醬僅為點綴效果。其實,
這樣的吃法也很常見,可以感受
到兩種醬汁確實很對味。當地
生產一種外形奇特的「牛心番茄
(cuore di bue tomato)」,做出
來的番茄醬汁,香氣與味道都非
常棒。我的餐廳是將番茄連皮帶
籽一起煮,再過濾做成濃縮醬汁。
只要在料理中加入果肉做成的醬
汁,就能充分品嚐到新鮮番茄,
那滋味肯定不輸當地的醬汁。

堀江純一郎(Ristorante i-lunga)

ricetta

①製作特飛麵的麵團。將麵粉(法國麵包用的高、
中、低筋混合粉)加鹽和水混拌、揉勻。以保鮮
膜包好,放進冰箱冷藏醒麵 2 小時。重覆一次相
同的步驟後,再次揉勻麵團、密封保存,放進冰
箱冷藏一晚。
②取極少量的麵團以雙手的掌心揉圓,再搓成長
條狀。最後以雙手用力搓合,在麵條上留下指印。
③製作番茄醬汁。新鮮番茄水煮後去皮,切開去
籽,果肉切成小塊狀。取一鍋將籽連皮加鹽,煮
至收汁備用(A)。另取一鍋,倒入大蒜末與紅

蔥頭泥(紅蔥頭加沙拉油以果汁機打勻)以橄欖
油拌炒,炒出香氣後,加羅勒一起炒。接著放入
切成小塊的番茄,撒些鹽、胡椒,煮至收汁,再
加過濾的 A 醬汁,再次煮稠。
④製作羅勒醬。將羅勒、松子、核桃、大蒜、帕
瑪森起司、特級初榨橄欖油、鹽、胡椒倒入果汁
機,打成糊狀。
⑤特飛麵放進加了鹽的熱水煮。同時加熱番茄醬
汁,以特級初榨橄欖油與帕瑪森起司調味後,拌
裹煮好的特飛麵。盛盤,周圍淋上些許羅勒醬。

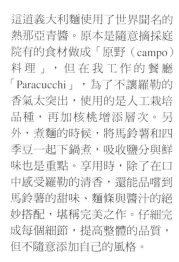

033

Trenette al pesto genovese

熱那亞青醬細扁麵

這道義大利麵使用了世界聞名的熱那亞青醬。原本是隨意摘採庭院有的食材做成「原野（campo）料理」，但在我工作的餐廳「Paracucchi」，為了不讓羅勒的香氣太突出，使用的是人工栽培品種，再加核桃增添層次。另外，煮麵的時候，將馬鈴薯和四季豆一起下鍋煮，吸收鹽分與鮮味也是重點。享用時，除了在口中感受羅勒的清香，還能品嚐到馬鈴薯的甜味、麵條與醬汁的絕妙搭配，堪稱完美之作。仔細完成每個細節，提高整體的品質，但不隨意添加自己的風格。

小塚博之（LA LUNA）

ricetta

①細扁麵放進加鹽的熱水煮，再把切成 1cm 塊狀的馬鈴薯和四季豆一起下鍋煮。
②平底鍋內加入煮麵水和奶油，撒些胡椒，加熱幾秒即可。接著加入煮好的細扁麵、馬鈴薯、四季豆，以中火煮至收汁。
③煮稠後關火，加入熱那亞青醬（＊），再與佩克里諾羊乳起司拌合（加完青醬後若繼續加熱，顏色與香氣會消失）。視情況加少量的煮麵水稀釋，拌入現磨的胡椒、大蒜油（特級初榨橄欖油浸泡拍碎的大蒜），擺些羅勒增色。

＊熱那亞青醬
　將大蒜一瓣、核桃 2 大匙、松子 2 大匙、特級初榨橄欖油、鹽、胡椒用果汁機打碎，再加香芹 10g、羅勒 100g 打勻，倒入調理碗。加佩克里諾羊乳起司混拌成糊狀。

034

Dentice alla mediterranea

地中海風味鯛魚

在日本，地中海料理的範圍相當廣泛，但在義大利，多是指利古里亞一帶料理。本食譜介紹的是義大利典型的「地中海風」。使用生番茄與橄欖、百里香、羅勒等食材的魚料理最具代表性。使用大量橄欖油的健康烹調法也很符合現代人需求。

小塚博之（LA LUNA）

ricetta

①鯛魚切成三片、去骨，撒些鹽和胡椒。焗烤盤內塗抹奶油，放入鯛魚片。淋上白酒、特級初榨橄欖油、魚高湯（Brodo di Pesce），以烤箱烘烤。待魚肉烤熟後，取出保溫備用。
②將焗烤盤內剩下的湯汁倒進鍋中，煮至剩 1/3 的量。
③取一調理碗，放入百里香、磨碎的檸檬皮、切絲的羅勒、切成八等分的黑橄欖、已去除鹽分的

鹽漬酸豆、鹽、胡椒、拍碎的大蒜、特級初榨橄欖油、檸檬汁、去皮並切成小塊的番茄混拌，置於常溫下醃漬約 30 分鐘。
④把醃好的番茄加進煮稠的湯汁，稍微加熱做成番茄醬汁。鯛魚盛盤，淋上番茄醬汁。
⑤將馬鈴薯削切成橄欖形，水煮後加鹽、胡椒、香芹末、特級初榨橄欖油、煮汁混拌，做成配菜。

035

Seppie in zimino

綠蔬燴花枝

花枝與萵蓬菜或菠菜等葉菜類蔬菜燉煮而成的料理。一般多是做成番茄口味，本食譜介紹的是不使用番茄的「白汁（bianco）」作法。雖然是只用白酒水煮的簡單調味，副材料的香味蔬菜（請參考 P36 ＊）及松子、葡萄乾的鮮味，使這道菜變得十分美味。我曾在皮埃蒙特大區的阿奎泰爾梅（Acqui Terme）工作過，是鄰近利古利亞大區邊境的小鎮，當地是以鱈魚乾加香味蔬菜、松子、葡萄乾等燉煮的鄉土料理，味道和這道白汁燉菜很像，或許是這一帶共通的滋味。

堀江純一郎（Ristorante i-lunga）

ricetta

①切開花枝，取出硬殼與內臟。花枝觸足切成二～三等分，身體先刻劃格紋，再切成一口大小。小松菜以鹽水煮過後，擠乾水分，將一部分切碎。
②切末的洋蔥、紅蘿蔔、大蒜、西洋芹梗、紅辣椒下鍋以橄欖油拌炒，做成調味菜。接著與①的花枝一起炒，再放切碎的小松菜與松子拌炒。加

入以瑪薩拉酒泡軟的葡萄乾、白酒、水，燉煮至花枝變軟。
③取三片未切碎的小松菜鋪盤，把②的燉花枝連同湯汁一起舀入盤中。淋上特級初榨橄欖油、撒些義大利香芹末。

036

Stoccafisso accomodato

alla genovese

番茄燉鱈魚乾

這道菜很有名，原文還冠上港都熱那亞之名。鱈魚乾分為兩種：鹽漬鱈魚乾（baccalà，鱈魚剖開後，以鹽醃漬、乾燥）與鱈魚乾（stoccafisso，不加鹽，整尾風乾）。這道菜用的是後者。鱈魚乾、馬鈴薯、生番茄是三大主角，橄欖、松子、葡萄乾是必備的配角。完成的味道已經很棒，不必再做調整。雖然還有加入紅蘿蔔、西洋芹、洋蔥等的作法，但我想讓主角保持明確的存在感，所以選擇不加。另外，因為這是相當平民化的料理，在餐廳供應時，即使保留義大利的原味，上菜方式還是得花點心思，像是裝在小一點的容器，當成配菜的一種。

小塚博之（LA LUNA）

ricetta

①鱈魚乾泡水一週，使其完全變軟，去骨後切成一口大小。
②在平底鍋內倒大蒜油（特級初榨橄欖油浸泡拍碎的大蒜），鱈魚乾以平底鍋煎至金黃色。移入一深鍋內，加入去皮與籽的番茄（分量比例為鱈魚乾7：番茄6），再加少量的松子、以水泡軟的蘇丹娜白葡萄乾一起煮。
③接著加入烤過的黑橄欖、水，燉煮約2小時。快煮好的15分鐘前，再加入切成薄片的馬鈴薯一起加熱。
④最後撒上香芹末即完成。

037

Fricassea di agnello con carciofi

乳飼小羊與朝鮮薊
佐費卡西奶醬

朝鮮薊是利古里亞的特產之一，萼片帶刺的品種「spinoso di Liguria」最有名。把這種朝鮮薊和小羊肉以白酒及水燉煮，加入蛋與鮮奶油略增稠度。滑順濃稠的醬汁是其特色，因此蛋別加熱太久，以免口感變得乾且粗糙。

小塚博之（LA LUNA）

ricetta

①朝鮮薊剝開萼片清乾淨後，去除較硬的部分，切成適口大小備用。
②乳飼小羊腿肉切成適當的大小（和朝鮮薊差不多大），撒些鹽和胡椒，沾裹麵粉後放進加了橄欖油的熱鍋裡煎。
③朝鮮薊下鍋拌炒，再加香味蔬菜（紅蘿蔔、洋蔥、西洋芹、紅蔥頭）與白酒燉煮，讓酒精成分蒸發。接著加水、小牛高湯、小羊高湯（Sugo d'agnello），以烤箱加熱約8分鐘。
④製作醬汁。把小羊肉與朝鮮薊烹調時產生的湯汁，煮至剩下1/3左右的量，將蛋黃與鮮奶油（分量是1：3）混拌後倒入，增加稠度。
⑤取出小羊肉與朝鮮薊，盛盤、淋上醬汁。

038

Crema fritta con frutti di bosco

炸卡士達醬佐鮮果

以濃稠的卡士達醬沾麵包粉油炸而成的點心。依序沾裹麵包粉、蛋液、麵包粉，做成紮實的麵衣。炸好後，外皮金黃酥脆、香氣四溢。炸油一般是使用花生油。

小塚博之（LA LUNA）

---

ricetta

①製作卡士達醬。在 200g 的牛奶裡放 1/2 根香草莢加熱，靜置放涼，使香氣滲透至牛奶。4 顆蛋黃加入 50g 細砂糖以打蛋器混拌，再加 40g 的麵粉翻拌。倒入牛奶，開小火煮，邊煮邊以打蛋器攪拌，以免結塊。煮好後，放涼備用。
②卡士達醬以手塑整成橢圓形，依序沾裹麵包粉、蛋液、麵包粉，以花生油炸至金黃色。
③盛盤，擺放水果（草莓、櫻桃、藍莓、覆盆子等）與覆盆子醬（作法省略），撒上糖粉即完成。

倫巴底大區
LOMBARDIA

基亞文納
（Chiavenna）

松德里奧　泰廖（Teglio）

瓦鐵里納（Valtellina）地區

馬焦雷湖
（Lago Maggiore）

科莫湖

瓦雷澤

萊科

伊塞奧湖（Lago d'Iseo）

科莫

貝加莫

布里安扎地區

蒙扎

加爾達湖
（Lago di Garda）

米蘭

布雷西亞

莫爾塔拉
（Mortara）

帕維亞

洛迪

曼切華

克雷莫納

波河平原

波河

波河

●倫巴底大區的省與省都

瓦雷澤省（Varese）……瓦雷澤市
克雷莫納省（Provincia di Cremona）……克雷莫納市
科莫省（Como）……科莫市
松德里奧省（Provincia di Sondrio）……松德里奧市
帕維亞省（Provincia di Pavia）……帕維亞市
布雷西亞省（Brescia）……布雷西亞市
貝加莫省（Provincia di Bergamo）……貝加莫市
曼切華省（Provincia di Mantova）……曼切華市
米蘭省（Milano）……米蘭市（大區首府）
蒙扎和布里安扎省（Provincia di Monza e della Brianza）……蒙扎（Monza）市
萊科省（Provincia di Lecco）……萊科市
洛迪省（Provincia di Lodi）……洛迪市

倫巴底大區的特徵

意指「倫巴底人統治過的土地」的倫巴底大區，經歷城邦時期後，西邊是維斯孔蒂家族（Visconti）與斯福爾扎家族（Sforza）統治的米蘭公國，東邊由貢扎加家族（Gonzaga）治理的曼切華公國，在藝術、飲食上皆建立起朝氣蓬勃的宮廷文化。大區首府米蘭是義大利的經濟及商業中心，也是金融重鎮，義大利唯一的證券交易所也在此地。此外，時裝與設計等流行趨勢總是領先一步，料理方面，對於新事物也抱持歡迎的態度。

北方有連綿的阿爾卑斯山，南方是肥沃廣闊的波河平原，在二十大區中是面積第四大、人口最多的大區。總體上屬於大陸性氣候，寒暖溫差顯著，濕度略高。夏季悶熱、冬季經常起霧。

山區瓦鐵里納的貧瘠土地栽種蕎麥，生產牛肝菌等多種菇類。雖然不靠海，山中水源豐富，形成數處湖泊，滋潤著波河流域。湖魚阿戈西鯡（agone）或河裡的鰻魚等淡水魚是不可或缺的食材。由於水源豐沛，也可見到許多水田，在帕維亞盛行種稻。也有飼養鴨群，時常與水田裡的蛙類成為餐桌上的佳餚。

平原除了蔬菜等農作物，利用廣大牧草地生產的畜產也很多。牛的飼育約佔義大利國內的 25％，除了牛肉，自乳牛身上取得的乳汁送往工廠後，加工製成特產的格拉娜帕達諾起司（grana padano）、放進天然洞穴進行熟成的塔雷吉歐（taleggio）等各種起司。養豬業也是重要產業，產量佔國內的三分之一，不光是生肉，也提供生火腿與莎樂美腸等加工肉品的材料。

一直以來，倫巴底大區的飲食都是仰賴奶油、豬油等動物性油脂，以及肉類與各種起司。科莫湖、馬焦雷湖、伊塞奧湖畔栽培橄欖，近年來橄欖油的產量也逐漸增加。橄欖油的風味細膩，多半用來搭配淡水魚。

倫巴底大區各市鎮的料理各具特色，實在無法簡言概之。好比米蘭的料理，傾向以文火長時間烹調，燉牛膝（ossobuco）正是如此，炸小牛排（costoletta）的傳統作法也是在奶油熱鍋裡慢慢煎炸。在擁有北部山岳地帶的松德里奧，特徵是大量使用耐寒的乳製品或奶油，做成飽足感紮實的料理。另外，貝加莫、布雷西亞的料理，大致上調味濃郁，山岳地帶口味偏重，湖泊一帶則是有淡水魚的清淡菜色。受貢扎加家族影響頗深的曼切華、克雷莫納，鹹甜交融的宮廷料理手法，也發展出以畜產為背景的農家料理，加上靠近帕爾馬公國（現艾米利亞 - 羅馬涅大區），料理的變化豐富多元。

倫巴底大區的傳統料理

◎米蘭周邊的料理

＊**米蘭燉飯 Risotto alla milanese**……以小牛骨髓與番紅花增添風味的黃色燉飯。

＊**義式蔬菜湯 Minestrone**……加了米的蔬菜湯。

＊**卡雪拉 Cassoeula**……帶骨豬五花肉與豬皮、維爾奇尼生莎樂美腸（verzini）、皺葉甘藍燉煮而成的料理。有時也會加入豬的其他部位，如豬耳或豬舌、豬頸肉等、盧加內加腸（luganega，細長的莎樂美腸）

＊**內爾維緹沙拉 Nervetti**……小牛腿長時間燉煮後，取下肉與筋撥散，利用煮汁的膠質使其凝固。分切成短棒狀，和洋蔥薄片一起以橄欖油、鹽、酸豆調味。

＊**香料肉排 Mondeghili**……原本是把烤過或煮過的剩肉做成絞肉，加入香芹、檸檬皮揉成小球狀，以奶油香煎成肉排的剩菜料理，現在多是使用生鮮絞肉製作。

＊**燉牛膝 Ossobuco**……燉煮切成圓片狀的帶骨小牛腱，分為不加番茄與有加番茄的作法。加入義式香草醬（磨碎的檸檬皮、切末的義大利香芹及大蒜拌合而成）是米蘭特色風味。

＊**米蘭牛排 Costoletta alla milanese**……帶骨小牛里肌肉的炸肉排。

＊**燉牛胃 Busecca**……番茄燉煮牛胃與大顆的白腰豆。

◎貝加莫省、布雷西亞省的料理

＊**卡頌賽義式麵餃 Casonsei**……半月形包餡義大利餃。傳統內餡除了烤牛肉、香腸，還會加入義式杏仁餅或西洋梨、葡萄乾等增加甜味，但現在的主要材料是牛肉、香腸、格拉娜帕達諾起司。

＊**義式玉米糊佐烤野鳥 Polenta e osei**……直譯成中文就是「玉米糊與小鳥」。將粗磨玉米粉以長時間拌煮成玉米糊，搭配以奶油煎過（布雷西亞

省）或串燒（貝加莫省）的野鳥。

＊**添味義式玉米糊 Polenta taragna**……玉米粉加蕎麥粉做成的玉米糊，拌入塔雷吉歐起司，淋上鼠尾草風味奶油。

＊**春雞燉飯 Risotto alla pitocca**……使用整隻幼雞做成的燉飯。以雞頭、雞頸、雞翅、雞骨、內臟等熬湯，剩下的雞肉與雞肝做為配料。

＊**魚肉冷盤 Pesce in carpione**……將淡水魚（鱒魚等）油炸後，以醋醃漬。

＊**紙包魚 Pesce al cartoccio**……以淡水魚製作。

＊**酥炸湖魚**

◎松德里奧省、科莫湖周邊的料理

＊**義式蕎麥麵 Pizzoccheri**……蕎麥粉、麵粉加水揉製成寬扁的手工義大利麵。厚 2～3mm、寬約 1cm、長約 7～8cm 是一般的大小。搭配皺葉甘藍與當地產的起司（比托 <bitto> 或卡傑拉 <casera>）、奶油是固定吃法。

＊**添味義式玉米糊 Polenta taragna**……玉米粉加蕎麥粉做成玉米糊，拌入當地產的席姆特起司（scimut）等。

＊**熔岩起司球 Sciatt**……蕎麥粉加水、渣釀白蘭地混拌後，中間放當地產的熱融起司，揉成圓球狀，下鍋油炸。

＊**河鱸燉飯 Risotto con pesce persico**

＊**蕈菇燉飯**

＊**牛肝菌燉飯**

＊**炙烤牛肝菌**

＊**牛肝菌烘蛋**……加了牛肝菌的煎蛋。

＊**醋醃炸魚 Pesce in carpione**……將在科莫湖捕獲的淡水魚油炸後，以醋醃漬。

＊**醃漬烤魚 Misultitt marinata**……將淡水魚的米

酥提特魚乾 misultitt（詳細說明請參閱特產的水產加工品 P74）以小火烤，去骨後做成醃漬品。

（詳細說明請參閱特產的水產加工品 P74）

◎克雷莫納省、曼切華省的料理

✱鰻魚圓粗麵 Bigoli con le sardelle……將水與麵粉揉成的麵團，放進手搖壓麵機（torchio）擠成長條狀的手工義大利麵。鱗片豎起似的表面是圓粗麵的特徵，搭配加了鰻魚和大蒜的醬汁。

✱瑪魯畢尼義式麵餃 Marubini……克雷莫納具代表性的包餡義大利麵，形狀多變。使用牛肉、小牛肉、豬肉、格拉娜帕達諾起司、肉豆蔻等做成內餡，放進湯裡是固定吃法。

✱南瓜義式麵餃 Tortelli di zucca……以南瓜為餡的義大利餃，形狀多變。

✱阿諾里尼湯餃 Anolini in brodo……加了環狀小麵餃的湯。牛肉、豬肉、小牛肉、生火腿、摩德代拉香腸、格拉娜帕達諾起司、肉豆蔻等是固定的餡料。

✱碾米工燉飯 Risotto alla pilota……放了香腸的奶油飯（詳細說明請參閱 P98）。

（詳細說明請參閱 P98）

✱曼切華醬汁佐河鱒 Luccio in salsa alla mantovana……煮好的河鱒淋上鰻魚、酸豆、義大利香芹調成的醬汁。

✱醋漬鰻魚 Anguilla in carpione……鰻魚油炸後以醋醃漬。有時也會使用丁鱥（鯉科淡水魚）。

✱炸田雞

✱燉野兔 Lepre in salmì……燉煮以白酒、香草、辛香料醃漬的野兔。還會加入洋蔥、切碎的內臟或醃豬背脂。

✱紅酒燉牛肉 Stracotto di manzo……牛肉以紅酒長時間燉煮。

◎帕維亞省的料理

✱修道院風味燉飯 Risotto alla certosina……加了蛙肉、河鱸、蕈菇、螯蝦、豌豆等的燉飯。certosina 是修道院風味的意思，料理名稱源自帕維亞郊外的大修道院。

✱帕維亞風味湯 Zuppa pavese ……在深盤內放入以奶油煎過的麵包、打顆蛋，倒入熱清湯，撒上格拉娜帕達諾起司的湯品。

✱白蘆筍烘蛋……蛋液與格拉娜帕達諾起司、白蘆筍混拌後，以平底鍋做成烘蛋。

✱番茄燉田雞 Rana in guazzetto

✱白酒燉田雞

✱烤鴨

◎瓦雷澤省的料理

✱河鱒燉飯 Risotto con pesce persico

✱茴香籽紅酒燉牛肉 Bruscitt……將切小塊的牛肉（肩胛肉、上腿肩胛肉、肩胛板腱等部位）以紅酒燉煮。再加茴香籽，以極小火長時間慢燉。通常是搭配玉米糊一起吃。

倫巴底大區的特產

◎穀類

＊米＜波河平原、帕維亞省＞

＊蕎麥粉＜瓦鐵里納地區＞

◎蔬菜、水果、蕈菇類

＊南瓜＜曼切華省＞

＊馬鈴薯＜科莫湖地區＞

＊白蘆筍＜ Cilavegna ＞

＊皺葉甘藍

＊聖塔克羅切栗＜基亞文納＞

＊西洋梨 pera mantovana IGP ＜曼切華＞

＊蘋果 mela di Valtellina IGP ＜瓦鐵里納地區＞

＊牛肝菌＜瓦鐵里納地區＞

◎海鮮類

＊河鱸 pesce persico

＊狗魚 luccio（河鱒）

＊丁鱥（鯉科淡水魚）

＊鱒魚等湖泊型淡水魚

＊鰻魚

◎肉類

＊牛＜布里安扎地區＞

＊豬＜布雷西亞＞

＊羊

＊蛙類

◎水產加工品

＊米酥提特魚乾 misultitt……將整尾的淡水魚阿戈西鯡（agone）鹽醃後，日曬、加壓成魚乾。又稱 missultin。＜科莫湖＞

◎起司

＊格拉娜帕達諾 grana padano DOP（牛奶，硬質）

＊塔雷吉歐 taleggio DOP（牛奶，軟質）

＊比托 bitto DOP（牛奶、山羊奶，半硬質）

＊瓦爾泰利納卡傑拉 valtellina casera DOP（牛奶，半硬質）

＊利古里亞經典起司 stracchino（牛奶，新鮮）＜科莫省、貝加莫省＞

＊庫瓦魯地羅倫巴德 quartirolo Lombardo DOP（牛奶，軟質）

＊加布里尼 caprini（牛奶、山羊奶，新鮮）＜貝加莫省＞

＊古岡左拉 gorgonzola DOP（牛奶，藍紋）

＊可列散薩 crescenza（牛奶，新鮮）

＊馬斯卡彭 mascarpone（牛奶，軟質、新鮮）

＊巴戈斯 bagoss（牛奶，硬質）＜布雷西亞省＞

＊布蘭茲 branzi（牛奶，硬質）＜貝加莫省＞

＊沙瓦 salva（牛奶，硬質）＜貝加莫省＞

＊弗爾麥穆特 formai de mut dell' alta valle Brembana DOP（牛奶，硬質）

＊帕米吉安諾（帕瑪森）parmigiano reggiano DOP（牛奶，硬質）

＊波羅伏洛瓦爾帕達納 provolone valpadana DOP（牛奶）……可撕成絲狀的起司。

＊洛迪賈諾 grana lodigiano（牛奶，硬質）……製作於洛迪的大型起司，削薄後食用。

◎加工肉品

＊布雷紹拉生火腿 bresaola della Valtellina
IGP……無骨的牛腿肉生火腿。

＊瓦爾齊莎樂美腸 salame di Varzi DOP……以大
略切碎的豬肉做成的莎樂美腸。

＊豬肉莎樂美腸 salame Brianza DOP。

＊鵝肉沙樂美腸 salame d'oca di Mortara IGP……
將鵝肉包入鵝皮，加熱製成的莎樂美腸。

＊豬油沙樂美腸 salamini italiani alla cacciatora
DOP……以豬肉製作的普通莎樂美腸。

＊米蘭莎樂美腸 salame di Milano……加了碎脂的
豬肉莎樂美腸。＜米蘭、布里安扎地區＞

＊盧加內加腸 luganega……全北義地區都有生產
的豬肉香腸。以羊腸為腸衣，呈細長條狀。＜布
里安扎地區、蒙扎＞

＊黑胡椒蒜味莎樂美腸 salame Cremona IGP……加
入大蒜、黑胡椒，很夠味的香辣豬肉莎樂美腸。

＊摩德納豬蹄香腸 zampone Modena IGP……以豬
腳為腸衣，灌入豬肉與豬皮的生莎樂美腸。

＊摩德納豬皮香腸 cotechino Modena IGP……以豬
肉與豬皮為餡，直徑 5 ～ 6cm 的生莎樂美腸。煮
約 2 小時後再食用。

＊波隆那摩德拉香腸 mortadella Bologna IGP……
加了切塊的豬背脂，直徑 30cm 以上的人型香腸。
有時會放黑胡椒粒或開心果。

＊小提琴生火腿 violino……以羊或山羊腿肉做成
的生火腿。＜卡摩尼卡溪谷（Val Camonica）＞

＊豬脂乾 greppole……將切小塊的豬脂長時間高
溫炊蒸後加壓，以鹽、香草增添風味，乾燥成片
狀。可當成零食吃。又稱 ciccioli。＜莫爾塔拉＞

◎橄欖油

＊加爾達布雷西亞諾 Garda bresciano DOP

＊倫巴第湖泊 laghi lombardi DOP

◎調味料

＊芥末糖漬水果 mostarda……水果加砂糖煮稠
後，再加入芥末精製成的醃醬。搭配水煮肉或起
司吃，也可當作義式麵餃的內餡。＜克雷莫納
省、曼切華省、沃蓋拉（Voghera）＞

◎麵包、糕點

＊巧巴達 ciabatta……以米蘭最常見，全倫巴底大
區都吃得到的麵包，又稱拖鞋麵包。雖然源自威
尼托大區，在倫巴底大區也相當普及。

＊曼切華小麵包 mantovano

＊米蘭小麵包 michetta……中空的玫瑰造型。

＊米克內麵包 miccone……以帕維亞最常見，全
倫巴底大區都吃得到的原味大麵包（約 1kg）。
酥硬的外皮是特徵。

＊謝肉節油炸小脆餅 chiacchiere……謝肉節時期
的點心。將壓成扁長方形的麵皮下鍋油炸或是以
烤箱烘烤，撒上糖粉。

＊榲桲糕 cotognata……榲桲（木梨）加砂糖煮成
稠泥狀，凝固成羊羹狀的甜食。＜克雷莫納＞

＊鴿子蛋糕 colomba……形似飛鴿，表面有杏仁
裝飾的發酵麵團甜點，有名的復活節點心。＜帕
維亞＞

＊巧克力香腸 salame di cioccolato……將壓碎的餅
乾混入巧克力麵團，塑形成莎樂美腸的形狀。全
倫巴底大區的家常點心。

＊寬麵塔 torta di tagliatelle……將較細的寬麵混拌
杏仁奶油填入塔皮內，烤成薄塔。＜曼切華＞

＊義式牛軋糖 torrone……以蜂蜜、蛋白、堅果類
做成的點心。＜克雷莫納＞

＊沙蛋糕 torta sabbiosa……將奶油、砂糖、蛋、
麵粉、玉米粉（馬鈴薯澱粉）混拌成麵糊，倒入

蛋糕模烘烤。sabbiosa 是指如沙般鬆散，酥且化口的口感。＜曼切華＞

＊杏仁玉米脆餅 torta sbrisolona……口感鬆散的甜點，主要材料是杏仁與玉米粉。＜曼切華＞

＊玫瑰塔 torta delle rose ……發酵麵團抹上檸檬風味的奶油霜、捲成條狀，約切成七塊，切口朝上擺入塔模，做成玫瑰造型的甜點。＜曼切華＞

＊天堂塔 torta paradiso ……以蛋、麵粉、玉米粉（馬鈴薯澱粉）、奶油、檸檬皮做成口感鬆散的原味甜點。paradiso 意即天堂，名稱由來形容柔軟的口感吃了使人聯想到天堂。＜帕維亞＞

＊潘娜朵妮水果麵包 panettone……以糖漬水果、葡萄乾、加了蛋與奶油的發酵麵團製成的聖誕點心。通常是重達 1kg 的大半球形，源自米蘭。

＊玉米麵包 pan de mei……添加了玉米粉，直徑約8cm 的圓盤狀麵包。＜米蘭＞

＊布索拉蛋糕 bussola ……將麵粉、砂糖、奶油、蛋、酵母混拌成團，進行數次發酵，做成大甜甜圈狀的甜點。＜布雷西亞＞

＊好吃的醜餅乾 brutti e buoni……打發的蛋白混拌切碎的堅果類（榛果或杏仁），烤成一口大小、表面粗糙的甜點。亦稱 brutti ma buoni。＜瓦雷澤、加維拉泰（Gavirate）＞

＊巧克力小鳥蛋糕 polenta e osei ……貝加莫的名產，半球狀的海綿蛋糕以黃色杏仁膏覆蓋，擺上巧克力做成的小鳥。

慢食捍衛運動（Presidio Slow Food）標籤

＊蕎麥粉＜瓦鐵里納地區＞

＊比托起司 Bitto（牛奶與山羊奶，硬質）……於阿爾巴雷多佩爾聖馬爾科（Albaredo per San Marco）與傑羅拉阿爾塔（Gerola Alta）山中小屋製成的起司。

＊巴戈司起司 Bagòss（牛奶，硬質）＜巴戈利諾（Bagolino）＞

＊帕內羅內起司 Pannerone（牛奶，硬質）＜洛迪＞

＊法徒利起司 Fatuli（山羊奶，硬質，煙燻）＜ Val Saviore ＞

＊阿格里起司 Agrì（牛奶，新鮮）＜瓦爾托爾塔（Valtorta）＞

＊史特拉奇諾軟起司 Stracchino all'antica delle valli orobiche（牛奶，軟質）＜貝加莫＞

＊小提琴生火腿 Violino……瓦爾奇亞維那（Valchiavenna）產的山羊肉火腿。

039

Razza in salsa mantovana

魟魚佐曼切華風味醬汁

這是把煮過的魚搭配綠莎莎醬延伸版的曼切華風味醬汁混拌，做成微溫的前菜。在不靠海的倫巴底大區，當地人常吃狗魚（luccio）等淡水魚，本食譜使用的是赤魟。雖然是海魚，但也是義大利人熟悉的魚種，我想日本人應該吃得慣，在店裡推出後頗受好評。曼切華風味醬汁在當地有好幾種作法，主要以鰻魚、大蒜、橄欖油為基底，酸豆或松子、洋蔥、紅椒等也很常使用，可以再加自己喜歡的蔬菜，使味道產生變化。

後藤俊二（LA BOTTEGA GOLOSA）

ricetta

①將魟魚放進沸騰的蔬萃高湯（水、醋、鹽、黑胡椒粒、丁香、洋蔥、紅蘿蔔、西洋芹、檸檬）約煮 2 分鐘。關火後，靜置 6～7 分鐘。
②紅椒炙烤去皮後，以特級初榨橄欖油、檸檬汁、白酒醋、巴薩米克醋醃漬。
③製作醬汁。鍋中放入大蒜、橄欖油加熱，使蒜香滲透至油裡。鰻魚下鍋，炒出香氣，再加切成末的紅蘿蔔、洋蔥、西洋片，以火炒熱。關火後，放入切成末的紅椒、自製酸黃瓜、酸豆。
④準備一個慕斯圈模，舀入醃漬紅椒（常溫）、去骨撥散的魟魚肉、稍微加熱過的醬汁。最後撒上炒過的松子、義大利香芹。

040

Composizione di anatra

鴨拼盤

鴨頸腸 Salame
鴨肝醬 Patè
布里歐麵包 Brioche
鴨肉腸 Salsiccia
煙燻鴨胸 Affumicata
奇喬力 Ciccioli
醋漬鴨翅 Ali in saor
（由左下起，順時針方向）

運用在莫爾塔拉（Mortara）鎮學到的烹飪技法，將日本茨城縣產的優質鴨肉做成香腸等各種加工肉品，充分享用鴨肉美味的豪華拼盤。莫爾塔拉鎮位於倫巴底大區南部的波河與提契諾河（Ticino）之間的水鄉地帶洛梅利（Lomellina），此處盛行耕稻。自古以來，農家就在中庭飼養鵝，並做成加工品，那已是歷史悠久的習俗。最具特色的莫過於鵝頸腸。把鵝頸當成腸衣填入內餡，以低溫慢慢加熱，完整鎖住鮮味，形成濕潤口感。奇喬力原本是指鵝或豬脂融化的油液中剩下的油渣塊，在義大利也是市售商品。當地人用來做成下酒菜，搭配玉米糊一起吃，本食譜是利用鴨皮，當作整體的點綴。

鴨頸腸

西口大輔（Volo Cosi）
ricetta P93

041

Insalata di lombo di lepre

野兔背肉沙拉

這道料理的原型來自十七世紀的食譜，據說是重現已故名廚弗朗哥・哥倫巴尼（Franco Colombani）的料理。因為沒讀過原食譜，無法辨別作法上做了哪些調整，哥倫巴尼大師的作法是將熟成的生野兔背肉，搭配酸豆、石榴汁、巴薩米克醋做成的酸醬汁（去腥、殺菌）。並且配上芝麻葉、白松露等香味濃郁的食材。本食譜使用的野兔肉不是生肉，而是類似風乾牛肉的鹽漬肉，以日式料理的「炙燒」方式加熱周圍，利用餘溫使內部變熟，再切成薄片，做成微溫的前菜。肉質帶黏性、有點鐵味的野兔肉與酸甜的醬汁相當對味。

後藤俊二（LA BOTTEGA GOLOSA）

ricetta

①以乾淨的布料擦除野兔背肉的髒污，多撒點鹽，靜置一天。隔天擦乾釋出的水分，周圍撒上磨碎的黑胡椒粒。包上廚房紙巾，放進冰箱冷藏，使其稍微乾燥。廚房紙巾大概換二～三回，到了第二天若不再出水，改以棉布包好，放進冰箱冷藏保存。下鍋烹調前，取出胡椒粒。在平底鍋內倒入澄清奶油，以「炙燒」的方式煎烤外側。起鍋後靜置一會兒，利用餘溫讓中心慢慢熟透。

②製作醬汁。將鹽漬酸豆（清洗去除鹽分）、蘇丹娜白葡萄乾、石榴果肉，以巴薩米克醋和石榴汁混拌，加鹽、胡椒調味。
③製作芝麻葉沙拉。野芝麻葉撒些鹽、胡椒，以特級初榨橄欖油拌一拌。
④野兔背肉切成薄片，盛盤、淋上醬汁，旁邊擺芝麻葉沙拉及削成薄片的白松露，在兔肉上淋些許的特級初榨橄欖油。

042

Agnoli in brodo

湯餃

「慢火細煮」讓麵餃與湯的味道融合是這道料理的美味關鍵。若用大火煮，湯色會變濁，所以要以小火慢慢加熱。由於久煮味道會變濃，準備淡味的清湯很重要。曼切華近郊的餐廳「達爾漁夫（Dal Pescatore）」承襲自古以來的習慣，在湯裡加蘭布魯思科（Lambrusco，艾米利亞 - 羅馬涅大區的微氣泡紅酒）。搭配的葡萄酒果然還是蘭布魯思科最對味。

後藤俊二（LA BOTTEGA GOLOSA）

ricetta

①麵粉（00 型）、少量的高筋麵粉、蛋、鹽、橄欖油混拌，揉成麵團。

②製作內餡。平底鍋內放入奶油、迷迭香與自製香腸，以小火煎。小牛肉、豬肉、少量的牛肉切成適當的大小，水煮後瀝乾水分，放進平底鍋加熱。再加切成末的鼠尾草，關火後靜置放涼。倒入食物調理機攪打兩次左右，打至呈現柔滑狀態。再加入壓碎的義式杏仁餅、切成末的芥末糖漬水果（建議使用曼切華風味。或是白哈密瓜、瓜類較多的芥末糖漬水果）、格拉娜帕達諾起司（或

帕瑪森起司）、肉豆蔻、鹽、胡椒混拌。

③製作麵餃。將麵團壓成 0.8mm 厚的麵皮，分切成邊長約 4cm 的正方形。中央擺上揉圓的內餡，麵皮四邊刷上以水稀釋的蛋液。把一角的皮往對角線折，折成頂點沒有對齊的三角形固定。包餡處往上翻，將底邊的兩端繞圈固定。

④雞高湯內加極少量的牛肉與香味蔬菜一起煮。以布過濾後，即成清燉肉湯。將麵餃放入湯裡，以小火慢煮。待內餡煮熟，麵皮也會吸飽湯汁的味道。

043

Pizzoccheri di Teglio

泰廖風味
義式蕎麥麵

泰廖是瓦爾泰利納（Valtellina）
地區的村莊，蕎麥粉的產地。在
義大利，蕎麥給人貧窮的印象，
以蕎麥粉做成的義式蕎麥麵也是
特定地區在寒冷季節才會供應的
食物。不過，日本人倒不會這麼
想，接受率應該頗高。麵條略乾
硬的獨特口感，以及蔬菜、起司
的絕妙平衡是決定美味的關鍵。
原始的作法是選用與蕎麥粉相同
產地的高原起司「瓦爾泰利納卡
傑拉（Valtellina casera）」或「比
托（Bitto）」，若買不到，可使
用倫巴底大區的塔雷吉歐起司或
格拉娜帕達諾起司等混合代替。

後藤俊二（LA BOTTEGA GOLOSA）

ricetta

①製作義式蕎麥麵。蕎麥粉、高筋麵粉（量約是
蕎麥粉的 1/5）、鹽、水、牛奶混拌，揉成麵團。
靜置醒麵後，以電動壓麵機壓成約 1mm 厚的麵
皮，分切成寬 1.5cm、長 6 ～ 7cm 的麵條。
②高麗菜心對半切開，馬鈴薯切塊，皺葉甘藍切
成適當的大小。
③準備一鍋加鹽的熱水，依序倒入義式蕎麥麵、
馬鈴薯、高麗菜心、皺葉甘藍，再依煮好的時間
撈起，煮汁留起來備用。
④奶油放進平底鍋加熱融化，加鼠尾草，做成鼠
尾草奶油。接著加入事先以奶油拌炒的洋蔥末、
煮好的義式蕎麥麵和蔬菜拌炒入味。最後撒些格

拉娜帕達諾起司。
⑤另取一調理碗，倒入混合起司（塔雷吉歐起司
與貝爾佩塞＜ Belpaese ＞）加熱融化，分批少
量地擺在鍋中的義式蕎麥麵上，再加③的少量煮
汁，以烤箱烘烤。
⑥盛盤，從鍋裡舀些鼠尾草奶油淋在麵上，再撒
些格拉娜帕達諾起司、黑胡椒。

※ 本食譜使用義大利產有機栽培蕎麥，帶殼粗磨而成的
蕎麥粉。因為是向傳統製粉所購買的產品，香味與風
味皆強烈。

044

Pizzoccheri
alla chiavennasca

基亞文納風味
義式蕎麥麵

義式蕎麥麵是倫巴底大區北部山區瓦爾泰利納（Valtellina）冬季著名的麵類料理。使用的食材有：降霜後味道更為濃郁的皺葉甘藍與山地馬鈴薯、以及當地生產的起司。一般義式蕎麥麵是蕎麥粉加麵粉製作，切成 7 ～ 8cm 長的寬麵狀。但，基亞文納的蕎麥麵相當與眾不同，麵團裡完全不放蕎麥粉，形狀呈小水滴狀（和南提洛＜ Südtirol ＞地區的小麵疙瘩「spätzli」非常像）。起司普遍是使用產量多的卡傑拉（casera），本食譜為了突顯山區料理的特色，使用的是比托起司（bitto）。另外，有時也會以莙蓬菜代替皺葉甘藍。

西口大輔（Volo Cosi）

ricetta

①製作基亞文納風味義式蕎麥麵。麵粉（00 型）加水和鹽，揉成適當硬度的麵團（放入器具能夠輕鬆擠壓出來的狀態）。靜置醒麵後，將麵團放入器具，朝加鹽的熱水鍋裡擠出麵粒。本食譜使用製做小麵疙瘩（spätzli，南提洛地區的水滴形小麵疙瘩）的器具（若手邊沒有這種器具，可用手指或湯匙、橡皮刮刀等物，做出形狀不規則的小麵球）。
②奶油放進平底鍋加熱融化，加大蒜末、鼠尾草炒香。再加水煮過的皺葉甘藍、切塊的馬鈴薯，

以及煮好的義式蕎麥麵混拌。
③接著加切塊的比托起司（＊）、磨碎的格拉娜帕達諾起司拌合。可依個人喜好撒些黑胡椒。

＊ **比托（Bitto）起司**
　牛奶製的半硬質起司。瓦鐵里納地區產量有限的高山放牧場（Alpeggio）起司（以夏季期間放牧在高原的乳牛乳汁製成的起司），具有獨特的風味

045

Tortelli di zucca
alla mantovana

南瓜義式麵餃

這是知名南瓜產地——曼切華省（倫巴底大區東南部）具代表性的傳統麵類料理。起源於中世紀，據說原為文藝復興時期，統治此地的貢扎加家族的宮廷料理，如今在當地仍是重要節日聖誕夜時，闔家團聚共享的料理。南瓜的甜、義式杏仁餅的微苦、芥末糖漬水果的辛辣、香料的香氣融為一體，形成複雜風味的內餡。加入芥末糖漬水果是固定作法，當地人會到藥局購買芥末精，以西瓜的瓜白、西洋梨、蘋果等自製芥末糖漬水果。不過，日本買不到芥末精，所以本食譜沒有添加，改以南瓜甜味為主角，減少香料的用量。

西口大輔（Volo Cosi）

---

ricetta

①麵粉（00 型）800g、硬質小麥粉（Farina di semola 顆粒最細的硬質小麥粉）200g、蛋黃 8 顆、全蛋 5 顆、特級初榨橄欖油混拌，揉成麵團後，靜置醒麵。真空密封，放進冰箱冷藏保存，烹煮前再分切。這麼一來，可以在短時間內煮好，品嚐到新鮮的義式麵餃。

②南瓜切成八等分，蓋上鋁箔紙，放進 180℃的烤箱烤軟。去皮、南瓜肉壓成泥，拌入壓碎的義式杏仁餅、肉豆蔻、格拉娜帕達諾起司、鹽、胡椒，呈質地略硬的內餡。

③麵團擀成 0.3 ～ 0.4mm 厚的麵皮，將填入擠花袋的內餡保持相同間隔擠在麵皮上（為了充分品嚐麵皮的味道，內餡周圍多留一些麵皮）。蓋上另一塊麵皮，在空隙處壓緊密合，以波浪型滾刀切成四方形。

④放進加鹽的熱水裡煮 1 ～ 2 分鐘，以加了鼠尾草的奶油拌一拌，撒上格拉娜帕達諾起司。

046

Risotto alla pilota

碾米工燉飯

這是曼切華的地方料理，直譯成中文就是碾米工燉飯。相較於米蘭風味的番紅花燉飯：不斷添加熱清湯，費時燉煮成略帶黏性的狀態，這道燉飯完成的狀態卻像奶油飯（pilaf）那樣粒粒分明。感覺很合日本人的口味，在餐廳確實也頗受好評。當地的作法是在清湯裡加生米煮，雖然米熟得快，彈牙口感（al dente）卻不持久，很快就變得糊糊爛爛。因此，先以奶油炒過，讓米粒外裹上一層油膜。這道其他地方見不到的燉飯，使用代表當地的維亞諾內米（Vialone）或維亞諾內納諾米（Vialone Nano）最為理想。

後藤俊二（LA BOTTEGA GOLOSA）

---

ricetta

①奶油、橄欖油、未洗的米（維亞諾內納諾米）放進燉鍋裡拌炒。倒入白酒煮，讓酒精成分蒸發，再加滾熱的清湯（※）至蓋過米的高度。一邊以小火煮，一邊加入基底蔬菜（以橄欖油炒過的紅蔥頭、炒牛肝菌末）混拌。
②當米開始往上浮，蓋上鍋蓋、放進烤箱。從注入清湯到放進烤箱的時間，總共約 15 分鐘。
③將切成適當大小的牛肝菌、撥散的自製香腸肉放進平底鍋，小火煎至傳出香氣。

④米煮好後，放入③的牛肝菌與香腸混拌，撒些格拉娜帕達諾起司，蓋上鍋蓋，加熱約 30 秒即可關火。
⑤直接把鍋子移至桌邊盛盤，撒上黑胡椒、淋橄欖油。

※ 以牛高湯煮燉飯，味道會太濃郁，因此本食譜是使用雞與豬肉熬煮的清湯。

04

047

Verzada

燉黑豬五花
肉與皺葉甘藍

自古以來，豬肉與平民的生活就
是密不可分的關係。在倫巴底
大區，以豬肉或豬肉加工品與
皺葉甘藍燉煮而成的「卡雪拉
（cassola，或稱 verzada）」是很
普遍的料理。本食譜選用鹿兒島
縣產的黑豬五花肉。讓清湯保持
在不滾沸的溫度（85～90℃）小
火燉煮，煮至熟透後，以平底鍋
煎烤表面，完成外酥、內多汁的
質感。把皺葉甘藍和香腸一起以
豬肉清湯燉煮，搭配上豬五花肉
就是一道料多澎湃的燉菜。

後藤俊二（LA BOTTEGA GOLOSA）

ricetta

①前一天先將黑豬五花肉以鹽醃漬，隔天擦除水
分，撒上黑胡椒。切成適當大小，以棉繩綁住定
型，將表面煎烤上色。
②白酒倒入鍋中加熱，讓酒精成分蒸發，稍微煮
乾水分。豬肉下鍋，再加白酒醋、大蒜、月桂葉、
迷迭香、香味蔬菜（請參考 P36 ＊），水，以小
火慢燉。煮至竹籤可穿透的程度即可關火，靜置
放涼。

③把煮汁分為燉煮皺葉甘藍用（A）、加熱肉用
（B）。在 A 裡倒番茄醬汁、小牛高湯，煮滾後加
水煮過的皺葉甘藍，煮至入味。再加撥散的香腸
肉，調好味道後盛盤。
④豬肉切成適當的厚度，放進 B 裡加熱，再用平
底鍋煎封表面。澆淋煮汁的透明浮脂（分離在上
層的部分），盛入盤中。
⑤撒上粗鹽與黑胡椒粒。

048

Luganega alla griglia
con polenta fresca

盧加內加腸佐
義式玉米糊

盧加內加腸是以羊腸灌成的細長條狀。起初是在南方薩沃亞迪盧卡尼亞（Savoia di Lucania，巴西利卡塔大區的舊稱）製作的加工品，如今在北部，特別是全倫巴底大區都有製作。至於原本種來當作家畜飼料的玉米，磨成粉後做的玉米糊被稱為「窮人料理」。把名為「paiolo」的銅製大鍋放在暖爐的熊熊火堆上燉煮，這景象可說是北義冬季的風景詩。以純樸的田原風景為概念，將充滿野趣、戶外烤肉風味的盧加內加腸搭配玉米糊做成這道菜。此外，玉米糊近來也因為玉米的產地或品種的差異化，開始成為高級餐廳的菜色。

西口大輔（Volo Cosi）

ricetta

盧加內加腸
①豬瘦肉與肥肉以 4：1 的比例混合，以食物調理機打碎。加鹽、胡椒、蛋白、鮮奶油混拌，放進冰箱冷藏一晚，使其入味。
②填入擠花袋，灌進羊腸（一條的長度為 25 ～ 30cm）。
③將香腸捲成漩渦狀，為避免腸衣在加熱過程中破裂，先以牙籤在表面戳幾個洞。放在烤架上炙烤出格紋，再放進 170℃的烤箱烤約 15 分鐘。
玉米糊
④取一個較厚的鍋子，倒入水和牛奶各 1ℓ，加 14g 的鹽，煮至滾沸。

⑤把 340g 的黃色玉米粉以手指撒放入鍋。為避免結塊，先以打蛋器攪拌，待玉米粉混勻後，改用木匙攪拌，煮約 40 分鐘，煮至可輕鬆舀起、不沾黏鍋緣的狀態即可。
收尾
⑥玉米糊趁熱盛盤，放上盧加內加腸，淋些特級初榨橄欖油、撒上義大利香芹。

※ 除了現煮的玉米糊，也可搭配將玉米糊放涼後，切塊炙烤的玉米糕。
※ 本食譜是使用八筋種玉米（義大利傳統品種）以石臼磨成的義大利玉米粉。

049

Ossobuco alla milanese
con risotto allo zafferano

米蘭風味燉牛膝
佐番紅花燉飯

米蘭具代表性的冬季燉煮料理。ossobuco 意指「有洞的骨頭」，使用切成厚片的小牛膝慢火燉煮，讓分佈均勻的肉筋纖維變軟，釋出具黏性的鮮美滋味。軟滑濃郁的骨髓是這道料理的精華。以白酒加清湯煮過後，最後加點義式香草醬（gremolata）增添清爽感，這是米蘭風味的特徵。有時還會再加鯷魚或迷迭香、鼠尾草。黃色的番紅花燉飯是必備配菜。此外，雖然近來變得少見，傳統的米蘭風味番紅花燉飯一定會加骨髓。有時也會搭配玉米糊或奶油炒菠菜、馬鈴薯泥。

西口大輔（Volo Cosi）

ricetta

燉牛膝
①將厚 4cm 的帶骨小牛膝撒上鹽、胡椒，均勻沾裹麵粉。
②鍋內倒入沙拉油加熱，煎封小牛膝的兩面。加入切丁的紅蘿蔔與西洋芹、洋蔥末、白酒、雞高湯（蓋過鍋中物的量）、月桂葉，蓋上鋁箔紙，放進 180℃的烤箱烤約 2.5 小時。靜置一晚使其入味，去除表面的浮脂。
③檸檬皮和義大利香芹、大蒜末拌合，做成義式香草醬（gremolata）。
④把②加熱，小牛膝盛盤，剩下的湯汁加義式香草醬與小牛骨汁（fond bruno，以烤過的小牛骨熬煮的褐色高湯）一起加熱，淋在小牛膝上。

番紅花燉飯
⑤奶油放進鍋中加熱融化，洋蔥末下鍋拌炒。
⑥放入卡納羅利米一起炒，倒白酒。酒水蒸發後，將熱清湯分三～四次少量加入，5 分鐘後再加入番紅花。
⑦快煮好的 3 分鐘前，倒入鮮奶油。關火後，加入奶油與格拉娜帕達諾起司，搖晃鍋子使其混合，這個動作在義大利文稱為「mantecare」。撒上黑胡椒即完成。加熱時間總共約 17 分鐘。

收尾
⑧將燉牛膝與燉飯盛盤，上桌享用。

050

Costoletta di vitello
alla milanese

米蘭風味炸
小牛排

「costoletta」意即帶骨里肌肉，以小牛帶骨里肌肉做成的炸肉排是米蘭代表性的傳統料理之一。飼養在米蘭北部廣闊地布里安扎的小牛，品質優良、頗受好評，因柔軟的肉質與細膩的鮮味而出名。將厚切小牛帶骨里肌肉沾裹上質地細碎的麵包粉，以香濃的奶油煎烤，這道極品料理已成為該地區的常見菜色。小牛肉的鮮味是重點，近年來我迷上了頂級的日本國產小牛肉，於是也在店裡推出米蘭風味炸小牛排。以前在帕維亞（倫巴底大區）工作時，曾經將帶骨小牛肉搥拍成大薄片狀，做成名為「象耳（orecchio di elefante）」的炸牛排，佐芝麻葉與番茄。因為很多人喜歡酥脆的口感，比起米蘭風味炸小牛排，更加酥脆的象耳似乎已成為炸牛排的形式之一。

西口大輔（Volo Cosi）

ricetta

①將切成 3cm 厚的帶骨小牛里肌肉，邊沾裹磨細的生麵包粉，邊以肉槌敲打。將整塊肉搥成均等的厚度（約 1cm，最好與骨頭的厚序相同）。
②蛋、磨碎的格拉娜帕達諾起司、鹽、沙拉油混拌，抹在肉的表面，再沾裹麵包粉，以手掌壓一壓，使肉與生麵包粉緊密貼合。以刀背刮除多餘的麵包粉，在表面斜劃格紋。

③平底鍋內倒入澄清奶油，以中火加熱，把②的里肌肉輕輕下鍋。盡量別用鍋鏟碰到肉，握住鍋柄前後移動，以甩鍋方式翻煎，一面煎 2～3 分鐘。邊煎邊調整火侯，讓肉均勻熟透。為了煎出金黃色澤且不留多餘油脂，過程中澄清奶油要換二～三次，煎至表皮酥脆。
④馬鈴薯與帶皮大蒜、迷迭香一起以烤箱烘烤，撒些鹽做成配菜。

051

Sabbiosa con crema di mascarpone

沙蛋糕佐馬斯卡彭
起司奶油

這個樸素的甜點是倫巴底與威尼托地區的傳統奶油蛋糕，「sabbiosa」的意思是「沙狀」，應該是指這款蛋糕吃起來乾乾粉粉。淋上倫巴底大區特產的新鮮起司馬斯卡彭一起吃是當地慣有的吃法，本食譜另外搭配蘭姆葡萄乾佐醬與黑糖義式冰淇淋增添風味，以餐廳甜點的方式呈現。選用奄美大島特產的黑糖煮成焦糖後，做出來的義式冰淇淋，甜而不膩、香醇帶苦味，我很喜歡這個味道。

後藤俊二（LA BOTTEGA GOLOSA）

---

ricetta

沙蛋糕

①將置於室溫回軟的奶油以打蛋器攪拌成柔滑奶油狀。加糖粉混拌，拌至變白的黏稠狀。接著加全蛋與蛋黃拌合，再放加了泡打粉的太白粉（馬鈴薯澱粉）大略混拌。以蘭姆酒增加香氣，倒入磅蛋糕模型，放進 180℃的烤箱烤約 50 分鐘。
②製作蘭姆葡萄乾醬。將粗糖煮成焦糖，加少量的鮮奶油。倒入以蘭姆酒泡軟的蘇丹娜白葡萄乾煮至入味，最後加黑糖蜜。

馬斯卡彭起司奶油

③蛋黃與砂糖隔水加熱，加入少量已泡軟的吉利丁煮溶。依序加入馬斯卡彭起司、打發的鮮奶油混拌，再加義式蛋白霜（蛋白與等量的糖漿打發而成）大略拌合。
④將沙蛋糕分切、盛盤，澆淋蘭姆葡萄乾醬。輕輕舀放馬斯卡彭起司奶油，放上黑糖義式冰淇淋（作法省略），周圍也澆淋蘭姆葡萄乾醬。

後藤俊二（LA BOTTEGA GOLOSA）

052

Laciaditt

熱蘋果脆餅

曾經被神聖羅馬帝國統治的倫巴底北部，有道甜點與奧地利的蘋果甜點很相似。原本的作法是將切成半月形塊狀的蘋果，沾裹麵糊下鍋油炸。這道家常味的甜點若在餐廳供應顯得太樸素，於是只保留「蘋果與麵糊」這兩項元素，大膽地進行改造。以奶油拌炒切成半月形塊狀的蘋果，使其焦糖化。麵糊是用麵粉（00型）、蛋、鮮奶油及少量的鹽混拌而成，靜置一天讓質地稍微變硬，再以平底鍋煎。與其說是油炸點心，更像是炸烤的作法。搭配佐醬與義式冰淇淋，以盤裝甜點的方式呈現。

ricetta

①將紅玉蘋果的皮削得略厚，切成半月形塊狀。將少量的奶油放進平底鍋加熱融化，蘋果下鍋慢煎。過程中撒些細砂糖，使蘋果焦糖化，最後淋上卡爾瓦多斯酒（Calvados，蘋果白蘭地）。
②製作麵糊。蛋加少量的鹽、砂糖打勻後，加入麵粉（00型）攪拌，再加鮮奶油攪勻，靜置一天。隔天將少量的奶油下鍋加熱，快煮焦之前起鍋，倒進麵糊混拌。
③取一平底鍋倒入澄清奶油加熱，麵糊舀入鍋內，攤成圓形。均等鋪放蘋果塊、麵包丁，以極小火加熱。待表面煎熟再翻面。
④盛盤，擺上肉桂風味的地瓜義式冰淇淋（作法省略）及蘋果醬。蘋果醬的作法：將紅玉蘋果的皮與肉加白酒、水、砂糖熬煮後，打成泥狀。

053

Torta paradiso
con gelato di mascarpone

天堂塔 與馬斯卡彭
起司義式冰淇淋

這是帕維亞有名的傳統點心。酥鬆化口、入口即化，口感有如淡雪，吃過的人都說這是天堂的滋味，於是有了這個名稱。儘管材料簡單，食材的挑選或作法稍有錯誤就會產生很大的影響。我嘗試了把蛋打發的作法，以及把奶油打成鮮奶油狀的作法，因為在義大利吃到的是酥脆的口感，後者的作法比較接近。不過，若是當成餐廳最後上菜的甜點，應該再輕盈些，所以我決定使用把蛋打發的方法，大小是一人份的分量。另外，使用倫巴底大區常見的馬斯卡彭起司做成義式冰淇淋，營造強烈的地方特色。

西口大輔（Volo Cosi）

ricetta

天堂塔
① 125g 的中筋麵粉與 125g 的玉米粉拌合、過篩。
② 把 3 顆全蛋、3 顆蛋黃與 250g 的細砂糖一起打發，再加磨碎的檸檬皮（1 顆的量）和 250g 的融化奶油混拌，倒入①的粉料略為拌合。
③ 將麵糊分倒入杯子蛋糕模，以 160℃的烤箱烤 23 分鐘。

馬斯卡彭起司義式冰淇淋
④ 馬斯卡彭起司、糖粉、鮮奶油拌合、打發後，連同打蛋器一起放進冰箱冷凍。過程中不時用打蛋器混拌，做成義式冰淇淋。
收尾
⑤ 天堂塔與義式冰淇淋組裝盛盤，旁邊擺草莓及薄荷葉，撒些糖粉裝飾。搭配大黃加砂糖煮成的醬汁和焦糖醬（作法省略）。

#040　Antipasto

鴨拼盤
Composizione di anatra

鴨頸腸 Salame
①將一隻 5kg 左右的巴巴拉（Barbarie）公鴨剖開後，取出頸椎骨，約以一天半的時間放在流水下清洗。
②鴨腿肉去骨，做成較粗的絞肉，加鹽、胡椒、大蒜末、肉豆蔻混拌，放進冰箱冷藏一晚，使其入味。
③把②填入鴨頸，以布包好，綁上棉繩定型。
④雙層真空密封後，放進蒸氣烤箱，以 80℃ 蒸烤約 2.5 小時。
⑤放涼後，放進冰箱冷藏保存。

鴨肝醬 Patè
①鴨肝去除多餘的筋，以瑪薩拉酒浸醃兩天。
②將切成薄片的洋蔥下鍋以沙拉油拌炒，放入切成薄片的鴨肝一起炒。倒入食物調理機打碎後，壓成泥狀。
③把置於室溫回軟的奶油等量加入、拌合，包上保鮮膜，捲成圓筒狀，放進冰箱冷藏保存。

布里歐麵包 Brioche
①中筋麵粉、3 顆蛋、160g 奶油、100g 水、15g 砂糖、8g 鹽、8g 酵母粉拌合、揉成團，進行第一次發酵（基本發酵）。壓出麵團內的空氣，靜置醒麵後，放進布里歐模進行第二次發酵（最後發酵）。
②放進 160℃ 的烤箱烤 37 分鐘。
③分切成薄片並加熱，擺在鴨肝醬旁。

鴨肉腸 Salsiccia
①將鴨頸腸步驟②的肉餡填入豬腸（長度約 20cm）。

②為避免腸衣在加熱過程中破裂，先以牙籤在表面戳幾個洞。
③平底鍋倒入沙拉油加熱，鴨肉腸下鍋，邊煎邊加少量的清湯，使鴨肉腸變得飽滿。

煙燻鴨胸 Affumicata
①鴨胸肉塗抹岩鹽，靜置半天，使其入味。
②洗掉岩鹽後，放進加了沙拉油的平底鍋煎，再以 180℃ 的烤箱烤約 12 分鐘。最後以蘋果木屑燻烤 2 ～ 3 分鐘，放涼後真空密封保存。

奇喬力 Ciccioli
①將鴨皮、鴨脂切成小塊，放入加了大蒜片和迷迭香的沙拉油醃漬兩天。
②連同醃漬油一起倒進平底鍋，煎至酥脆。

醋漬鴨翅 Ali in saor
①剖開鴨子後，將取出的骨頭與鴨翅以清湯煮約 2 小時。
②去除鴨皮，將撥散的鴨肉放進深盤，撒些鹽、胡椒，倒入醃漬液（白酒醋、特級初榨橄欖油、切成薄片的洋蔥、岩鹽、松子、葡萄乾）蓋過鴨肉，浸漬約兩天。

收尾
將醋漬鴨翅裝進派皮小碗（＊），擺在大圓盤中央，周圍放上煙燻鴨胸、奇喬力、鴨頸腸、布里歐麵包與鴨肝醬、鴨肉腸，最後以義大利香芹做裝飾。

＊ 派皮小碗的作法
　　將 500g 中筋麵粉、125g 特級初榨橄欖油、5g 鹽、180g 水、1 顆蛋，揉拌成團，以電動製麵機壓薄，鋪入直徑 5 ～ 6cm 的烤模。以叉子在底部戳幾個洞，放入烘焙用重石（或使用生米、紅豆等代替）。以 170℃ 烤 5 ～ 6 分鐘。脫模取出，放涼備用。

西口大輔（Volo Cosi）

中央遠景的建築物是帕維亞的修道院，周圍是廣闊的田原風景。

威尼托大區
VENETO

多洛米蒂山脈
（Dolomiti）

貝盧諾

巴薩諾格拉帕
（Bassano del Grappa）

加爾達湖
（Lago di Garda）

特雷維索

維琴察

威尼斯

維洛那

帕多瓦

亞得里亞海

基奧賈

羅維戈

●威尼托大區的省與省都

維琴察省（Vicenza）……維琴察市
威尼斯省（Venezia）……威尼斯市（大區首府）
維洛那省（Verona）……維洛那市
特雷維索省（Treviso）……特雷維索市
帕多瓦省（Padova）……帕多瓦市
貝盧諾省（Provincia di Belluno）……貝盧諾市
羅維戈省（Rovigo）……羅維戈市

威尼托大區的特徵

阿爾卑斯山與亞得里亞海之間坐擁廣大的威尼托平原，是義大利面積第八大的大區。面海的威尼斯周邊，包含潟湖（lagoon）在內的平原約佔56％，丘陵地帶佔14％，其餘的30％是鄰近奧地利國境的山岳地帶，地形起伏變化豐富。

氣候方面，西邊的加爾達湖一帶與東邊的亞得里亞海沿岸是地中海型的溫暖氣候，山岳地帶的冬季積雪量多，相當嚴寒。如此多樣化的地形與氣候，造就了種類豐富的產物。

平原地區盛行種稻，大量種植糖用甜菜及黃豆。同時，也廣泛栽培費時費工的高價蔬菜，像是從田裡採收後，再進行水耕栽培的紅色晚生種（tardivo）特雷維索紅菊苣（Radicchio Rosso di Treviso），以及色澤潔白的白蘆筍都是當地的特色蔬菜。有許多飼養肉牛或乳牛的畜產戶、加工肉品的豬農與雞農，蛋產業也相當興盛。另外，亞得里亞海沿岸的威尼斯、基奧賈有大型魚市場，貝類、甲殼類等海鮮多且豐富。

吸引全球觀光客造訪的威尼斯、滑雪客絡繹不絕的山岳地帶等，觀光也成了一大產業，但在過去曾是經濟困頓，需要外來人口移入的地區。然而近年來，這裡被稱為義大利東北部的奇蹟，中規模企業繁榮，帶動經濟的發展。

在這般富足的背景下，威尼托料理具備了義大利料理的所有要素，並且變得精緻。即使是同一大區，海邊與高原的鄉土料理仍有所差異，不過有兩項共通的特徵。第一，經常可見使用玉米粉做成的玉米糊。大鍋熬煮的玉米糊，雖然完成後趁熱品嚐已經很美味，還有放涼後加入起司或燉肉以烤箱烘烤，或是切薄後炙烤、油炸等多元作法，使得這道料理更豐富有變化。第二，香料散發的東方氣息。曾是繁盛海洋國家的威尼斯共和國，不只是將香料做為商品與東方進行貿易，也運用在當地的料理中增添妙味。

此外，米料理也佔了不小的比重。活用豌豆甜味的「豌豆粥（risi e bisi）」就是代表性的料理。維洛那近郊栽培的小顆圓粒米「維亞諾內納諾（Vialone Nano）」搭配各地食材，做成了各種湯品與燉飯。

保留古鎮風貌的特雷維索街景。

97

威尼托大區的傳統料理

◎威尼斯周邊的料理

＊海鮮湯 Broeto

＊威尼斯風味蟹 Granseola alla veneziana……蟹肉沙拉。將煮好的蟹肉撥散，以檸檬汁與義大利香芹拌合。

＊威尼斯風味扇貝 Cape sante alla veneziana……香蒜油拌炒扇貝，以檸檬汁、義大利香芹調味。

＊醋醃鯷魚

＊威尼斯風味鰻魚 Bisato alla veneziana……葡萄酒醋、月桂葉風味的炒燉鰻魚。搭配義式玉米糊一起吃，bisato 是鰻魚的威尼托方言。

＊炸軟殼蟹 moleche

＊義式玉米糊佐烤野鳥 Polenta e osei……將粗磨玉米粉長時間攪煮成玉米糊，搭配以奶油煎過的野鳥。雖然是源自倫巴底大區貝加莫省的鄉土料理，但該省原本是威尼斯共和國統治的地區。

＊威尼斯風味小牛肝 Fegato alla veneziana……小牛肝加洋蔥拌炒後，再倒入白酒燉煮。

◎維琴察省的料理

＊綜合豆義大利麵 Pasta e fasoi……直譯為中文就是義大利麵與豆。與花豆或菜豆一起燉煮、湯汁略多的義大利麵料理。加入豬皮或醃豬背脂提味。fasoi 是方言，等同於麵豆湯（Pasta e fagioli）。

＊白蘆筍燉飯

＊白蘆筍佐水煮蛋醬汁……水煮蛋壓成泥，加橄欖油與葡萄酒醋拌合做成醬汁，淋在煮好的白蘆筍上。

＊維琴察風味鱈魚乾 Baccalà alla vicentina……將洋蔥與鱈魚乾以牛奶、橄欖油等燉煮 4～5 小時（威尼托大區是使用未鹽漬、直接風乾的鱈魚乾，但通常「Baccalà」是指剖開後鹽漬乾燥的鱈魚乾）。

＊袋悶閹雞 Cappone alla canevera……燉閹雞。將腹內塞了香味蔬菜的閹雞裝進牛膀胱，再把去除蒸氣的中空莖桿（canevera）一同塞入、綁好，放入清湯燉煮。

＊石榴風味烤火雞 Paeta rosta al malgarano……料理名稱是威尼托的方言。烤火雞時一邊澆淋石榴汁，再搭配內臟與石榴汁做成的醬汁。

◎維洛那省、羅維戈省的料理

＊碾米工燉飯 Risotto alla pilota……加入香腸炊煮的奶油飯。是一道從倫巴底曼切華省南部至威尼托維洛那省都能吃到的料理，因為碾米工（pilota）常吃，所以有了這個名稱。

＊鍋燜珠雞 Faraona in tecia……放在鍋中費時燜烤的珠雞。tecia 是威尼托方言的平底淺鍋（通用的義大利語是 tegame）。

＊燉馬肉 Pastissada di cavallo……以番茄燉煮紅酒醃漬的馬肉。

◎特雷維索省、貝盧諾省的料理

＊花豆義大利麵 Pasta e fagioli……這道義大利麵的湯汁較多，放了生火腿的骨頭提味。

＊科爾蒂納丹佩佐風味餃 Casunziei alla Cortina d'Ampezzo……以煮過的甜菜為餡的半月形義大利麵餃，與奶油、罌粟籽拌合。

＊特雷維索紅菊苣燉飯

＊牛胃湯……小牛的牛胃加洋蔥、迷迭香燉煮而成的湯。有時會放小牛腿。

＊鴿肉湯 Sopa coada……長時間燉煮的鴿肉湯，放上麵包薄片。「sopa」是湯的方言。

＊炙烤特雷維索紅菊苣　　＊烤山羊

威尼托大區的特產

◎威尼托大區的常見料理

＊圓粗麵 Bigoli……以手搖壓麵機（torchio）擠成條狀的手工義大利長麵。形似略粗的圓直麵，表面粗糙、嚼勁十足。可搭配鴨肉醬、鯷魚醬、雞內臟醬等醬汁。

＊麵包粥 Panada……將變硬的麵包加水煮軟，加入磨碎的起司做成麵包粥。

＊豌豆粥 Risi e bisi……豌豆加米煮成的蔬菜湯。

＊墨醬燉飯

＊醋漬沙丁魚 Sardele in saor……炸過的沙丁魚以醋醃漬，加入科林斯葡萄乾（Corinth Raisins，產自希臘科林斯）與松子。sardele 是 sarde（沙丁魚）的方言。

＊墨醬花枝佐玉米糊 Seppie in nero con polenta……在威尼斯、特雷維索、帕多瓦，搭配白玉米糊是固定吃法。

＊胡椒醬 salsa peverada……將禽類肝臟切塊做成的醬汁，搭配烤過的肉一起吃。肝臟加鯷魚、義大利香芹、大蒜、紅酒醋、檸檬汁等煎烤後，加入大量的黑胡椒。

＊烤鑲餡鴨

◎穀類、豆類

＊玉米＜特雷維索＞

＊花豆 fagiolo di lamon della vallata bellunese IGP ＜拉蒙＞

＊維亞諾內納諾米 riso nano vialone veronese IGP ＜維洛那＞

＊波河三角洲的米 riso del delta del Po IGP

＊糖用甜菜＜羅維戈＞

＊黃豆＜羅維戈＞

＊豌豆＜魯米尼亞諾（Lumignano）＞

◎蔬菜、水果類

＊白大蒜 aglio bianco polesano DOP ＜波萊西內（Polesine）＞

＊特雷維索紅菊苣 radicchio rosso di Treviso IGP……長形的紅菊苣，分為早生種（precoce）與晚生種（tardivo）。晚生種是高級蔬菜，從田裡採收後，進行水耕栽培，只食用接近芯的紅白鮮明處。＜特雷維索＞

＊卡斯泰爾夫蘭科紅斑菊苣 radicchio variegato di Castelfranco IGP……淺黃綠色的葉片上佈滿紅色斑點，形類玫瑰的菊苣。＜卡斯泰爾夫蘭科＞

＊結球紅菊苣 radicchio rosso di Chioggia IGP……球形的紅菊苣。＜基奧賈＞

＊維洛那紅菊苣 radicchio rosso di Verona IGP……紡錘形的紅菊苣。＜維洛那＞

＊奶油生菜 insalata di Lusia IGP ＜盧夏＞

＊白蘆筍 asparago bianco di Cimadolmo IGP ＜奇馬多爾莫＞

＊白蘆筍 asparago bianco di Bassano DOP ＜巴薩諾格拉帕＞

＊白蘆筍與綠蘆筍 asparago di Badoere IGP

<巴多艾雷（Badoere）>

＊朝鮮薊＜威尼斯近郊＞

＊櫻桃 ciliegia di Marostica IGP ＜馬羅斯蒂卡＞

＊栗子 marrone di San Zeno DOP ＜聖澤諾＞

＊栗子 marrone di Combai IGP

＜康拜（Combai）>

＊栗子 marrone del Monfenera IGP ＜蒙菲內拉
（Monfenera）>

＊桃子＜莫利亞諾韋內托（Mogliano Veneto）、
佩斯坎蒂納（Pescantina）>

＊桃子 pesca di Verona IGP ＜維洛那＞

◎海鮮類

＊鱸魚、鯛魚、烏魚

＊沙丁魚

＊各種淡水魚

＊鰻魚

＊海瓜子、淡菜、扇貝、象拔蚌

＊蝦蛄

＊軟殼蟹（granseola）

◎肉類

＊牛

＊豬

＊雞、蛋

＊珠雞、閹雞、鴨

＊兔

◎起司

＊艾斯阿格 asiago DOP（牛奶，硬質）

＊委羅內塞高山起司 monte veronese DOP（牛奶，
硬質）

＊格拉娜帕達諾 grana padano DOP（牛奶，硬質）

＊蒙塔吉歐 montasio DOP（牛奶，硬質）

＊波羅伏洛瓦爾帕達納 provolone valpadana DOP
（牛奶，硬質）

＊塔雷吉歐 taleggio DOP（牛奶，軟質）

＊卡斯提拉特雷維加納 casatella trevigiana DOP（牛
奶，新鮮）

◎加工肉品

＊貝里可耶加納歐生火腿 prosciutto Veneto Berico-
Euganeo DOP

＊維琴察莎樂美腸 sopressa vicentina DOP……熟成
二～四個月的粗莎樂美腸。

＊馬肉絲 sfilacci……將乾燥馬腿肉以鹽醃漬，煙
燻乾燥後，拍搗、撥散成細纖維狀。＜帕多瓦＞

＊旁多拉莎樂美腸 bondola……以豬肉與小牛肉
製成的球狀莎樂美腸。長時間炊蒸或水煮後食
用。＜阿德里亞（Adria）>

◎橄欖油

＊加爾達 Garda DOP

＊威尼托 Veneto DOP ＜ Del Grappa、Enganei e
berci、瓦波里切拉（Valpolicella）>

◎飲料

＊渣釀白蘭地 grappa ＜巴薩諾格拉帕＞

◎麵包、糕點

＊巧巴達 ciabatta……又稱拖鞋麵包。

＊奇歐帕 ciopa……呈現四～六根角突出的形狀，
大小介於小型至中型的麵包。

＊蒙齟酥 montasù……威尼托大區的典型餐包。一般做成中型，多為內部組織細緻、外皮酥脆的口感。

＊沙蛋糕 torta sabbiosa……散沙般的酥鬆口感是這個蛋糕的特色。麵粉、玉米粉（馬鈴薯澱粉）、奶油、蛋拌合後，倒入烤模烘烤。

＊扎雷提餅乾 zaletti……加了玉米粉，口感如沙粒的餅乾。

＊提拉米蘇 tiramisù……馬斯卡彭起司奶油與浸泡過咖啡的手指餅乾層層交疊，相當潤口的點心。上面會撒可可粉。源自特雷維索。

＊巴伊蔻利 baicoli……將烤好的原味麵包切成薄片，再烤成脆餅，形狀是橢圓形。＜威尼斯＞

＊潘多酪（黃金麵包）pandoro……加了大量蛋黃與奶油的聖誕節發酵麵團點心。一個約 1kg，頗具分量。上下皆為八角形，呈現頂面比底面小的獨特形狀。＜維洛那＞

＊品薩果乾玉米糕 pinza……義式玉米粉倒進熱水煮，加酵母、精製豬油（strutto）或奶油、葡萄乾、茴香籽、無花果乾、橙皮等混拌，倒入塔模烘烤的點心。黏密紮實的口感是特徵。這是在一月主顯節（Epiphany）吃的點心。＜帕多瓦＞

＊維琴察蛋糕 fugazza vicentina……將加了肉桂等香料的雞蛋發酵麵團揉圓後，表面劃上十字烘烤的點心。這是威尼斯復活節時吃的點心，歷史悠久。大小不一，甚至有重達 2kg 左右的尺寸。

＊杏仁甜餅 fregolotta……把加了碎杏仁的粉團倒入塔模烘烤的點心，口感脆硬。

慢食捍衛運動（Presidio Slow Food）標籤

＊白珍珠玉米（白玉米粉用的品種）

＊亞巴德塞（Abbadesse）產的格魯莫洛米（Grumolo，維亞諾內納諾米的一種）……米粒比維亞諾內納諾米再小一些，特徵是加熱後吸收水分會脹大（膨脹率高），比一般的米更能吸收味道。

＊貝魯納溪谷（Belluna）地帶的古代大麥

＊貝魯納溪谷（Belluna）地帶的加列特菜豆（giàlet）

＊聖伊拉斯莫島（Sant'Erasmo）的紫色朝鮮薊

＊雷西尼亞（Lessinia）產西洋梨（歷史悠久的 misso 品種）

＊軟殼蟹（moleche）

＊阿爾帕戈（Alpago）小羊

＊帕多瓦母雞

＊山中小屋（malga）製（※）委羅內塞高山起司（牛奶，硬質）

＊山中小屋（malga）製（※）摩拉哥起司（Morlacco，牛奶，半軟質）……使用布里納牛（Burlina）的乳汁製成。
＜格拉帕山（Monte grappa）＞

＊高原山中小屋（malga）製（※）長期熟成艾斯阿格起司（牛奶，硬質）

＊油封鴨……鴨脂醃漬鴨肉。有兩種作法：鹽漬生鴨肉以低溫的脂肪煮漬；先以紅酒煮鴨肉，再用鴨脂醃漬。

※ 山中小屋（malga）製／取得夏季期間放牧於高原的牛、羊或山羊乳汁後，在山中小屋（malga）手工製作、少量生產的起司。放牧於高山的家畜乳汁，風味比在平地吃草的家畜乳汁豐富且品質好，以這些乳汁製成的起司相當珍貴。

#054

Asparagi lessati

白蘆筍佐蛋醬

知名白蘆筍產地——威尼托大區巴薩諾德爾格拉帕（Bassano del Grappa）的蘆筍做成的經典菜色。蘆筍搭配蛋的料理很多，像是放荷包蛋、淋上荷蘭醬（Hollandaise sauce）等。這道也是其中之一，水煮蛋醬汁與香料醬汁的微溫蔬菜料理，可以充分品嚐到蘆筍的美味。

林 亨（TORUchio）

ricetta

①白蘆筍（威尼托大區巴薩諾格拉帕產）削除薄皮，放進鹽水煮。如果在意苦味或澀味，可在熱水中加牛奶一起煮。
②製作水煮蛋醬汁。將水煮蛋的蛋黃與蛋白分開，各自壓碎後混拌，以鹽、胡椒調味，再加橄欖油、紅酒醋拌合。
③製作香料醬汁。將羅勒、義大利香芹剁碎，加入特級初榨橄欖油、紅酒醋拌合，以鹽、胡椒調味。
④把水煮蛋醬汁與香料醬汁淋在煮好的白蘆筍上，再以壓碎的水煮蛋做裝飾。

#055

Baccalà alla vicentina

維琴察風味鱈魚乾

威尼托方言的「baccalà」其實是標準語的鱈魚乾（stoccafisso，非鹽漬的鱈魚乾）。將乾貨泡水數日，使其變軟，再以牛奶與油滾煮就成了這道料理。因為是在禁肉日代替肉的食物，味道非常濃厚。一般都是搭配現煮的玉米糊，如左圖所示，烤成略帶焦香的玉米糕也是吃法之一。由於製作費時，當地越來越少人做這道菜，但這種慢工出細活的美味實在令人難以捨棄。

林 亨（TORUchio）

ricetta

①將一尾鱈魚乾仔細清洗，過程中不時換水，接著泡水約一天的時間，使其變軟。不用去皮，直接剖開。
②以奶油拌炒洋蔥末，加入鯷魚炒至入味。再加白酒、麵粉和牛奶。
③銅鍋裡倒入橄欖油，把半量的鱈魚乾以魚皮朝下的方式入鍋。再加帕瑪森起司、麵粉、半量的②。剩下的鱈魚乾以魚皮朝上的方式入鍋，加帕

瑪森起司、麵粉與半量的②。淋上橄欖油、蓋鍋蓋，放進 160℃的烤箱烤約 3 小時。
④製作玉米糕。把 1ℓ 的水加熱，加入 300g 白玉米粉、5g 鹽，拌至糊狀。倒入烤盤或其他四方形的平容器，放涼定型。以鐵烤盤在表面炤烤出格紋。
⑤鱈魚乾與玉米糕盛盤，擺上義大利香芹。

#056

Antipasto della laguna

威尼斯風味前菜拼盤

橄欖油檸檬風味淡菜 Peoci all'olio e limone
鹹鱈魚泥佐白玉米糕 Baccalà mantecato e polenta abbrustolita
醋醃沙丁魚 Sardele in saor
透抽鑲蔬菜 Calamaro ripieno di verdure
章魚凍 Soppressata di piovra
醋漬鯷魚 Alice marinata
油漬鰻魚 Anguilla marinata
麵包粉烤扇貝 Capasanta gratinata
白酒風味竹蟶 Cape lunghe al vino bianco
蟹肉沙拉 Insalata di granzo
橄欖油檸檬風味蝦 Gambero lessato
（外圍左下起，順時針方向往內）

以小酒館（bacaro）的下酒菜（cicheti）為概念，完成這道威尼斯海鮮拼盤。小酒館是威尼斯特有的酒吧，下酒菜是指預先做好的「小菜」。在威尼斯，每到傍晚的餐前酒時段，當地人就會聚在小酒館，站在吧台邊，一手拿著葡萄酒杯，邊喝酒邊吃下酒菜，這景象很常見。本食譜是以酸味爽口的醋漬鯷魚、威尼托大區的代表性鄉土料理醋醃沙丁魚、當地人常吃的鰻魚等組合成餐廳風格的前菜，色彩繽紛，可以感受到季節感。此外，以煙燻旗魚或大茴香風味的醃漬鰻魚、魚碎肉的莎樂美腸等做成的拼盤，也是店內經常供應的料理，而且頗受好評。料理名稱的「laguna」即潟湖，意指威尼斯獨特的淺灘地形。

西口大輔（Volo Cosi）
ricetta　P119

#057

Pasta e fagioli alla veneta

義大利麵豆湯

義大利各地皆可見到的「pasta e fagioli」，直譯就是義大利麵與豆子。以豆子煮的湯相當美味，這是在當地經常發現的驚喜。威尼托大區拉蒙（Lamon）產的生菜豆很有名，買不到生豆時，人們多是以乾燥花豆或菜豆煮湯，或是做成義大利麵豆湯。這道料理的感覺或許類似日本味噌湯。家家戶戶都有其獨特的味道，以配料或味噌注入變化，天天出現在餐桌上。本食譜介紹的是我在當地學到覺得很有趣的作法，放入整顆馬鈴薯，藉以掌握豆子熟透的時間，省事又方便。馬鈴薯的味道與澱粉形成的稠度，讓這道湯變得更美味。

林 亨（TORUchio）

ricetta

①在鍋裡放橄欖油和拍碎的大蒜，加熱炒出香氣。接著加鹽漬豬頰肉（guanciale）或一塊義式培根塊，逼出油脂的同時，將切丁的紅蘿蔔、洋蔥、西洋芹下鍋，拌炒至軟透的狀態。
②倒入已泡軟的花豆（泡水一晚）並加水，水量蓋過鍋中食材。
③馬鈴薯去皮後，直接放進鍋裡。
④再加去皮壓碎的熟番茄、香草束（迷迭香、鼠尾草、月桂葉、義大利香芹），蓋上鍋蓋燉煮。馬鈴薯煮熟的同時，花豆也差不多煮透。

⑤取出香草束與鹽漬豬頰肉（或義式培根塊），以蔬菜過濾器過濾後，倒回鍋中加熱，調整水量，將提拉克寬麵（Tirache）下鍋煮。
⑥盛盤，淋上迷迭香風味的橄欖油，撒些義大利香芹、黑胡椒。

※ 本食譜使用的提拉克寬麵（Tirache）是以粗粒小麥粉加水揉製而成，比寬麵更粗短的扁平麵。不必事先煮過，直接以生麵煮出濃稠度。

#058

Bigoli in salsa

鯷魚醬圓粗麵

圓粗麵（bigoli）是威尼托大區具代表性的傳統手工麵，形狀像粗一點的圓直麵。基本上會加全麥麵粉，小麥麩皮的單純滋味與略乾硬的口感是特徵。此外，因為麵團是以名為「torchio」的專用手搖壓麵機壓製成，摩擦作用使麵條表面變得粗糙，所以容易沾裹醬汁，達到麵醬合一。可搭配各種醬汁，如鴨肉醬或雞內臟做成的醬汁，當中又以這個拌鯷魚醬的作法更普遍且特別，是天主教四旬節（復活節前四十天）的首日與聖誕夜必吃的傳統料理「Magru（不加肉的料理）」。洋蔥的甜、鯷魚的鹹充分發揮效果，看似簡單，咀嚼間卻能感受到濃郁夠勁的滋味。

西口大輔（Volo Cosi）

ricetta

①先將洋蔥對半縱切，再從邊端切成薄片，下鍋後倒入橄欖油與 150ml 的水蓋過洋蔥片，撒適量岩鹽加熱。煮滾後轉小火燉煮約 2 小時，請留意別讓洋蔥片變色。過程中若發現水分變少，再加適量的水，煮至洋蔥片完全軟透、失去形狀。
②加入鯷魚，壓爛魚身，略為煮溶，做成醬汁。關火後稍微放涼，放進冰箱冷藏保存。雖然當天已可使用，靜置二～三天會更入味、鮮味倍增。
③把圓粗麵放進加鹽的熱水煮約 10 多分鐘。圓粗麵的作法請參閱 P111。
④以平底鍋加熱②的醬汁，再加煮麵水和義大利香芹、黑胡椒調味，拌裹煮好的圓粗麵。
⑤盛盤，撒些義大利香芹。

#059

Risi e bisi

豌豆粥

米和豌豆做成的湯。在威尼斯共和國時代已是有名的料理，如今不光是當時統治過的地區，在希臘、土耳其、黎巴嫩等也廣為流傳。因為是初春的宗教節慶料理，極具季節感。豌豆最好選用當季的生豆。另外這道湯並非燉飯，而是「minestra（湯品總稱）」的一種，特徵是將米粒煮至略爛，加入大量配料。米是選用在維洛那附近採收的維亞諾內納諾米（Vialone Nano），也可以使用日本米代替。

林 亨（TORUchio）

ricetta

①豌豆從豆莢中取出，豆莢加水煮成豌豆清湯（如果覺得不夠甜，可以加些小牛高湯）。
②將生火腿、鹽漬豬頰肉、少量的洋蔥切成末。
③取一深鍋放入奶油，豌豆、生火腿、鹽漬豬頰肉、洋蔥末下鍋拌炒。待洋蔥末炒軟後，再加維亞諾內納諾米、①的豌豆清湯，煮約 20 分鐘。
④在留有些許水分的狀態下關火，加奶油、帕瑪森起司快速混拌。
⑤放上煮過的豌豆與義大利香芹，淋些特級初榨橄欖油即完成。

#060

Risotto al radicchio rosso di Treviso

特雷維索紅菊苣燉飯

分散生長在威尼托大區特雷維索省的特雷維索紅菊苣（Radicchio Rosso di Treviso）是帶著微甜及獨特苦味的蔬菜。這道料理是以簡單的烹調方式發揮其味道的傳統燉飯。仔細拌炒紅菊苣，讓味道充分釋出是重點。燉飯要煮成有如「波浪翻動（all'onda）」的狀態，盛盤後搖晃盤子，燉飯能夠攤平便是理想的稠度。因此，黏性較低的義大利米最適合。本食譜是用威尼托大區產的維亞諾內納諾米（Vialone Nano）。

林 亨（TORUchio）

ricetta

①將特雷維索晚生種紅菊苣（radicchio rosso di Treviso tardivo）從邊端切成 5mm 的小段。
②奶油放進鍋裡加熱融化，洋蔥末下鍋拌炒。接著放入未洗的維亞諾內納諾米，以大火拌炒。待米粒差不多炒透，倒入阿瑪羅內（Amarone）紅酒，煮稠後倒入清湯（略稀的小牛高湯），湯的量要蓋過米。
③另取一鍋，以橄欖油拌炒紅菊苣。炒的時候請留意別炒焦，小火慢炒，炒至紅菊苣變得軟透，再加阿瑪羅內紅酒，煮至收汁。

④把③的紅菊苣加進②的鍋裡，慢火燉煮約 20 分鐘。過程中，加幾次煮滾的清湯，讓鍋內保持相同水量的狀態。為避免黏鍋，不時以木匙攪拌，但別攪拌太多次，而且攪拌的方向要固定，以免米粒變爛或煮出黏性。
⑤快煮好前，加入小牛高湯、奶油、帕瑪森起司，搖晃鍋子使其混合（此動作在義大利語稱為「mantecare」，讓空氣混入飯內，形成有光澤的濃稠狀）。

#061

Scampo, dentice e rombo in casso pipa

陶鍋燉螯蝦、鯛魚與比目魚

這是位於威尼斯南方、面向亞得里亞海漁港基奧賈（Chioggia）的鄉土料理。「casso」即陶器、「pipa」是緩慢加熱之意，就像叼著煙斗悠閒等待似的，使用陶瓦鍋花時間耐心烹煮。據說起源是基奧賈的漁夫結束捕魚後，在港口生火燉煮新鮮雜魚，食材包含貝類、白肉魚、甲殼類等多樣化的海鮮。我以前在威尼斯工作的餐廳，都是使用基奧賈港當天現捕的各種海鮮，海瓜子等貝類、蝦蛄等甲殼類是必備食材。本食譜活用帶有貝類鮮味的湯汁，先將短爪章魚慢燉成湯底，其他海鮮為保持肉質的柔軟，必須避免長時間加熱，最後才一起下鍋，煮至整體均勻入味。

西口大輔（Volo Cosi）

ricetta

①平底鍋內放入拍碎的大蒜和橄欖油加熱，放入海瓜子。淋白酒、蓋上鍋蓋蒸煮。等到海瓜子的殼開了，將海瓜子釋出的湯汁過濾備用。淡菜、竹蟶、扇貝同樣以白酒蒸煮，過濾湯汁，再把四種湯汁混合。

②平底鍋內放拍碎的大蒜和橄欖油加熱，將洗好的角蝦下鍋，淋白酒、蓋上鍋蓋蒸煮。保留蝦頭並去殼。

③透抽清洗後剝皮，切成環狀，放進蔬菜高湯（作法請參閱 P119）煮。

④鯛魚與比目魚去骨切片後，切成適當大小的塊狀，撒上鹽。平底鍋內放拍碎的大蒜和橄欖油加熱，魚塊下鍋，淋白酒、蓋上鍋蓋蒸煮。

⑤清理過的短爪章魚、大蒜末、橄欖油、鯷魚、①的湯汁倒入陶瓦鍋，蓋上鍋蓋、放進 150℃ 的烤箱烤 30 分鐘～ 1 小時，直到章魚變軟。

⑥最後放②③④與①的貝類一起加熱，撒上義大利香芹。

⑦也可依個人喜好酌量淋上特級初榨橄欖油、檸檬汁。

#062

Bigoli in casso pipa

陶鍋燉海鮮的圓粗麵

利用剩下的陶鍋燉海鮮（casso pipa）來煮義大利麵是當地慣有的吃法。本食譜介紹的是以多種海鮮的濃郁鮮味搭配圓粗麵，這是我以前在威尼斯工作的店實際供應的招牌料理，相當受歡迎。我想起曾在義大利的某家餐廳吃到很滿意的燉煮料理，隔天以燉菜的湯汁和通心麵一起煮來吃，那股滋味令我再度受到衝擊。義大利料理有很多像這樣大分量的菜色，活用其中的美味，隔天稍花點心思，做成前菜、加蛋液煎烤或是搭配義大利麵，這些都是融合生活智慧的作法。

西口大輔（Volo Cosi）

ricetta

圓粗麵

①全麥麵粉與麵粉（00 型）以 3：2 的比例拌合，加全蛋、蛋黃、特級初榨橄欖油混拌、揉成團。如果覺得有點硬，加些溫水再用力揉拌。真空密封後，放進冰箱冷藏醒麵一天。

②只取需要的麵團量，揉整成可放進專用手搖壓麵機（torchio）的粗圓筒狀。為避免麵條沾黏，邊壓出麵條，邊撒上粗粒小麥粉，再切成 25cm 的長度。

③在乾布上撒粗粒小麥粉，抓一人份的量整成一束，再蓋上乾布，放進冰箱冷藏保存。要吃之前再取出烹調，最好當天煮完。

陶鍋海鮮醬

④將陶鍋燉海鮮的料切成適口大小。

⑤湯汁加炒麵糊（奶油加麵粉拌炒而成）增加適當的濃度，做成醬汁。

⑥把④的料倒進醬汁拌合，加大量的義大利香芹末，以特級初榨橄欖油、黑胡椒調味。

⑦煮好的圓粗麵以醬汁拌一拌即完成。

※ 圓粗麵的麵團分量（參考）：全麥麵粉 300g、麵粉（00 型）200g、全蛋（大）1 顆、蛋黃（大）8 顆、特級初榨橄欖油 5㎖、溫水 50㎖

#063

Seppie in nero con la polenta bianca
墨醬花枝佐白玉米糊

這是威尼托大區沿岸的常見料理。以前在義大利學習廚藝時，每天都要處理滿滿一大桶的花枝墨囊。花枝的鮮度是重點。真正新鮮的墨魚汁，完全沒有腥味。使用當季捕獲的花枝製作，味道最棒。雖然有墨魚汁加番茄的作法，但加了番茄反而不像威尼托大區的料理。配菜是不可或缺的威尼托大區名產玉米糊，有白色與黃色兩種，近來在日本都買得到，依照料理分開使用即可。本食譜為了與墨魚汁的黑形成對比，搭配的是白色玉米糊。

林 亨（TORUchio）

ricetta

①花枝清理乾淨後，取出墨囊。以剪刀剪開，擠出墨魚汁過濾。
②平底鍋內放橄欖油與拍碎的大蒜加熱炒出香氣。洋蔥末下鍋，以中火拌炒，再放月桂葉炒出香氣。
③把切成細條的花枝肉也下鍋炒，倒大量的白酒燉煮，酒的量蓋過花枝。過程中花枝肉快要變軟時，加①的墨魚汁一起煮，煮至花枝肉完全軟

透。因為加熱而緊縮的花枝肉，吸飽湯汁後會再變軟。
④最後加檸檬汁和義大利香芹，若覺得不夠鹹可酌量加鹽。
⑤盛盤，淋上特級初榨橄欖油、撒些義大利香芹，旁邊添上滑稠的白玉米糊（水滾後，加白玉米粉和鹽拌煮而成）。

05

#064

Fegato alla veneziana

威尼斯風味小牛肝

這是威尼托大區的鄉土料理，洋蔥的甜與新鮮牛肝的濃郁滋味出奇的對味。傳統作法似乎是不用白酒或小牛高湯，但為了突顯餐廳特色，所以我有加。至於另外調整的方式也很多，把和洋蔥一起炒的小牛肝淋上有果香的葡萄酒醋，最後再以小牛高湯增加稠度。若不使用洋蔥，倒入渣釀白蘭地，加小牛高湯和葡萄一起煮，也就是適合牛肝的糖醋作法。不過，若要強調威尼斯風味的話，必須加洋蔥。

林 亨（TORUchio）

ricetta

①小牛肝去除薄膜，切成一口大小的薄片。若在意腥味，可泡水一天，或是烹調前的 10 ～ 15 分鐘，以牛奶浸泡。
②洋蔥切成薄片，以橄欖油和奶油小火拌炒。不必炒至完全變成焦糖色，開始變成焦糖色即可。
③小牛肝下鍋，轉大火拌炒，邊炒邊加白酒、少量的小牛高湯、義大利香芹，調好味道即完成。

加熱太久，牛肝會變硬，所以牛肝下鍋後，以大火快炒是訣竅。
④盛盤，撒上義大利香芹。
⑤製作玉米糊。水滾後，加鹽、滴幾滴橄欖油，快速篩入黃玉米粉。為避免結塊，邊煮邊以打蛋器攪拌。變稠後轉小火，改用木匙順著相同方向攪拌（約 40 ～ 50 分鐘）。

#065

Faraona in salsa peverada

胡椒醬珠雞

這道料理是烤珠雞搭配以雞肝做成的醬汁。雞肝、史普瑞莎腸
（Spressa，威尼托大區的莎樂美腸）與黑胡椒是胡椒醬（salsa
peverada）的基底。再加上大蒜、檸檬皮、義大利香芹、紅酒醋
等做成溫熱的醬汁。濃郁中仍帶著些許酸味及清爽的檸檬風味，
是有層次的味道。基本上是搭配珠雞等禽類，有時也會配煮過
的豆子或義大利麵。本食譜以雞肉與豆子做成一盤料理。若搭
配義大利麵，胡椒醬的料要切得更細，接近泥狀。

ricetta

①珠雞清理乾淨後，在腹內塗抹鹽、胡椒，塞入
義式培根、大蒜、鼠尾草、迷迭香，以料理綿線
縫好固定。表面也要塗抹鹽、胡椒，以義式培根
包裹，放入烤箱烘烤。
②製作胡椒醬。將生的珠雞肝、史普瑞莎腸切成
小丁。鍋內放橄欖油和拍碎的大蒜加熱炒出香
氣。取出大蒜，雞肝與莎樂美腸下鍋拌炒。再加
切成末的檸檬皮、義大利香芹、大蒜一起炒，最

後淋上紅酒醋、檸檬汁，以及撒大量的黑胡椒混
拌。以鹽調味，撒些義大利香芹。
③製作燉豆（fagioli in umido）。本食譜使用的
是花豆。將花豆泡水一晚，使其變軟，再水煮至
軟透，最後撒上鹽、胡椒。
④煮稠的黃玉米糊（作法請參閱 P113，ricetta 步
驟⑤）倒入托盤，攤平放涼。切成適口大小後，
以鐵烤盤炙烤。

林 亨（TORUchio）

05

VENETO

#060

Tirami su

提拉米蘇

如今已是義大利各餐廳必備甜點的提拉米蘇，發源地是威尼托大區。在當地也很常見，無法言喻的樸素感，以及新鮮馬斯卡彭起司的美味是其魅力所在。現在的作法很多，像是加入打發的鮮奶油或蛋白、利口酒或橙皮，形狀與凝固程度也各有不同。儘管變化豐富，本食譜介紹的是當地最基本的作法。

林　亨（TORUchio）

ricetta

①製作馬斯卡彭起司奶油。蛋黃和細砂糖拌合，仔細攪拌至膨發變白的狀態。再加新鮮的馬斯卡彭起司拌勻。
②把泡過義式濃縮咖啡的手指餅乾與馬斯卡彭起司奶油層層交疊。

③差不多疊了六層（三次）後，撒上可可粉即完成。

05

VENETO

#067

Pandoro di Verona

潘多酪

這是威尼托大區維洛那的聖誕糕點，原文直譯是「黃金麵包」。原本是以高度略高的圓錐形（周圍有深溝，八角星形）專用烤模，本食譜是以現有的烤模代替。以中種法反覆進行發酵，包入奶油後，將麵團折三折靜置醒麵，重複幾次後再進爐烘烤。這個麵包做起來相當費事，就連在義大利當地，自己做的人也是少之又少。試著挑戰看看這道象徵曾經繁華一時的威尼斯共和國點心。

林 亨（TORUchio）

ricetta

①將低筋麵粉、砂糖、酵母、蛋黃仔細拌勻，以低溫（8～10℃）發酵約10小時（A）。
②在 A 裡加低筋麵粉、奶油、砂糖、蛋黃拌合，以低溫發酵約10小時（B）。
③在 B 裡加低筋麵粉、奶油、全蛋、蛋黃、砂糖拌合，以低溫發酵約10小時（C）。
④把鮮奶油、檸檬皮、香草粉加進 C 裡拌合（D）。
⑤D 的麵團以擀麵棍擀開後，包入奶油，折三折，再擀開，折三折，靜置醒麵30分鐘。
⑥折三折的步驟再重複兩次，靜置醒麵30分鐘。

⑦步驟⑥再重複兩次（E）。
⑧在烤模內塗抹薄薄一層奶油、撒入細砂糖，放進 E 的麵團，進行低溫發酵。當麵團膨發至烤模高度的一半時，將麵團往內塞，等到麵團膨發得和烤模差不多高後，先以190℃烤20分鐘，再調至170℃烤20分鐘。
⑨製作沙巴雍。蛋黃加砂糖、瑪薩拉酒、肉桂，隔水加熱攪拌。
⑩將撒上糖粉的潘多酪切片、盛盤，淋上沙巴雍，以水果裝飾。

#068

Crema di grappa e fregolotta

渣釀白蘭地奶油與
杏仁甜餅

以威尼托大區特產的渣釀白蘭地、特雷維索的名產餅乾「杏仁甜餅（fregolotta）」組合而成的甜點。為一種蒸餾酒的渣釀白蘭地是有名的餐後酒，但在威尼托地區，寒冷的早晨經常看到有人在咖啡吧裡，手拿小玻璃杯喝著渣釀白蘭地。本食譜將渣釀白蘭地加巧克力與奶油，做成質地略稀的奶油狀。杏仁甜餅是以碎杏仁烤成的點心，特徵為義大利人喜愛的脆硬口感。通常是烤成大圓餅，但本食譜刻意做成小餅，擺在純白奶油上，口感與外觀皆成對比。再放入大量的黑莓、覆盆子、藍莓等帶酸味的水果，為甜甜的奶油注入變化。另外，也可將渣釀白蘭地的奶油冷凍做成冰糕。

西口大輔（Volo Cosi）

ricetta

渣釀白蘭地奶油
①將 400g 切碎的白巧克力隔水加熱，倒入少量退冰至室溫的牛奶、100g 的渣釀白蘭地混拌。再加 200g 的八分發鮮奶油，拌至濃稠的奶油狀。
杏仁甜餅
②杏仁炒過後去皮，加少量的細砂糖，以食物調理機打碎。再加含少量鹽的麵粉和細砂糖、蛋黃混拌。視粉團的硬度少量添加鮮奶油，拌成散沙狀的粉團。

③將粉團揉成直徑約 2cm 的球狀，保持一定間隔擺放在烤盤上，放進 180℃ 的烤箱烤至金黃酥脆。
④取一深盤，盛裝①的奶油，放入杏仁甜餅、黑莓、覆盆子、藍莓，撒些糖粉，淋上覆盆子醬，擺薄荷葉做裝飾。

※ 杏仁甜餅麵團的分量（參考）：杏仁 300g、中筋麵粉 300g、細砂糖 300g、蛋黃 2 顆、鹽 3g、鮮奶油 50g

ricetta

彩圖請參閱 P104、P105

#056　Antipasto

威尼斯風味前菜拼盤
Antipasto della laguna

橄欖油檸檬風味淡菜
Peoci all'olio e limone

①平底鍋內放橄欖油與拍碎的大蒜加熱，將洗過的淡菜下鍋，加白酒，蓋上鍋蓋燜煮。
②待淡菜的殼開了，取出肉，以特級初榨橄欖油和檸檬汁調味，放進殼內盛盤。
※ peoci 是 cozze（淡菜）的威尼斯方言。

鹹鱈魚泥佐白玉米糕
Baccalà mantecato e polenta abbrustolita

鹹鱈魚泥
①鹽漬鱈魚乾（料理名稱出現的「baccalà」，在威尼托大區原是指未鹽漬的鱈魚乾）以水浸泡三天，使其變軟。過程中，一天要換水兩次以上。
②去皮與骨後，放進鍋中，加水、檸檬皮、黑胡椒粒、月桂葉一起煮，煮滾後轉小火，再煮 30 分鐘。
③取出鹽漬鱈魚乾，撥散魚肉。另取一鍋，魚肉下鍋加熱。邊用木匙攪拌，邊少量加入特級初榨橄欖油，使空氣混入鍋中。再加少量的煮汁，以鹽調味。放黑胡椒與義大利香芹混拌，放進冰箱冷藏一天，使其入味。

白玉米糕
④在鍋內倒入水與牛奶各半，加鹽煮滾。打蛋器一邊攪拌，一瀉撒入白玉米粉，再次煮滾後轉小火，煮 6～7 分鐘。接著換木匙，攪煮約 40 分鐘。
⑤關火，稍微放涼，倒入長方形烤模冷卻。取出玉米糕，切成厚 1cm 的三角形。在平底鍋內倒沙拉油加熱，玉米糕下鍋煎至兩面金黃。

醋醃沙丁魚　Sardele in saor
①沙丁魚去骨切片，撒上鹽，沾裹麵粉，以沙拉油酥炸。
②進將洋蔥薄片、白酒醋、特級初榨橄欖油、松子、岩鹽、葡萄乾混拌成醃汁，把炸好的沙丁魚片放入浸漬三天。
③和炸麵餅一起盛盤。炸麵餅的作法：150g 麵粉、22g 融化奶油、10g 白酒、1 顆蛋、少量白酒醋、鹽混拌成團，切成適當大小，下鍋油炸。
※ sardele 是 sarde（沙丁魚）的威尼斯方言。

透抽鑲蔬菜　Calamaro ripieno di verdure
①將清理過的小透抽放進蔬菜高湯（＊）煮，取出後切成環狀。
②將切成小塊的櫛瓜、紅蘿蔔、西洋芹各別以鹽水煮。
③酸黃瓜切成小塊，與②混拌，以橄欖油和檸檬汁調味，填入透抽內。
＊蔬菜高湯：洋蔥、紅蘿蔔、西洋芹、月桂葉、白酒、黑胡椒粒下鍋，滾煮約 30 分鐘後，關火放涼後進冰箱保存。

章魚凍　Soppressata di piovra
①將整隻短爪章魚放進托盤，以 99℃ 的蒸氣烤箱烤 77 分鐘。趁熱去除頭與嘴，觸足縱切成兩份（本食譜只使用觸足的部分）並切除吸盤。
②把章魚腳交錯，固定成束，做成粗細均等、直徑約 5～6cm 的圓筒狀，以保鮮膜仔細包好（纏繞七圈左右）。放進冰箱冷藏 30 分鐘後，裝入膠膜袋真空密封。泡在冰塊裡急速冷卻，再放進冰箱冷藏。
③拆掉保鮮膜，切成薄片盛盤。

醋漬鯷魚　Alice marinata
①鯷魚去骨切片，以白酒醋泡 2 小時後，去皮、以鹽和特級初榨橄欖油調味。

油漬鰻魚　Anguilla marinata
①剖開鰻魚去除背骨、頭和鰭。去皮後撒些鹽。
②自尾端開始捲，捲成漩渦狀，淋上橄欖油，撒些迷迭香，放進 170℃ 的烤箱烤 14 分鐘。
③稍微放涼，包上保鮮膜，放進冰箱冷藏定型。
④上桌前，切成薄片加熱，以鹽和特級初榨橄欖油調味。

麵包粉烤扇貝 Capasanta gratinata
①將扇貝唇切碎，以橄欖油拌炒。
②義大利香芹、百里香、迷迭香切成末，連同格
拉娜帕達諾起司、橄欖油、①與麵包粉混拌。
③將貝柱放入殼內，擺上②，放入烤箱烤至表面
金黃。

白酒風味竹蟶 Cape lunghe al vino bianco
①平底鍋內放橄欖油與拍碎的大蒜加熱，洗過的
竹蟶下鍋、加白酒，蓋上鍋蓋燜煮。
②待竹蟶的殼開了，取出肉，切除前端再對半斜
切。以特級初榨橄欖油和檸檬汁調味，放回殼內
盛盤。
※ cape lunghe 是 cannolicchi（竹蟶）的威尼斯方言。

蟹肉沙拉 Insalata di granzo
①將北海道產的毛蟹整隻放進蒸氣烤箱，以
99℃蒸烤 37 分鐘，去殼取肉。
②將蟹肉與檸檬汁、特級初榨橄欖油、義大利香
芹末混拌，裝回蟹殼內。
③把切成末的紅蘿蔔、西洋芹、櫛瓜以特級初榨
橄欖油與檸檬汁混拌，擺在蟹肉上。
※ granzo 是 granchio（螃蟹）的威尼斯方言。

橄欖油檸檬風味蝦 Gambero lessato
①明蝦去除腸泥，放進加了鹽和白酒醋的熱水裡
煮。保留蝦頭、去殼，以特級初榨橄欖油與檸檬
汁調味。

收尾
盤中央擺蟹肉沙拉與橄欖油檸檬風味蝦，其他前
菜擺在周圍，以義大利香芹做裝飾。

西口大輔（Volo Cosi）

特倫提諾
－上阿迪傑大區
TRENTINO-ALTO ADIGE

普斯泰里亞溪谷（Pusteria）

上阿迪傑地區

阿迪傑河

• 波爾察諾

多洛米蒂山脈

特倫提諾地區

◎ 特倫托

加爾達湖（Lago di Garda）

●特倫提諾 - 上阿迪傑大區的省與省都

特倫托自治省（Provincia autonoma di Trento）……特倫托市（大區首府）
波爾察諾自治省（Provincia autonoma di Bolzano）……波爾察諾市

特倫提諾 - 上阿迪傑大區的特徵

接壤瑞士、奧地利，二十大區中位處最北方、人口密度低的大區。全區幾乎都在山岳地帶，擁有美麗山景，但也因此受制於嚴苛的氣候條件。除了溫暖的加爾達湖畔，其他地方的溫差都很大。冬季時被大雪覆蓋，天氣回暖後，只在夏季期間開工的山中小屋（melag）會利用高原牛乳製作起司。山中小屋少量生產的起司品質優良，是這裡的貴重產物之一。山區盛行蘋果與西洋梨的栽培，尤其是蘋果，質優而獲好評，甚至出口到國外。日照良好的斜坡地也栽種葡萄，釀造出許多知名的葡萄酒。

飲食以南側的特倫提諾地區與北側的上阿迪傑地區分為兩派。特倫提諾地區承續威尼托大區的山野料理作法，將牛肝菌等兩百五十種以上的蕈菇用於玉米糊或米飯、義大利麵、肉料理等的製作。玉米糊的材料除了一般的玉米粉，也有添加蕎麥粉或是馬鈴薯的作法。

另一方面，鄰接奧地利、瑞士的上阿迪傑大區又稱南提洛（Südtirol）。是使用德語的雙語地區，受到德國飲食文化的影響頗深。來自奧地利或德國的觀光客也很多，德式料理普及，豬肉搭配高麗菜的典型菜色隨處可見。當中，具有當地特色的是以豬腿肉製成的煙燻火腿（speck）。家家戶戶都有秘傳作法，風味也會隨燻材改變。從早，午餐的前菜、麵包夾餡至晚餐，各種場合皆可見到的自製煙燻火腿。

除了普斯泰里亞溪谷的義式麵餃與德國麵疙瘩（spätzle），並無其他特色義大麵料理，取而代之的是各式湯品。有許多種使用黑麥粉或野燕麥粉等做成的獨特麵包也是特色之一。

栽培於山區的蘋果，國內外都廣受好評。

特倫提諾－上阿迪傑大區的傳統料理

◎特倫提諾地區的料理

✻烤肉餡的義式餃

✻義式玉米糊

✻蕎麥粉玉米糊……亦稱「smalzada」。淋上特倫提諾硬質起司（Trentino grana）、融化的奶油，以烤箱烘烤。

✻馬鈴薯玉米糊……搭配燉肉或起司一起吃。

✻麵粉混蕎麥粉的馬鈴薯玉米糊……搭配炸淡水魚或燉鹽漬鱈魚乾、起司、莎樂美腸等一起吃。

✻香腸燕麥塔 Smacafam……蕎麥粉加牛奶攪煮成軟糊、倒入烤模，擺上切成薄片的細長香腸（lucanica），以烤箱烘烤。

✻豆麵湯 Pasta e fagioli……花豆義大利麵湯。

✻大麥湯

✻牛胃湯

✻蕪菁炒刺菜薊

✻酥炸蕈菇

✻炙烤蕈菇

✻蒜香炒菇 Funghi trifolati……以香蒜油拌炒切成薄片的蕈菇，再加義大利香芹。

✻酸菜 Crauti……等同德國酸菜（sauerkraut）。將切絲的高麗菜與杜松子、莞荽等一起以鹽醃漬，靜置約四週，利用乳酸發酵熟成。烹調前以水清洗，與精製豬油（strutto）拌炒，加豬腳或豬皮、煙燻火腿、香草或辛香料（月桂葉、大蒜、杜松子、胡椒粒等），倒入白酒略為燉煮，這是一般的作法。也可當作肉類料理的配菜。

✻葡萄乾香芹風味醋醃鱒魚

✻牛奶燉牛肉 Manzo alla vecchia Trento

✻水煮核桃雞 Pollo ripieno alle noci

✻紅酒燉酸菜香腸 Lucanica coicrauti……炒過的酸菜以紅酒燉煮後，再加入細長的香腸（lucanica，豬肉、牛肉、驢肉製成的香腸）一起燉煮。

◎上阿迪傑地區的料理

✻酸菜 Crauti……詳細說明請參閱左下文。

✻普斯泰里亞溪谷的義式餃 Ravioli della Valle Pusteria……以添加黑麥粉的麵皮包成的麵餃。內餡包含酸菜、菠菜、細香蔥等。

✻玉米糊 Mus……玉米粉加麵粉、鹽、牛奶做成的玉米糊。以融化的奶油與罌粟籽調味。

✻麵包丸 Canederli……把麵包揉成球狀的丸子，一般是以清燉肉湯或番茄醬汁烹煮。有時會使用各種麵包混拌煙燻火腿或小牛肝。

✻蝸牛湯

✻酸菜湯

✻匈牙利湯 Minestra di gulasch……牛肉與洋蔥下鍋拌炒，放入甜椒、小茴香、馬鬱蘭、月桂葉、檸檬皮等增添香氣，再加番茄及馬鈴薯一起燉煮而成的湯。

✻紫高麗菜燴義式培根

✻小牛脾麵包片……把放了小牛脾且烤過的麵包薄片注入熱清湯一起吃。

✻甜椒燉牛肉 Gulasch di manzo……加了大量甜椒的燉牛肉（詳細說明請參閱 P142 的里雅斯特省料理）。

✻紅酒燉獐鹿佐藍莓果醬

✻提洛風味羚羊 Camoscio alla tirolese……將羚羊肉塊以葡萄酒與葡萄酒醋醃漬，加百里香、月

桂葉、防風草根（pastinaca，又稱芹菜蘿蔔）、丁香等燉煮而成的料理。

＊烤小牛腱

＊番茄燉羊肉塊

＊酥皮肉卷 Strudel di carne……烤過的牛肉或豬肉切碎後，加蘋果、松子等拌合，以酥皮麵皮（詳細說明請參閱糕點）包裹，以烤箱烘烤。

特倫提諾 - 上阿迪傑大區的特產物

◎穀類

＊玉米

◎蔬菜、水果、蕈菇類

＊高麗菜

＊馬鈴薯

＊白蘆筍＜阿維奧（Avio）＞

＊諾恩河谷產的蘋果 mela Val di Non DOP

＊上阿迪傑地區產的蘋果 mela Alto Adige（或是 südtiroler apfel）IGP

＊西洋梨＜ Val di Non ＞

＊李子＜阿爾德諾（Aldeno）＞

＊櫻桃＜羅韋雷托（Rovereto）近郊＞

＊小莓果類（藍莓、覆盆子、醋栗等）

＊牛肝菌

＊雞油菇 Finferli

＊蜜環菌 Chiodini

◎海鮮類

＊鱒魚

＊各種淡水魚

◎肉類

＊牛

＊豬

◎起司

＊特倫提諾格拉娜 trentingrana DOP（牛奶，硬質）……特倫提諾產的格拉娜帕達諾起司，又稱 grana trentino。

＊艾斯阿格 asiago DOP（牛奶，半硬質）

＊史普瑞莎德雷朱帝卡利耶 spressa delle giudicarie DOP（牛奶，半硬質）

＊波羅伏洛瓦爾帕達納 provolone valpadana DOP（牛奶，半硬質）

＊莫埃納布佐涅 puzzone di moena（牛奶，洗浸式）

＊諾斯托拉諾菲亞夫埃 nostrano fiavè（牛奶，硬質）……基本上特倫提諾地區都有製作，類似艾斯阿格起司，內部有小氣孔，又稱「val di fossa」。

＊維切納 vezzena（牛奶，硬質）……特倫提諾地區的高級起司。可做為佐餐起司，也可磨碎烹調。

＊阿爾姆卡斯 almkäse（牛奶，硬質）……上阿迪傑地區製作於高原的起司。

＊提洛灰起司 graukäse（牛奶，硬質）……提洛地區的傳統起司，特徵是灰帶綠的黴斑。

＊卡普里諾卡瓦萊塞 caprino di Cavalese（山羊奶，半硬質）

＊斯泰爾維奧 stelvio ／斯蒂夫瑟 stilfser DOP（牛奶，半硬質）

◎加工肉品

＊煙燻火腿 speck dell'Alto Adige（或是 südtiroler speck）IGP……去骨豬腿肉的煙燻火腿。

＊醃牛肉 carne salada……鹽漬牛肉。以迷迭香、杜松子、月桂葉、大蒜、胡椒等增添風味。

＊煙燻馬肉 carne affumicaa di cavallo

＊特倫提諾盧加內加腸 luganega trentina……豬肉香腸。

＊普洛布斯脫 probusto……以豬肉與牛肉混合絞肉製成的香腸，進行輕微的煙燻處理。

＊波隆那摩德代拉香腸 mortadella Bologna IGP

◎橄欖油

＊加爾達 Garda DOP

◎麵包、糕點

＊雙胞胎麵包 ur-paarl……亦稱「paarl」，麵粉加法老小麥或黑麥粉製成的上迪傑地區麵包。paarl 意指一對，麵包的形狀也是兩個圓球連在一起。

＊硬麵餅 schüttelbrot……乾燥變硬的麵餅，厚約 1cm 的圓形。在黑麥粉加麵粉的麵團裡加入小茴香、茴香籽、大茴香等。

＊黑麥麵包 segalino……百分之百黑麥粉製作的麵包。

＊橄欖麵包 pan de molche……製作於加爾達湖畔，拌入橄欖糊的軟麵包。

＊比那麵包 bina……四個小麵包連在一起的特倫提諾地區麵包。

＊綜合麥粉麵包 puccia pusterese……黑麥粉、野燕麥粉、大麥粉混合麵粉製成的特倫提諾地區麵包。

＊貝奇潘札里尼麵包 bechi-panzalini……長形的特倫提諾地區麵包。

＊甜甜圈 kraffen（krapfen）……以發酵麵團包入奶油或果醬的油炸點心，類似炸甜甜圈。

＊聖誕塔 zelten……聖誕節時期的點心。放了無花

果乾、葡萄乾、椰棗、杏仁、核桃、松子、糖漬
水果、渣釀白蘭地、香料等的塔。

＊蘋果卷 strudel di mele……將擀得極薄的派皮包
捲加了葡萄乾與松子的蘋果餡，包了數層後，以
烤箱烘烤。

慢食捍衛運動（Presidio Slow Food）標籤

＊高山灰牛（grigio alpina）

＊山中小屋製（malga，詳細說明請參閱 P101）
的普里米耶羅奶油（Botìro di Primiero）……使用
放牧於普里米耶羅高原的牛乳製成的奶油。

＊索雷河谷（Val di Sole）、拉比（Rabbi）、佩
由（Pejo）產的卡索雷起司（Casòlet，牛奶，半
硬質）

＊瓦萊亞烏里納（Valle Aurina）產的提洛灰起司
（graukäse，牛奶，半硬質）

＊維切納起司（Vezzena，牛奶，硬質）

＊莫埃納（Moena）產的布佐涅起司（Puzzone，
牛奶，硬質）

＊巴納勒（Banale）產的奇維格莎樂美腸
（Ciuighe）……加了大頭菜的豬肉莎樂美腸。

＊特倫提諾盧加內加腸 Luganega Trentino……以
豬瘦肉與背脂製成的香腸。

＊諾恩河谷（Val di Non）產的摩德代拉香腸……
以豬絞肉製成大球形的煙燻莎樂美腸。

＊維諾斯塔河谷（Val Venosta）產的雙胞胎麵包
（ui-paail）　黑麥粉製成的麵包。

#069

Antipasto misto della Val Badia

前菜拼盤

白蘆筍佐波爾察諾風味醬汁
Asparago alla bolzanese

烤鵪鶉胸肉搭配高麗菜與煙燻火腿
Quaglia arrosto con cavolo e speck

煙燻鴨胸佐芥末糖漬洋蔥
Anatra affumicata con mostarda di cipolla

以具有當地特色的食材做成前菜拼盤。若是春季的話，選用特產的白蘆筍，搭配對味的蛋醬。波爾察諾風味蛋醬的乳化手法，創造獨特的柔滑口感。高麗菜以當地快速澆淋熱油與醋的作法醃漬而成，瞬間高溫所造的軟透口感相當特別。因為初春還很冷，所以不是做成冷盤，而是微溫（tiepido）的狀態。擺盤的呈現是配合日本餐廳的風格。

高師宏明（Alberata）

ricetta

白蘆筍佐波爾察諾風味醬汁
①白蘆筍放進鹽水中煮，切成適口大小。
②製作波爾察諾風味醬汁。將水煮蛋的蛋黃壓成泥，加清湯、醋、芥末醬混拌。接著少量地加沙拉油增稠，再倒入壓成泥的蛋白拌合。

烤鵪鶉胸肉搭配高麗菜與煙燻火腿
③高麗菜、煙燻火腿切絲，加茴香籽拌合。
④平底鍋內倒沙拉油加熱，鍋子離火，快速倒入

白酒醋、撒些鹽，趁熱淋在③的高麗菜絲上。利用熱油與醋瞬間醃漬，使高麗菜絲變軟。
⑤將鵪鶉胸肉烤好後，分切盛盤。

煙燻鴨胸佐芥末糖漬洋蔥
⑥芥末糖漬洋蔥鋪盤，擺上煙燻鴨胸，再放上西洋菜。
⑦撒些茴香籽點綴，三道皆以微溫的狀態上桌。

高師宏明（Alberata）

#070

Testina di maiale

豬頭肉凍

將豬頰肉、豬舌、豬耳、豬皮水煮至軟，切碎後加入香料，以豬肉本身的膠質凝固製成前菜。傳統選用小牛頭肉製作。搭配洋蔥片與油醋醬是一般的吃法，油醋醬或酸黃瓜的酸與這道料理很對味。白蘆筍是當地常見的蔬菜，獨特的口感及酸味具有點綴效果，每到產季當地人都會醋醃備用。

ricetta

①豬頰肉、豬舌、豬耳、豬皮以鹽水浸泡一晚。隔天 起下鍋煮，先煮軟的先撈起。放涼後剝散或切碎，加入丁香、杜松子、檸檬皮、鹽、胡椒、已過濾的煮汁拌合，倒入長方形烤模冷卻凝固。
②總共做兩條，互相疊起，最上方放上有重量的板子，以橡皮筋固定，使之定型。
③將②切成薄片盛盤，擺上醋漬白蘆筍、西洋菜等蔬菜做裝飾，淋上油醋醬、撒些磨碎的黑胡椒粒。油醋醬是以沙拉油、葡萄酒醋、芥末醬、鹽和胡椒混拌而成的醬汁。

#071

Spätzli agli spinaci con ragù di carne

菠菜德國麵疙瘩佐綜合肉醬

德國麵疙瘩（spätzle）是我到了當地才初見的義
大利麵，據說在奧地利、德國、瑞士也有。形似
油炸屑的不規則小粒狀，有著特殊的彈牙口感。
拌上其他料理剩下的碎肉醬一起吃。當地人會使
用大量的油脂或乳製品，而我則是減量，突顯酸
味與鹹味，使味道更加精緻。雖然本食譜做的是
菠菜口味，若改用南瓜或甜菜也不錯。

高師宏明（Alberata）

ricetta

①麵粉（00型）、牛奶、菠菜（以鹽水煮過，
擠乾水分）倒進攪拌機拌勻至天麩羅麵糊的稠
度。
②將麵糊倒入專用器具「spätzle hobel ＊」的
活動槽，前後滑移，讓麵糊像油炸屑那樣掉入鍋
中，這個步驟必須在煮滾的熱水上進行。這麼一
來，掉入鍋中的麵疙瘩能馬上煮熟，再以網篩撈
起淋油。

③製作肉醬。各種碎肉剁碎，鍋內倒油，拌炒調
味菜（請參考 P237 ＊1）。接著碎肉下鍋，加
番茄、紅酒一起炒。再倒清湯，撒鹽、胡椒和肉
豆蔻調味。
④取一深盤，舀入肉醬，放上麵疙瘩，撒些磨碎
的康索拉諾起司（consolano）。

＊編註：可改用刨絲器代替，但請小心使用。

#072

Minestrone di orzo

大麥湯

大麥湯是非常受歡迎的料理,學藝的那段期間我很常喝也常做。一般家庭會把大麥煮得很爛,到了隔天,即使味道變淡卻很均勻。不過,身為專業廚師應該將大麥水煮,保留 Q 彈口感,同時推算加熱時間,將蔬菜切成適當大小放入,思考如何調味等各種步驟,用心烹煮。另外,雖然本食譜是裝在大鍋裡,建議各位也可取用時尚的餐具盛裝。

高師宏明(Alberata)

ricetta

①鍋內倒油加熱,仔細拌炒煙燻火腿塊,再放切成丁的洋蔥與紅蘿蔔一起炒。
②接著加入切成 2cm 塊狀的高麗菜,撒些鹽、倒入清湯。
③待湯汁差不多收乾,放進切成丁的馬鈴薯。
④倒入大麥(大麥粒水煮後瀝乾水分,淋上沙拉油)燉煮。
⑤快煮好時,再加切碎的菠菜即完成。

#073

Ravioli di patate

黑麥義式餃

印象中，上阿迪傑地區沒什麼有特色的義大利麵料理。說到第一主菜，一般多是想到湯或麵包丸（canederli）等。這道使用黑麥的義式餃，算是少見的義大利麵料理之一。添加黑麥的麵皮不太有嚼勁倒也順口。比起 Q 軟或彈牙的口感，完全是另一種體驗。搭配的醬汁，濃度也較稀，整體相當協調。再把上阿迪傑地區的特產煙燻火腿烤至酥脆，增添鹹味與口感。

高師宏明（Alberata）

ricetta

①製作內餡。煮熟的馬鈴薯壓成泥，和燉小牛肉、艾斯阿格起司（威尼托大區產）拌合。
②黑麥粉與麵粉（00 型）以 3：7 的比例混合，加蛋、鹽揉拌成團。壓薄後，保持適當間隔擠上內餡。蓋上另一張麵皮，使兩張麵皮緊密貼合，以菊型模分切。放進鹽水裡煮，起鍋後以奶油拌一拌。

③鮮奶油與清湯各半混合、加熱，放入芳提娜起司、帕瑪森起司、塔雷吉歐起司煮融，接著倒入果汁機打勻。
④將煙燻火腿切成薄片，放進烤箱，以 100℃～120℃的低溫烤至酥脆。
⑤醬汁盛盤，放入煮好的義式餃，再擺上烤酥的煙燻火腿片，撒些義大利香芹。

06

#074

Canederli in brodo

麵包丸湯

據說以前在這個地區，一年只烤一次麵包，當地人習慣將一次大量烤好的硬麵包用於各種料理。麵包加起司、蛋、粉料等拌揉成丸子狀，配湯或肉醬等一起吃就是其中一種方式。在當地，通常是做成比高爾夫球略大的丸子狀，但在我的餐廳是做成方便入口的大小。另外也做了些調整，像是當地的口感偏硬，所以我做得稍軟些，改變了配料，做成三色丸。本食譜介紹的是原味、牛肝菌、菠菜三種口味，起司是將特倫提諾地區的硬質起司切碎使用。

高師宏明（Alberata）

ricetta

①將變硬的白麵包切成 3cm 左右塊狀，和用奶油炒過的洋蔥末、牛奶、蛋、少量的蕎麥粉、調味用的帕瑪森起司、古岡左拉起司混拌成團。以此為基底，製作三色麵包丸。
（A）原味，直接使用基底麵團。
（B）菠菜放進鹽水煮，切碎並擠乾水分，拌入基底麵團。
（C）乾燥牛肝菌以水泡軟後，切碎並擠乾水分，拌入基底麵團。

②如果覺得味道不夠，可酌量添加帕瑪森起司、古岡左拉起司。若覺得麵團質地太稀，可以再加低筋麵粉與麵包。
③肉湯與雞高湯各半混合、加熱，試味並調味，將麵包丸放進湯裡煮。
④盛盤，擺上蝦夷蔥。

※ 肉湯是指，將裹拌了蛋白的牛絞肉、香味蔬菜（請參考 P36 ＊）放進小牛高湯，以小火熬煮並過濾的湯。

#075

Coniglio arrosto alla tirolese
con salsa al timo e patate

提洛風味烤兔腿肉
佐百里香薯泥醬汁

在上阿迪傑地區說到肉，以鹿、山羊和兔子等最受歡迎。本食譜是以兔肉鑲酸白菜、包捲煙燻火腿的作法來表現在地特色。現代人或一般家庭已經很少自製酸白菜，所以我在當地也沒看過是怎麼做的。如今都是購買進口的市售品後，在餐廳裡加白酒和茴香重新煮製。此外，這道料理有著兔肉的溫醇、酸白菜的酸與煙燻火腿的鮮，以及醬汁的濃稠感，形成複雜的滋味，不同於餐廳料理的簡單烤肉味。

高師宏明（Alberata）

ricetta

①將兔腿去骨，沿著腿骨切下腿肉，取出大腿骨後，撒些鹽、胡椒，塞入酸菜（作法請參閱右頁）並拉合。表面撒些鹽、胡椒，捲上切成薄片的煙燻火腿，以料理棉線綁住定型。
②下鍋將表面煎上色，擦除油脂，連同平底鍋一起放入烤箱烘烤。烤好後靜置備用。
③把鍋內的烤汁以白酒煮溶，過濾後倒入另一

鍋。加入百里香、小牛高湯煮稠，再加少量的奶油增稠，醬汁就完成了。
④馬鈴薯水煮後壓成泥，加牛奶、少量的清湯稀釋，撒些鹽、胡椒調味。
⑤烤好的兔腿肉分切盛盤，旁邊擺上烤馬鈴薯、燉煮過的豌豆（和培根、洋蔥、水一起煮軟），再淋上③的醬汁與④的薯泥。

#076

Stufato di cervo

紅酒燉鹿肉

酸菜是將高麗菜以鹽醃漬而成的發酵食品，如同德國酸白菜，這是上阿迪傑地區的典型保存食品。加入大量甜椒的匈牙利湯或紅酒燉肉等重口味的燉煮料理更是少不了這個配菜。本食譜搭配的是以紫高麗菜與蘋果泥、柳橙汁、杜松子浸漬成的酸菜。酸味與香料的風味成為清爽的後味。另外，鹿肉選用脂肪少、略帶筋的部位更能突顯這道料理的美味。

高師宏明（Alberata）

---

ricetta

①鹿肉切成適當大小後，以紅酒、切成大塊的洋蔥、紅蘿蔔、西洋芹、杜松子醃漬一晚。瀝乾水分，放入平底鍋以沙拉油煎，煎封周圍。另取一鍋倒入沙拉油，拌炒醃汁內的香味蔬菜，撒上紅椒粉。再把煎過的鹿肉下鍋，倒入醃汁，加入番茄醬汁燉煮。鹿肉煮熟後先取出，使用網眼粗的網篩濾出剩下的蔬菜，再把醬汁倒回鍋中。
②取一平底鍋，倒沙拉油加熱，小茴香、檸檬皮和大蒜下鍋拌炒。接著加進①的鍋內，鹿肉也放回鍋中。

③製作配菜。
酸菜／紫高麗菜切絲，以蘋果泥、柳橙汁、紅酒、杜松子醃漬一晚。隔天倒入鍋中燉煮，煮至水分差不多收乾，冷卻保存。
馬鈴薯泥／整顆馬鈴薯水煮後去皮，壓成泥。加鮮奶油、牛奶、肉豆蔻、帕瑪森起司、鹽、胡椒拌合。
蘋果醬／鍋內倒入蘋果（去皮，切成適當大小）、白酒、檸檬汁、香草莢、少量的巴薩米克醋煮稠。最後再加芥末籽，以食物調理機打勻。

06

#077

Canederli dolci con gelato di vaniglia

甜麵包丸佐香草冰淇淋

麵包丸是以麵包粉做成類似麵疙瘩的食物。一般是搭配匈牙利湯（gulyás，源自匈牙利，使用大量甜椒的燉肉）或其他湯品食用，在寒冷地區，這是營養價值高的獨特料理。不過，本食譜是加瑞可達起司與砂糖做成甜點。減量為一人份，利用冰涼的冰淇淋與溫熱的麵包丸形成對比，再加上醬汁及水果。以地方料理麵包丸為發想，組合各種要素，結合多項單品，完成了這道具有餐廳風格的甜點。

高師宏明（Alberata）

ricetta

①將變硬的麵包切丁，壓碎的餅乾、乾燥的海綿蛋糕過篩成粉。

②從①的粉取適當的量，加瑞可達起司、蛋、砂糖、肉桂混拌。揉成丸子狀，放進加了些許鹽的熱水裡煮，煮熟後再沾裹①的粉。

③製作水果醬汁。砂糖倒入鍋內煮成焦糖狀，再加水果（草莓、黑醋栗、藍莓等）。淋上白酒，煮至呈現適當稠度，再加檸檬汁即完成。

④盤內舀入卡士達醬（作法省略），擺上麵包丸、香草冰淇淋（作法省略）。再舀入水果醬汁，撒上糖粉、①的粉，擺放薄荷葉做裝飾。

高師宏明（Alberata）

#078

Torta di Linz

林茲塔

這個甜塔源自奧地利維也納與薩爾斯堡（Salzburg）之間的小鎮林茲（Linz），在上阿迪傑地區也是常見的點心。用當地特產的蘋果或杏桃果醬製作，滋味樸實。

先將塔殼烤硬，再把表面裝飾成格子狀，或是把塔皮麵糊填入擠花袋擠出、烘烤。本食譜是做成小巧的圓形，搭配冰糕、水果醬汁與卡士達醬，擺上瓦片（tuile）做裝飾，以餐廳風格的一人份甜點呈現。建議在微溫（tiepido）的狀態下享用。

ricetta

①製作塔皮麵糊。奶油加細砂糖，以打蛋器攪拌，再加蛋打勻。接著加已過篩的麵粉和杏仁粉拌合，再加入檸檬汁、櫻桃酒（Kirschwasser）、肉桂、丁香粉增加香氣。

②將塔皮麵糊倒入烤模，放進200℃的烤箱烤約15分鐘。待麵糊有些變硬，塗上大量的杏桃果醬，再以擠花袋將麵糊擠成格子狀裝飾表面，再烤15分鐘。總共烤30分鐘左右（附圖上緣即烤好的狀態）。

③一人份的擺盤：放冰糕、瓦片（作法省略）做裝飾，淋水果醬汁（作法請參閱P136的③）與卡士達醬（作法省略），撒上糖粉。冰糕作法：鮮奶油加細砂糖打發，再加壓碎的餅乾或變硬的海綿蛋糕磨成的粉、壓碎的杏仁果仁糖、切碎的葡萄乾，最後再加入以蛋白與細砂糖打成的蛋白霜大略拌合。倒入烤模，使其冷卻變硬。

06

#079

Strudel

蘋果卷

這道點心和林茲塔一樣，是
受到鄰近的奧地利影響而落
地生根。在當地有此一說：
「薄得能夠看到報上的字」，
可見極薄的外皮是重點，把
麵皮捲上好幾層，做成條狀。
原本的作法是放生蘋果，若
用加熱過的蘋果，蘋果卷的
獨特口感就會消失。因此，
放入餅乾粉或海綿蛋糕粉吸
收蘋果的水分，周圍的外皮
烤成酥脆狀態。最好是選用
肉質細緻紮實的蘋果，如果
是日本的品種，紅玉蘋果最
為適合。

高師宏明（Alberata）

ricetta

①將高筋麵粉、溫水、沙拉油混拌、揉成團。過
程中，朝平台摔打麵團，讓麵團產生筋性。放在
溫暖的場所約 1 小時，保持微溫的狀態，再將麵
團壓薄成麵皮。
②製作內餡。蘋果去皮，切成八等分，再切成扇
形薄片狀。加砂糖、肉桂、松子、葡萄乾、少量
的麵包粉、海綿蛋糕或餅乾粉（變硬的蛋糕壓碎
後過篩）等拌合。

③攤開壓薄的麵皮，刷塗融化的奶油，撒上糖粉。
擺放蘋果餡，從邊端捲起（約捲八圈左右）。表
面刷塗融化的奶油，再刷塗蛋黃、撒糖粉，放進
210℃的烤箱烤約 30 分鐘。
④分切後盛盤，擺上草莓裝飾，舀入卡士達醬（作
法省略）。最後撒些糖粉、海綿蛋糕或餅乾粉。

弗留利
－威尼斯朱利亞大區

FRIULI-VENEZIA GIULIA

卡尼（Carnia）地區

聖丹尼耶爾（San Daniele）

波代諾內

烏迪內

威尼托平原

戈里齊亞

弗留利地區

格拉多（Grado）

的里雅斯特

威尼斯灣

●弗留利 - 威尼斯朱利亞大區的省與省都

烏迪內省（Provincia di Udine）⋯⋯烏迪內市
戈里齊亞省（Provincia di Gorizia）⋯⋯戈里齊亞市
的里雅斯特省（Provincia di Trieste）⋯⋯的里雅斯特市（大區首府）
波代諾內省（Provincia di Pordenone）⋯⋯波代諾內市

弗留利 - 威尼斯朱利亞大區的特徵

北鄰奧地利、東接斯洛維尼亞、南臨亞得里亞海的大區。北側山岳地帶的卡尼地區與面向威尼斯灣的威尼托平原，面積差不多大。內陸的山區寒冷且多雨。相較之下，南方的氣候較溫暖，坐擁大港的大區首府「的里雅斯特」到了冬季，有時會從東北方吹來名為「布拉風（bora）」的寒冷暴風，成為當地有名的氣象現象。

說到特產，莫過於生火腿。除了著名產地聖丹尼耶爾（San Daniele），紹里斯（Sauris）、科爾蒙斯（Cormons）、喀斯特（Carso）等也都很有名，將用心飼養的豬隻製成工坊生產的生火腿，獲得老饕的高度評價。此外，這兒也盛行栽培釀酒用的葡萄，優質白酒特別多。平原地區栽種的玉米，被用來製作此處代表性料理之一的玉米糊。另外，在格拉多或杜伊諾 -

奧里西納（Duino-Aurisina）等市場，海鮮的種類很豐富，儘管面積小，來自山地、平原與大海的恩澤卻很豐足。

料理的傾向，基本上與威尼托大區共通的飲食為基礎，受到哈布斯堡王朝（Habsburg）、斯拉夫人（Slavic）等東方的影響頗深，從各種香料的運用，如小茴香等就不難察覺。

主食方面，比起麵包，更常吃玉米糊，搭配起司、蕈菇、肉或魚類、蔬菜等各式食材，皆出現在日常三餐。當地人尤其偏愛酸甜滋味（agrodolce），番茄醬汁是不可或缺的調味。知名料理之一的匈牙利湯（Gulyás，甜椒燉牛肉）有著匈牙利的氣息、象徵猶太風格的天鵝加工品，明確保留多元的飲食文化，以接近原型的方式共存也是此大區的特色。

重要港都「的里雅斯特」的大運河。
寒冷的東北風「布拉風」是冬季風景詩之一。

弗留利-威尼斯朱利亞大區的傳統料理

◎的里雅斯特的料理

＊罌粟籽千層麵 Lasagna al papavero⋯⋯將磨碎的罌粟籽加進融化奶油裡，再倒砂糖，與千層麵拌一拌。這道料理象徵著的里雅斯特曾經受到哈布斯堡王朝統治。

＊西洋李麵疙瘩⋯⋯中間包入西洋李的馬鈴薯麵疙瘩。

＊海鮮湯

＊海鮮清湯 Brodetto bianco⋯⋯沒加番茄醬汁的海鮮湯，在格拉多很有名。

＊匈牙利湯 Gulasch⋯⋯甜椒風味濃郁的燉牛肉，搭配水煮馬鈴薯。雖然是知名的匈牙利料理，在的里雅斯特也很普遍。

＊維也納炸牛排 Cotoletta alla viennese⋯⋯小牛肉炸肉排，的里雅斯特名菜，在日本是以「維也納炸肉排（Wiener Schnitzel）」之名廣為人知。

＊月桂葉風味烤豬網油包豬腎

◎卡尼地區的料理

＊香料義式麵餃 Cjalzons、Cialzons⋯⋯以香草、馬鈴薯、格拉娜帕達諾起司為餡的義大利麵。砂糖與肉桂香味是特徵。

＊奶油玉米糊 Polenta conia⋯⋯將煮好的玉米糊與加了蒙塔吉歐起司、卡尼產的熟成起司、奶油的熱牛奶層層堆疊，靜置一會兒，讓起司融化。

＊玉米糊雜碎焗麵 Polenta pasticciata⋯⋯把紅酒燉閹羊、水煮豬皮香腸、番茄燉雞與鴿混拌後，與煮好的玉米糊交互倒入有深度的烤皿，以烤箱烘烤。

＊蘆筍燉飯

＊大麥花豆湯

＊花豆湯飯

＊起司煎餅 Frico⋯⋯將蒙塔吉歐起司、拉特麗亞起司（latteria）等熟成期間長短不一的起司拌合，邊以奶油溶化煎烤的料理。除了起司，也有加馬鈴薯、洋蔥、蘋果等的作法。

＊豬皮香腸佐醃菜 Musetto con brovada⋯⋯「musetto」是加了豬頭肉的豬皮香腸（cotechino），吃的時候會搭配當地的醃菜（Brovada 說明請參閱下文）。

＊燉野味

＊串燒野鳥

◎弗留利-威尼斯朱利亞大區的常見料理

＊角蝦或蝦子燉飯

＊酸菜燉肉湯 Jota⋯⋯加了酸菜（德國酸菜，詳細說明請參閱P124）、菜豆、豬肉、豬皮等的湯。

＊玉米糊菠菜湯 Paparot

＊醃菜 Brovada⋯⋯葡萄酒粕醃大頭菜。

＊辣根醬 Salsa di rafano⋯⋯辣根（horseradish）製成的醬汁，用於搭配水煮肉。

＊醋漬沙丁魚 Sardelle in saor⋯⋯炸過的沙丁魚和洋蔥、葡萄乾、松子一起以醋醃漬。

＊小蟹鑲蟹肉

＊烤小牛腱

弗留利 - 威尼斯朱利亞大區的特產

◎穀類、豆類

＊玉米＜波代諾內省、烏迪內省的平原＞

＊大麥＜波代諾內省、烏迪內省的平原＞

＊黃豆＜阿奎萊亞（Aquileia）周邊＞

◎蔬菜、水果、蕈菇、堅果類

＊糖用甜菜＜新帕爾馬（Parma Nuova）周邊＞

＊大頭菜

＊菜豆

＊義大利菊苣（菊苣的一種）＜戈里齊亞＞

＊白蘆筍＜塔瓦尼亞科（Tavagnacco）＞

＊栗子

＊蘋果（金冠，Golden Delicious）

＊西洋梨

＊桃子＜龍基德伊萊焦納里（Ronchi dei Legionari）＞

＊櫻桃＜聖夫洛里亞諾德爾科留（San Floriano del Collio）＞

＊西洋李、李子　　＊奇異果

＊牛肝菌

＊雞油菇

＊榛果

◎海鮮類

＊鯛魚、鱸魚

＊青皮魚（沙丁魚、鯷魚、青花魚）＜穆賈＞

＊角蝦、蝦等甲殼類＜杜伊諾 - 奧里西納＞

◎肉類

＊豬

＊小牛＜托爾梅佐（Tolmezzo）產＞……弗留利花斑小牛（Pezzata rossa friulana）

＊小羊、小山羊
＜馬爾蒂尼亞科（Martignacco）＞

＊天鵝＜烏迪內省＞

◎起司

＊蒙塔吉歐 montasio DOP（牛奶，半硬質）

＊拉特麗亞 latteria（牛奶，半硬質）

◎加工肉品

＊聖丹尼耶爾火腿 prosciutto di San Daniele DOP

＊科爾蒙斯火腿 prosciutto di Cormons

＊紹里斯火腿 prosciutto di Sauris IGP……煙燻生火腿。紹里斯鎮位於海拔 1400m 的高地。

＊卡索火腿 prosciutto di Carso

＊軟質莎樂美腸 salame morbido ＜奧里西納＞

＊斯洛維尼亞香腸 salsiccia Cragno……的里雅斯特的名產，煙燻過的豬肉混牛肉香腸。「Cragno」是義大利語化的斯洛維尼亞（Slovenija）。

＊弗留利莎樂美腸 salame friulano……弗留利風味的莎樂美腸。以豬絞肉製作，熟成兩個月以上，略粗的莎樂美腸。

＊天鵝肉生火腿 prosciutto di oca

＊天鵝胸 petto di oca……煙燻天鵝胸肉。

＊天鵝肉莎樂美腸 cotto di oca……加熱處理過的天鵝肉莎樂美腸。

＊煙燻羊肉腸 pindulis……羊、山羊的瘦肉以鹽、胡椒、香草醃漬後，使其乾燥，再用杜松木煙燻。

＊牛舌火腿 lingua cotta……加熱過的牛舌火腿。
＜卡尼地區＞

＊豬皮香腸 musetto……一種加了豬頭肉的豬皮

香腸。＜卡尼地區＞

＊番茄香料肉醬迷你莎樂美腸 salamini italiani alla cacciatore DOP

◎橄欖油

＊的里雅斯特 Tergeste DOP

◎麵包、糕點

＊豬肉末麵包 pane de frizze……麵團拌入炸過的豬肉末烤成的麵包。

＊玉米麵包 pane di mais……混拌玉米粉的麵包。

＊大麥麵包 pane bruno……用黑麥與大麥粉做成的麵包。

＊無花果甜麵包 pinza……添加無花果等果乾的甜麵包。

＊果乾麵包 gubana……在發酵麵團上放葡萄乾或果乾包捲數層，做成蝸牛般漩渦狀的烘焙點心。

＊甜甜圈 frittelle……將發酵麵團揉成小球狀的炸甜甜圈。又稱 frittole。

＊普列斯尼茲 presnitz……在派皮中間放葡萄乾、糖漬水果、核桃等，捲成細長條狀，再繞成圈狀的烘焙點心。

＊蘋果塔

慢食捍衛運動（Presidio Slow Food）標籤

＊雷夏（Resia）產的大蒜

＊高山菊苣（Radìc di mont）……一種生長在 1000m 以上的高山的野生菊苣。

＊弗蘭特起司（Formadi frant）……牛奶製的半硬質起司。

＊鹿臘肉（Pitina）……獐鹿等野生鹿肉絞碎後揉圓、撒上玉米粉，靜置乾燥成的加工肉品。

＊法加尼亞（Fagagna）產的貝斯塔特（Pestat）……豬背脂混拌蔬菜或香料、香草類灌入腸衣（或裝瓶），靜置熟成的保存調味料。煮湯或燉煮料理時，用來增添香醇。

DOP・IGP・慢食捍衛運動標籤

DOP　Denominazione d'Origine Protetta

受保護原產地名，這是規範、保護與保證優良農產品的歐盟制度。
英語標示為 PDO（Protected Designation of Origin）。
受到認可的主要是，具備包含自然與人為要素的地區環境特徵，
生產、加工、變化皆在產地進行的農作品及食品。獲得此標誌必
須符合品種、生產與栽培地區、生產與栽培方法、品質等的規定
條件。

IGP　Indicazione Geografica Protetta

受保護地理性標示。這是規範、保護與保證優良農產品的歐盟制
度。
英語標示為 PGI（Protected Geographical Indication）。
受到認可的是，品質與特徵或評價來自產地，生產、加工、變化（全
部或其中的一項）必須在特定地區進行的農作物及食品。

　義大利農林政策省的 DOP、IGP、傳統產物一覽表
　https://www.politicheagricole.it/flex/cm/pages/ServeBLOB.php/
　L/IT/IDPagina/309　※ 本書刊載的是 2010 年 11 月 30 日登錄在
　義大利農林政策省一覽表已完成認證的品項。

慢食捍衛運動標籤（**Presidio　Slow Food**）

1989 年在皮埃蒙特大區布拉鎮（Bra）發起的慢食協會活動之一。
慢食（Slow Food）指的是，保護在地食品與守護傳統的運動，協
會的宗旨是透過食物的各個面向，學習飲食文化，保護生物的多
樣性，維護傳統食材的生產。因此，積極支持優質小規模生產者
的活動。慢食捍衛運動標籤是 1998 年制定的救濟品項清單。這是
保護高品質、滋味豐富卻瀕臨滅絕危機的食材專案「美味方舟計畫」
的環節之一，已在當地生產五十年以上的在地蔬果與穀物、以保
護環境的傳統漁法捕獲的海鮮、採用古老製法製作的加工食品等
皆在名單內。名單內容時常更新，除了補充新品項，經判斷已無
滅絕危機的品項也會被刪除。

　慢食捍衛運動（Presidio　Slow Food）標籤
　http://www.fondazioneslowfood.com/it/nazioni-presidi/italia/

　※ 本書刊載的是 2011 年 1 月 31 日登錄在慢食協會清單的品項。

#080

Sardele in saor

醋漬沙丁魚

雖然這是相當知名的威尼托料理，在弗留利 - 威尼斯朱利亞大區也是亞得里亞海沿岸常見的醃漬菜。只使用葡萄酒醋統整酸味或是加入檸檬汁，以葡萄乾注入甜味或是加入砂糖等，作法因人或店家而異。我用了葡萄酒醋和檸檬，也用了葡萄乾與砂糖，使酸味、甜味更明顯。有時與其只用單一食材表現味道，組合兩種食材會讓味道更有深度。在我工作過的店，是將現烤的魚淋上醃汁隨即上菜，但我覺得中午前先醃漬，晚上吃剛剛好。

渾川 知（RISTORANTE la primula）

ricetta

①遠東擬沙丁魚切成三片後撒鹽，靜置約 10 分鐘，讓魚肉出水，肉質緊實。以加水稀釋的葡萄酒醋略洗沙丁魚。擦乾水分、撒入麵粉，鍋中倒入多一點的橄欖油，以半油炸的方式煎熟兩面。
②製作醃汁。以橄欖油拌炒洋蔥片，再加以水泡軟的葡萄乾、白酒、白酒醋混合。最後以檸檬汁調味，混入烤過的松子。
③煎炸好的沙丁魚淋上②的醃汁，靜置半日，使其入味。盛盤，撒些義大利香芹末。

#081

Frico

蒙塔吉歐起司薯餅

將弗留利 - 威尼斯朱利亞大區特產的蒙塔吉歐起司切碎或磨碎後下鍋煎的簡單料理。也有混拌炒過的洋蔥再煎的作法，但我最常見到的是，把水煮馬鈴薯壓成泥，拌入蒙塔吉歐起司煎成美式鬆餅狀。通常是取代主食的玉米糊，在我的店裡是當作烤肉的配菜，或是做成極小份量的開胃小菜。刨成細長條狀的馬鈴薯，讓煎好後的口感更為酥脆，加上松露薄片的點綴，完成洗練高雅的滋味。

渾川　知（RISTORANTE la primula）

ricetta

①馬鈴薯蒸熟後去皮，以刨絲器刨成細長條狀。蒙塔吉歐起司也磨碎備用。
②平底鍋內倒橄欖油加熱，依序疊放馬鈴薯、蒙塔吉歐起司、松露末、蒙塔吉歐起司、馬鈴薯，以鍋鏟子等用具整成圓形。表面撒些鹽、胡椒。待底面煎至香酥後翻面，煎至起司融化得差不多即可。

③盛盤，撒上松露薄片與削薄的蒙塔吉歐起司，擺上細葉香芹做裝飾。

※ 原本是用短熟成（fresco，熟成時間一個月）的蒙塔吉歐起司，因為日本沒有進口，故本食譜是以長熟成（stagionato，熟成時間至少四個月）的蒙塔吉歐起司。

07

FRIULI-VENEZIA GIULIA

#082

Minestra di borlotti con orzo

紅點豆大麥湯

義大利各地都有的菜豆湯之一，以煮過的大麥當作湯料是弗留利-威尼斯朱利亞大區的特徵。儘管菜豆種類豐富，北部多是使用紅點豆。這道湯煮稠後，可用來替代沙拉的淋醬或是烤豬肉的醬汁。本食譜介紹的作法是，最後另取一鍋，把切末的義式培根與大蒜下鍋拌炒，再倒入煮好的湯。這麼做除了增添香醇，也讓溫厚的豆味變得濃郁有味。

渾川　知（RISTORANTE la primula）

ricetta

①紅點豆（花豆）泡水一天，使其變軟。再和切成適當大小的馬鈴薯、洋蔥一起以雞高湯煮軟。

②撈起少量的紅點豆備用，剩下用蔬菜過濾器過濾。接著倒回鍋內，加雞高湯邊煮邊調整濃度。
③大麥粒放進鹽水裡煮軟。迷迭香以特級初榨橄欖油加熱炒出香氣。
④切成末的大蒜與義式培根下鍋以橄欖油拌炒，倒入②的豆湯加熱。再加大麥粒與事先取出備用

的紅點豆。
⑤舀入湯盤，淋上少量的迷迭香風味油，擺上迷迭香做裝飾。

#083

Cjalçons

義式肉桂餃

這道專屬弗留利 - 威尼斯朱利亞大區的義大利麵料理，特徵是肉桂與薄荷的獨特風味，以及砂糖的甜味。雖然是非常傳統的料理，當時我學藝的餐廳卻沒供應，直到我向對方請教作法後，才成為菜單上的品項。原本想在店裡供應蝦子肉桂餃，但那樣的組合在日本還不太能被接受，於是做成接近原本的口味。不過，麵皮裡加了原食譜沒放的粗粒小麥粉，這是在學藝的餐廳學到的配方，略硬帶嚼勁的口感我也喜歡。

渾川 知（RISTORANTE la primula）

ricetta

①製作餃皮麵團。將 500g 的麵粉（00 型）、300g 的粗粒小麥粉、4 顆全蛋、6 顆蛋黃、適量水、特級初榨橄欖油與鹽各少量揉拌成團，靜置醒麵約 2 小時。
②製作內餡。以奶油拌炒洋蔥末、過濾、完成洋蔥風味的奶油。馬鈴薯蒸軟後壓成泥，趁熱拌入洋蔥風味的奶油，加入肉桂、薄荷葉末、帕瑪森起司、蛋、砂糖、鹽混拌。

③餃皮麵團壓薄，分切成圓形，包入②的馬鈴薯餡。
④水煮後盛盤，撒上磨碎的卡丘卡巴羅煙燻起司（Caciocavallo Affumicato）、澆淋焦化奶油，放上薄荷葉做裝飾。

※ 最後撒的起司原本是以瑞可達煙燻起司（Ricotta Affumicata），本食譜是以卡丘卡巴羅煙燻起司代替。

#084

Paparot

玉米糊菠菜湯

這是弗留利 - 威尼斯朱利亞大區特有的湯，將玉米粉煮至濃稠，以菠菜當作湯料。當地人通常會把菠菜煮爛，但考量到日本菠菜的質地與日本人喜歡的口感，所以我不會煮太久。即使是事先的汆燙處理，也是稍微煮過而已，有時甚至是直接把生菠菜放進湯裡快速加熱。濃稠湯液中，玉米粉的沙沙口感、菠菜些許的清脆感成為點綴，提升美味。

渾川　知（RISTORANTE la primula）

ricetta

①大蒜末與義式培根下鍋，以橄欖油炒出香氣。倒入雞高湯加熱，再加玉米粉。以小火煮約 30 分鐘，煮至變稠。

②菠菜以鹽水略為汆燙，瀝乾水分切成適口長度。
③將菠菜放進①的湯裡拌合，加入少量的奶油增添香氣。

#085

Gnocchi di zucca

弗留利風味南瓜麵疙瘩

弗留利 - 威尼斯朱利亞大區的南瓜麵疙瘩比餐匙再大一些，飽滿橢圓狀的外觀是特徵。為了強調南瓜的風味，必須減少麵粉的量。盡可能別讓南瓜泥帶有水氣是重點，因此南瓜不下鍋水煮，而是以烤箱蒸烤，或是微波加熱使其變軟。另外，麵疙瘩煮太久會糊掉，所以我縮短了煮的時間，再以烤箱蒸散水分並烤透。最後的調味不使用鼠尾草奶油，而是以焦化奶油增添香氣。

渾川　知（RISTORANTE la primula）

ricetta

①南瓜去籽，切成薄片並去皮。包上鋁箔紙，放進 180℃的烤箱烤約 20 分鐘。將烤軟的南瓜壓成泥，和鹽、胡椒、帕瑪森起司、麵粉、蛋混拌成團。
②以湯匙挖取麵團，塑整成略大的橢圓狀，下鍋水煮。瀝乾水分，置於烤盤，放進 190℃的烤箱烤約 3 分鐘，蒸散多餘的水分。

③盛盤，撒上磨碎的卡丘卡巴羅煙燻起司（Caciocavallo Affumicato）、澆淋焦化奶油，擺上細葉香芹做裝飾。

※ 最後撒的起司原本是使用瑞可達煙燻起司（Ricotta Affumicata），本食譜是以卡丘卡巴羅煙燻起司代替。

#086

Gulasch

匈牙利湯

這道是在日本有名的匈牙利料理,也是弗留利-威尼斯朱利亞大區具代表性的第二主菜。以番茄燉煮牛肉塊,特色是加入甜椒。原本是使用牛腿肉或牛腱肉,但多數日本人對於燉牛肉的要求是「入口即化的柔軟口感」,於是我改使用牛頰肉。當地人通常是將肉切成約 2cm 的小肉塊,在我的餐廳是用 120g 左右的大肉塊燉煮,然後再切成兩半盛盤。以大一點的肉塊燉煮,肉味不易流失,咀嚼之間也能品嚐到鮮美的肉汁。

渾川　知(RISTORANTE la primula)

ricetta

①大蒜末以橄欖油拌炒,再加洋蔥末一起炒透。
②將 120g 左右的牛頰肉切塊,撒上鹽、胡椒和麵粉,下鍋以橄欖油煎烤表面。接著移入①的鍋內,加紅酒煮滾。再加雞高湯、番茄糊(番茄壓成泥,稍微煮乾水分)、甜椒燉煮約 3 小時,過程中不時撈除浮沫。盛盤時,牛頰肉切成兩等

分,淋上煮汁。
③製作玉米糊。鍋內加水與鹽煮滾後,邊少量地加玉米粉邊攪煮。以小火煮約 1.5 小時,煮至呈現微稠狀態。
④燉肉盛盤,旁邊放玉米糊,撒上松露薄片和削成片狀的帕瑪森起司。

#087

Conigloi arrosto agrodolce con polenta

糖醋兔肉佐玉米糕

兔肉在義大利是受歡迎的食材，弗留利 - 威尼斯朱利亞大區經常將野兔肉與切碎的肝臟一起燉煮成肉末。以丁香或肉桂等香料消除肝臟的腥味，做成酸甜的糖醋口味。本食譜以那樣的作法烹調食用兔肉，背肉烤到不乾柴的程度，兔肝另外炒煮，做成佐醬，以白酒醋及砂糖調味，滋味酸甜。為了配合滋味清淡的兔肉，香料只有使用胡椒。

渾川　知（RISTORANTE la primula）

ricetta

①兔背肉撒些鹽、胡椒，以料理棉繩綁住定型。下鍋以橄欖油煎烤表面，放進 180℃的烤箱烤約 5 分鐘。
②製作兔肝醬。兔肝剁碎。洋蔥末以特級初榨橄欖油拌炒，接著加兔肝一起炒。倒白酒與白酒醋煮滾後，再加雞高湯。以砂糖、鹽、胡椒調味，收乾湯汁。最後拌入義大利香芹末。

③製作玉米糕。鍋內加水與鹽煮滾後，一邊少量地加入玉米粉一邊攪煮。以小火煮約 1.5 小時。倒入托盤等物，使其冷卻凝固，切成 5cm 的四方形，以沙拉油炸至金黃。
④拆掉兔背肉的棉繩，切成約 2cm 厚的塊狀。盛盤，將每塊兔肉擺在炸玉米糕上方，淋上兔肝醬。

#088

Presnitz

普列斯尼茲

來自首府的里雅斯特的傳統點心，將各種堅果與葡萄乾包入千層酥皮捲成筒狀，烤製而成。切口的填餡看似中式糕點的月餅。與其說是餐廳甜點，比較像糕點鋪賣的點心。不過，捲成細卷、分切小塊後，搭配義式冰淇淋或醬汁就是一道美味的餐後甜點。本食譜是使用柳橙醬汁，由於內餡已經夠甜，製作醬汁時不另外放砂糖，只把柳橙果肉煮稠，取其自然甜味。

渾川　知（RISTORANTE la primula）

ricetta

①以奶油與麵粉製作千層酥皮麵團。
②製作內餡。白蘭地混合蘭姆酒、放香草莢，浸泡葡萄乾，使其變軟。將變硬的海綿蛋糕剝碎，加入小茴香、杏仁、糖漬橙皮（以上皆切碎）、松子、泡軟的葡萄乾、磨碎的檸檬皮拌合。
③酥皮麵團壓薄，包入內餡，捲成細筒狀。表面

刷塗蛋黃、撒上糖粉，放進190℃的烤箱烤30～35分鐘。
④製作醬汁。將柳橙果肉切成小塊，加入磨碎的檸檬皮煮稠。
⑤以醬汁鋪盤，再將烤好的③分切後擺入，以薄荷葉做裝飾。

艾米利亞
－羅馬涅大區

EMILIA-ROMAGNA

皮亞琴察

波河

帕爾馬

波河平原

波河

費拉拉

雷焦艾米利亞

摩德納

亞得里亞海

波隆那

亞平寧托斯科 - 艾米利亞諾
（Appennino Tosco-Emiliano）

拉溫納

費利

切塞納

里米尼

●艾米利亞 - 羅馬涅大區的省與省都

帕爾馬省（Parma）……帕爾馬市
皮亞琴察省（Piacenza）……皮亞琴察市
費拉拉省（Ferrara）……費拉拉市
費利 - 切塞納省（Provincia di Forlì-Cesena）……費利 - 切塞納市
波隆那省（Bologna）……波隆那市（大區首府）
摩德納省（Modena）……摩德納市
拉溫納省（Ravenna）……拉溫納市
里米尼省（Rimini）……里米尼市
雷焦艾米利亞省（Reggio nell'Emilia）……雷焦艾米利亞市

艾米利亞 - 羅馬涅大區的特徵

　　正好位處義大利半島的根部，是二十大區中面積第六大的大區。波河流域的南側廣闊平原約莫佔了此大區的一半，面向亞得里亞海的東側是沿海地帶，銜接亞平寧山脈的西側是山岳地帶，連接托斯卡尼大區，形成名為「亞平寧托斯科 - 艾米利亞諾（Appennino Tosco-Emiliano）」的地區，冬冷夏涼是山區特有的氣候。另一方面，波河平原屬於略偏大陸性的氣候，越靠海越溫暖。

　　受到波河滋潤的肥沃平原，廣泛栽培製糖用甜菜及軟質小麥，也盛行栽種醬汁或加工用的番茄。此外，也種了不少其他的蔬菜與果樹，西洋梨、桃子、櫻桃等種類豐富。餐用、釀酒用的葡萄產量也很大。利用廣大平地飼養牛或豬的畜產戶也多，因此肉品加工業自古以來就是主要產業。使用放牧牛隻的乳汁製作義大利料理不可或缺的帕瑪森起司，以不同部位的豬肉做成有特色的生火腿（Prosciutto）、古拉泰勒火腿（Culatello di Zibello）、義式培根等優質的加工肉品。具代表性的帕爾馬火腿（Prosciutto di Parma）主要是在略偏南方的蘭吉拉諾（Langhirano）鎮進行熟成。

　　如其名所示，艾米利亞 - 羅馬涅大區是由兩個截然不同的地區合併而成，皮亞琴察、帕爾馬、雷焦艾米利亞、摩德納、波隆那構成艾米利亞地區，費拉拉、拉溫納、弗利 - 切塞納、里米尼構成羅馬涅地區。

　　位於艾米利亞地區的大區首府波隆那被稱為「肥胖之都」。除了多種以豬肉製成的加工品，味道濃厚的肉料理也很多，來到這裡總會忍不住大吃而變胖。自古就是著名的美食之都，據說在 1300 年代已有一百五十多家的小酒館（osteria）。艾米利亞地區的摩德納與雷焦艾米利亞是著名的巴薩米克醋產地，經過漫長歲月熟成的芳醇酒醋，是老饕垂涎的食材。

　　至於在羅馬涅地區，特別是靠海的切塞納蒂科（Cesenatico）和里米尼等處，簡單炙烤的鮮魚，或是以數種海鮮煮成的海鮮湯（brodetto）都很有名。另外，布里西蓋拉（Brisighella）等接近亞得里亞海的部分地區有栽培橄欖，產出少量的優質橄欖油，不過傳統料理多是以奶油、豬油等動物性油脂，整體上濃郁厚重的口味是料理的特徵。

　　種類豐富的義大利麵料理是兩個地區的共通點。多半是使用軟質小麥的麵粉加蛋製麵，除了全大區普遍食用的扁帶狀寬麵（tagliatelle），艾米利亞地區主要是活用加工肉品或帕瑪森起司的多種包餡義大利麵，羅馬涅地區則是以空心的條紋捲心麵（garganelli）、粗短繩狀的帕沙特里麵（passatelli）等，使用專用道具製作的短麵為代表。

艾米利亞-羅馬涅大區的傳統料理

◎帕爾馬省、皮亞琴察省的料理

＊生火腿雞蛋寬麵 Tagliatelle al prosciutto……煮好的雞蛋寬麵用奶油炒過的生火腿拌合。

＊添加栗子粉的寬麵 Tagliatelle con farina di castagna……博爾戈塔羅（Borgotaro）地區的料理。一般作法是將栗子粉加麵粉揉拌成麵團，瑞可達起司以煮麵水稀釋成醬汁，最後撒上帕瑪森起司。

＊瑞可達起司青菜義式餛飩 Tortelli di ricotta e erbette……以瑞可達起司與綠色葉菜為餡的環狀麵餃。

＊環形餃 Anolini……環狀的包餡義式麵餃。傳統作法是以閹雞熬煮的湯做成湯餃。

＊花豆番茄義式麵疙瘩 Pisarei e fasò……皮亞琴察的料理，將麵粉、麵包粉、牛奶拌成的麵團做成小麵疙瘩狀，搭配花豆、番茄。

＊帕瑪森起司燉飯 Risotto alla parmigiana……磨碎的帕瑪森起司大量拌入燉飯。

＊帕瑪森起司麵包粥 Panada……把變硬的麵包放進湯裡煮，再加入磨碎的帕瑪森起司做成的麵包粥。

＊耶爾巴佐鹹塔 Erbazzone……以莙蓬菜與瑞可達起司為餡的鹹塔。

＊朝鮮薊塔

＊帕爾馬生火腿佐哈蜜瓜或無花果

＊帕爾馬風味烤蘆筍 Asparagi alla parmigiana……煮過的綠蘆筍淋上融化奶油與帕瑪森起司，以烤箱烘烤。

◎摩德納省、雷焦艾米利亞省的料理

＊菠菜寬麵 Tagliatelle verdi

＊綠蔬義式餛飩 Tortelli di erbette……以綠色葉菜為餡的環狀麵餃。

＊蘆筍湯

＊帕瑪森起司佐巴薩米克醋

＊烤菠菜、義式培根小牛肉卷

＊烤兔

＊獵人燉雞 Pollo alla cacciatora……以番茄醬汁炒煮雞肉。

＊豬皮香腸 Cotechino……以豬肉、豬脂、豬皮製成的粗香腸。加熱後，搭配馬鈴薯泥或扁豆、菠菜一起吃。

＊豬蹄香腸 Zampone……以豬腳為腸衣，灌入豬肉、豬脂、豬皮等內餡的香腸。加熱後，搭配馬鈴薯泥或扁豆、菠菜一起吃。

◎波隆那省的料理

＊肉醬麵 Tagliatelle al ragù……煮好的寬麵以波隆那肉醬（詳細說明請參閱右頁）拌一拌。

＊千層麵 Lasagna……雞蛋麵皮與波隆那肉醬（說明請參閱右頁）、白醬、帕瑪森起司層層交疊，以烤箱烘烤。

＊義式餛飩 Tortelli……包入各種內餡的環狀義大利麵。大一點的稱為「Tortelloni」，基本上內餡不放肉，主要是放起司：瑞可達起司、帕瑪森起司、熟成期較短的利古里亞經典起司、奎森薩起司（crescenza）、蔬菜。小一點的稱為「Tortellini」，通常以肉為餡。

＊波隆那迷你義式餛飩　Tortellini alla
bolognese……以豬里肌肉、火雞胸肉、生火腿、
摩德代拉香腸、帕瑪森起司、肉豆蔻、牛骨髓為
餡的環狀小麵餃。

＊花豆湯

＊扁豆湯

＊波隆那風味鱈魚乾 Baccalà alla bolognese……
將鹽漬鱈魚乾（baccalà）以奶油與其他油炒煮，
最後撒些義大利香芹，淋上檸檬汁。

＊波隆那肉醬 Ragù alla bolognese……洋蔥、紅
蘿蔔、西洋芹、豬牛混合絞肉拌炒後，以紅酒或
番茄醬汁燉煮成肉醬。

＊波隆那風味小牛肉卷 Involtini alla
bolognese……切成薄片的小牛肉包捲磨碎的帕瑪
森起司與生火腿，以番茄燉煮。

◎亞得里亞海沿岸地區的料理
（費拉拉省、拉溫納省、費利省、里米尼省）

＊帕沙特里麵湯 Passatelli……將磨碎的起司、麵
包粉、蛋混拌成團，放進中空的專用器具擠壓成
粗短繩狀。一般是做成湯品。

＊條紋捲心麵 Garganelli……表面有細紋的手工
義大利空心短麵。將四方形麵皮放在有紋路的板
子上，以小竹棒捲起來，滾壓出紋路。

＊南瓜義式麵餃 Cappellacci ferraresi

＊鰻魚湯 Zuppa di anguilla……將切圓塊且去皮
的鰻魚加入香味蔬菜、香草、生火腿骨等燉煮成
的湯。

＊串燒鰻魚 Anguilla allo spiedo……切圓塊的鰻
魚與月桂葉插成串，撒上麵包粉炙烤。

＊番茄燉鰻魚

＊醋漬鰻魚

＊ Brodetto……將各種魚類或墨魚、蝦蛄等，以
番茄醬汁與葡萄酒醋蒸煮成料多的湯，還會加入
切成薄片的麵包。

＊費拉拉風味燉鱘魚 Storione in umido alla
ferrarese……番茄燉煮以香味蔬菜與白酒醃漬過
的鱘魚。

＊豬膀胱香腸 Salama da sugo……將豬肉製作的
加工豬膀胱香腸（詳細說明請參閱特產）以布包
好後，為避免碰到鍋底，綁在棒子上，架於鍋緣，
下鍋水煮（早期是炊蒸）。搭配馬鈴薯泥是基本
吃法。

◎艾米利亞 - 羅馬涅大區的常見料理

＊千層麵塔 Pasticcio……義大利短麵以白醬或肉
醬拌合，做成烤塔的餡。一般是用帶甜味的快速
派皮製作。

＊帽形義式餃 Cappelletti……包餡的環狀義大利
麵。現在看到的形狀與義式小餛飩相同，但原本
是做成中世紀的帽子造型，義式小餛飩則是模仿
維納斯的肚臍。傳統上來說，帽形餃的皮略厚，
義式小餛飩較小，內餡也較少。基本作法是煮成
湯品。

＊義式小餛飩 Tortellini……包餡的環狀義大利
麵，基本上內餡以肉為主。

＊小泡芙湯 Minestra di pasta reale……以小球狀
的泡芙（pasta reale）當作湯料的湯。

＊櫛瓜鑲肉

＊加工肉品拼盤 Affettato misto

艾米利亞 - 羅馬涅大區的特產

◎穀類

＊玉米

＊小麥＜帕爾馬＞

＊米 riso del delta del Po IGP ＜波河三角洲（Delta del Po）地區＞

◎蔬菜、水果、蕈菇類

＊番茄＜皮亞琴察、菲登扎（Fidenza）周邊＞

＊糖用甜菜＜費拉拉周邊＞

＊大蒜 aglio di Voghiera DOP ＜沃吉耶拉（Voghiera）＞

＊紅蔥頭 scalogno di Romagna IGP ＜羅馬涅＞

＊綠蘆筍 asparago verde di Altedo IGP ＜阿爾特多（Altedo）＞

＊馬鈴薯 patata di Bologna DOP ＜波隆那＞

＊栗子 marrone di Castel Rio IGP ＜里奧堡（Castel del Rio）＞

＊櫻桃＜維尼奧拉（Vignola）＞

＊櫻桃 amarene brusche di Modena IGP ＜摩德納＞

＊蘋果

＊草莓

＊杏桃

＊餐用葡萄

＊桃子與油桃 pesca e nettarina di Romagna IGP ＜羅馬涅＞

＊西洋梨 pera dell'Emilia Romagna IGP ＜艾米利亞-羅馬涅＞

＊牛肝菌 fungo di Borgotaro IGP ＜博爾戈塔羅＞

＊橙蓋鵝膏菇

＊普拉達伊歐里野蘑菇 Prataioli ＜波雷塔泰爾梅（Porretta Terme）＞

＊黑、白松露

◎海鮮類

＊紅點海緋鯉、比目魚、石狗公

＊青皮魚（青花魚、沙丁魚、鯷魚等）

＊鰻魚（養殖）＜科馬基奧（Comacchio）＞

◎肉類

＊中部亞平寧地區一歲多的小牛 vitellone bianco dell'appennino centrale IGP

＊豬＜帕爾馬、摩德納＞

＊雞、雞蛋

＊兔

◎起司

＊索利亞諾洞穴起司 formaggio di fossa di Sogliano DOP（羊奶、牛奶，硬質）……「fossa」即洞穴。置於地底的洞穴，進行約三個月的熟成。＜索利亞諾＞

＊帕米吉安諾（帕瑪森）parmigiano reggiano DOP（牛奶，硬質）……24kg 以上的大型起司，需要熟成十二個月以上。

＊史夸奎 squacquerone……以牛乳製成的柔軟新鮮起司，塗抹在麵餅或佛卡夏等麵包上吃。＜聖彼得羅-泰爾梅堡（Castel San Pietro Terme）＞

＊佩克里諾科林斯布羅格尼斯 peorino di colli bolognesi（羊奶，硬質）……製作於波隆那省的丘陵地帶。

＊格拉娜帕達諾 grana padano DOP（牛奶，硬質）

＊波羅伏洛瓦爾帕達納 provolone valpadana DOP

（牛奶，硬質）

＊卡秋塔烏爾比諾 casciotta di Urbino DOP（羊奶、牛奶，半硬質）

◎加工肉品

＊皮亞琴察科帕火腿 coppa piacentina DOP……以豬肉製作，呈現大理石花紋的生火腿。

＊摩德納豬皮香腸 cotechino Modena IGP……以天然或人工腸衣，灌入豬肉、豬脂與豬皮的粗香腸。

＊古拉泰勒火腿 culatello Zibello DOP……只使用豬腿肉中央部位（腿內側肉），鹽漬後進行長期熟成的生火腿。以葡萄酒泡軟後食用。

＊臀肉生火腿 fiocchetto……去除做成古拉泰勒火腿部位的臀肉生火腿。

＊摩德代拉香腸 mortadella Bologna IGP……使用豬肉的各種部位，混拌切塊的脂肪或胡椒粒灌入腸衣，加熱製成的大型香腸。

＊皮亞琴察義式培根 pancetta piacentina DOP……豬五花以鹽醃漬捲起固定，靜置熟成的加工品。

＊斯泰卡塔帕爾馬義式培根 pancetta steccata di Parma……豬五花以鹽醃漬，使用兩塊木板夾住，靜置熟成的加工品。

＊摩德納火腿 prosciutto di Modena DOP

＊帕爾馬火腿 prosciutto di Parma DOP

＊豬膀胱香腸 salama da sugo……豬頸肉、豬喉脂、豬肝、豬古混拌後，灌入豬膀胱，以鹽醃漬，靜置熟成的加工品。加熱 4～5 小時再食用。＜費拉拉＞

＊費利諾莎樂美腸 salame di Felino……以豬五花肉、豬腿肉製成略長的莎樂美腸。

＊熟成莎樂美腸 salame gentile……將上等豬肉灌腸後，靜置熟成的莎樂美腸。

＊皮亞琴察莎樂美腸 salame piacentino DOP……略粗的豬肉莎樂美腸。

＊摩德納豬蹄香腸 zampone Modena IGP……將豬肉、豬脂、豬皮灌入豬腳製成的加工品，水煮後食用。

＊黑胡椒蒜味莎樂美腸 salame Cremona IGP……大蒜、黑胡椒等味道明顯的香料豬肉莎樂美腸。

＊獵人風味迷你莎樂美腸 salamini italiani alla cacciatora DOP……義大利各地最常見的豬肉莎樂美腸。

＊豬肩肉火腿 spalla cotta……用去骨豬肩肉加熱製成的熟火腿。

＊熟火腿 prosciutto cotto……用去骨豬腿肉加熱製成的熟火腿。

＊祭司帽火腿 cappello da prete……豬皮內灌入豬肉與豬皮，再縫合成形似祭司帽般的三角形，加熱食用。

◎橄欖油

＊布里西蓋拉 Brisighella DOP

＊羅馬涅丘陵 colline di Romagna DOP

◎調味料、飲料

＊雷焦艾米利亞傳統巴薩米克醋 aceto balsamico tradizionale di Reggio Emilia DOP……在雷焦艾米利亞以傳統製法釀製的巴薩米克醋。分為金標（至少熟成二十五年）、銀標（至少熟成六～七年）、紅標（Aragosta －蝦紅色）三種。

＊摩德納傳統巴薩米克醋 aceto balsamico tradizionale di Modena DOP……在摩德納以傳統製法釀製的巴薩米克醋。分為金蓋（二十五年熟成）與白蓋（十二年熟成）。

＊摩德納巴薩米克醋 aceto balsamico di Modena IGP……以加熱過的葡萄汁、濃縮葡萄汁、葡萄

酒醋為材料釀製的醋。熟成期間比傳統的巴薩米克醋短。

＊沙巴葡萄甜漿 sapa……以巴薩米克醋的原料葡萄汁煮稠製成，又稱「saba」。可當作沙拉的調味料，或是搭配甜點、餅乾、起司等。

＊卡爾皮（Carpi）產的芥末糖漬水果……以沙巴葡萄甜漿煮榅桲（木梨）或西洋梨、蘋果等水果，再加入芥末精。用於搭配豬蹄香腸、豬皮香腸、水煮肉等。

＊核桃酒 nocino……使用青核桃製成的利口酒。

◎麵包、糕點

＊費拉拉奇歐帕麵包 coppia ferrarese IGP……造型獨特，左右呈現兩根棒狀，口感脆硬。

＊圓餅麵包 tigella……以陶瓦製的專用容器煎烤，厚約 1cm、直徑約 10 ～ 15cm 的圓盤狀麵包。夾入醃豬背脂是傳統吃法。

＊炸麵團 gnocco fritto……發酵麵團壓薄、切成菱形後，以精製豬油（strutto）炸的麵點。搭配生火腿、加工肉品類一起吃。在一般農家是當成早餐吃，近來也常當作前菜供應。

＊麵餅 piadina……羅馬涅地區特產的薄燒麵包。自古就被用來做成街頭小吃的義式三明治（帕尼諾，panino），路邊攤也有販賣。

＊餡餅 crostata……在快速派皮內填入果醬或奶油的烤塔。

＊裝飾蛋糕 torta degli addobbi……以牛奶煮米、加蛋液，以杏仁增添風味後，倒入烤模烤的蛋糕，又稱米蛋糕「torta di riso」。「addobbi」意指裝飾。因為是在裝飾節（Festa degli addobbi）吃的點心，所以有了這個名稱。

＊果醬餃 raviole di San Giuseppe……壓薄的派皮填入果醬，對摺成半月形的烘焙點心。這是在三月聖若瑟（San Giuseppe）聖人日吃的點心。

＊果乾塔 spongata……以快速派皮包夾果乾、糖漬水果、香料等混拌的內餡，烤成塔型的點心。

＊巴洛奇蛋糕 torta barozzi……別名黑塔（Torta Nera）。加了咖啡、杏仁、榛果等，甜度較低且口感濕潤的巧克力蛋糕。

＊香料蛋糕 panpapato……費拉拉的知名點心，加了肉桂、丁香等香料，以及巧克力、糖漬水果的圓頂形蛋糕，又稱「panpepato」。

＊班索尼蛋糕 bensone……將發酵麵團做成大圈狀、S 形或橢圓形的烤蛋糕。有時會放果醬或沙巴葡萄甜漿。

＊蘋果塔 torta di mele……麵糊混入蘋果薄片的烤蛋糕。

慢食捍衛運動（Presidio Slow Food）標籤

＊可可玫里那梨 Pera cocomerina……在亞平寧山脈切塞納（Cesena）附近採收到的小顆西洋梨。成熟後，果肉會變紅。

＊克爾諾雷斯卡列自然公園的鮭魚……在亞平寧山脈托斯科 - 艾米利亞諾地區的省立克爾諾雷斯卡列自然公園「Corno Alle Scale」捕獲的特種鮭魚（Salmerino）。

＊科馬基奧溪谷產的傳統醋漬鰻魚

＊羅馬涅奧拉牛

＊羅馬涅奧拉黑豬 Mora Romagnola

＊摩德納白牛

＊托斯寇羅馬涅奧拉的拉維吉歐洛起司（Raviggiolo）……牛、羊、山羊奶混合製成的新鮮起司。用高麗菜、無花果葉、羊齒葉等包好，靜置熟成兩天。製作於亞平寧山脈的托斯寇羅馬涅奧拉（Tosco Romagnola）地區（費利 - 切塞納省靠近托斯卡尼大區邊境一帶）。

＊齊貝洛（Zibello）產的古拉泰勒火腿（詳細說明請參閱特產）

＊馬里歐拉腸 Mariola……使用豬的各種部位，以大蒜、白酒增添風味的大型香腸。分為生香腸（皮亞琴察產、帕爾馬產等）與熟香腸（克雷莫納產、帕爾馬產等）。

＊波隆那產的傳統摩德代拉香腸……以豬膀胱當作腸衣，在工坊由專業師傅親手製作的摩德代拉香腸。

＊費拉拉產的豬膀胱香腸（詳細說明請參閱前文的特產）

＊產自切爾維亞（Cervia），由製鹽師製作的鹽田鹽。

雷焦艾米利亞小鎮的屋宅街景。

08

#089

Crescentina e spuma di mortadella

炸麵團與摩德代拉香腸泡沫慕斯

麵團（Crescentina）是艾米利亞地區必備的前菜之一，亦稱 gnocco fritto。把加了酵母的麵團擀薄，切成小四方形下鍋油炸，就會變成中空鼓脹的模樣。一般是搭配摩德代拉香腸或火腿、當地牛奶製成的新鮮起司「史夸奎軟起司（squacquerone）」等，本食譜嘗試餐廳料理的風格，將摩德代拉香腸做成慕斯狀。麵團裡加入啤酒，增添風味的同時也讓口感變得輕盈。不過，近來為了製造濃醇感，不少人會在麵團裡加牛奶。

沼尻芳彥（TRATTORIA DADINI）

ricetta

炸麵團

①將 25g 的啤酒、80g 的牛奶加入 8g 的生酵母拌溶。再加 200g 的麵粉（00 型）、4g 的鹽揉拌成團，靜置醒麵約 1 小時。
②麵團壓薄（約 2mm 厚），切成一邊各 4cm 左右的菱形。
③下鍋以植物油炸，麵皮會先沉到鍋底才慢慢膨脹，之後不時翻面，把兩面炸至金黃。

※ 炸的時候有個重點，別炸得太乾酥，炸至呈現麵包般的鬆軟狀態即可起鍋。

摩德代拉香腸泡沫慕斯

④牛奶與鮮奶油加熱，加入泡軟的吉利丁片煮溶。冷卻後，和馬斯卡彭起司拌合。
⑤連同切碎的摩德代拉香腸一起用果汁機打勻。
⑥倒入冰磨機（pacojet）凍結，再攪打成慕斯狀。

收尾

⑦在盤內擺入炸麵團，以湯匙等物將摩德代拉香腸泡沫慕斯修整成橄欖球形狀、自製瑞可達起司（作法省略）。

#090

Antipasto della Romagna

羅馬涅前菜

麵餅 Piadina
帕爾馬火腿
Prosciutto di Parma
摩德代拉香腸 Mortadella
齊貝洛產的古拉泰勒火腿
Culatello di Zibello
利古里亞經典起司
Stracchino

使用帕爾馬火腿、古拉泰勒火腿、摩德代拉香腸等艾米利亞 - 羅馬涅大區特產的加工肉品（salumi）做成的這道拼盤，是高級飯店餐廳必備的基本款前菜。本食譜是搭配不加酵母的薄烤「麵餅（piadina）」一起吃。麵餅是羅馬涅地區的麵包，如今在全義大利的咖啡廳也很常見，當地的餐廳也做為餐用麵包供應。搭配生火腿、芝麻葉、利古里亞經典起司（stracchino，牛奶製的新鮮起司）是典型的吃法。拌入豬油的麵團，烤好後香氣四溢。因為難以忘懷，我決定自己做來烤。通常是夾鵝肝醬等配料，以高級餐廳前菜的方式在店裡供應。

三浦　仁（Grappolo）

ricetta

①製作麵餅。將麵粉（00 型）、豬油、鹽、水倒入攪拌機，低速攪拌約 30 分鐘，放進冰箱冷藏兩大。
②把①以擀麵棍壓擀成直徑 22cm、厚 5mm 的麵皮，放在專用的鐵板上，以小火烙煎約 10 分鐘。烙煎時不放油，麵皮直接放到鐵板上，當表面出現小孔、開始膨脹，便可翻面。因為麵皮會持續膨脹，所以要使用木匙輕壓，去除空氣的同時，讓表面烙出焦痕。

③烤好後，裝進耐熱塑膠袋大略放涼，保持些許濕潤。以這樣的狀態保存，要吃的時候再回烤即可。
④將帕爾馬火腿、齊貝洛產的古拉泰勒火腿、摩德代拉香腸切片盛盤，旁邊擺上利古里亞經典起司與麵餅。

※ 直徑約 40cm 的麵餅稱為「piada」。

#091

Garganelli con ragù di piccione alla bolognese

鴿肉醬條紋捲心麵

雖然條紋捲心麵是以專用器具製作的手工麵，手法還是因人而異。有些人做出來的口感柔軟輕盈，但我喜歡有嚼勁的口感，所以是使用細竹棒捲麵，而且捲得略緊，縮小兩端的麵孔。如此一來，彈牙小巧的條紋捲心麵就完成了。基本上，搭配的醬汁是用豬肉與小牛肉製成的肉醬（bolognese），當地人常以鴿肉製作本食譜，加入鴿肝讓味道變得濃郁。條紋捲心麵與番茄醬汁或奶油系醬汁也很對味。

沼尻芳彥（TRATTORIA DADINI）

ricetta

①製作條紋捲心麵。將 210g 的麵粉（00 型）、6 顆蛋黃、少量的特級初榨橄欖油與鹽混拌、揉成團。包上保鮮膜，靜置醒麵 30 分鐘。壓薄後，分切成小四方形，以小竹棒與壓紋板（pettine）做成條紋捲心麵。
②製作醬汁。分切鴿肉，腿肉、胸肉、鴿肝切成粗末。洋蔥、紅蘿蔔、西洋芹同樣切粗末。拍碎的大蒜以特級初榨橄欖油炒出香氣，再加香味蔬菜一起炒。炒軟後，把鴿腿肉與胸肉也下鍋炒。炒至表面變色，倒入番茄糊混拌，加少量白酒、水煮番茄、小牛高湯、鴿肉清湯燉煮約 10 分鐘。快煮好前再加入鴿肝，略煮一會兒。
③條紋捲心麵煮好後，先與醬汁拌一拌，再拌入奶油與帕瑪森起司。撒上義大利香芹末及少量的帕瑪森起司。

#092

Passatelli in brodo di quaglia

帕沙特里麵鵪鶉湯

帕沙特里麵是艾米利亞 - 羅馬涅大區、馬爾凱大區的手工義大利短麵。將麵包粉、帕瑪森起司、蛋等混拌揉成的麵團，以專用器具擠成細長條狀，一般多與清湯簡單烹煮。雖然這是有效活用剩餘麵包的平民料理，但我選用鵪鶉或蝦蛄等海鮮熬成濃郁高雅的湯頭，以高級餐廳的風格呈現。在想喝熱湯的冬季供應，反應很不錯。因為帕沙特里麵的表面粗糙，與大量清湯燉煮後，麵包與湯的味道會融合為一。增添清爽香氣的檸檬皮是必備食材，方便操作的馬鈴薯壓泥器是擠麵的好幫手。

三浦　仁（Grappolo）

ricetta

①製作帕沙特里麵。將麵包粉（把乾燥的法國麵包磨成粉）與等量的帕瑪森起司（磨碎）、蛋、磨碎的檸檬皮、肉桂、鹽混拌成團。揉成網球大的球狀，包上保鮮膜，放進冰箱冷藏一晚，讓所有材料密合。
②熬煮鵪鶉清湯。烤過的鵪鶉取下胸肉與腿肉，使用剩下的骨架子。加韭蔥、雞高湯燉煮並過濾。
③把帕沙特里麵的麵團放進馬鈴薯壓泥器，擠入煮滾的鵪鶉清湯內，以小火煮4分鐘。
④盛盤，擺上烤鵪鶉肉、黑松露薄片與炸過的韭蔥絲。

#093

Cappelloni con bietola

莙蓬菜帽形餃

在義大利，艾米利亞 - 羅馬涅大區的包餡義大利麵種類很豐富。如義式餛飩（tortelli）、義式小餛飩（tortellini）、義式大餛飩（tortelloni）等，名稱因形狀或大小而異。當我想凸顯內餡時，通常會做大一點的帽型餃。這麼一來，必須用刀子切開才能吃，可以邊品嚐邊感受餡料的滋味。本食譜選用莙蓬菜做為餡料，是義大利的代表性蔬菜。雖然只簡單加了瑞可達起司、帕瑪森起司和麵包粉，但也加了少量的加利安奴（Galliano，草本利口酒）注入香氣，使味道變得有深度。

三浦　仁（Grappolo）

ricetta

①製作餃皮。將麵粉（00 型）、全蛋、蛋黃（全蛋與蛋黃的比例是 7：3）、鹽、特級初榨橄欖油倒入攪拌機拌合，包上保鮮膜，放進冰箱冷藏醒麵 1 小時。取出麵團用製麵機壓薄，切成 10cm 的方形。
②製作內餡。莙蓬菜放進鹽水煮 8 分鐘，用菜刀剁碎。接著加瑞可達起司、少量的蛋、磨碎的帕瑪森起司、麵包粉（使用乾燥的法國麵包磨成

粉）、加利安奴草本利口酒混拌。
③把內餡放在餃皮中央，邊緣塗抹蛋液，從對角線對折，再把三角形的兩角折合固定。置於常溫下 30 分鐘。
④麵餃放進鹽水煮 5 分鐘。
⑤在平底鍋內融化奶油，倒少量的煮麵餃水稀釋，加鼠尾草與鹽，放入煮好的麵餃拌合。
⑥盛盤，淋上醬汁，撒些帕瑪森起司。

#094

Strozzapreti allo scoglio

礁岩風短捲麵

我在義大利留下深刻印象的義大利生麵之一，就是這個短捲麵（或稱噎死麵）。這個羅馬涅地區的手工義大利短麵，顛覆我以往對義大利生麵口感 Q 彈的概念。與其說硬，其實是柔中帶韌、咬勁十足。麵團分兩次揉捏，形成充足的麩質後，在整型過程中，藉由搓轉的動作，強化麩質的彈性，富有嚼勁正是短捲麵的特色。雖然搭配肉醬很對味，但在我待過的里米尼，多是搭配辣味明顯的番茄海瓜子（vongole rosso）或海鮮類，這些組合也很棒。因為彈牙耐嚼，所以讓麵條吸附大量的海鮮精華。

三浦 仁（Grappolo）

ricetta

①製作短捲麵。麵粉（00 型）、水、蛋（水與蛋的比例是 4：1）、鹽、特級初榨橄欖油用手揉拌成團，包上保鮮膜，放進冰箱冷藏醒麵 30 分鐘。再用手搓揉，放進冰箱冷藏醒麵 1 小時。取出麵團用製麵機壓薄，切成 2cm×6cm，以雙手搓轉成條狀。搓轉後，讓麵條掉入鋪了粉料（等量的玉米粉與粗粒小麥粉混合）的托盤內，吸收多餘的水分。
②將特級初榨橄欖油、蒜片、辣椒段、醋漬酸豆、

鯷魚（先以果汁機打成糊）、奧勒岡倒入鍋中加熱。待鍋中食材變色後，再放蝦蛄、海螯蝦、蝦子、淡菜、海瓜子、以滾水去皮且捏碎的聖馬札諾番茄。倒入白酒，蓋上鍋蓋，以小火加熱。
③短捲麵放進鹽水煮 13 分鐘。
④煮好的短捲麵移入②的鍋中，邊拌邊讓麵條吸收湯汁，再加特級初榨橄欖油即完成。
⑤盛盤，撒上切碎的義大利香芹。

三浦　仁（Grappolo）

#095

Tagliatelle al ragù alla bolognese

肉醬寬麵

08

EMILIA-ROMAGNA

擁有「美食之都」美名的波隆那，肉醬基本上是使用牛絞肉與雞肝、火腿製作，豐厚濃郁為特徵。不光是肉醬，用來做義大利麵等料理時，也會加入大量的奶油與帕瑪森起司。我認為配得上這股濃厚滋味的義大利麵，是我在羅馬涅地區里喬內（Riccione）學藝時，同事母親傳授的手工扁麵。這種麵寬1cm，比一般的寬麵還寬，而且略有厚度。做出紮實嚼感的重點在於，麵條切好後要先放進冰箱冷凍。這麼一來，麵條就會變得嚼勁十足。製作肉醬時，除了保留當地的濃厚滋味，也配合日本人的喜好做調整，加入比平常多一倍的調味菜，還放了鵝肝醬與牛肝菌，強調鮮味及甜度。

ricetta

①製作寬麵。將麵粉（00型）、全蛋、蛋黃（全蛋與蛋黃的比例是7：3）、鹽、特級初榨橄欖油倒入攪拌機拌合，包上保鮮膜，放進冰箱冷藏醒麵1小時。取出麵團以製麵機壓薄，切成1cm寬的條狀，再放進冰箱冷凍。
②製作肉醬。洋蔥、紅蘿蔔、西洋芹切成粗末，以橄欖油拌炒，做成調味菜，再加入牛肩粗絞肉一起炒。接著把鵝肝醬、雞肝、泡軟並切碎的牛肝菌、生火腿、摩德代拉香腸也下鍋拌炒，倒入大量的紅酒、瑪薩拉酒煮稠。加水煮番茄、肉桂、肉豆蔻、鹽、黑胡椒，燉煮4小時。
③寬麵放進鹽水煮4分鐘。
④肉醬與奶油（分量是肉醬的1/5）加熱，放入煮好的寬麵拌合，再加帕瑪森起司拌一拌。
⑤盛盤，撒上大量的帕瑪森起司。

08

#096

Lasagne alla romagnola

羅馬涅地區千層麵

說起羅馬涅地區的肉醬，最具代表性的作法是，使用豬肩肉等灌製的香腸，做成茴香風味明顯的口味。比起波隆那風味加了牛絞肉或雞肝的濃厚肉醬，這道的味道比較爽口，所以搭配白醬做成焗烤千層麵。若是這種肉醬，就算是有分量感的千層麵也不覺得膩口。發揮玩心，將麵皮擺得稍微超出容器烤至酥脆。肉醬與白醬、麵皮堆疊成五層、融為一體的部分以及酥脆的麵皮口感，形成有趣的對比。

三浦　仁（Grappolo）

ricetta

①製作千層麵。將麵粉（00 型）、全蛋、蛋黃（全蛋與蛋黃的比例是 7：3）、鹽、特級初榨橄欖油倒入攪拌機攪合，包上保鮮膜，放進冰箱冷藏醒麵 1 小時。取出麵團以製麵機壓薄。

②製作肉醬。以特級初榨橄欖油拌炒豬肩絞肉，再把洋蔥片也下鍋一起炒。接著放切碎的大蒜、茴香籽、義大利香芹，倒白酒燉煮。再加番茄醬汁、鹽、黑胡椒煮 4 小時。

③製作白醬。拌炒奶油與低筋麵粉，小心別炒上色，倒入煮滾的牛奶稀釋，煮至變稠後以鹽調味。

④取一耐熱容器，依序疊放肉醬、千層麵、白醬、肉醬、撕碎的莫札瑞拉起司、磨碎的帕瑪森起司。疊放時，讓千層麵稍微超出容器。這樣的步驟重複五次後，淋上番茄醬汁、撒放奶油。

⑤在耐熱容器與千層麵之間倒少量的水（防止千層麵的邊緣太快烤焦），放進 230℃的烤箱烤 25 分鐘。

#097

Risotto con le rane

義大利香芹風味
蛙肉燉飯

艾米利亞-羅馬涅大區東部的費拉拉周邊有濕地，是知名的蛙類產地。在這個地區除了燉飯，也會將蛙肉做成炸物，或是和煮過的大麥粒做成沙拉，蛙肉料理的種類頗豐富。本食譜是以基本燉飯搭配奶油香煎過的蛙肉，以及對味的香芹泥。盛盤後，淋上焦化奶油與小牛高湯增添香醇。

沼尻芳彥（TRATTORIA DADINI）

ricetta

①製作燉飯。洋蔥末以奶油炒至軟透，再把沒有洗過的卡納羅利米下鍋一起炒。
待米粒變白後，少量地加入雞高湯燉煮。最後放奶油與帕瑪森起司、義大利香芹泥（和特級初榨橄欖油一起以果汁機打成泥）增加稠度。

②蛙腿肉撒些鹽、胡椒，以奶油香煎。取下小腿部分的肉，混入燉飯內，盛盤。帶骨的腿肉擺在中央做裝飾。
③製作焦化奶油，與小牛高湯拌合後加熱，舀取少量倒入盤內，撒上蝦夷蔥花即完成。

#098

Anguilla alla griglia

炭烤天然鰻

除了蛙類，費拉拉也是天然鰻的產地，品質足以媲美日本的天然鰻。當地常見的作法是，將鰻魚剖開後撒上鹽、胡椒以炭火烤，淋檸檬汁享用，或是和月桂葉一起插串燒烤。不過，魚皮不像日本烤得較透，所以香氣不足，吃起來有股黏滑感。我覺得鰻魚還是適合做成甜辣口味，所以選用帶甜味的沙巴葡萄甜漿加紅酒煮稠，趁鰻魚快烤好前，塗在魚皮上，再略烤一會兒烤出香氣。將葡萄汁煮稠的沙巴葡萄甜漿是當地特產，我也會用來做為鴨肉或鴿肉的醬汁。

沼尻芳彥（TRATTORIA DADINI）

ricetta

①鰻魚從背部剖開，去除骨頭與內臟，切成 8～10cm 的塊狀。兩面撒些鹽和胡椒，以炭火烤香。沙巴葡萄甜漿（＊）與紅酒混合後煮稠，塗在烤好的鰻魚兩面，再稍微烤一下。切成適口大小後，盛盤。
②細葉香芹、龍蒿、蒔蘿葉、切成 2～3cm 段狀的蝦夷蔥混合，以檸檬淋醬（特級初榨橄欖

油、檸檬汁、鹽、胡椒）拌合。
③把②的香草沙拉擺在鰻魚上，舀入少量的沙巴葡萄甜漿紅酒醬汁。

＊沙巴葡萄甜漿（saba）
以葡萄汁煮稠的一種甜味劑，艾米利亞 - 羅馬涅大區的特產，亦稱 sapa。

08

#099

Sogliola alla romagnola
con insalata di liscari

羅馬涅風味酥烤龍利魚
佐無翅豬毛菜沙拉

在面向亞得里亞海的羅馬涅地區，龍利魚是餐桌上的常客。以往我總認為龍利魚就是要以奶油香煎（meunière），在當地吃到後才了解，沾麵包粉烤（panato）也很適合。鯛魚或鱸魚等肉較厚的魚可以直火炙烤，但像比目魚這類肉較薄的魚，或是蝦、墨魚等小型海鮮，沾麵包粉烤能慢慢熟透，是最理想的烹調方法。在東南部的里米尼一帶，海邊沿岸的攤販也會把海鮮撒上麵包粉，做成串燒炭烤，回想起來真令人懷念。無翅豬毛菜是羅馬涅地區的人平常就會吃的蔬菜，常被當作海鮮的配菜。口感爽脆，做成沙拉，吃起來很爽口。

三浦　仁（Grappolo）

ricetta

①龍利魚去皮，撒些鹽、黑胡椒，塗上特級初榨橄欖油。
②將麵包粉（使用乾燥的法國麵包磨成粉）、香芹、迷迭香、大蒜末、帕瑪森起司、特級初榨橄欖油混拌，做成略濕的麵包粉。
③把麵包粉撒在龍利魚上，以炭火燒烤。

④無翅豬毛菜清洗三次，去除黑色部分，再放進水裡洗掉髒污。接著放入鹽水煮，瀝乾水分。以橄欖油、檸檬汁和鹽調味。
⑤龍利魚盛盤，旁邊放無翅豬毛菜沙拉與檸檬。

#100

Suino nero di Parma alla griglia
con cipollotti in agrodolce

炙烤帕爾馬帶骨黑豬肉
佐糖醋帶葉洋蔥

帕爾馬產的黑豬很稀有，近年來成為受關注的肉類食材之一。瘦肉的肉味濃郁，近似小牛肉，肥肉也很厚實。為了活用這個特徵，我想直接炭烤是最棒的方法。搭配的是摩德納名產巴薩米克醋做成酸甜滋味的糖醋小洋蔥，以及芥末糖漬水果。雖然倫巴底大區的克雷莫納與曼切華才是芥末糖漬水果的知名產地，但在鄰近的羅馬涅地區也常吃。接續在油膩的食物後，有清口的效果，在我的餐廳裡，也會和炸肉排（cotoletta）一起供應。

三浦　仁（Grappolo）

ricetta

①將帕爾馬產的帶骨黑豬里肌撒上鹽、黑胡椒，用炭火慢烤。
②製作糖醋小洋蔥。平底鍋內倒多一點橄欖油加熱，放入整塊大蒜、去皮並切除帶葉洋蔥的蔥綠部分，煎至洋蔥表面略呈焦黃。加入巴薩米克醋、細砂糖、蓋過鍋中物的清湯或水，蓋上鍋蓋，煮 15 分鐘。關火後，靜置放涼。
③在烤好的黑豬里肌旁擺放糖醋小洋蔥、芥末糖漬柳橙（以加了芥末粉帶辣味的市售糖漿熬煮柳橙）。

#101

Torta di tagliolini

細寬麵杏仁塔

倫巴底大區的曼切華有道名為「寬麵塔（torta di tagliatelle）」的甜點，本食譜介紹的艾米利亞 - 羅馬涅大區甜點則是以細寬麵製作。直接使用義大利麵的麵團，與碎杏仁粉層層交疊。紅色來自胭脂利口酒（alchermes），這是製作提拉米蘇必用的利口酒，混合糖漿後淋在塔上。但在當地也有不淋糖漿，或是少放些碎杏仁粉，強調細寬麵存在的作法。總之這是一道略甜的點心。

沼尻芳彥（TRATTORIA DADINI）

ricetta

①製作塔皮麵團。將 600g 的麵粉（00 型）、220g 的蛋、糖粉與奶油（各 240g）混合搓拌成團，包上保鮮膜，放進冰箱冷藏醒麵一天。
②製作細寬麵。將 1kg 的麵粉（00 型）、10 顆蛋、特級初榨橄欖油與鹽（各少量）混拌成團後，切成細長條狀。
③製作碎杏仁粉。200g 的杏仁與 250g 的細砂糖以食物調理機打碎，加入磨碎的檸檬皮（1 顆的量）混拌。
④塔皮麵團擀成 3mm 的厚度，配合烤模大小，

切成約 15cm 的四方形，鋪入烤模底部。取 1/3 量的碎杏仁粉與稍微稀釋過的杏桃果醬拌合。依序撒放 125g 的細寬麵、1/3 量的碎杏仁粉、125g 的細寬麵、1/3 量的碎杏仁粉。最後在表面放奶油，蓋上鋁箔紙，放進 150℃的烤箱烤 1 小時。
⑤把波美 30 度的糖漿 50g、胭脂利口酒（alchermes，產自艾米利亞 - 羅馬涅大區，添加胭脂紅色素的利口酒）50g、白蘭姆酒 30g 混合，刷塗在烤好的塔上。

#102

Sfrappole e castagnole

炸薄餅與糖球

這兩種艾米利亞地區的油炸小點是向當地廚藝精湛的媽媽學來的。炸薄餅（sfrappole）是酥炸薄麵皮，炸糖球（castagnole）是將甜甜圈狀的麵團下鍋炸，儘管名稱不同，像這樣的油炸小點種類很多，遍及義大利。尤其在二月的謝肉節（carnevale，又稱嘉年華）時期更是不可或缺的點心，因為隨手一拿就能吃，在婚宴或節慶派對等場合也少不了。印象中常看到當地人淋沙巴葡萄甜漿（煮稠的葡萄汁）吃，或是搭配核桃利口酒（nocino）一起享用。兩種油炸小點都有微微的柳橙香，炸糖球還多了大茴香的香氣。那股香氣是來自艾米利亞地區的大茴香系利口酒「sassolino」，這種酒常被用來增添甜點的香氣。

沼尻芳彥（TRATTORIA DADINI）

ricetta

炸薄餅
①將 175g 的麵粉（00 型）、1/2 大匙的細砂糖、10 ～ 15g 的軟膏狀無鹽奶油（把置於常溫回軟的無鹽奶油攪拌成柔滑膏狀）、1 顆全蛋、1/2 顆蛋黃、1/2 顆量的柳橙汁、少許白蘭地揉拌成團，靜置醒麵一會兒。
②麵團壓薄（約 2mm 的厚度），以派皮刀切成喜歡的形狀，如緞帶狀、三角形等。本食譜的作法是切成緞帶狀後打結。
③下鍋以植物油炸至金黃。

炸糖球
④將 250g 的麵粉（00 型）、60g 的細砂糖、1 又 1/2 顆全蛋、1 又 1/2 大匙橄欖油、柳橙汁、1/2 顆量磨碎的柳橙皮、2 大匙大茴香系利口酒（sassolino）、1/2 大匙泡打粉揉拌成團，靜置醒麵一會兒。
⑤以湯匙挖取，修整成圓形，下鍋以植物油炸至金黃。
收尾
⑥炸薄餅與炸糖球盛盤，撒上糖粉。

#103

Zuppa all'emiliana

艾米利亞風味
提拉米蘇

這道甜點被視為全義大利都吃得
到且聞名世界的甜點「英國的湯
（zuppa inglese）＊」的艾米利亞
版。傳統作法是，將卡士達醬與
胭脂利口酒（或蘭姆酒）加糖漿
充分浸泡過的海綿蛋糕層層堆疊，
不過艾米利亞風味還會加入巧克
力奶油。無論是哪一種，當作餐
後甜點都稍嫌厚重，於是我加了
馬斯卡彭起司做成冰糕，只淋上
巧克力，讓味道與口感變得輕盈。

＊ 編註：提拉米蘇在十九世紀被稱
　為英國的湯（zuppa inglese）

沼尻芳彦（TRATTORIA DADINI）

---

ricetta

馬斯卡彭起司奶油
①蛋黃加入細砂糖打發。
②白蘭地加熱，放入泡軟的吉利丁片煮溶。
③把②的白蘭地倒進①裡拌合。
④接著把③與馬斯卡彭起司混拌，依序加入打至
三分發的鮮奶油、打至全發的蛋白霜拌合。

海綿蛋糕
⑤糖漿加入胭脂利口酒（alchermes，產自艾米
利亞 - 羅馬涅大區，添加胭脂紅色素的利口酒），
大量擦塗於海綿蛋糕上。
收尾
⑥取一容器，依序疊放④的奶油、柳橙果醬、⑤
的海綿蛋糕，重覆這個步驟兩次，最後舀入④的
奶油。
⑦表面以融化的巧克力畫線裝飾，再放進冰箱冷
凍凝固。

托斯卡尼大區
TOSCANA

加爾法尼亞納地區

卡拉拉 •

馬薩 •

皮斯托亞

盧卡 •

普拉托

比薩 •

阿諾河（Arno） **佛羅倫斯**

利佛諾 •

基安蒂地區

基亞納溪谷

• 阿雷佐

西恩納

蒙特普齊亞諾（Montepulciano）

蒙達奇諾（Montalcino）

馬雷馬地區

• 格羅塞托

第勒尼安海

●托斯卡尼大區的省與省都

阿雷佐省（Provincia di Arezzo）……阿雷佐市

格羅塞托省（Provincia di Grosseto）……格羅塞托市

西恩納省（Provincia di Siena）……西恩納市

比薩省（Provincia di Pisa）……比薩市

皮斯托亞省（Provincia di Pistoia）……皮斯托亞市

佛羅倫斯省（Provincia di Firenze）……佛羅倫斯市（大區首府）

普拉托省（Provincia di Prato）……普拉托市

馬薩 - 卡拉拉省 （Provincia di Massa-Carrara）……馬薩 - 卡拉拉市

利佛諾省（Provincia di Livorno）……利佛諾市

盧卡省（Provincia di Lucca）……盧卡市

托斯卡尼大區的特徵

托斯卡尼大區西瀕第勒尼安海，東北部被亞平寧山脈的托斯科 - 艾米利亞諾地帶包圍。平原少，大部分是丘陵與山岳。因為這般地形，無法廣泛種植農作物，幾乎都是小農。

這地方在古羅馬時代之前的伊特魯里亞（Etruria）時代便已存在，中世紀後，以佛羅倫斯為中心，開創出繁華的文藝復興文化。權貴之家麥地奇家族（Medici）的千金凱薩琳嫁給法國國王亨利二世時，自家的廚師也陪同入宮，將當時頂尖的佛羅倫斯飲食文化帶進法國，這件事在歷史上相當有名。

除了橙汁鴨之類的宮廷料理，托斯卡尼料理多為農家菜，注重食材原味，烹調方式相當簡單，不外乎是以炭火炙烤或油炸，而且不用奶油等動物性油脂，而是橄欖油。比起醬汁或長時間燉煮的複雜滋味，偏好簡潔純粹的美味。厚實的炭烤丁骨牛排，也就是眾所周知的佛羅倫斯牛排（Bistecca alla Fiorentina），使用的是基亞納溪谷原生種、上等肉質的基亞納牛。義大利料理經典「惡魔烤雞（Pollo alla Diavola）」也是將一隻雞剖開後，兩面刷油、炭烤而成。

因生產效率不如白豬而被淘汰的放牧原生種席恩那琴塔豬（Cinta Senese），近年來逐漸受到關注。肉質細緻鮮美，生肉成為高級餐廳的食材，加工品令老饕垂涎不已。

此外，羊奶製成的半硬質起司、佩克里諾托斯卡諾羊乳起司（Pecorino Toscano）也很有名，由於自薩丁尼島移居至此的牧羊人增加，產量也跟著提高。山區的蕈菇、栗子、山豬等山產，讓托斯卡尼秋冬的餐桌變得豐盛。

簡單卻美味的托斯卡尼料理，完全仰賴橄欖油與香草。丘陵地的廣闊橄欖田，剪低枝幹以便摘採。全區皆屬 DOP 產區，除了少部分的橄欖田，生產香濃、風味佳的優質橄欖油。加熱烹調之外，也常用於各種湯品的收尾，像是回鍋湯（ribollita）或蕃茄麵包湯（Pappa al Pomodoro）等，將特級初榨橄欖油直接淋在湯上。香草的使用也很頻繁，如茴香（finocchio／fennel，使用葉子的品種）、鼠尾草、百里香等。好比迷迭香，傳統點心栗子蛋糕（castagnaccio）就有使用。

第勒尼安海沿岸的小鎮，漁夫燉湯（cacciucco，海鮮湯）、燉煮料理（zimino）等海鮮料理也不少。此外，在南端格羅塞托的奧爾貝泰洛鎮（Orbetello）潮間帶捕獲的烏魚被製成高級食材烏魚子。

09 TOSCANA

托斯卡尼大區的傳統料理

◎佛羅倫斯省、西恩納省、阿雷佐省、基安蒂地區的料理

＊野兔寬帶麵 Pappardelle alla lepre……野兔肉加入紅酒與野兔血燉煮成醬汁後，與寬帶麵（略寬的雞蛋手工麵）拌合。有時會加番茄。

＊粗圓麵 Pici……形似烏龍麵的手工粗麵。將麵粉與水揉成的麵團以掌心壓薄、搓滾成長條狀，又稱 pinci。

＊菜豆湯

＊燉牛胃

＊燉雞雜 Cibreo……湯燉雞肝或雞冠。

＊酥炸雞

＊橙汁鴨

＊綜合燉肉 Scottiglia……小牛肉、豬肉、兔肉、雞肉、珠雞肉、鴿肉等以紅酒、番茄等燉煮而成的料理。

＊烤乳豬 Porchetta allo spiedo……去除乳豬的骨頭，整隻叉串燒烤。將月桂葉、迷迭香、大蒜與其他香料以繩子綁在乳豬上。烤的時候，邊轉動烤叉邊淋紅酒。

◎利佛諾省、盧卡省、加爾法尼亞納地區的料理

＊風味濃湯 L'infarinata……馬鈴薯、恐龍羽衣甘藍（cavolo nero，黑甘藍）、豬皮、煮過的菜豆加玉米粉煮成的湯。

＊利佛諾魚湯 Cacciucco alla livornese……馬賽魚湯風味的番茄海鮮湯，有添加烤過的麵包。

＊內奇 Necci……栗子粉加牛奶或水調成糊，煎烙成鹹味的可麗餅。搭配新鮮的瑞可達起司或熟成期間較短的佩克里諾羊乳起司。

＊法老小麥沙拉

＊利佛諾風味烤紅點海緋鯉 Triglia alla livornese……將煎過的海緋鯉加入番茄醬汁以烤箱烘烤的料理。

＊魩仔魚烘蛋 Bianchetti coll'uovo……　仔魚加蛋液做成的煎蛋包。

◎格羅塞托省、馬雷馬地區的料理

＊蔬菜湯佐麵包 Acquacotta……在湯汁多的蔬菜湯裡放入變硬的麵包。

＊鑲餡透抽 Calamari ripieni……用白酒燉煮的透抽，填塞麵包肉（白色部分）、透抽腳、帕瑪森起司和蛋。

＊酸甜紅酒燉山豬 Cinghiale in agrodolce……山豬肉塊與香味蔬菜以紅酒、杜松子、黑胡椒粒等醃漬後，加紅酒、丁香、迷迭香等燉煮。接著把葡萄酒醋、砂糖、可可粉加熱拿來調味，做成酸甜滋味。

＊費卡西奶醬燉小羊 Fricassea di agnello……小羊肉拌炒後，加白酒、蛋液、檸檬汁等燉煮，煮成奶油狀。

◎托斯卡尼大區的常見料理

＊鴨肉醬拌寬帶麵

＊番茄麵包湯 Pappa al pomodoro……加了麵包、帶有濃稠感的粥狀番茄湯。

＊回鍋湯 Ribollita……以恐龍羽衣甘藍（cavolo nero，黑甘藍）、皺葉甘藍、馬鈴薯、白腰豆等煮成蔬菜湯，最後擺入托斯卡尼麵包。

＊麵包沙拉 Panzanella……將變硬的麵包用水泡軟、擠乾水分，加切碎的番茄、羅勒與洋蔥等，以葡萄酒醋、橄欖油、鹽、胡椒調味的沙拉。

＊番茄普切塔 Bruschetta al pomodoro……切成薄片的托斯卡尼麵包烤過後，擦塗大蒜、淋橄欖油（這在托斯卡尼的方言稱為 fettunta），擺上撒了鹽與胡椒的番茄塊、茴香菜。有時也會放煮

過的白腰豆（即後文的燜煮白腰豆）。

✱ **雞肝醬麵包片 Crostini di fegatini**……托斯卡
尼前菜中不可或缺的開胃小點。以雞肝、鯷魚、
酸豆等做成抹醬，塗在烤過的麵包薄片上。

✱ **朝鮮薊塔 Tortino di carciofi**

✱ **朝鮮薊烘蛋 Frittata di carciofi**

✱ **燜煮白腰豆 Fagioli al fiasco**……將白腰豆與水
倒入燒瓶，利用暖爐火源長時間慢慢加熱，使其
變軟的豆料理。以橄欖油、鹽、現磨的胡椒調味。

✱ **番茄燉白腰豆 Fagioli all'uccelletto**……白腰豆
的代表性料理。煮過的白腰豆用鼠尾草大蒜風味
的番茄醬汁燉煮。「uccelletto」意指小鳥，因為
原本是烹調鳥類料理的作法。

✱ **燉魷魚 Totani in zimino**……略為燉煮的魷魚與
綠色葉菜。

✱ **烤豬里肌 Arista**……帶骨豬里肌肉插串後，插
入迷迭香、大蒜、茴香籽，以柴火或烤箱烤。

✱ **佛羅倫斯牛排 Bistecca alla fiorentina**……基亞
納牛的丁骨牛排。將厚 5～6cm、重 1～1.5kg
的肉塊以青剛櫟或橄欖木燻烤。

✱ **惡魔烤雞 Pollo alla diavola**……將一隻雞從背
部剖開攤平，以重物壓扁後再烘烤。「diavola」
意指惡魔，名稱由來眾說紛紜，有一說是因為加
熱時的熊熊火燄使人聯想到地獄，或是胡椒的
辣彷彿在口中噴火、烤雞外觀像是披著斗篷的惡
魔。

托斯卡尼擁有義大利首屈一指的葡萄酒產地。

183

托斯卡尼大區的特產

◎穀類、豆類

＊法老小麥 farro della Garfagnana IGP ＜加爾法尼亞納地區＞

＊白腰豆 fagiolo di Sorana IGP ＜普拉托馬尼奧（Pratomagno）、索拉諾（Solano）＞

＊栗子粉 farina di neccio della Garfagnana DOP ＜加爾法尼亞納地區＞

◎蔬菜、水果、蕈菇類

＊甜菜＜馬雷馬地區＞　　＊黑甘藍

＊朝鮮薊＜格羅塞托、恩波利（Empoli）周邊＞

＊白花椰菜＜卡希納（Cascina）＞

＊豌豆＜恩波利周邊＞

＊西洋芹＜聖焦萬尼瓦爾達爾諾（San Giovanni Valdarno）＞

＊綠蘆筍＜佩夏（Pescia）＞

＊桃子＜普拉托、蓬塔謝韋（Pontassieve）＞

＊櫻桃＜塞賈諾（Seggiano）＞

＊栗子 marrone del Mugello IGP　＜穆傑洛＞

＊栗子 castagna del Monte Amiata IGP ＜阿米亞塔山（Monte Amiata）＞

＊栗子 marrone di Caprese Michelangelo DOP ＜卡普雷塞米開朗基羅＞

＊黑松露、白松露＜西恩納近郊、卡森提諾（Casentino）地區、加爾法尼亞納地區、沃爾泰拉（Volterra）＞

＊牛肝菌 fungo di Borgotaro IGP ＜博戈塔羅＞

＊牛肝菌、橙蓋鵝膏菇等＜各地＞

◎香草

＊番紅花 zafferano di San Gimignanao DOP ＜聖吉米尼亞諾＞

◎海鮮類

＊鱸魚、鯛魚、紅點海鯡鯉　　＊蝦、角蝦

＊烏魚、鰻魚＜奧爾貝泰洛（Orbetello）＞

＊烏賊（透抽、墨魚）

◎肉類

＊中部亞平寧地區一歲多的小牛 vitellone bianco dell'Appennino Centrale IGP⋯⋯據說產地的科爾托納（Cortona）是佛羅倫斯牛排的發源地。

＊馬雷馬牛＜馬雷馬地區＞

＊琴塔豬（Cinta Senese）＜西恩納省＞

＊其他品種的豬

＊瓦爾達爾諾（Valdarno）黑雞（肉雞）＜蒙泰瓦爾基（Montevarchi）＞

＊利佛諾（Livorno）白雞（蛋雞）

＊其他品種的雞　　＊兔

＊野味類（山豬、野兔、鹿、雉雞等野禽）

◎水產加工品

＊烏魚子⋯⋯烏魚卵巢用鹽醃漬後，使其乾燥、熟成。＜奧爾貝泰洛＞

＊煙燻鰻魚⋯⋯剖開的鰻魚用葡萄酒醋等醃漬且乾燥後，塗抹加了辣椒的白酒，進行煙燻。

◎起司

＊佩克里諾托斯卡諾 pecorino toscano DOP（羊奶，

半硬質）

＊佩克里諾羅馬諾 pecorino romano DOP（羊奶，硬質）

＊佩克里諾皮恩扎 pecorino di Pienza（羊奶，半硬質）＜皮恩扎＞

＊佩克里諾塞尼斯 pecorino senese（羊奶，半硬質）＜西恩納省、佛羅倫斯省＞

＊卡喬塔 caciotta toscana（牛奶混合羊奶，半硬質）……托斯卡尼大區最常見的起司。

＊馬爾佐尼諾 marzolino del Chianti（羊奶，半硬質）……基安蒂產的羊乳起司，利用從野生朝鮮薊花萃取的凝乳酵素製成。

◎加工肉品

＊風乾火腿 prosciutto toscano DOP……偏乾的生火腿。

＊番茄香料肉醬迷你莎樂美腸 salamini italiani alla cacciatore DOP

＊波隆那摩德代拉香腸 mortadella Bologna IGP

＊茴香香腸 finocchiona……添加茴香籽、偏軟的大型莎樂美腸。

＊可羅納塔鹽漬肥豬肉 lardo di Colonnata IGP……生產於馬薩 - 卡拉拉省的大理石切割廠可羅納塔。將豬背脂與鹽、胡椒、肉桂、丁香、莞菱、迷迭香、月桂葉等一起放進大理石容器內醃漬六個月，使其熟成。

＊巴迪可腸 bardicco ＜佛羅倫斯省山區＞……以豬、牛肉及其心臟製的香腸。烤過後食用。

＊豬血腸 buristo……以豬胃灌製的豬血香腸。除了豬頭肉、豬皮、豬背脂，還會加松子、檸檬皮、義大利香芹、大蒜等。分切後，加熱食用。

＊豬雜腸 sambudello……製作於阿雷佐周邊，以豬肉、豬心、豬肝、豬肺加大蒜、丁香、茴香菜、鹽和胡椒灌成香腸。

＊山豬生火腿 prosciutto di cinghiale……帶骨山豬腿肉的生火腿。＜馬雷馬地區＞

＊鹽漬豬五花肉 rigatina

＊托斯卡尼莎樂美腸 salame toscano……略粗的豬肉粗莎樂美腸。

＊豬頭雜腸 soppressata toscana……豬頭肉去骨，把肉連同豬舌或豬皮與香料等長時間烹煮，利用豬頭肉的膠質使其凝固。重達 5 ～ 10kg。

◎橄欖油

＊基安蒂經典 Chianti classico DOP

＊盧卡 Lucca DOP

＊西恩納 terre di Siena DOP

＊托斯卡尼 toscana IGP ＜阿雷佐丘陵、佛羅倫斯丘陵、盧切西丘陵、盧尼賈納丘陵、西恩納丘陵、蒙塔巴諾、蒙蒂皮薩尼、塞賈諾＞

◎調味料

＊葵花油＜格羅塞托周邊＞

◎麵包、糕點

＊提斯塔羅洛薄麵包 testarolo……產自盧尼賈納白由鎮（Villafranca in Lunigiana），40 ～ 15cm 的薄麵包。

＊栗子粉麵包 pane di neccio ＜加爾法尼亞納＞

＊馬鈴薯麵包 pane di patate ＜加爾法尼亞納＞

＊法老小麥麵包 pane di farro della Garfagnana……產自加爾法尼亞納地區，加了法老小麥粉（farro）的麵包。

＊托斯卡尼麵包 pane toscano……不加鹽的大型麵包。

＊栗子蛋糕 castagnaccio……用栗子粉、水、橄欖
油做成的烤塔，擺上葡萄乾、松子、迷迭香等，
黏密的口感是特徵。

＊義式脆餅 cantucci……烘烤兩次的硬餅乾，
加了整顆杏仁。雖然整個托斯卡尼大區都有製
作，但普拉托是主要產地，又稱為普拉托餅乾
（Biscotti di Prato）。

＊圓頂蛋糕 zuccotto……半球形的冰糕。外側是
海綿蛋糕，中間填入瑞可達起司餡或義式冰淇淋
餡。混拌了糖漬橙皮或香水檸檬（枸橼）皮、巧
克力粒等。

＊內奇 necci……栗子粉可麗餅。栗子粉加牛奶
或水溶成糊，煎烙成薄餅，搭配有甜味的瑞可達
起司等一起吃。

＊香料塔 panforte……西恩納的知名點心，加了
可可或香料的麵糊拌入糖漬水果或杏仁等堅果
類，做成烤塔。肉桂、丁香、莞荽等明顯的香料
味是特徵。

＊大茴香薄餅 brigidini

＊西恩納杏仁酥餅 ricciarelli di Siena IGP……西恩
納的知名點心，以杏仁粉製成的菱形餅乾，口感
酥鬆。

慢食捍衛運動（Presidio Slow Food）標籤

＊索拉諾產的菜豆

＊卡爾米尼亞諾（Carmignano）產乾燥無花果

＊托斯卡尼海的鰹魚（palamita）……類似鮪魚
或青花魚的鰹魚。一般是炙烤或用番茄燉煮等作
法，近來最受歡迎的是油漬。

＊澤里（Zeri）小羊

＊瓦爾達爾諾白雞（肉雞）

＊原生種的馬雷馬放牧牛

＊奧爾貝泰洛產的烏魚子

＊皮斯托亞省山區製作的佩克里諾羊乳起司

＊加爾法尼亞納產的豬血腸（biroldo）……豬頭
肉、豬舌、豬心、豬血混拌後，灌入豬膀胱或胃，
水煮而成的莎樂美腸。切成薄片食用。

＊聖米尼亞托（San Miniato）產的豬血腸
（Mallegato）……加了豬背脂、松子、葡萄乾、
肉桂等製成的豬血腸，可生吃或加熱食用。

＊普拉托產的摩德代拉香腸……專業師傅親手製
作的小型摩德代拉香腸。

＊巴佐（Bazzone）產生火腿

＊卡森提諾產生火腿

＊瓦爾達爾諾產的塔列切培根（Tarese）……熟
成的義式培根。

＊卡索拉（Casola）產的栗子粉麵包（marocca）

＊加爾法尼亞納產的馬鈴薯麵包（pane di
patate）

＊蓬特雷莫利（Pontremoli）產的提斯塔羅洛薄
麵包（testarolo）……專業師傅親手製作、直徑
40 ～ 45cm 的薄麵包。

＊皮蒂利亞諾（Pitigliano）產與索拉諾產的猶太
傳統點心（Sfratto）……直徑 3cm、長 20 ～ 30cm
的筒狀甜點。外皮是麵粉加白酒揉製而成，包入
核桃、糖漬橙皮、蜂蜜、肉豆蔻等混拌的餡。

#104

Insalata di fagioli cannellini
con tonno alla bresaola

自製醃鮪魚與白腰豆沙拉

以橄欖油、大蒜、鼠尾草等增添風味，加上煮至軟透、象徵托斯卡尼的白腰豆，以及紫洋蔥和鮪魚組合成的基本款沙拉。本食譜是將鮪魚肉以橄欖油浸煮，做成自製醃鮪魚，成為一道高附加價值的料理。另外還搭配鹽漬半日的鮪魚肉。不腥不臭、充滿肉鮮味，加上鮮豔的紅色，看起來就像風乾生牛肉（bresaola），白腰豆沙拉也發揮了良好的點綴效果。把鮪魚不會直接碰到舌頭的那一面塗上白松露油，入口後齒頰留香。

辻　大輔（Convivio）

ricetta

①白腰豆（fagioli cannellini）以小蘇打水浸泡一晚，使其變軟。倒掉小蘇打水、注入新水，放入帶皮大蒜、鼠尾草、鹽一起加熱。煮滾後撈除浮沫，加橄欖油與白胡椒粒，蓋上鍋蓋，煮至軟透。
②在 20×10cm 的鮪魚肉塊上撒鹽（量是鮪魚塊重量的 1.7%）及奧勒岡，切成兩塊，把掉在周圍的鹽及奧勒岡撒在切口上。另取一鍋，倒入完全蓋過鮪魚塊的橄欖油、放入月桂葉，加熱至 40 ～ 50℃，先將一塊鮪魚下鍋。保持溫度，以小火慢慢加熱 1 小時。另一塊鮪魚以脫水膜（食材脫水用的一種透明膜）包好，放進冰箱冷藏 12 小時，做成鹽漬風味。
③切成小塊的紫洋蔥、番茄加義大利香芹末和酸豆混拌，再把①的白腰豆與②的橄欖油浸煮鮪魚稍微壓爛後拌入，盛盤。
④鹽漬鮪魚塊切成薄片，一面塗上白松露油後，將該面朝下擺在③上，旁邊再放醋漬刺山柑漿果與義大利香芹。

09

#105

Soppressata senese

西恩納風味香腸

這是西恩納的加工肉品（salumi）之一，將煮過的豬頭肉切成小片，利用本身的膠質凝固成塊。當地人通常是裝進布袋，吊掛在葡萄酒窖使其熟成，當油脂滲透布袋，就表示熟成得差不多了。但，進行烹調時，建議以料理用保鮮膜包好炊蒸，去除表面的浮脂。此外，豬舌切得略大、豬耳切碎，像這樣依照部位的硬度施以適當切法，之後分切時，剖面會像馬賽克磚一樣，看起來賞心悅目。一般是切成薄片盛盤，本食譜是切成骰子狀，讓味道與口感產生變化。

辻　大輔（Convivio）

ricetta

①豬頭肉和香味蔬菜（紅蘿蔔、西洋芹、紫洋蔥、月桂葉）、鹽一起放進水裡煮約 3 小時，煮至軟透。

②去除腦髓與眼珠，其他部位依硬度分切，加入大蒜、香芹、義大利香芹、檸檬皮（全部切末）、鹽、胡椒混拌。各部位均勻分散，包上料理用保鮮膜，塑整成圓柱狀，放進 80℃的蒸氣烤箱蒸烤 33 分鐘，大略放涼後冷卻。

③去除②的表面浮脂，切成 1cm 大的塊狀，以檸檬油（＊）拌一拌，盛盤。

④將大略切塊的吉康菜、切成小塊的番茄、對半縱切且去籽的黑橄欖也以檸檬油拌一拌，擺在香腸塊上。最後撒些削碎的佩克里諾托斯卡諾羊乳起司（Pecorino Toscano），以奧勒岡葉做裝飾。

＊ 檸檬油：以 440g 特級初榨橄欖油、100g 檸檬汁與 10g 鹽拌合而成的油，使用範圍很廣，魚、肉、沙拉皆可。

#106

Insalata di trippa

牛肚沙拉

佛羅倫斯有道名菜是燉牛肚（第二個胃）與皺胃（第四個胃），其實托斯卡尼的人也常吃牛胃。不光是燉煮料理，做成冷盤沙拉也很好吃，以前我在基安蒂學藝的店家，每到夏天就會供應用大蒜與檸檬調味的牛胃料理。本食譜嘗試以鷹嘴豆和綠莎莎醬的組合，完成這道具奢華感的牛肚沙拉。先將整塊牛肚下鍋煮，然後泡在煮汁內放涼，要吃之前再瀝乾水分、切成條狀，調味料充分拌勻是重點。長時間泡在煮汁裡，可以讓煮汁內的蔬菜及紅酒醋的風味滲透，也能避免乾燥。此外，以紅酒醋消除牛肚的腥臭味是托斯卡尼大區的特徵。

辻　大輔（Convivio）

---

ricetta

①將整塊牛肚放進加了大略切塊的香味蔬菜（洋蔥、西洋芹、紅蘿蔔）、月桂葉、紅酒醋、鹽的水裡煮約 2.5 小時。煮好後浸泡在煮汁內放涼。
②要吃之前再取出牛肚，以廚房紙巾擦乾水分，切成一口大小的極薄片。接著與義大利香芹、大蒜、檸檬皮（全部切末）、特級初榨橄欖油、紅酒醋、鹽拌合。
③鷹嘴豆浸泡小蘇打水一晚，使其變軟。隔日倒掉小蘇打水、加新水，放入迷迭香和帶皮大蒜、鹽一起加熱，煮至軟透。煮好後浸泡在煮汁內備

用。
④製作綠莎莎醬。將義大利香芹、水煮蛋、自製麵包（＊）的麵包肉（白色部分）、紅酒醋、鯷魚、酸豆、特級初榨橄欖油以果汁機打成泥狀。
⑤牛肚與鷹嘴豆拌合後盛盤，放義大利香芹做裝飾。周圍淋上綠莎莎醬，擺上切成小塊的番茄。

＊ 自製麵包的材料比例：中筋麵粉 250g、水 150g、生酵母 6g、鹽 6g、細砂糖 6g。

Primo Piatto

#107

Carabaccia

洋蔥湯

這道歷史悠久的洋蔥湯，別名是「佛羅倫斯風味洋蔥湯（Zuppa di cipolla alla fiorentina）」。佛羅倫斯出身的凱薩琳梅迪奇將這道湯傳入法國，據說就是日後的焗洋蔥湯（onion soup gratin）。這與洋蔥香腸醬（fratacchione sauce，請參閱 P192）一樣，在當地是以紫洋蔥製作。雖說是以洋蔥為主角，有時也會加豆類一起燉煮，我認為豆類更能烘托出湯的美味，所以放了豌豆與蠶豆。不過，為了煮出豆類的新鮮感，不要和湯一起煮，先另外以鹽水煮過，再倒進湯裡即可。最後淋上蛋液，增加稠度與香醇感。

辻 大輔（Convivio）

ricetta

①將切絲的義式培根與橄欖油下鍋拌炒，待培根的油脂融化後，加入切成薄片的西洋芹和紅蘿蔔一起炒。再放切成薄片的紫洋蔥炒至軟透，倒雞高湯、以鹽調味，燉煮約 1 小時，放涼備用。
②另取一鍋，豌豆和蠶豆分開放進鹽水煮，瀝乾水分。
③復熱①的湯，放豌豆，淋上打散的蛋黃後盛

盤，再撒放少量的豌豆。
④將自製麵包（材料比例請參閱左頁）切成薄片以烤箱烘烤，以大蒜的切口擦抹麵包，擺上蠶豆，置於湯的中央。把刨成細條狀的佩克里諾托斯卡諾羊乳起司（Pecorino Toscano）放在蠶豆上，湯裡撒些格拉娜帕達諾起司。

09

TOSCANA

#108

Ribollita

回鍋湯

Ribollita 即「再煮沸」之意，原本是指將前一天剩下的蔬菜湯加入變硬的麵包重新烹煮後，變成一道美味的佳餚。湯裡加入托斯卡尼特產的黑甘藍（恐龍羽衣甘藍）一起煮也是特徵。好比簡單的番茄醬汁，每家每戶有自己的作法，這道料理在各個家庭或餐廳也有不同的味道。對我而言，這是回憶極深的料理，當初決定學藝的一家餐廳，就是因為迷上了這道回鍋湯的滋味。儘管被歸類為湯品，可是湯液少、具有濃厚的黏稠感。各種蔬菜的甜味與鮮味均勻融合正是美味關鍵，還有水分的收乾也是重點。另外，雖然加了麵包，使其完全融入湯裡，吃不出存在感也很重要。

09

TOSCANA

辻　大輔（Convivio）

ricetta

①白腰豆（fagioli cannellini）以小蘇打水浸泡一晚，使其變軟。
②香味蔬菜（洋蔥、西洋芹、紅蘿蔔）大略切碎後，以橄欖油炒至軟爛，撒些鹽。將切絲的黑甘藍與高麗菜、切成扇形片狀的馬鈴薯、大略切塊的番茄、斜切成段的圓粉豆放入鍋中，蓋上鍋蓋，以小火燉煮 1 小時。

③待蔬菜的味道都煮出來後，把①的白腰豆、以烤箱烤酥的自製麵包薄片（材料比例請參閱 P189）下鍋，少量添加雞高湯與番茄醬汁煮約 15 分鐘。煮好後靜置一晚，使其入味。
④重新復熱，以常溫的狀態盛盤，擺上紫洋蔥薄片與略為汆燙的黑甘藍做裝飾。

#109

Spaghetti con salsa di fratacchione

自製義大利麵佐洋蔥香腸醬

這是西恩納 12 世紀的料理「洋蔥香腸醬燉飯（Risotto fratacchione）」的變化版，將紫洋蔥與香腸以橄欖油拌炒，做成醬汁拌義大利麵，而不是煮燉飯。這道醬汁很好用，除了義大利長麵，搭配短麵也對味。托斯卡尼的紫洋蔥容易入口，即使生吃也不太會辣，古老的食譜裡也常看到，在我學藝的地區提到洋蔥，指的就是紫洋蔥。慢慢炒煮，讓洋蔥充分釋出甜味，這是美味的關鍵。此外，義大利麵與香腸皆為手工製作，增加了獨創性。

辻　大輔（Convivio）

ricetta

①製作義大利麵。將 800g 的中筋麵粉、200g 的粗粒小麥粉、5 顆全蛋、8 顆蛋黃、適量的鹽、橄欖油和水揉拌成團，以製麵機壓薄，切成細長麵條狀。
②製作香腸肉餡。把豬肩胛肉與背脂放進食物調理機攪打，拌至產生黏性、殘留些許肉末顆粒的狀態。移入調理碗，加鮮奶油、蛋白、鹽、茴香粉混拌。

③切成薄片的紫洋蔥以橄欖油拌炒，釋出甜味後，加②的香腸肉餡，邊炒邊攪散肉餡，做成洋蔥香腸醬。
④將①的義大利麵放進鹽水煮至彈牙口感的狀態，倒入③的洋蔥香腸醬裡拌合，再撒些格拉娜帕達諾起司拌一拌。盛盤，撒上義大利香芹末與茴香籽。

#110

Manzo "peposo"

黑胡椒燉短角牛

peposo 一詞來自黑胡椒（pepe），如字面所示，這是黑胡椒辣味明顯的燉牛肉。原本是磚瓦工人在工作空檔吃的食物，這在鮮少有辣味料理的托斯卡尼是很難得的調味。如今已成為一般餐廳常見的平民料理。以前是為了消除肉腥味而使用黑胡椒，到了現代儘管那樣的用意已消失，這道料理仍然得添加大量的胡椒。本食譜為了突顯鮮烈的香氣，盛盤時再撒上研磨黑胡椒。另外，因為接近義大利赤紅肉的味道與口感而選用短角牛，但使用的部位還是油脂豐富的五花肉。

辻　大輔（Convivio）

ricetta

①將大蒜、紫洋蔥、西洋芹、義大利香芹放入食物調理機打成碎末後，以橄欖油拌炒。
②將 1kg 的牛五花肉塊撒上鹽，放進平底鍋加橄欖油煎至表面上色。把①的香味蔬菜下鍋，加紅酒、黑胡椒粒、迷迭香，蓋上鍋蓋，以中火燉煮2.5 小時。靜置一晚，撈除浮脂。
③作玉米糕。等量的水與牛奶倒進鍋中，加鹽煮滾。篩入玉米粉混拌，以小火攪煮約 40 分鐘。移入容器，冷卻凝固。要吃之前再分切，以平底鍋加熱，煎烤表面。

④菊苣淋上橄欖油烤過後，撒些鹽。
⑤②的牛五花肉切成一口大小，連同煮汁一起加熱，盛盤。旁邊放玉米糕與紅菊苣，撒上研磨黑胡椒粒，擺迷迭香做裝飾。

※ 這道料理巧妙結合了威尼托大區特產的紅菊苣，這兒使用的是早生種特雷維索紅菊苣（radicchio rosso di Treviso precoce），晚生種是「tardivo」。

Seconde Piatto

09

TOSCANA

#111

Orata al forno "Tegamaccio"

爐烤魚

料理名稱的義大利語「Tegamaccio」是指，托斯卡尼大區蒙特普齊亞諾（Montepulciano）一帶、溫布里亞大區等，義大利中部山區的淡水魚料理，放進平底淺鍋（tegame）燉煮為其名稱由來。使用當地特產的紅酒也是特徵，本食譜把這個組合以現代風格的方式呈現。將黑鯛魚（海魚）烤至鬆軟，紅酒加蝦膏做成鮮味濃郁的醬汁。另外，這道料理也將用來增添香氣的薄荷做成醬汁。

辻　大輔（Convivio）

ricetta

①黑鯛魚片上撒些鹽，以橄欖油將兩面煎香，再以烤箱烘烤至鬆軟。
②紅酒、砂糖、鹽、龍蝦蝦膏下鍋，煮成濃稠的紅酒醬汁。
③綠薄荷、橄欖油、自製麵包（材料比例請參閱P189）的麵包肉以手持式電動攪拌器攪打，做成薄荷醬汁。

④馬鈴薯切成圓片，放進鹽水煮，再移入平底鍋加橄欖油，煎至兩面金黃。
⑤將④的馬鈴薯盛盤，擺上①的黑鯛魚，澆淋兩種醬汁。隨意撒些烤過的松子（以120℃烤一個多小時）、切成薄片的杏桃乾，以綠薄荷葉做裝飾。

Dolce

#112

Torta di castagna

栗子塔

托斯卡尼是栗子的產地，自然少不了以栗子粉製成的傳統點心，像是烤成塔型的「栗子蛋糕（castaganccio）」、可麗餅狀的「內奇（necci）」等。雖然本食譜介紹的是塔，口感卻不像栗子蛋糕那樣黏密，而是入口鬆化的甜點。這樣的口感與味道是為了搭配托斯卡尼紅酒或義大利聖酒（Vin Santo，甜葡萄酒）等酒類一起品嚐，加入奶油與蛋黃，做成現代風格的豐富滋味。加松子及迷迭香是參考傳統的作法。不過，原本的作法是把葡萄乾混入麵團，本食譜則是以蘭姆酒醃漬後，擺在盤邊，加強味道的點綴。

ricetta

①奶油置於常溫回軟，加細砂糖以打蛋器攪拌至變白的狀態。接著加蛋黃混拌，再依序加鮮奶油、栗子粉、烤過的松子拌合。倒入塔模，撒放迷迭香葉，放進160℃的烤箱烤30分鐘。烤好後不脫模，先靜置放涼。
②葡萄乾以溫水泡軟後，加蘭姆酒浸泡一天以上的時間。
③栗子塔脫模、盛盤，周圍撒上②的葡萄乾與烤過的松子，放迷迭香做裝飾。

辻　大輔（Convivio）

溫布里亞大區
UMBRIA

特拉西梅諾湖
（Lago Trasimeno）

古比奧（Gubbio）

佩魯賈
◎

阿西西 （Assisi）

台伯河 （Tevere） 內拉河（Nera）

奧爾維耶托（Orvieto）

斯波萊托 （Spoleto） 諾爾恰（Norcia）

特爾尼

●溫布里亞大區的省與省都

特爾尼省（Terni）……特爾尼市
佩魯賈省（Perugia）……佩魯賈市（大區首府）

溫布里亞大區的特徵

義大利中南部唯一不臨海、面積小的大區。位處義大利半島的中央，70％以上是丘陵地，剩下的山岳地帶因地形被稱為「綠心」。大陸性氣候，寒暖溫差大、降雨量少。

歷史悠久，保有伊特魯里亞的遺跡，山丘上隨處可見中世紀風貌的美麗街景。過去曾被設置教皇廳，成為權利中心，如今卻是未列入主要交通網，生活步調從容的地區。

即使不臨海，在特拉西梅諾湖或內拉河、科諾河（Corno）、克里多諾河（Clitunno）等處能夠捕到鰻魚、鱒魚、鯉魚等豐富的淡水魚，用於各種料理。另一方面，農家自古以來飼養原生種的黑豬，不只是生肉，所有部位都物盡其用，做成耐放的保存食品。義大利語的 norcino（屠夫）是指，宰殺、加工一頭完整豬隻的殺豬匠，語源也是來自東部的諾爾恰（Norcia）鎮。事實上，諾爾恰確實也有許多進行畜肉加工的工坊。義大利全國都有的烤全豬（porchetta），在這裡也見得到。

除了徹底活用豬肉的傳統，與西北部托斯卡尼大區的邊境也有飼養著名品種基亞納種的大白牛，生產上等的牛肉。另外，山岳地帶可捕獲山鷸或雉雞等野禽，諾爾恰近郊也有利用自然環境的鹿牧場，所以野味料理也很多。

雖受地形限制，無法使用大型農耕機械，各種農作物的生產依然盛行，小麥與甜菜的產量尤其豐富。扁豆或豌豆等豆類、蔬菜及果樹的栽培也很普遍。

在眾多產物之中，號稱溫布里亞兩大食材的是，黑松露與橄欖油。目前已有栽培林，內利那溪谷（Valnerina）一帶可以採到許多，除了新鮮黑松露，也有水煮或做成糊狀等加工食品銷往海外。用途很廣，放在開胃小點（canapé）上，或是加進義大利麵、肉或魚類料理。香氣濃郁、風味深奧的優質橄欖油，讓溫布里亞全區成為 DOP 的指定產區。

「極簡」是這地方的料理特色。整體來說，有許多都是令人聯想到農家菜的簡樸料理，如炭烤肉等直接品嚐食材原味的簡潔料理。

在蘇巴修山（Mount Subasio）斜坡上，
展現中世紀優美景致的小鎮阿西西。

197

溫布里亞大區的傳統料理

◎佩魯賈省的料理

＊黑松露義大利麵

＊黑松露小麵包片 Crostino di tartufo nero……
塗上黑松露糊的開胃小點。

＊番茄燉鰻

＊酥炸鹽漬鱈魚乾（裹麵衣）

＊香芹檸檬風味鱒魚……香煎塞了義大利香芹
等香料的鱒魚。

＊烤鯉魚

＊烤豬風味烤鯉魚 Carpa in porchetta……利用
烤豬的作法烹調鯉魚。在鯉魚腹內塞入炒過的
鯉魚內臟與茴香菜（使用葉子的品種＝fennel）
或大蒜，以烤箱烘烤。

＊烤豬 Porchetta……以茴香菜或迷迭香、大蒜
增添風味的烤全豬。

◎特爾尼省的料理

＊西里歐麵 Ciriole……不加蛋的手工義大利長
麵。外觀呈現緞帶狀，又稱鞋帶麵（strangozzi）。

＊帽形餃 Cappelletti……形似小帽子等造型的
包餡義大利麵。小牛肉、豬肉、火雞肉等肉類
是基本內餡。

＊蔬菜烘蛋

＊鹽漬鱈魚乾燉西洋李乾……著名聖誕料理。

＊雞肝與香草風味的白酒燉珠雞

＊串燒山鷸鶉 ＊串燒鴿

＊麵包烤鵪鶉 Quaglie rincartate……奧爾維耶
托鎮（Orvieto）的料理。

◎溫布里亞大區的常見料理

＊綠蘆筍番茄醬汁義大利麵

＊溫布里亞麵 Umbrici……麵粉加水製成的手工

粗麵。又稱 umbricelli、umbrichelli。

＊開胃小麵包片 Crostini……開胃小點。除了雞
肝醬，還會放各種料理。

＊普切塔 Bruschetta……香蒜麵包片。番茄等各
種配料皆可搭配。

＊洋蔥鼠尾草佛卡夏

＊法老小麥蔬菜湯

＊生蠶豆與佩克里諾羊乳起司

＊烤刺菜薊……刺菜薊（菊科蔬菜）水煮後油
炸，再以烤箱烤。有時會加白醬或肉醬。

＊黑松露風味鱒魚……鱒魚佐黑松露醬汁。

＊生火腿與加工肉品的拼盤

＊綜合烤肉 Grigliata mista……香腸或各種碳烤
肉的拼盤。

＊乾燥蠶豆燉豬皮 Fave con le cotiche……加了
迷迭香的番茄燉煮料理。

＊葡萄風味香腸……香腸煎過後，加白葡萄肉
一起拌炒。

＊獵人燉雞 Pollo alla cacciatora……番茄醬汁燉
雞肉。以大蒜、迷迭香增添風味。

＊獵人燉野兔 Lepre alla cacciatora……紅酒醃
漬過的野兔肉，加迷迭香或鼠尾草，再以紅酒
燉煮。

溫布里亞大區的特產

◎穀類、豆類

＊小麥（軟質）＜特拉西梅諾湖西側、卡斯泰洛城（Città di Castello）＞

＊法老小麥 farro di Monteleone di Spoleto DOP ＜蒙泰萊奧內迪斯波萊托＞

＊扁豆 lenticchia di Castelluccio di Norcia IGP ＜諾爾恰城＞

＊蠶豆

◎蔬菜、水果、蕈菇類

＊西洋芹＜特雷維（Trevi）＞

＊紅皮馬鈴薯＜科爾弗奧里圖（Colfiorito）＞

＊刺菜薊……類似朝鮮薊的菊科蔬菜，英語、法語皆為「Cardoon」＜特雷維＞

＊豌豆＜貝托納（Bettona）＞

＊製糖用甜菜＜特拉西梅諾湖東側＞

＊綠蘆筍

＊桃子＜卡斯泰洛城、馬爾夏諾（Marsciano）、溫貝爾蒂德（Umbertide）＞

＊杏桃＜卡斯泰洛城＞

＊無花果＜阿梅利亞（Amelia）＞

＊黑松露＜內利那溪谷（Valnerina）一帶、斯波萊托、斯凱吉諾（Scheggino）＞

＊白松露＜史克兒佐（Scorzone）、比昂蓋提（Bianchetti）＞

◎海鮮類

＊鱒魚＜內拉河、克里多諾河、科諾河＞

＊湖泊淡水魚（狗魚、鯉魚等）

＊鰻魚

◎肉類

＊豬＜佩魯賈省南部、特爾尼省北部＞

＊牛＜托斯卡尼大區邊境的基亞納溪谷附近＞

＊中部亞平寧地區一歲多的小牛 vitellone bianco dell'Appennino Centrale IGP

＊珠雞、雞

＊兔

＊野鳥類（斑點鶉、雉雞、山鷸鶉、山鴿等）

＊鹿＜諾爾恰近郊＞

＊各種野味

◎起司

＊佩克里諾 pecorino ＜諾爾恰＞（羊奶，硬質）

＊新鮮卡丘塔 caciotta fresco（羊奶混合牛奶，半硬質）

＊松露卡秋塔 caciotta al tartufo（羊奶混合牛奶、添加黑松露，半硬質）

＊拉瓦吉歐羅翁布羅 ravaggiolo umbro（山羊奶、羊奶、軟質、新鮮）

＊佩克里諾托斯卡諾 pecorino toscano DOP（羊奶，硬質）

◎加工肉品

＊諾爾恰風乾火腿 prosciutto di Norcia IGP

＊醃豬頸肉 capocollo……在豬頸肉上擦塗香料、捲成粗卷，靜置熟成。又稱 scalmarita，

＊鹽漬豬頰肉 guanciale……將豬頰肉以鹽醃漬後，靜置熟成的加工品，又稱 barbozza。

＊豬頭肉凍 coppa di testa……豬頭肉經長時間烹煮後切碎，用布包好，利用豬頭肉的膠質使其凝固。

＊馬札菲加多莎樂美腸 mazzafegato……加了豬肝的莎樂美腸。

＊諾爾恰珊瑚 corallina di Norcia……加了大塊脂肪的豬肉莎樂美腸。

＊獵人風味迷你莎樂美腸 salamini italiani alla cacciatora DOP

◎橄欖油

＊溫布里亞 Umbria DOP
＜阿美里尼丘陵（Colli Amerini）、
　亞西西斯普列多丘陵（Colli Assisi Spoleto）、
　塔拉希美諾丘陵（Colli del Trasimeno）、
　馬爾塔尼丘陵（Colli Martani）、
　歐爾維耶塔尼丘陵（Colli Orvietani）＞

◎麵包、糕點

＊圓餅麵包 torta al testo……圓盤狀薄麵包。

＊卡莎列丘麵包 pane casareccio……全溫布里亞大區都吃得到的長形大麵包。

＊諾查多麵包 pan nociato……加了核桃的麵包。

＊復活節麵包 pizza di pasqua……圓頂形的起司風味麵包。原本只在復活節時製作，現已成為平日販售的麵包。

＊蛇型麵包 torciglione……以杏仁粉做成的蛇造型甜點，又稱 attorta。

＊聖誕松子糖 pinoccate……用砂糖與葡萄糖煮成的松子糖。切成菱形後，包上彩色紙，聖誕節時期吃的點心。

＊酥捲塔 rocciata……加了堅果、糖漬水果的塔。

慢食捍衛運動（Presidio Slow Food）標籤

＊特拉西梅諾湖的菜豆

＊阿美利諾（Amerino）產的蠶豆

＊卡夏（Cascia）產的羅維賈豆（roveja）……類似豌豆的豆子。

＊特雷維產的黑西洋芹

＊台伯河谷上流河域產的馬札菲加多莎樂美腸（mazzafegato）……加豬肝的莎樂美腸。

#113

Verdure ripiene all'umbra

溫布里亞風味烤鑲餡蔬菜

義大利有許多使用麵包或麵包粉的料理，這道也是其中之一，以麵包粉混拌番茄、橄欖油、起司、蔬菜等，填入蔬菜內烤製而成。品嘗吸收了鮮味的麵包或麵包粉是相當樸實的吃法，卻能感受到當地生根已久的平民料理的魅力。在我的店通常是做成小份量的開胃小菜或第二主菜的配菜，有時也會以較新潮的方式供應，例如以甜椒醬汁鋪盤等。現烤現吃，滋味最棒，就算放涼至常溫依然美味。

奧村忠士（RISTORANTE Le Acacie）

ricetta

①櫛瓜與茄子縱切半成略具厚度的片狀，將另一邊的肉削薄切末備用。茄片撒鹽靜置一會兒，去除澀味，擦除釋出的水分。番茄切成圓片後去籽。紅椒縱切成六～八等分，去除蒂頭與籽。
②製作填餡。細粒的乾燥麵包粉與切末的大蒜及義大利香芹、壓成泥的水煮罐頭番茄、特級初榨橄欖油、帕瑪森起司、①的櫛瓜及茄肉末、番茄籽拌合後，均勻揉拌。
③把填餡鑲上各種蔬菜，置於烤盤內。搭配用的小洋蔥片也一併擺入，淋上特級初榨橄欖油，放進180℃的烤箱烤。過程中，不時以烤盤裡的油澆淋蔬菜，烤15～20分鐘，直到表面呈現金黃色。最後撒些義大利香芹末。

#114

Torta al testo con fagioli e bietola

佛卡夏佐菜豆、菾蓬菜

利古里亞大區有添加大量橄欖油的佛卡夏，艾米利亞 - 羅馬涅大區有烤成薄餅狀的麵餅，本食譜介紹的麵包就介於兩者之間。麵團的配方和披薩幾乎相同。以前是放在石上烤，現在以烤箱或是直接以平底鍋烙煎也能烤得很香。當地一般的餐廳常會見到，因為能用手拿著吃，時常成為婚宴等派對上的料理。佛卡夏的大小依個人喜好調整，配料也沒有固定，莎樂美腸、起司、蔬菜、燉菜等皆可，夾什麼都對味。

奧村忠士（RISTORANTE Le Acacie）

ricetta

①製作與披薩相同的麵團。以 350g 的溫水溶解 6g 的乾酵母與少量砂糖，靜置一會兒，使其發酵。將 500g 的麵粉（00 型）堆成小山，中間挖個洞，倒入酵母水、8g 的鹽、2 大匙的特級初榨橄欖油。拌合後揉成團，靜置醒麵 20～30 分鐘。輕輕拍出麵團內的空氣後分切，把一個麵團壓成直徑約 30cm、厚將近 1cm 的圓形。表面塗上特級初榨橄欖油，放進 180℃的烤箱烤 20～30 分鐘，或是在平底鍋以橄欖油煎烤麵團的兩面。
②製作燉菜豆。菜豆先泡水一天，使其變軟。換新水煮，開始煮軟後，以鹽調味，再煮至軟透。

另取一鍋，倒入切成末的義式培根與洋蔥，以特級初榨橄欖油拌炒，快要炒上色前，把菜豆及適量的煮汁、大略切塊的番茄下鍋，小火燉煮約 15 分鐘，煮至入味，再以鹽、胡椒調味。
③菾蓬菜的梗與葉分開，梗以鹽水煮，葉子加少量的水，蓋上鍋蓋稍微悶蒸後，瀝乾水分備用。大蒜末以特級初榨橄欖油拌炒，加入菾蓬菜的梗與葉略為拌炒，以鹽、胡椒調味。
④生火腿和佩克里諾羊乳起司切成薄片。
⑤把烤好的佛卡夏橫切成兩片，再切成六等分的扇形。夾入餡料、盛盤，旁邊放些橄欖搭配。

#115

Cipollata

洋蔥清湯

義大利不少地方都把洋蔥湯當成鄉土料理。這道洋蔥清湯只使用清湯加水燉煮，是最簡單的洋蔥湯，煮至水分差不多收乾也是特徵之一。白濁的湯液是重點，所以炒洋蔥時要以小火慢炒，以免炒上色。煮好的湯有著洋蔥獨特的甜味，以及軟中帶脆的口感。原本是加蛋液，本食譜改放溫泉蛋，以餐廳風格的方式呈現。把蛋攪散與洋蔥混拌，喝起來滑稠順口。

奧村忠士（RISTORANTE Le Acacie）

ricetta

①以特級初榨橄欖油拌炒切成末的醃豬背脂，再加略厚的洋蔥片一起炒，為避免炒上色，以小火慢炒。過程中若發現水分變少，加等量的雞高湯與水，燉煮30～40分鐘，煮至水分差不多收乾、湯汁變濃的狀態後，以鹽、胡椒調味。
②煮溫泉蛋，核桃以烤箱烘烤並去皮。
③洋蔥湯舀入湯盤，中間放溫泉蛋，撒上核桃與磨碎的佩克里諾羊乳起司。

#116

Minestra di farro

法老小麥蔬菜湯

法老小麥（farro）是以溫布里亞大區、托斯卡尼大區等義大利中部為中心栽培的小麥，具有濃厚的地方色彩，活用其顆粒感做成湯是很受歡迎的烹調方法。在義大利，近年來被視為健康食材、絕品美食而重獲關注，日本也開始引進。粒食（穀物）的醍醐味除了彈牙的口感，吸飽湯汁後，還能品嚐到當中的鮮味。原本是只用水燉煮的簡樸料理，餐廳的作法是以清湯補充鮮味，這點很重要。放入生火腿的骨頭或碎肉一起煮增添香醇感，也是相同用意。本食譜以香草泥做為味道的點綴。

奧村忠士（RISTORANTE Le Acacie）

ricetta

①法老小麥以水浸泡 2 小時左右，使其變軟。
②拍碎的大蒜以特級初榨橄欖油炒出香氣後，加入切成小塊的洋蔥、西洋芹、紅蘿蔔仔細拌炒。待所有材料炒透後，再加等量的雞高湯與水、法老小麥及浸泡的水、生火腿碎肉，燉煮 20 ～ 30 分鐘，以鹽、胡椒調味。

③製作綠醬。將義大利香芹、羅勒、迷迭香、酸豆、鯷魚、大蒜、特級初榨橄欖油以果汁機打勻。
④湯舀入盤內，淋上少量的綠醬。

#117

Tagliatelle al ragù
di prataiolo con tartufo nero

黑松露蘑菇醬寬麵

溫布里亞大區擁有優質黑松露的產地，以黑松露醬汁搭配的義大利麵很有名，但本食譜介紹的是以蘑菇為主，使用少量黑松露增添香氣的經濟實惠版。蘑菇醬的製作重點是，以多一點橄欖油炒至水分收乾、煮稠，濃縮蘑菇的鮮味。調味方式有很多，各地皆不同，有以白酒、葡萄酒醋、酸豆、鯷魚或番茄等。收尾通常是用橄欖油，故將麵條撒上麵包粉再拌醬。如此一來，麵包粉會吸收油脂，使醬汁巴附在麵條上，吃起來更美味。這想必是出自當地人的生活智慧。

奧村忠士（RISTORANTE Le Acacie）

ricetta

①製作寬麵。將 200g 的麵粉（00 型）、100g 的粗粒小麥粉、3 顆蛋、少量的特級初榨橄欖油與鹽拌台、揉拌成團，靜置醒麵半天。以製麵機壓薄，切成寬麵狀。
②製作蘑菇醬。蘑菇與辣椒放入果汁機打碎。鍋內倒略多的特級初榨橄欖油，大蒜末下鍋炒至上色。再加打碎的蘑菇與辣椒一起炒，撒些鹽，燉煮 20 ～ 30 分鐘。待蘑菇釋出的水分蒸發，整體顏色變深，表示已經煮至入味。
③寬麵煮好後，瀝乾水分加進②的鍋內，撒少量的麵包粉拌合。
④盛盤，撒上大量的黑松露薄片。

#118

Umbricelli

溫布里亞手工麵
拌蔬菜雞肝胗醬

這是溫布里亞大區具代表性的手工義大利麵，凹凸不平的扭曲形狀為特徵。這種形狀容易沾附醬汁，同時產生 Q 彈口感。搭配上番茄燉煮雞肝、雞心、雞胗與蔬菜做成的醬汁，溫布里亞大區經常使用禽類的內臟製作醬汁。雖然是不加修飾的豪邁擺盤，味道也很厚重，但在我的店從以前就是頗受好評的料理。

奧村忠士（RISTORANTE Le Acacie）

ricetta

①製作溫布里亞手工麵。將 400g 麵粉（00 型）、200g 水、少量特級初榨橄欖油與鹽混拌、揉成團，靜置醒麵半天。取少量麵團，以雙手搓揉成粗細不均的條狀，切成約 10cm 的長度。

②製作醬汁。拍碎的大蒜下鍋以橄欖油拌炒，再加大略切塊的洋蔥、西洋芹、紅蘿蔔一起炒。另取一鍋，放入雞肝、雞心與雞胗與橄欖油拌炒，

再加已炒好的蔬菜、白酒、大略切塊的番茄、迷迭香、鹽、胡椒一起燉煮。過程中若發現水分快煮乾，再加適量的水，保持湯汁蓋過鍋中物的狀態，燉煮 30 ～ 40 分鐘。

③溫布里亞手工麵煮好後，加醬汁拌合，盛盤。放入迷迭香做裝飾。

奧村忠士（RISTORANTE Le Acacie）

#119

Piccione arrosto
alla salsa ghiotta

烤鴿佐雞肝醬汁

這道溫布里亞大區代表性的烤肉料理，原本是選用野鴿，本食譜換成人工飼養的肉鴿。料理名稱「ghiotta」的語源是，烤肉時盛接油脂的容器，意指用紅、白酒或橄欖油炒煮雞肝、生火腿、檸檬皮、香草等做成的雞肝醬汁。香醇的醬汁與味道濃厚的赤肉相當對味。本來是把烤鴿和醬汁分開烹調再盛盤，本食譜將煎過的鴿肉擺在預先煮好的醬汁上，以烤箱烘烤。在烤的過程中，醬汁的風味與鴿肉釋出的肉汁交融，鮮味不流失，融合出協調的味道。

ricetta

①製作雞肝醬汁。拍碎的大蒜下鍋以橄欖油炒至上色，再加入雞肝、鯷魚糊、切成薄片的生火腿、白酒、紅酒、葡萄酒醋（紅酒醋或白酒醋皆可）、杜松子、迷迭香、鼠尾草、黑胡椒粒、切成薄片的檸檬皮一起略炒。
②鴿肉以帶骨的狀態剖開成兩塊，撒些鹽、胡椒，以特級初榨橄欖油煎烤兩面。在調理盤內倒入醬汁，鴿皮朝上擺入盤中，放進 180℃ 的烤箱烤約 15 分鐘。烤至表皮香酥，醬汁約剩 1/3 的量即可。取出後，醬汁以食物調理機打成粗末糊狀。
③番茄放入滾水煮，去皮後去籽，切成小塊。以橄欖油拌炒，撒些鹽、胡椒。
④醬汁盛盤，擺上鴿肉，周圍放③的番茄與切成半月形塊狀的檸檬，最後撒些義大利香芹末。

#120

Saltato di maiale
con passato di fave
e bruschetta

香煎豬肉佐
蠶豆泥與普切塔

儘管主角是香煎豬肉，搭配的
普切塔（香蒜麵包片）與蠶豆
泥讓味道更有深度。豬肉放進
其厚度一半的橄欖油內煎，這
稱為「油煮」，也是橄欖油的
特產地才有的作法。這種作法
不像油封那樣費時，所以不會
油膩，也可保持肉的濕潤感。
溫布里亞大區的麵包和托斯卡
尼麵包一樣，特徵都是不加鹽。
厚切的麵包烤好後，
沾浸煎豬肉的油，吸收鮮味。
乾燥蠶豆做成的豆泥也加了大
量橄欖油，潤口且風味豐富。
原本的作法是壓濾成柔滑泥狀，
本食譜保留些許顆粒，為口感
注入變化。

奧村忠士（RISTORANTE Le Acacie）

ricetta

①鍋內倒入橄欖油，量約是豬肩胛肉厚度（約
1cm）的一半，拍碎的大蒜與迷迭香下鍋炒出香
氣。豬肩胛肉撒些鹽、胡椒，以小火煎。表面煎
上色後，翻面續煎，另一面也煎上色後，起鍋、
擦乾油分。
②鄉村麵包切成和豬肉差不多的厚度，烤至香
酥。再把兩面沾浸煎過豬肉的油，盛盤，放上煎
好的豬肩胛肉。
③製作蠶豆泥。乾燥的蠶豆泡水半天～一天，泡

軟後去皮。拍碎的大蒜以特級初榨橄欖油炒上色，
倒入蠶豆和少量的水燉煮，撒鹽、胡椒調味。另
取一鍋，將拍碎的大蒜與迷迭香下鍋，以特級初
榨橄欖油炒出香氣，但別炒上色，做成香草油。
當燉煮的蠶豆煮至軟爛入味，倒入香草油增添香
氣。
④黑橄欖去籽，和特級初榨橄欖油、鯷魚糊一起
放入果汁機打成泥。豬肩胛肉盛盤，擺上蠶豆泥，
周圍再澆淋黑松露泥。

奧村忠士（RISTORANTE Le Acacie）

#121

Pollo alla cacciatora

獵人燉雞

雖然這是以番茄燉煮切塊的帶骨雞肉，因為用到的食材很少，一只鍋子就能輕鬆做好，所以才會有「cacciatora＝獵人風味」之意。剛開始炒雞肉時，橄欖油的量約是雞肉厚度的一半，這是橄欖油盛產地才有的奢侈作法。利用大量的橄欖油烹調，肉質不乾柴，鮮味也不易流失，雖然是很簡單的作法，美味程度卻令人驚豔。

ricetta

①鍋內倒入橄欖油，量約是雞肉厚度的一半，拍碎的大蒜下鍋炒出香氣。帶骨雞腿肉切塊，撒些鹽、胡椒，放進鍋中以小火加熱，像是油封的作法。待表面煎至金黃，翻面續煎。再加白酒、壓成泥的水煮罐頭番茄、迷迭香，燜煮約 30 分鐘。最後淋上檸檬汁，煮成適當的濃度。
②盛盤，旁邊擺上芝麻葉。

#122

Rocciata di Assisi

阿西西風味酥卷

以薄的麵皮包捲蘋果或堅果、果乾等做成的烤點心，類似北義大利的蘋果卷（strudel）。以前我在溫布里亞大區工作的餐廳，供應過名為蘋果卷的點心，如今回想起來，原型或許就是這道酥卷（rocciata）。道地的蘋果卷是使用偏軟的麵皮，那與雞蛋麵團的配方幾乎相同，只是又加了少量的砂糖。原本好像是再利用多出來的義大利麵團製作。

奧村忠士（RISTORANTE Le Acacie）

ricetta

①製作雞蛋麵團。將 200g 的麵粉（00 型）、1 大匙的細砂糖、2 顆蛋、少量的特級初榨橄欖與鹽混拌、揉成團，靜置醒麵半天。

②製作內餡。將大略切塊的蘋果、檸檬汁與磨碎的檸檬皮、以渣釀白蘭地泡軟後切成粗末的無花果乾、大略切塊的烤堅果（松子、杏仁、榛果、核桃）、肉桂、細砂糖、帕賽托甜葡萄酒（Passito）混合拌勻。

③將麵團壓得極薄，切成約 20cm 的方形，塗上融化奶油、撒麵包粉，鋪平內餡，捲成條狀，移入烤盤後繞成漩渦狀。

④放進 180℃ 的烤箱烤 30 分鐘。切成約 2cm 的厚度，盛盤，旁邊擺一些內餡用的烤堅果做裝飾。切口淋上蜂蜜增加甜味會更好吃。

馬爾凱大區
MARCHE

聖馬利諾（San Marino）

佩薩羅

蒙特費爾特羅地區

烏爾比諾（Urbino）

亞得里亞海

聖安傑洛因瓦多
（Sant'Angelo in Vado）

◎ **安科納**

阿夸拉尼亞（Acqualagna）

馬切拉塔

費爾莫

聖貝托德爾特龍托
（San Benedetto del Tronto）

阿斯科利皮切諾

●馬爾凱大區的省與省都

阿斯科利皮切諾省（Provincia di Ascoli Piceno）……阿斯科利皮切諾市
安科納省（Provincia di Ancona）……安科納市（大區首府）
費爾莫省（Provincia di Fermo）……費爾莫市
佩薩羅和烏爾比諾省（Provincia di Pesaro e Urbino）……佩薩羅市
馬切拉塔省（Provincia di Macerata）……馬切拉塔市

馬爾凱大區的特徵

面積小的馬爾凱大區在形似長靴的義大利半島，相當於小腿肚的部分。西擁亞平寧山脈，東臨亞得里亞海。近七成是丘陵地，其餘皆為山岳地帶。山岳地帶略偏大陸性氣候，寒暖溫差顯著，坡度和緩的丘陵地越靠海越呈溫暖的地中海型氣候。丘陵地緊鄰海岸線，幾乎看不到平原，但少數的平地仍有栽種軟質小麥或甜菜、向日葵，隨處也可見到硬質小麥、法老小麥、大麥田。雖是無法廣泛種植單一作物的地形，蔬果種類依然豐富，近年來橄欖的品質也逐漸受到好評。

畜產方面，以鮮美肉質廣為人知的原生品種馬奇基亞那牛（Marchigiana）為大宗，豬農是畜肉加工品的重要推手。此外，丘陵地的牧草地帶也有不少羊群，生產各種類型的佩克里諾羊乳起司。

漁業也很興盛，海產豐沛，除了鯛魚、紅點海緋鯉（triglia），還可捕撈到甲殼類、貝類等多種海鮮，漁獲量佔全義大利的一成多。當地人常將新鮮海產加入香草簡單的炙烤或油炸，也會應用傳統肉類料理的烹調方法。例如，兔肉或小羊肉加入迷迭香、大蒜、洋蔥、番茄、白酒等燉煮的方法應用在鱈魚乾（stoccafissso）的烹調。全豬與茴香菜、迷迭香、義大利香芹、大蒜等一起烤的方法，也會應用在甲殼類或螺貝的燉煮等。

特別值得一提的是，山產的白松露。在佩薩羅省西南部的阿夸拉尼亞、實驗栽培研究所的聖安傑洛因瓦多，產量最多。多數的白松露都被運往高級產地皮埃蒙特大區的阿爾巴市場販售。另外像是黑松露、各種野生蕈菇也很豐富，為秋冬的餐桌增色不少。起伏變化豐富的廣闊丘陵地烏爾比諾。

起伏變化豐富的廣闊丘陵地烏爾比諾。

馬爾凱大區的傳統料理

◎亞得里亞海沿岸地區的料理

✻**高湯 Brodetto**⋯⋯馬賽魚湯風味的海鮮湯。

✻**淡菜湯 Zuppa di cozze**

✻**烤鑲餡淡菜 Cozze ripiene al forno**⋯⋯淡菜填入生火腿、義大利香芹、麵包粉、番茄果肉等餡料，以烤箱烘烤。

✻**安科納風味烤紅點海鯡鯉 Triglia all'anconetana**⋯⋯將醃過的紅點海鯡鯉沾裹麵包粉，與鼠尾草、生火腿疊放在容器內，放入烤箱烘烤。

✻**烤沙丁魚**

✻**安科納風味燉鱈魚乾 Stoccafisso all'anconetana**⋯⋯鱈魚乾與馬鈴薯以番茄果肉、白酒等燉煮。

✻**炸小蝦與小卷**

✻**白酒風味鑲餡花枝**

✻**香草燉螺貝 Crocette in porchetta**⋯⋯螺貝肉劃入切痕，加入烤全豬（porchetta）會用到的香草、迷迭香、茴香菜等，用白酒、番茄醬汁燉煮。

✻**番茄燉章魚**

◎內陸地區的料理

✻**坎波菲洛內麵 Maccheroncini di Campofilone**⋯⋯阿斯科利皮切諾省坎波菲洛內鎮的知名義大利麵。使用蛋、不加水揉成扁平的長麵，可搭配各種醬汁。

✻**帕沙特里麵 Passatelli**⋯⋯將麵包粉、起司、蛋黃、肉豆蔻等混拌成團，以專用器具擠成粗短的繩狀。通常是放進湯裡，有時也會拌裹醬汁。

✻**帽形餃 Cappelletti**⋯⋯形似小帽子的包餡義大利麵。自羅馬涅地區（艾米利亞-羅馬涅大區）傳至馬爾凱大區，成為北部佩薩羅省、蒙特費爾特羅地區的名菜。

✻**文奇斯格拉西 Vincisgrassi**⋯⋯一種千層麵，與加了雞內臟、小牛胸腺或腦髓的肉醬拌合。有時也會使用牛肉或小牛肉、豬肉的肉醬。

✻**蠶豆蔬菜湯**

✻**阿斯科利風味炸橄欖 Olive all' ascolana**⋯⋯將大顆的綠橄欖去籽，填入肉餡等餡料，沾麵包粉下鍋油炸。

✻**馬鬱蘭風味蠶豆**⋯⋯煮過的蠶豆用馬鬱蘭和大蒜增添風味，做成沙拉。

✻**炸白花椰菜**

✻**番茄燉櫛瓜與鹽漬豬頰肉**

✻**燉蝸牛 Lumache in porchetta**⋯⋯蝸牛以茴香菜、大蒜、迷迭香、番茄、白酒等燉煮。

✻**番茄白酒燉雞 Pollo in potacchio**⋯⋯雞肉以大蒜、紅辣椒、迷迭香、香芹、番茄、白酒等燉煮。另外像是兔肉、小羊肉、鱈魚乾也會用這種方式烹調。

✻**烤兔肉 Coniglio in porchetta**⋯⋯取出的內臟以茴香菜、大蒜、義式培根等拌炒，填入兔肉，邊烤邊澆淋葡萄酒。

✻**烤鵪鶉**

✻**烤小羊頭**

✻**燉豬皮與菜豆**

馬爾凱大區的特產

◎穀類、豆類

＊軟質小麥
＜佩薩羅至聖貝托德爾特龍托的平原＞

＊糖用甜菜＜安科納南部＞

＊玉米 ＊法老小麥

＊蠶豆＜奧斯特拉（Ostra）＞

＊扁豆 lenticchia di Castelluccio di Norcia IGP ＜卡斯特陸奇歐＞

◎蔬菜、水果、蕈菇、堅果類

＊番茄　＊茴香　＊刺菜薊＜馬切拉塔＞

＊馬鈴薯＜特龍托溪谷＞

＊綠花椰菜＜法諾（Fano）＞

＊白花椰菜＜伊耶西（Jesi）＞　　＊甜椒

＊朝鮮薊＜伊耶西、馬切拉塔＞　　＊向日葵

＊豌豆＜福松布羅內（Fossombrone）、格羅塔姆馬雷（Grottammare）、蒙泰盧波內（Montelupone）＞

＊西洋芹＜欽戈利（Cingoli）＞

＊杏桃＜馬切拉塔＞

＊西洋梨＜法諾＞

＊桃子＜阿斯科利皮切諾＞

＊蘋果＜阿曼多拉（Amandola）＞

＊西洋李＜雷卡納蒂（Recanati）＞

＊櫻桃＜坎蒂亞諾（Cantiano）＞

＊無花果＜雷卡納蒂＞

＊白松露、黑松露＜阿夸拉尼亞、聖安傑洛因瓦多＞

＊阿斯科納橄欖 oliva ascolana del Piceno DOP……大顆的綠橄欖。＜阿斯科利皮切諾省＞

＊魯索列（Russole）、普拉塔利歐利（Prataioli）、雞油菇（gallinacci）、羊肚菇（spugnole）等野生蕈菇

◎海鮮類

＊蝦蛄、角蝦、波士頓龍蝦、龍蝦、紅蝦

＊墨魚、透抽、章魚、短爪章魚

＊海瓜子、特有蚌類（telline）等貝類

＊沙丁魚、鯷魚、青花魚

＊紅點海鯡鯉、龍利魚、比目魚、鮟鱇魚、石狗公

◎肉類

＊馬奇基亞那白牛（Marchigiana）

＊豬＜法諾周邊＞

＊雞、兔、小羊、小山羊＜阿夸桑塔泰爾梅（Acquasanta Terme）、阿曼多拉、弗龍托內（Frontone）、聖萊奧（San Leo）＞

＊中部亞平寧地區一歲多的小牛 vitellone bianco dell' Appennino Centrale IGP

◎起司

＊卡秋塔烏爾比諾 casciotta di Urbino DOP（羊奶混合牛奶，半硬質）

＊佩克里諾 pecorino（羊奶，硬質）＜錫比利尼山脈（Monti Sibillini）＞

＊包進核桃葉，靜置熟成的佩克里諾＜佩薩羅省、烏爾比諾省＞（羊奶，硬質）

＊塔拉梅洛產的琥珀起司 ambra di Talamello（羊奶、羊奶混合山羊奶，硬質）……一般稱為「洞穴起司（Formaggio di fossa）」。自古以來，在此地區就屬塔拉梅洛產的琥珀起司最為普遍，放在地底的洞穴內熟成約三個月。

◎加工肉品

＊巧斯寇蘿莎樂美腸 ciauscolo IGP……以豬肉與

豬脂製成的莎樂美腸，質地柔軟，佐麵包享用。

＊豬頭肉凍 coppa di testa

＊豬里肌生火腿 lonzino

＊卡爾佩尼亞豬腿肉生火腿 prosciutto di Carpegna DOP……蒙特費爾特羅地區的卡爾佩尼亞產的豬腿肉生火腿。

＊豬蹄生火腿 spallata……用豬前腳部分做成的生火腿。

＊豬雜香腸 salsiccia matta……豬肺或豬腎、豬胃等內臟加香料做成的香腸。

＊波隆那摩德代拉香腸 mortadella Bologna IGP

＊番茄香料肉醬迷你莎樂美腸 salamini italiani alla cacciatore DOP

＊馬札菲加多莎樂美腸 mazzafegato……添加豬肝製成的莎樂美腸，又稱「fegatino」。

＊豬油塊莎樂美腸 salame lardellato……添加大塊豬油的豬肉莎樂美腸。

＊蒙特費爾特羅莎樂美腸 salame di Montefeltro

◎橄欖油

＊卡爾托切托 Cartoceto DOP

◎調味料、飲料

＊大茴香酒 anisetta……大茴香風味的利口酒。除了當作餐後酒，有時也會加進義式濃縮咖啡。亦稱「mistra」。

＊濃縮葡萄汁 vincotto……煮稠的葡萄果汁。

＊櫻桃甜酒 vino di visciole……野生櫻桃（visciole）風味的紅酒。

◎麵包、糕點

＊克羅斯托洛 crostolo……蒙特費爾特羅地區生產的薄烤麵包。

＊法老小麥麵包 pane di farro……混合法老小麥粉製成的麵包。＜阿斯科利皮切諾＞

＊卡莎列丘長麵包 filone casareccio……不加鹽的長麵包。

＊起司餃 calcioni……新鮮的佩克里諾羊乳起司加砂糖，包入派皮，以烤箱烘烤成的點心。又稱「piconi」。

＊拱頂派 cupola……這是塞尼加利亞（Senigallia）的知名點心。將卡士達醬或海綿蛋糕包入派皮，做成半圓球狀烘烤而成。

＊花瓣小點 scroccafusi……在球狀麵團上劃入花瓣狀切痕，下鍋油炸的點心。炸好後淋上紅色的胭脂利口酒。

＊奇切爾基亞達 cicerchiata……搓成小圓球的麵團以橄欖油炸至香酥，裹拌蜂蜜的嘉年華點心。

＊圈形蛋糕 ciambella……大甜甜圈狀的發酵甜麵團點心。

＊諾查多麵包 pan nociato……添加核桃、濃縮葡萄甜漿（mosto cotto）、無花果乾等的發酵麵團，烘烤而成的點心。

＊果乾聖誕蛋糕 frustingo……以無花果乾、葡萄乾、松子、核桃、杏仁、蜂蜜、全麥麵粉製成的聖誕點心。先將麵粉攪煮成略稀的糊狀，再混拌其他食材，在烤模內倒入薄薄一層，以烤箱烘烤。黏密的口感是特徵，切成適當大小後食用。

＊油炸小脆餅 frappe……麵團壓薄，切成菱形，扭一扭下鍋炸，淋上蜂蜜。現在多是撒糖粉、淋胭脂利口酒。

慢食捍衛運動（Presidio Slow Food）標籤

＊塞拉德孔蒂（Serra de' Conti）產奇切爾基亞豆（cicerchia）……類似鷹嘴豆，呈灰～淺褐色。

＊錫比利尼山脈產的羅莎蘋果（mela rosa）……古老的在地品種蘋果。滋味酸甜、香氣濃，可生吃也可加熱。

＊柏多諾弗沿岸（Portonovo）的天然淡菜

＊錫比利尼山脈產的佩克里諾羊乳起司（硬質）

＊法布里亞諾（Fabriano）產的莎樂美腸……以上等豬肩肉或腿肉，混入大塊豬油的莎樂美腸。

＊無花果腸（Lonzino）……無花果乾混拌堅果、沙巴葡萄甜漿、利口酒等，以無花果葉包整。

#123

Conchiglie miste in porchetta

香草烤貝

這是馬爾凱大區沿海餐廳必有的招牌前菜。當地是以螺貝、海瓜子或淡菜製作，種類變化豐富。本食譜選用在東京灣捕獲的四種貝類，為了突顯各自的美味，全都做了不同調味。下圖右前是海瓜子、右後是磯螺、左前是蠑螺、左後是馬蹄螺。烹調重點在於，讓搭配材料的香味融入貝肉汁。另外，料理名稱的「porchetta」原本是指香草烤全豬，但在馬爾凱大區，使用香草（茴香菜、迷迭香、大蒜等）與白酒、番茄醬汁等一起燉煮的料理也會冠上這個名稱。像是烤鰻魚或田螺、貝類皆為代表料理。

石川重幸（Cucina Shige）

ricetta

①將海瓜子、磯螺、蠑螺、馬蹄螺各自連同浸泡的冷水（或是酌量加白酒）一起下鍋大火加熱，煮滾後取出。煮汁過濾後，略為收乾。
②煮好的貝類與以下的食材、收乾的煮汁拌合並加熱，以鹽、白胡椒調味，靜置約莫半天，使其入味。
• 海瓜子／特級初榨橄欖油、蒜末、切碎的小番茄、義大利香芹。→吃起來有股小番茄的甜味。
• 磯螺／特級初榨橄欖油、蒜末、迷迭香與茴香菜梗、義大利香芹。→利用迷迭香與茴香增添菜色香氣。
• 蠑螺／特級初榨橄欖油、蒜末、過濾的番茄醬汁、大量的茴香菜末、迷迭香。→番茄醬汁有著濃郁的茴香氣味。
• 馬蹄螺／特級初榨橄欖油、蒜末、檸檬百里香、磨碎的檸檬皮。→馬蹄螺滋味突出，散發檸檬的清香爽口。

#124

Fritto misto di mare e olive all'ascolana

炸海鮮與炸橄欖

義大利料理使我了解到，烹調方式越簡單，越能發揮食材本身的好味道。炸海鮮（fritto misto）就是名符其實的一道料理。橄欖是馬爾凱大區的產物之一，名為阿斯科納（Ascolana）的大顆綠橄欖很有名。填入橄欖的食材就算再普通，只要花時間細心烹調，過程中便會釋出鮮味。一般餐廳是當作開胃小菜或前菜供應，若做成炸物拼盤，也是相當豐盛的主菜料理。

石川重幸（Cucina Shige）

ricetta

炸橄欖
①製作調味菜。洋蔥、紅蘿蔔、西洋芹切末，下鍋以特級初榨橄欖油拌炒後備用。
②製作內餡。將等量的牛肉、雞肉、小牛肉做成絞肉，加鹽、胡椒、黃芥末醬、卡宴辣椒粉一起炒。炒至絞肉變色，倒白酒轉大火，收乾水分。接著加①的調味菜、水煮番茄（罐頭）一起煮，過程中不時加肉湯，燉煮20小時（約三天）。
③煮好的內餡填入去籽的綠橄欖，依序沾裹麵粉、蛋液、磨細的麵包粉，下鍋以180℃的橄欖油炸至香酥。

④將帕瑪森起司磨碎，鋪薄薄一層在平底鍋內煎烤，做成小籃子的形狀，擺入炸橄欖。
炸海鮮
⑤墨魚、銀魚、蝦蛄各自撒上低筋麵粉，下鍋以180℃的橄欖油炸。〔擺盤〕在炸墨魚下方鋪放煎酥的義式培根與煮過切絲的櫛瓜。把番茄和羅勒大略切末，以特級初榨橄欖油、鹽、胡椒拌勻，鋪在炸銀魚下，再擺上細香蔥。將無翅豬毛菜與蕎麥芽以熱水汆燙後，撒上鹽、胡椒擺在炸蝦蛄下。最後在盤邊放切成半月形塊狀的檸檬。

#125

Coda di rospo alla marchigiana

馬爾凱風味
番茄燉鮟鱇魚

馬爾凱大區的特色料理之一。原本是以番茄燉煮鮟鱇魚，為了帶出鮟鱇魚細膩的滋味，先鹽漬後，以 60℃的菜籽油慢慢加熱，保留適當的柔軟度，最後才另外舀入醬汁。為避免醬汁蓋過鮟鱇魚的滋味，蔬菜水煮後，連同番茄以果汁機打碎，過濾成柔滑糊狀。此外，以生火腿包捲鮟鱇魚，生火腿恰到好處的鹹味與油脂讓味道變得更有深度。

石川重幸（Cucina Shige）

ricetta

①將鮟鱇魚肉撒上鹽、砂糖、白胡椒，醃漬約 40 分鐘。
②在鍋內倒入菜籽油與蒜片，開小火慢慢加熱。油溫升至 60℃後，鮟鱇魚肉下鍋，保持 60℃的油溫繼續加熱。魚肉起鍋，瀝乾油，以帕爾馬產的生火腿捲起來。
③製作醬汁。把以滾水去皮的番茄果肉與洋蔥、紅蘿蔔、西洋芹、馬鈴薯（上述全部都已水煮過）、鹽、胡椒、特級初榨橄欖油、魚高湯混合，倒入果汁機打勻並過濾。以一點魚高湯調整濃度。
④製作黑橄欖糊。鍋內放入鯷魚、特級初榨橄欖油、去籽的黑橄欖，小火慢煮約 1 小時，放入食物調理機攪碎。
⑤取一容器，舀入③的醬汁，擺上鮟鱇魚生火腿卷。以黑橄欖糊在醬汁上隨意畫線，淋些特級初榨橄欖油，擺上義大利香芹做裝飾。

MARCHE 11

#126

Ciavarro

番茄豆湯

「ciavarro」即番茄味的豆湯，將數種豆類慢燉，煮成味道濃郁的湯。這是馬爾凱大區內的餐廳與一般家庭常見的料理。這道傳統料理相當值得品嚐，但因為吃完容易感到脹，於是我略做調整，稍微減輕負擔。首先，湯底只用扁豆熬煮，最後才加入預先煮好且保留口感的菜豆、鷹嘴豆。若是夏季，就加玉米或毛豆增添新鮮感。另外，原本的作法會加生火腿或山豬肉皮煮成有稠度的湯，使動物性的肉味滲入豆內，本食譜改成搭配包捲義式培根的煎玉米糕，讓味道變得有層次，吃起來順口不膩。

石川重幸（Cucina Shige）

ricetta

①白腰豆與鷹嘴豆泡水一晚，使其變軟。和扁豆、玉米、毛豆一起煮，不要完全煮透，保留些許硬度的口感。

②將切碎的洋蔥、紅蘿蔔、西洋芹、義式培根以特級初榨橄欖油拌炒，接著加滾水去皮的番茄、小番茄、番茄醬汁、煮過的扁豆，撒些鹽和黑胡椒，煮至蔬菜變得軟爛，約煮 40 分鐘。放入果汁機打成糊狀，湯底即完成。

③把②的湯底加入雞高湯稀釋後煮滾，加進①剩下的四種豆類，煮至軟透入味。

④另取一鍋，倒水和鹽煮滾，篩入玉米粉攪煮成糊。倒入淺盤鋪平，靜置凝固，切成 3cm 的方塊狀，以義式培根捲起來，下鍋香煎。

⑤取一容器，舀入③的豆湯，擺上玉米糕，撒放切成小段的蝦夷蔥。

石川重幸（Cucina Shige）

#127

Penne alla pesarese

佩薩羅風味
烤筆管麵

份量十足、散發奢華黑松露香氣的一道料理。將餡料填入中空的乾燥義大利麵，以烤箱烘烤是較少見的作法，令人印象深刻。馬爾凱大區佩薩羅省的烏爾比諾（Urbino）周邊地區是知名的黑、白松露產地，這道料理也用了大量的黑松露。當地常見的作法是選用名為「杜弗利」（tuffoli）的小麵卷狀乾燥短麵，本食譜是以筆管麵（penne rigate）代替。內餡的材料一般是豬頰肉、火雞、雞肝、熟火腿（prosciutto cotto）等，本食譜使用雞肉、小牛肉、摩德代拉香腸、生火腿做成更細膩的味道。

---

ricetta

①切薄片的洋蔥、切細條的雞腿肉與小牛里肌肉以特級初榨橄欖油拌炒後，加白酒、雞高湯煮約 30 分鐘，煮至水分大致收乾。再加入切成適當人小的摩德代拉香腸、生火腿，煮至軟透人咮。
②把①的煮汁留在鍋內，其餘食材放入食物調理機攪碎。加鮮奶油、帕瑪森起司、鹽、黑胡椒，繼續攪打成柔滑糊狀，填入裝了細圓形口花嘴的擠花袋。

③將②的餡料糊擠入煮至略硬的筆管麵。
④把留在鍋裡的煮汁加小牛高湯煮稠，再加入鮮奶油，醬汁即完成。③的筆管麵、切小塊的黑橄欖加進鍋內拌合。
⑤將④填入慕斯圈，撒上帕瑪森起司，以烤箱烘烤 15 ～ 20 分鐘，烤至表面呈現金黃。慕斯圈移入盤內後取出，淋上醬汁。

#128

*Guazzetto di crostacei
e molluschi con tagliatelle*

海鮮燉寬麵

「Guazzetto」泛指番茄燉煮之意。在馬爾凱大區的沿海城鎮，以番茄燉煮各種海鮮是最基本的料理，也經常加入義大利麵一起煮。本食譜介紹的是餐廳作法，儘管外觀看似豪邁，其實並非海鮮雜燴，而是以精緻的烹調方式，做出味道細膩的料理。鍋內倒入橄欖油，先鋪放甲殼類與貝類，再擺上白肉魚、淋白酒，蓋上鍋蓋加熱。這麼一來，甲殼類的香氣會滲入橄欖油，形成別具風味的基底醬汁，白肉魚也被蒸烤得蓬鬆柔軟。接著拌裹寬麵，讓麵條吸收味道即完成。

石川重幸（Cucina Shige）

ricetta

①製作寬麵。將 150g 的麵粉、100g 的粗粒小麥粉、3 顆蛋、10g 的特級初榨橄欖油混拌成團，包上保鮮膜，靜置一晚醒麵。以電動製麵機壓成 1.2 ～ 1.5mm 的厚度，切成 0.6 ～ 0.8cm 的寬條狀。

②鍋內倒入特級初榨橄欖油、紅蔥頭末、去籽切段的紅辣椒、百里香，以小火加熱，待紅蔥頭末變軟後，再加入白酒醋、新鮮櫻桃番茄丁，煮約 40 分鐘（A）。

③另取一鍋，放蒜末與大量的特級初榨橄欖油，將海螯蝦、波士頓龍蝦、蝦蛄、帶殼的海瓜子與淡菜下鍋。接著擺上白肉魚（綠鰭魚、石狗公）、花枝，以小火慢慢加熱。待蒜末變色後，倒入白酒、蓋上鍋蓋燜煮。

④待魚肉熟透，加進 A，煮滾後再加事先煮好的寬麵、綠蘆筍（以特級初榨橄欖油、大蒜、迷迭香、義式培根拌炒），邊加熱邊拌合。

#129

Frutti di mare alla griglia

炙烤海鮮

馬爾凱大區經常使用麵包粉混加切碎的義大利香芹或迷迭香、大蒜等，做成各式的香草麵包粉。把魚沾裹香草麵包粉後烘烤是極普遍的作法。本食譜介紹的是，以前我在習藝的餐廳「Madonnina del Pescatore」學到的香芹麵包粉（prezzemolata）。義大利香芹的風味與細緻的麵包粉，使這盤烤海鮮的口感及味道變得更加細膩。鮮綠色的外觀也相當誘發食慾。

石川重幸（Cucina Shige）

ricetta

①製作香芹麵包粉。將 120g 的義大利香芹、300g 的乾吐司（吐司切邊後乾炒，但不要炒上色）、1 瓣大蒜、60～70g 特級初榨橄欖油、鹽放入食物調理機攪碎。
②檸檬汁、帶蒜香的特級初榨橄欖油、鹽、胡椒拌合後，放入切成 4～6 等分的扇貝柱醃漬，接

著沾裹綠麵包粉，放到烤架上炙烤。
③將插串的透抽、明蝦、黑鯛肉片、綠鰭魚肉片各自沾裹香芹麵包粉，放到烤架上炙烤。
④白花椰菜、綠花椰菜、四季豆、小番茄各自撒上鹽、胡椒、奶油、帕瑪森起司，以烤箱烘烤，擺在盤邊裝飾。

#130

Quaglia fritta aromatic con risotto al forno

香草炸鵪鶉、黑松露燉飯 佐波特酒醬汁

想到馬爾凱的內陸地區，腦中就會浮現充滿山野泥土氣息的鵪鶉，與馬爾凱大區代表性產物的黑松露，讓我有了做燉飯的想法。我認為以香草油炸是最能夠品嚐到鵪鶉原味的作法。若搭配黑松露燉飯，將燉飯表面煎硬、注入高湯，做成順口的茶泡飯。如此一來，就算是具份量感的全餐（Piatto Unico，肉或魚料理與義大利麵或燉飯等裝成一盤）也能吃得無負擔。高湯散發著番茄乾與檸檬百里香的香氣，帶來意外的驚喜，也使整道菜變得輕盈爽口。

石川重幸（Cucina Shige）

ricetta

①鵪鶉剖開後，去除內臟並洗淨。將奧勒岡、蒔蘿、細葉香芹、龍蒿、檸檬香脂草（Lemon balm）切末拌合，塞入鵪鶉腹內，以紅寶石波特酒（Ruby Port，波特酒的一種，以紅葡萄釀製，熟成時間約五年，酒液呈現紅寶石色澤）與特級初榨橄欖油醃漬。瀝乾醃汁，撒上玉米粉，下鍋以橄欖油炸至香酥。
②製作燉飯。紅蔥頭末以特級初榨橄欖油和奶油拌炒，再加卡納羅利米一起炒。

過程中添加雞高湯數次，最後撒上黑松露末。倒入托盤，放進冰箱冷藏凝固。
③將②以慕斯圈壓成圓形，以特級初榨橄欖油將表面煎酥。
④雞高湯內加小番茄乾、檸檬百里香，煮滾後倒入壺內。
⑤紅寶石波特酒與小牛高湯煮稠，做成醬汁。
⑥取一容器，先將③盛盤，接著擺上香草炸鵪鶉。旁邊放黑松露片、淋醬汁，再倒入裝在壺裡的④。

#131

Coniglio in potacchio

燉兔肉卷

燉兔肉是馬爾凱大區具代表性的第二主菜之一,將帶骨兔肉塊與馬鈴薯,以番茄、迷迭香、白酒等燉煮。也會用火雞或雞肉、鹽漬鱈魚乾等製作。雖然是鄉土色彩濃厚的樸素料理,本食譜試著以高級餐廳的作法分解、重構,做成燉菜風味的感覺。為了充分活用兔肉白嫩柔軟的肉質與細膩的滋味,填入餡料後蒸熟,再用另外煮的迷迭香番茄醬汁煮至入味。馬鈴薯不加進醬汁,而是做成薯泥搭配,擠上番茄泡沫慕斯增添新鮮感。

石川重幸(Cucina Shige)

ricetta

①兔子剖開後,去除內臟並洗淨。腿肉以絞肉機絞成細絞肉後,與蛋白、牛奶、黃芥末醬、鼠尾草、鹽、黑胡椒、肉豆蔻混拌,做成內餡。
②將內餡擺在兔背肉上,再放鼠尾草,捲起後以耐熱容器真空密封,以蒸氣烤箱加熱。放涼後,分切成約 1cm 的厚度。
③洋蔥切片,以特級初榨橄欖油拌炒,接著加白酒、已過濾的番茄醬汁、迷迭香、綠橄欖,煮滾後再加②的兔肉卷,煮至入味。

④先在盤內鋪放薯泥(馬鈴薯蒸熟後壓成泥,加鮮奶油、奶油、肉豆蔻、鹽、黑胡椒),再把③連同醬汁一起盛盤。撒上切成 5mm 的馬鈴薯丁,淋些酸豆橄欖醬(Tapenade,以黑橄欖、鯷魚、酸豆、橄欖油等做成的糊)、特級初榨橄欖油。
⑤將滾水去皮的番茄與特級初榨橄欖油以果汁機打碎,加鮮奶油拌合。過濾後加鹽、黑胡椒。倒入虹吸瓶,注入二氧化氮,擠出慕斯,最後以羅勒葉做裝飾。

#132

Ciambellone

圈形蛋糕

以空心圓模烤成的蛋糕，小型的稱為「ciambelline」。放入葡萄乾、松子等簡單的材料，平時在家就能製作的點心。本食譜為了做成餐廳甜點的感覺，將加進麵糊的無花果乾以白蘭地浸泡，加上大略切塊的巧克力與橙皮，完成略為濃郁的滋味。

石川重幸（Cucina Shige）

ricetta

①將 200g 低筋麵粉與 2g 泡打粉過篩備用。
②把 100g 砂糖和 3 顆蛋拌勻，加入已過篩的粉料。接著加 4g 酵母粉、100g 稍微加熱過的牛奶拌合，再加磨碎的柳橙皮（2 顆的量），倒入塔模內。倒麵糊時，一併放入八個無花果乾（以水

泡軟後，加入白蘭地浸泡一晚）、削碎的巧克力。
③放進 180℃的烤箱烤約 40 分鐘。
④分切後撒上糖粉、盛盤，旁邊放上切半的黑無花果（其中一半的切面撒上切碎的開心果）。

拉吉歐大區
LAZIO

博賽納湖（Lago di Bolsena）

• 阿馬特里切（Amatrice）

馬雷馬濕地

維泰博

列蒂

奇維塔韋基亞
（Civitavecchia）•

布拉恰諾湖

台伯河

羅馬平原

◎羅馬

第勒尼安海

佛羅西羅內

蓬扎平原

拉蒂納 •

加利格里阿諾河
（Garigliano）

• 蓬扎島（isola di Ponza）

●拉吉歐大區的省與省都

維泰博省（Provincia di Viterbo）……維泰博市
佛羅西羅內省（Provincia di Frosinone）……佛羅西羅內市
拉蒂納省（Provincia di Latina）……拉蒂納市
列蒂省（Provincia di Rieti）……列蒂市
羅馬省（Roma）……羅馬市（大區首府）

拉吉歐大區的特徵

東近亞平寧山脈，西面第勒尼安海的拉吉歐大區，一半以上的地形是丘陵地，剩下的一半約是山岳地帶，平原只佔整體的四分之一。沿岸平原自北而南分為，馬雷馬濕地、羅馬平原、蓬扎平原，馬雷馬還接續至托斯卡尼大區。羅馬平野有台伯河潤澤耕地，蓬扎平原則有阿斯土拉河（Astura）與加利格里阿諾河。整體算是溫暖的地中海型氣候，但山區會降雪且冬季多雨。

最有名的山產是栗子，可採收到少量的黑松露，丘陵地種植榛果，產量約佔全義大利的三分之一。以放牧羊為主的畜產業也很盛行，羊群數量繼薩丁尼亞島、托斯卡尼大區之後，位居二十大區中的第三。除了作為食用肉的小羊，使用羊乳製成的佩克里諾羅馬諾（Pecorino Romano）羊乳起司、瑞可達羅馬諾（Ricotta Romana）起司產量也很豐富。另一方面，靠海的羅馬平原廣栽蔬果，供給都市地區。海岸線旁有奇維塔韋基亞、安濟奧（Anzio）、特拉西那（Terracina）、加埃塔（Gaeta）、蓬扎島等條件良好的漁港，可捕獲各式各樣的海鮮。

由於首都是羅馬，使得拉吉歐大區人口眾多，但半數以上都集中在大都市，郊外人口相對較少。大都市有許多來自各地的移居者，儘管外地人的口味經常會影響飲食文化，羅馬卻是少數堅守固有傳統的都市。農民或牧羊人的料理、土著的平民料理至今仍是羅馬的特色且持續傳承。因此，即便是現在，說到羅馬料理就會想到偏鹹重口味、量多擺滿桌。此外，在原為屠宰場的泰斯塔西奧（Testaccio）市場，利用無法販賣的部位做出的多道內臟料理也不容錯過。燉牛尾（Coda alla vaccinara）、燉小牛腸（Pajata）等，道道皆是美味掛保證的佳餚。

羅馬自古以來就有「週四麵疙瘩、週五鱈魚乾、週六吃牛胃」的習慣。這是因為當時基督教徒週五不吃肉，所以週四要吃可耐飢、有飽足感的食物，到了週六再好好補充營養。這個習慣延續到現在，每到週四，很多店家都會供應麵疙瘩料理。這不正是代代傳承傳統飲食習慣的最佳證明。

話雖如此，以羅馬為代表的拉吉歐大區料理並非毫無改變。大區北部、銜接托斯卡尼大區一帶等地，生產優質的橄欖油，以前做菜都是使用動物性油脂的精製豬油（strutto），近年來橄欖油的使用也變得頻繁。這般的飲食生活變化表示人們開始追求較清淡的口味，再者，現代人也不像過去的農家會養一、兩頭豬在家，所以豬不再是隨手可得的食材也是理由之一。現在養豬都是交由專門的養豬場負責。

拉吉歐大區的傳統料理

◎羅馬周邊的料理

✳辣培根番茄麵 Bucatini all'amatriciana……以番茄醬汁燉煮鹽漬豬頰肉、辣椒後，與細管麵拌合，撒上佩克里諾羊乳起司。搭配的醬汁也經常放入大蒜或洋蔥。料理名稱中的阿馬特里切（amatriciana），過去屬於阿布魯佐大區，現在則歸阿吉歐大區。阿馬特里切周邊通常是使用圓直麵。

✳炸飯球 Supplì al telefono……也簡稱 supplì，包入莫札瑞拉起司的橢圓形米飯可樂餅。料理名稱的由來是，炸飯球剝開後，起司牽絲的樣子像是舊式電話筒（telefono）。

✳馬鈴薯麵疙瘩 Gnocchi di patate……根據羅馬的傳統習慣，星期四是吃麵疙瘩的日子。搭配肉醬或羅勒番茄醬。

✳羅馬式麵疙瘩 Gnocchi alla romana……粗粒小麥粉加牛奶攪煮成糊，以模型壓成小圓盤狀。撒上磨碎的帕瑪森起司與奶油，以烤箱烘烤是常見作法。

✳起司蛋花湯 Stracciatella……加了磨碎的起司的蛋花湯。

✳魟魚寶塔花菜義大利麵 Pasta e broccoli col brodo di arzilla……在寶塔花菜（羅馬花椰菜）與魟魚番茄湯裡加入短卷麵（strozzapreti，又稱噎死麵，麵粉加水揉成團，以雙手搓滾成形的手工義大利短麵）。

✳茄汁小牛腸 Pajata……番茄燉煮乳飼小牛腸，與水管麵（rigatoni）等義大利麵拌合是這地區常見的作法。

✳海鮮湯

✳炸朝鮮薊 Carciofi alla giudia……「alla giudia」即猶太風味，將整個朝鮮薊下鍋油炸。

✳油漬朝鮮薊

✳羅馬式煨朝鮮薊 Carciofi alla romana……將假荊芥新風輪菜（mentuccia，薄荷的一種）、大蒜、義大利香芹塞入朝鮮薊的花托，煨煮而成的料理。

✳羅馬苦菊苣沙拉佐大蒜鯷魚醬 Puntarelle alle acciughe……羅馬苦菊苣是羅馬的冬季蔬菜，做成沙拉生吃，搭配鯷魚醬是基本吃法。

✳生蠶豆與佩克里諾羊乳起司……每到五月一日，羅馬及其周邊的鄉鎮有個傳統習慣，當地人會吃當季的生蠶豆與佩克里諾羊乳起司。

✳特拉斯提弗列風味的鹽漬鱈魚乾 Baccalà alla trasteverina……鹽漬鱈魚乾沾粉油炸後，加洋蔥、大蒜、鯷魚、酸豆、松子、葡萄乾等，以烤箱烘烤。接著淋上檸檬汁，搭配水煮馬鈴薯一起吃。特拉斯提弗列是羅馬的老鎮，位於台伯河右岸地區。

✳白酒蒸鯛魚

✳羅馬式火腿小牛肉 Saltimbocca alla romana……切成薄片的小牛肉夾入生火腿與鼠尾草，以奶油煎烤、淋白酒。

✳特拉斯提弗列風味燉牛胃 Trippa alla trasteverina……番茄燉牛胃。特徵是加入假荊芥新風輪菜（mentuccia）。

✳茄汁燉甜椒雞

✳燉牛尾 Coda alla vaccinara……加了番茄、肉桂、丁香、巧克力、松子、葡萄乾等的燉牛尾。有時會加入切成大塊的西洋芹。

✳烤乳飼小羊排 Abbacchio arrosto……爐烤乳飼小羊的帶骨里肌肉。乳飼小羊（abbacchio）是羅馬及其周邊特有的稱呼，每年只要時候到了，各餐廳都會供應這道料理。

✳獵人風味乳飼小羊 Abbacchio alla cacciatora……乳飼小羊的帶骨里肌肉加香草與葡萄酒醋炒煮而成的料理。

◎拉吉歐大區的常見料理

＊雜貨店風味義大利麵 Spaghetti alla gricia……
以鹽漬豬頰肉與佩克里諾羊乳起司拌合的義大利
麵。有時也會放大蒜或洋蔥。相當於辣培根番茄
義大利麵（Spaghetti all'Amatriciana）的無番茄醬
汁版。

**＊奶油培根義大利麵 Spaghetti alla
carbonara**……將炒過的鹽漬豬頰肉與義大利麵
拌合，再加蛋液及磨碎的起司拌一拌，最後撒上
黑胡椒。

**＊黑胡椒起司義大利麵 Spaghetti cacio e
pepe**……以佩克里諾羊乳起司與黑胡椒拌合的義
大利麵。

＊煙花女義大利麵 Spaghetti alla puttanesca……
加了黑橄欖、酸豆、鯷魚、大蒜的番茄醬汁拌合
的義大利麵。

**＊白酒海瓜子義大利麵 Spaghetti alle
vongole**……白酒蒸海瓜子拌義大利麵。有時也
會加入紅辣椒、番茄。

＊教皇麵 Fettuccine alla papalina……火腿與豌
豆下鍋拌炒後，加入緞帶麵（手工雞蛋寬麵）一
起炒，最後淋上蛋液、撒上帕瑪森起司。

＊辣茄醬筆管麵 Penne all'arrabbiata……以辣味
明顯（紅辣椒）的番茄醬汁拌合的義大利麵。

＊瑞可達起司餃

＊海鮮燉飯

＊法老小麥湯

＊普切塔 Bruschetta……香蒜麵包片。切薄的麵
包塗抹大蒜，撒些鹽、淋上橄欖油。

＊鑲餡番茄……番茄填入香草與米，以烤箱烤。

＊炒煮朝鮮薊與豌豆

＊烤鱸魚

＊烤狗魚

＊烤全豬 Porchetta……將保留豬頭、去骨剖開
的豬，塞填餡料，捲起來後綁好，插入烤叉炙烤。
餡料包含豬肉臟、茴香菜、迷迭香、大蒜等。

＊烤小羊排 Scottadito……炭烤乳飼小羊的帶骨
里肌肉。

＊丁香風味牛肉 Garofolato di manzo……番茄燉
牛腿肉。加了大蒜、馬鬱蘭、義大利香芹、生火
腿的脂肪、丁香、肉豆蔻等。

＊酒漬燉野豬 Cinghiale in agrodolce……山豬腿
肉用紅酒與葡萄酒醋醃漬，加柑橘類水果的皮、
西洋李、砂糖等燉煮。

＊番茄燉菜豆與豬皮

拉吉歐大區的特產

◎穀類、豆類

＊小麥＜塔爾奎尼亞（Tarquinia）周邊、拉蒂納周邊＞

＊玉米

＊菜豆 fagiolo cannellino di Atina DOP ＜阿庫莫里（Accumoli）、阿蒂納（Atina）＞

＊豌豆＜佛羅西羅內、奧爾泰（Orte）＞

＊扁豆＜奧納諾（Onano）＞

◎蔬菜、水果、蕈菇、堅果類

＊羅馬式朝鮮薊 carciofo romanesco del Lazio IGP……葉瓣前端無刺的朝鮮薊，又名「mammola」。＜塔爾奎尼亞（Tarquinia）＞

＊羅馬萵苣……生食用的葉菜類蔬菜，亦稱蘿蔓萵苣（Cos lettuce）。

＊白西洋芹 sedano bianco di Sperlonga IGP ＜斯佩爾隆加（Sperlonga）＞

＊羅馬花椰菜 cavolo broccoli……類似白花椰菜的淺綠色蔬菜，又名寶塔花菜（broccoli romaneschi，意即「羅馬花椰菜」）。

＊紅辣椒 peperone di Pontecorvo DOP ＜蓬泰科爾沃（Pontecorvo）＞

＊四季豆＜布拉恰諾湖周邊＞

＊羅馬苦菊苣 puntarella……菊苣同類鋸齒菊苣（catalogna）的一種，花莖可生吃的蔬菜。口感爽脆，清爽的苦味為特徵。

＊白洋蔥＜馬里諾（Marino）＞

＊黑橄欖＜加埃塔＞

＊奇異果 kiwi Latina IGP ＜拉蒂納＞

＊桃子＜岡多菲堡（Castel Gandolfo）＞

＊櫻桃＜莫里科內（Moricone）、阿夸彭登泰（Acquapendente）＞

＊葡萄＜塔爾奎尼亞＞

＊西洋梨＜馬代馬堡（Castel Madama）＞

＊草莓＜內米（Nemi）＞

＊栗子 castagna di Vallerano DOP ＜列蒂、維泰博、巴夏諾（Bassiano）、瓦萊拉諾（Vallerano）＞

＊核桃＜卡韋（Cave）＞

＊榛果＜維尼亞內洛（Vignanello）＞

＊榛果 nocciola romana DOP ＜羅馬近郊＞

◎海鮮類

＊鯛魚、無鬚鱈、紅點海鯡鯉、魟魚、鱸魚

＊透抽　　＊蝦

＊河鱒、鰻魚、鯉魚、鱒魚、烏魚等湖泊河川的淡水魚

◎肉類

＊中部亞平寧地區一歲多的小牛 vitellone bianco dell'Appennino Centrale IGP

＊羊＜維泰博、雷卡納蒂（Recanati）、佛羅西羅內＞

＊乳飼小羊 abbacchio romano IGP ＜羅馬近郊＞

＊豬＜阿爾皮諾（Arpino）＞

＊牛

＊水牛＜齊爾切奧（Circeo）＞

◎起司

＊佩克里諾羅馬諾 pecorino romano DOP（羊奶，硬質）

＊佩克里諾托斯卡諾 pecorino toscano DOP（羊奶，

半硬質）

＊瑞可達羅馬諾 ricotta romana DOP（羊奶，新鮮）

＊坎帕尼亞水牛瑞可達 ricotta di bufala campana DOP（水牛奶，新鮮）

＊鹽味瑞可達 ricotta salata（羊奶，半硬質）……亦稱「ricotta secca（乾燥的瑞可達起司）」，撒上鹽，靜置熟成 10 ～ 30 天。

＊卡喬塔羅馬納 caciotta romana（羊奶，半硬質）

＊馬佐里那 marzolina（山羊奶，硬質）……主要是以山羊奶製作，有時也會用牛奶或羊奶，或是牛奶混合羊奶。

＊煙燻波羅伏洛 provola affumicata……進行煙燻處理，可撕成絲狀的起司。（牛奶，半硬質）

＊卡丘卡巴羅 caciocavallo（牛奶，硬質）……可撕成絲狀的起司。

＊坎帕尼亞水牛莫札瑞拉 mozzarclla di bufala campana DOP（水牛奶，新鮮）……可切成絲狀的起司。

◎加工肉品

＊巴夏諾火腿 prosciutto di Bassiano ＜巴夏諾＞

＊細絲肉乾 coppiette ciociare……切成細條狀的肉以鹽、胡椒、香料調味，以烤箱烘烤乾成肉乾。原本是用馬肉、驢肉製作，現在也會用豬肉、牛肉製作。

ϓ波隆那摩德代拉香腸 mortadella Bologna IGP

＊獵人風味迷你莎樂美腸 salamini italiani alla cacciatora DOP

＊蒙泰聖比亞焦香腸 salsiccia di Monte San Biagio……莞荽風味的莎樂美腸。

◎橄欖油

＊卡尼諾 Canino DOP

＊蓬蒂尼丘陵 Colline Pontine DOP

＊薩比納 Sabina DOP

＊圖夏 Tuscia DOP

◎麵包、糕點

＊羅馬奇里歐拉 ciriola romana……表皮酥脆、烤色均勻，全大區皆有的小麵包。

＊卡莎列丘 pane casareccio di Genzano IGP……以天然酵母發酵的大型麵包。

＊沙里沙內斯 pane salisanese……表皮厚、烤色深的長麵包。

＊白比薩 pizza bianca……烤至酥脆的橢圓形薄燒佛卡夏。

＊義式脆餅 tozzetti……加了堅果、烤兩次的硬餅乾。

＊番紅花甜麵包 pangiallo……聖誕節時期吃的番紅花風味大型甜麵包。添加榛果、杏仁、松子、柑橘類水果的果皮、葡萄乾等。

＊助產士餅乾 pupazza di frascatana……有三個乳房的人形餅乾。

＊馬里托奇甜麵包 maritozzi……加了松子、葡萄乾、橙皮等的圓形甜麵包。直接吃，或是夾卡士達醬、發泡鮮奶油。

慢食捍衛運動（Presidio Slow Food）標籤

＊奧納諾（Onano）產的扁豆

＊羅馬沿岸的櫻蛤（tellina，雙殼貝）

＊博賽納湖與布拉恰諾湖的鰻魚

＊羅馬近郊的卡奇歐費歐雷 caciofiore 起司
caciofiore（羊奶，半硬質）

＊馬佐里那 marzolina（山羊奶，半硬質或硬
質）……三～五月時，使用放牧山羊奶製作的起
司。熟成款的生產期間可至八月。

＊維泰博產的蘇西亞內拉 Susianella di Viterbo……
將大略絞碎的豬心、豬肝、豬胰臟、豬五花肉、
豬頰肉灌入豬腸，做成馬蹄形，靜置熟成的莎樂
美腸。

加埃塔灣海面上的蓬扎島，港口周圍全是五顏六色的箱型民房，這般景觀是此處的特色。

#133

Puntarelle alle acciughe

羅馬苦菊苣沙拉佐鯷魚風味油醋醬

義大利有各式各樣的菊苣，在稱為「cicoria catalogna」的葉菜類蔬菜中，有個名叫「羅馬苦菊苣（puntarella）」。這個名稱是羅馬方言，如今已是全義皆知、羅馬具代表性的冬季蔬菜。不過，除了拉吉歐大區，其他地方卻很少見。這道以鯷魚風味油醋醬拌著吃的沙拉，對羅馬人來說是最基本且無比美味的吃法。每年入冬，我總會以那樣的作法，在餐廳內提供這道洋溢著羅馬風情的料理。

小池教之（incanto）

ricetta

①將羅馬苦菊苣的莖逐枝分開，去除髒污或較硬的部分，清洗乾淨。對半縱切，以菜刀或削皮器縱削成絲，但別把纖維削斷。葉子切成 5～10cm 長。全部泡冷水靜置一會兒，去除澀味。
②製作鯷魚風味油醋醬。鹽漬鯷魚片、蒜末、白

酒醋、特級初榨橄欖油拌合，若覺得不夠鹹，可酌量加鹽調味。
③要享用之前，將①瀝乾水分，與油醋醬略拌後，盛盤。最後撒上削薄的佩克里諾羊乳起司。

#134

Arrosto di anguilla con fegato grosso

鰻魚鵝肝卷與炒無翅豬毛菜

羅馬近郊的博賽納湖或布拉恰諾湖等處捕獲的鰻魚是從古羅馬時代就開始食用的食材。想像當時的吃法，將用於鰻魚料理的蜂蜜或酒當作基底，做成甜甜的佐醬。蒸熟變軟的鰻魚與爽脆的無翅豬毛菜，在口感上形成絕妙的對比。另外，以日本的「開背（劃開背部）」手法剖切鰻魚、包捲鵝肝醬，營造出奢華感。

京 大輔（CORNICE）

ricetta

①將鰻魚從背部剖開，去除內臟與骨頭，放在流動的水下，沖洗血液及黏液。擦乾水分、切成四等分後，先在魚深中間劃一刀，將刀面傾斜剖開左側魚肉、攤平，接著換方向，一樣將刀面傾斜剖開魚肉、攤平，使魚肉變成片狀，撒上鹽、胡椒。
②高麗菜葉以熱水汆燙後，放入冰水。差不多變涼後，瀝乾水分備用。
③鵝肝醬配合鰻魚的長度塑整成圓柱狀，撒上鹽、胡椒，以高麗菜葉包捲。

④鰻魚的皮朝下放，擺上捲了高麗菜葉的鵝肝醬，捲成卷狀。以耐熱保鮮膜個別包好，放進蒸鍋蒸約 8 分鐘。拆開保鮮膜，放入已充分熱鍋的平底鍋內煎，一邊塗抹醬汁（魚醬加黑胡椒）。
⑤另取一平底鍋，放入去皮拍碎的大蒜、紅辣椒、橄欖油加熱。待大蒜稍微變色，取出大蒜與紅辣椒，把鹽水煮過的無翅豬毛菜下鍋拌炒，以鹽調味。
⑥以炒好的無翅豬毛菜鋪盤，擺上鰻魚卷。

#135

Rigatoni della casa con pajata

自製水管麵佐燉小腸醬汁

說起羅馬的平民美食，就是內臟料理。事實上，在泰斯塔西奧（Testaccio）地區就有許多內臟料理店。本食譜將該地區最受歡迎的燉小腸（pajata）做成餐廳風格的料理。使用和牛小腸，活用和牛的鮮美油脂。此外，為了不讓味道過於濃厚，湯底是蔬菜高湯，減少內臟的獨特氣味，與形似小腸的自製水管麵一起燉煮。「pajata」、「paiata」是羅馬地區的說法，亦稱「pagliata」。

京 大輔（CORNICE）

ricetta

①製作水管麵。將 150g 的高筋麵粉、150g 的粗粒小麥粉、3 顆蛋與適量的橄欖油混拌至出現光澤。以保鮮膜包好，靜置醒麵一晚，將麵皮分切成片狀，放在有紋路的板子上，以小竹棒捲起來，滾壓出紋路，做成水管麵的形狀。
②製作燉小腸。將牛小腸放在流動的水下沖洗乾淨。鍋內倒入橄欖油，把切成適口大小的牛小腸下鍋，以小火拌炒。淋白酒、加調味菜（＊1）、水煮番茄、紅辣椒、月桂葉，蓋上鍋蓋，燉煮約1.5 小時，以鹽調味。
③取一平底鍋，放入去皮拍碎的大蒜、紅辣椒、

橄欖油加熱，待大蒜稍微變色後，取出大蒜、加進燉牛小腸，再加入蔬菜高湯（＊2）繼續加熱。
④接著加入以鹽水煮過的水管麵，撒上帕瑪森起司與佩克里諾起司拌合。

＊1 調味菜
切成末的洋蔥、紅蘿蔔、西洋芹及大蒜以橄欖油拌炒 1～2 小時。

＊2 蔬菜高湯
清水加洋蔥、紅蘿蔔、韭蔥、茴香、月桂葉、丁香、番茄燉煮約 20 分鐘。

237

#136

Gnocchi di semolino

烤粗粒小麥粉
麵疙瘩

通常麵疙瘩是使用馬鈴薯加麵粉製作，這道卻是以粗粒小麥粉加牛奶製成。在羅馬之外的地方稱為「羅馬式麵疙瘩」，有趣的是，在羅馬當地提到麵疙瘩，仍是指馬鈴薯麵疙瘩，羅馬人對於被冠上「羅馬式」一詞感到不以為然。這個麵疙瘩及玉米糊都與古羅馬時代以豆粉或穀粉熬煮而成的「粥（puls）」有關，或許是基於那樣的背景，才被廣義地冠上「羅馬式」。許多來我餐廳的客人都會點套餐，在第二主菜上桌前，為了避免造成腸胃負擔，製作這道料理時，我調整了作法，讓口感變得更輕盈，煮成接近白醬的柔軟化口狀態。

小池教之（incanto）

ricetta

①牛奶倒入鍋中煮滾後，加入粗粒小麥粉（farina di semola，碾磨顆粒較細的硬質小麥粉），像在煮玉米糊一樣，為避免結塊，邊煮邊以木匙攪拌，煮約20分鐘，煮至沒有粉粒的狀態。最後加入肉豆蔻與帕瑪森起司，以些許鹽調味。
②將麵糊倒進托盤鋪平，充分冷卻。以直徑4～5cm的圓形壓模或花形壓模分切成塊，排在烤盤中。擺上帕瑪森起司與剝成小塊的奶油，放進180℃的烤箱烤至金黃焦香。
③奶油和鼠尾草放入平底鍋加熱，讓鼠尾草的香氣融入奶油。烤好的麵疙瘩盛盤，淋上鼠尾草奶油。

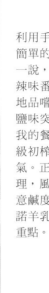

137

Tonnarelli a cacio e pepe

黑胡椒起司方直麵

利用手邊少許的食材製作，相當簡單的典型羅馬義大利麵。有此一說，這是奶油培根義大利麵或辣味番茄培根麵的原型。我在當地品嚐到的是佩克里諾羊乳起司鹽味突出的「重鹹」口味。但在我的餐廳，使用少量的奶油與特級初榨橄欖油緩和鹹味、增添香氣。正因為是如此簡單的一道料理，風味的平衡很重要，除了留意鹹度的控制，充分活用佩克里諾羊乳起司與黑胡椒的香氣也是重點。

12

LAZIO

小池教之（incanto）

---

ricetta

①製作方直麵。將粗粒小麥粉（farina di semola，碾磨顆粒較細的硬質小麥粉）、蛋、鹽揉拌成團，靜置醒麵後，以擀麵棍或電動製麵機壓薄。分切成條，切面像吉他麵一樣呈現邊長1～2mm的正方形。放入鹽水煮至彈牙口感的狀態。

②平底鍋內放奶油與煮麵水，煮滾後加進煮好的方直麵，邊搖晃鍋子，邊放大量的佩克里諾羅馬諾羊乳起司拌合，再加少許的特級初榨橄欖油（拉吉歐大區產）增稠。
③盛盤，撒上黑胡椒。

#138

Spaghetti alla carbonara

奶油培根義大利麵

這道如今已是舉世聞名的義大利麵，原本是羅馬的傳統料理。其由來眾說紛紜，最有說服力的說法是，因為曾是煤礦工（carbonaro）的料理，為使人聯想到炭粉，大量撒在麵上的黑胡椒成了重點。在餐廳供應時，採用羅馬的傳統手法，不使用義式培根而是鹽漬豬頰肉（guanciale），不用全蛋，只用蛋黃。起司也不是使用帕瑪森起司，而是佩克里諾羊乳起司，以正統的組合完成這道料理。搭配的義大利麵，基本上是較粗的圓直麵，若是手工麵，就非方直麵（請參閱P239）莫屬。如今在羅馬的餐廳、小酒館等處，越來越多店家是使用筆管麵或羅馬水管麵。無論如何，一定要選用能夠沾裹濃厚醬汁的粗義大利麵。

小池教之（incanto）

ricetta

①圓直麵以鹽水煮至彈牙口感的狀態。
②利用煮麵的空檔，把切成細條的鹽漬豬頰肉下鍋炒香，擦除逼出的油脂。再加入少量的煮麵水煮，讓肉的味道更濃縮。取一調理碗，倒入蛋黃、佩克里諾羅馬諾羊乳起司、黑胡椒攪勻成蛋液。

③煮好的圓直麵放進鍋內，持續加熱並拌合。保留適度水分，關火。接著加入蛋液快速攪拌，利用餘溫使蛋液變稠。
④盛盤，撒上佩克里諾羅馬諾羊乳起司與黑胡椒。

#139

Pasta e broccoli in brodo di arzilla

寶塔花菜貝殼麵魟魚湯

這道料理的靈感來自羅馬老街常吃的「義大利麵青花菜魟魚湯」。為了避開魟魚特有的氨臭味，盡可能使用新鮮魟魚。預煮魟魚時，盡量減少檸檬或葡萄酒醋的用量，以免產生多餘酸味，最後搭配魚清湯，突顯魟魚的獨特風味。另外，不加鹽、改用魚醬油（garum），使整體呈現溫和的鹹味。

京 大輔（CORNICE）

---

ricetta

①製作魚清湯。調理碗內放入蛋白，稍微打發。接著加入鯛魚魚雜、海瓜子、洋蔥、紅蘿蔔、西洋芹、韭蔥、茴香、百里香、月桂葉、白胡椒粒，倒入鍋中，倒入水與鹽加熱。為避免鍋底燒焦，邊煮邊以木匙攪拌。待蛋白浮上水面後，轉小火，將鍋中食材中間挪出小洞，繼續在爐上燉煮約1小時。湯以布過濾，放涼備用。
②另取一鍋，放入切成適當大小的魟魚鰭、洋蔥、紅蘿蔔、西洋芹、檸檬，再加水、白酒、鹽。

煮滾後轉小火，魟魚鰭煮熟後，撈起瀝乾水分，大略放涼、撥散鰭肉。
③寶塔花菜（羅馬花椰菜）切成適當大小，以鹽水煮，切成粗末。
④將魚清湯倒進鍋裡加熱，煮滾後放入以鹽水煮過的小貝殼麵（conchigliette piccole）煮至八分熟，再加魟魚鰭肉與寶塔花菜、番茄（滾水煮後去皮、籽，切成小塊），以魚醬調味。
⑤盛盤，淋上特級初榨橄欖油。

#140

Baccalà e carciofi fritti

炸鹽漬鱈魚乾與
朝鮮薊

猶太人散居義大利各地，但早在古羅馬時代，猶太人便已定居於羅馬，歷史相當悠久，至今街上的猶太教堂（sinagoga）周邊仍聚集許多提供猶太料理的餐廳。猶太料理種類豐富，像是烤小羊或烤雞、燉牛肉、義大利麵魚湯、醃櫛瓜等，鹽漬鱈魚乾和朝鮮薊也是常用食材。本食譜介紹的炸物為方便取食的下酒菜，頗受羅馬人喜愛。麵衣作法因人而異，本食譜使用了氣泡水與泡打粉，做出輕盈酥脆的口感。

小池教之（incanto）

ricetta

①將自製鹽漬鱈魚乾（作法請參閱 P336 的①）浸泡 4～5 天去除鹽分，浸泡期間要不時換水。擦乾水分，切成一口大小。
②朝鮮薊泡檸檬水，除澀同時也有清理功效，切成半月形塊狀。
③高筋麵粉、泡打粉、蛋、氣泡水、鹽、胡椒混拌，做成麵衣糊。沾裹鱈魚乾及朝鮮薊，以適溫

的沙拉油炸至香酥。
④盛盤，在朝鮮薊上撒鹽，鱈魚乾視鹹度酌量調味。最後撒上切碎的義大利香芹，旁邊擺切成半月形塊狀的檸檬。

※ 本食譜是使用普利亞大區產的無刺圓形朝鮮薊（mammola）。

#141

Luccio brodettato alla romana

羅馬風味檸檬醬狗魚

這道淡水魚料理是擁有數個大湖的拉吉歐大區特色。蛋黃加檸檬汁攪拌成美乃滋狀的檸檬醬（brodettato）是非常經典的醬汁之一。檸檬的酸與大量添加的新鮮馬鬱蘭香氣，和淡水魚的風味很搭。香味蔬菜不只用來增香，大略切塊後盛盤，視覺上也變得豐富。像這樣加強蔬菜的存在感，讓人覺得健康又豐盛。

京 大輔（CORNICE）

ricetta

①將狗魚片多撒些鹽，靜置 20 分鐘。下鍋後，加入切成厚 1cm 的洋蔥片、半月形塊狀的茴香根、對半切開的吉康菜、一整顆聖馬札諾番茄、蓋過所有食材的水，以及白酒。煮滾後，蓋上鍋蓋，燜煮約 15 分鐘。

②製作醬汁。調理碗內放少量的①，加蛋黃、檸檬汁、特級初榨橄欖油，隔水加熱同時个停攪拌。以鹽調味，再加入切成末的馬鬱蘭。

③盛盤，依序擺入①的魚片（去皮）、洋蔥、茴香、吉康菜、番茄，魚片上淋②的醬汁，擺上義大利香芹做裝飾。

12

LAZIO

#142

Trippa alla trasteverina

特拉斯提弗列風味
燉牛胃

不光是羅馬與拉吉歐大區，義
大利各地有著各式各樣的牛胃
料理，至於冠上羅馬老街名的
特拉斯提弗列風味，使用大量
番茄，以及類似薄荷的香草
「野生薄荷（mentuccia）」為特
徵。根據文獻資料，雖然這是
羅馬的料理，但在不同地方，
作法仍有些許差異，像是加入
丁香風味燉牛肉（garofolato
）的醬汁，或是以番茄醬汁、
水煮番茄罐頭燉煮。換個角度
想，那或許就是這道菜能在大
眾之間流傳開來，變得普及的
證據。「週六吃牛胃」是羅馬
的傳統習俗，這道可說是代表
性的料理。由於野生薄荷不易
取得，一般是使用香味類似的
胡椒薄荷（peppermint），但
為了做出更清爽的香氣，所以
選用綠薄荷。

小池教之（incanto）

ricetta

①將牛胃反覆換水煮數次後，放進加了香味蔬菜
（請參考 P36 ＊）、白酒、檸檬汁的熱水裡煮軟。
②擦乾水分，切成適口大小的短條狀，與洋蔥、
紅蘿蔔、西洋芹做成的調味菜（＊）一起下鍋、
加入白酒煮至酒精蒸發。接著加已過濾的水煮番
茄，燉煮至入味。快煮好前，以鹽調味，放入撕
碎的綠薄荷略煮即完成。
③盛盤，依個人喜好撒上帕瑪森起司，擺上綠薄
荷葉做裝飾。

＊調味菜的作法
①洋蔥、紅蘿蔔、西洋芹（量的比例是 2：1：1）切成
粗末。
②鍋內放入橄欖油與拍碎的大蒜加熱，爆香後，取出大
蒜。
③將三種蔬菜下鍋，蓋上鍋蓋，以小～中火加熱約 1 小
時，慢慢燜蒸使蔬菜充分釋出水分。待蔬菜的甜味釋
出，移開鍋蓋，繼續加熱、收乾水分，但要留意別讓蔬
菜變得焦黃。不需要另外調味。

小池教之（incanto）

#143

Fagioli e cotiche

燉豬皮與菜豆

拉吉歐大區的料理，羊肉比豬肉常見，但早在古羅馬時代，這裡已有宰食豬肉的習慣，大區北部的列蒂等城鎮仍保有濃厚的「屠夫（norcino）」文化。而且在羅馬，烤全豬（porchetta）的攤販也很有名。這道燉豬皮是象徵拉吉歐大區食豬文化的代表性料理，切除肉的豬皮也絲毫不浪費，發揮平民生活智慧做成美食。烹調方法很簡單，確實去除豬皮的腥味是重點。泡完醋水後，先以水滾煮，倒掉煮汁去除雜質，再放進鹽水煮，仔細的事前處理是影響成品味道的關鍵。煮出膠質的鮮味也很重要。通常採買半頭豬就會得到豬皮，或是事先委託肉販也能取得。

ricetta

①豬皮上的殘毛以瓦斯噴槍燒除，或是用剃刀刮除。放進加了鹽、丁香、肉桂棒等香料的醋水浸泡二～三天去除腥味（期間不必換水）。清洗乾淨後，反覆換水煮數次，撈除多餘油脂與浮渣，再以鹽水煮約 30 分鐘，煮至變軟，切成短條狀。
②白腰豆泡水一晚，使其軟化，放進加了鹽、大蒜、鼠尾草、月桂葉的水裡煮軟。

③豬皮與瀝乾水分的白腰豆一起下鍋，加白酒，煮至酒精蒸發，接著加入已過濾的水煮番茄及月桂葉燉煮。鍋內物變稠時，加豬皮或白腰豆的煮汁稀釋、調整濃度，煮至整鍋呈現豬皮膠質的濃稠光澤感即完成。最後以鹽調味。
④盛盤，撒上佩克里諾羅馬諾羊乳起司。

#144

Agnello alla cacciatora

獵人風味小羊排

這道獵人風味小羊排與「炭烤小羊肋排（scottadito）」足以並稱羅馬的招牌小羊料理。在義大利各地的小羊料理中相當有名，也是我學藝時最早接觸、長期製作且味道最熟悉的料理。原本是將煎過的羊肉加入調味，以一個鍋子完成烹調的速成料理（piatto espresso），但我為了呈現餐廳風格，先把大塊的羊肉烤至玫瑰色澤，另取高湯熬煮醬汁，最後才組裝盛盤。不過，為了保留原型，盛盤前把肉再次煎烤，煎出香氣，使羊肉與醬汁的味道產生一致感。雖然羅馬人偏愛乳飼小羊（abbacchio），基於味道及份量的平衡，我是選擇再大一點、瘦肉較多的小羊。

12

LAZIO

小池教之（incanto）

ricetta

①處理小羊背肉塊，去除背骨與多餘油脂，刮掉肋骨前端的肉，露出一小段骨頭。以三根骨頭為單位分切肉塊，撒鹽後靜置一會兒，使鹽均勻入味。
②擦乾肉釋出的水分，放進已加熱的平底鍋，先煎帶脂部分，邊煎邊舀起融化的油脂澆淋小羊肉，煎至整體均勻上色、散發香氣。再放進230℃的烤箱烤3～4分鐘，趁熱取出，擱置10～20分鐘，這個步驟重複3～4次，預計要花40分鐘～1小時慢慢烹煮。
③馬鈴薯去皮，切成半月形塊狀，放進煎完肉的平底鍋，送入230℃的烤箱烤至鬆軟。
④製作醬汁。另取一鍋，放入切成末的大蒜、迷迭香、鼠尾草，以橄欖油略炒，再加剁碎的鯷魚、白酒醋、白酒、小羊高湯，煮至水分稍微收乾。加調味料時，請留意整體味道的平衡。
⑤將②的小羊肉再次下鍋，帶脂部分煎至香酥，起鍋後切成兩塊，拔掉正中間的骨頭。④的醬汁倒入同一只平底鍋，讓小羊肉的脂香融入醬汁，產生一致感。
⑥小羊排盛盤淋醬汁、擺馬鈴薯，以迷迭香裝飾。

京大輔（CORNICE）

#145

Cosciotto di agnello arrosto
con zuppa di carciofi alla
menta

烤小羊腿與薄荷
風味朝鮮薊湯

在拉吉歐大區民眾的心中，小羊
肉是好日子的大餐。尤其是教廷
梵蒂岡所在地的羅馬，基於宗教
層面，經常吃小羊。原本是以乳
飼小羊（abbacchio）製作，因為
不易取得，所以本食譜是選用再
大一點的小羊。馬鈴薯、洋蔥、
朝鮮薊都是很對味的配菜，當中
又以朝鮮薊最具羅馬的感覺，為
了加深印象，做成湯品，再加上
羅馬的代表性香草之一薄荷做成
的泥，增添香氣。

12
LAZIO

ricetta

①帶骨小羊腿以鹽、胡椒仔細搓揉，撒上大蒜與
迷迭香、淋橄欖油，靜置一晚。去除骨頭，內側
塗抹芥末籽醬，以棉繩綁住定型。
②製作朝鮮薊湯。鍋內放奶油與韭蔥拌炒，再加
入切薄的朝鮮薊、馬鈴薯一起炒。接著加雞高湯
（＊）及月桂葉，煮約 30 分鐘。取出月桂葉，倒
進果汁機攪打，再倒回鍋裡，加牛奶與鮮奶油，
以鹽、胡椒調味。
③胡椒薄荷（peppermint）、特級初榨橄欖油以
果汁機打成泥。
④烤盤內塗抹橄欖油，撒放切成一口大小的馬鈴

薯、一整顆小洋蔥、帶皮大蒜、迷迭香。擺上小
羊腿，放進 180℃的烤箱烤約 45 分鐘。
⑤盛盤，先放拆線的烤小羊腿，再逐一擺入馬鈴
薯、小洋蔥、大蒜、迷迭香。
⑥朝鮮薊湯倒入杯中，輕輕舀放胡椒薄荷泥，使
其浮在湯面上。

＊雞高湯：
雞架骨、烤過的洋蔥、大蒜、西洋芹、番茄、香芹梗、
百里香、月桂葉、丁香等熬煮約 2 小時，過濾而成的湯
汁。

#146

Coda di bue alla vaccinara

羅馬式燉牛尾

原文的料理名稱「vaccinara」意思是「鞣皮師傅風格」，鞣皮師傅是指，購買牛隻屠宰後剩下的皮，重新鞣製販售的人。因為牛皮上有尾巴，於是有了這個名稱。在義大利，牛尾、牛頰肉、牛舌等也被歸為內臟類。在羅馬，「一頭牲肉切成四等分後，剩下的第五塊肉」、被稱為「5/4」的內臟料理極為豐富。這道羅馬式燉牛尾的特色是，以西洋芹或葡萄乾、松子、肉桂等增添風味。通常都只用白酒燉煮，我認為可以加點紅酒保持味道的平衡，煮成濃厚的滋味。

小池教之（incanto）

ricetta

①將牛尾清理乾淨，去除多餘油脂，依骨節分切。撒上鹽、肉桂粉、丁香粉、可可粉，仔細搓揉、靜置一晚，讓牛尾吸收香氣同時去腥。
②把①的牛尾輕輕拍裹麵粉，放進加了橄欖油的平底鍋，煎至表面均勻上色。另取一鍋，放入煎過的牛尾、以洋蔥、紅蘿蔔、西洋芹做成的調味菜（作法請參閱 P244），以及當地產的

白酒（Frascati、Castelli Romani 等）與紅酒（Cesanese 等），煮至酒精蒸發後，再加已過濾的水煮番茄燉煮。再取一鍋，以橄欖油略炒去皮且縱切成塊的西洋芹，連同葡萄乾、松子一起加進燉牛尾的鍋中，燉煮約 2～3 小時，煮至骨肉分離。
③盛盤，撒上可可粉增添香氣。

#147

Pizza dolce del Viterbo

維泰博風味披薩

這是羅馬西北部小鎮維泰博的傳統糕點，不用奶油而以豬油取代是特徵。維泰博是栗子的知名產地，所以另外準備糖水煮栗與栗子奶油強調其鄉土特色。再搭配從古羅馬時代就當成甜味劑的黑無花果與番茄果醬，完成了這道充滿古典氣息的甜點。

京 大輔（CORNICE）

12

LAZIO

---

ricetta

① 100g 低筋麵粉加入酵母水（以少量溫水溶解 14g 生酵母）充分混拌至耳垂般的硬度後，揉整成球狀。放入調理碗，以保鮮膜包好，置於溫暖的地方進行發酵，使麵團膨脹至兩倍大左右。

②將①的麵團與 250g 的低筋麵粉、100g 的細砂糖、一小撮鹽拌勻。將已融化的 25g 豬油與 5g 的肉桂粉拌成糊，加進麵團裡。用力搓揉，使麵團產生彈性，放入塗了奶油的烤模，整平表面。包上保鮮膜，直於溫暖的地方再次發酵，待麵團膨脹至兩倍大左右，表面刷塗蛋液，放進 170℃的烤箱烤約 20 分鐘（本食譜的分量是直徑 19cm 的圓形烤模兩個）。

③放涼後脫模，搭配黑無花果的果醬、番茄果醬、糖水煮栗、栗子奶油。

#148

Maritozzo

馬里托奇甜麵包

這款羅馬的甜麵包，過去都是在復活節前的四旬節吃。基於宗教因素，原本其實很樸素，如今已變成大量使用奶油與蛋的布里歐麵包（brioche），而且整年都吃得到。maritozzo 意即「黏著」，為了讓麵包烤好時黏住旁邊的麵包，麵團與麵團刻意擺得很近。待上桌前，再從麵包的黏著處隨意撕開，但本食譜是以餐廳甜點為前提，故將麵團保持距離，烤好的麵包形狀很漂亮。此外，因為是於用餐尾聲供應，所以減少奶油用量、增加水量，做成輕盈柔軟的口感。添加葡萄乾或柑橘類水果皮的麵團在義大利點心中很常見，簡單且恰到好處的溫和滋味令人喜愛。

小池教之（incanto）

ricetta

①先製作麵種，低筋麵粉加水、少量的酵母混拌，靜置發酵一晚。將麵種與低筋麵粉、牛奶、細砂糖、蛋放入攪拌機，以低速攪拌成團，過程中少量地加奶油，使其均勻拌入麵團。全部拌合後，再加葡萄乾、切碎的柳橙皮與檸檬皮攪拌均勻。
②讓①的麵團進行基礎發酵後，輕拍出空氣，分割成直徑 7～8cm 的小團，揉成球狀或橄欖球狀。接著進行最後發酵，使其膨脹至兩倍大

左右。蛋液加砂糖混拌，刷塗麵團的表面，放進170℃的烤箱烤約 20 分鐘。
③鮮奶油加細砂糖打至八分發。在烤好的布里歐麵包劃一道切口，填入打發的鮮奶油、撒糖粉，擺上薄荷葉做裝飾。

※ 烤好後趁熱或放涼後享用皆美味。也可做成夾卡士達奶油的小蛋糕，或是吸足糖漿的提拉米蘇風格。

阿布魯佐大區
ABRUZZO

亞得里亞海

泰拉莫

大薩索山（Gran Sasso）

◎
阿奎拉

佩斯卡拉

基耶蒂

馬耶拉山（Maiella）

瓦斯托（Vasto）

法拉聖馬蒂諾
（Fara San Martino）

●阿布魯佐大區的省與省都

基耶蒂省（Chieti）……基耶蒂市
泰拉莫省（Teramo）……泰拉莫市
佩斯卡拉省（Pescara）……佩斯卡拉市
阿奎拉省（L'Aquila）……阿奎拉市（大區首府）

阿布魯佐大區的特徵

阿布魯佐大區面向亞得里亞海的海岸線旁就是丘陵地，綿延的丘陵地又接續亞平寧山脈的高聳群山。地形險峻無平原，人口持續外移的山區，人口密度極低。海岸附近氣候溫暖，但進入內陸地區後，積雪量多且嚴寒。

義大利的小麥栽培，北部是軟質小麥、南部是硬質小麥，位於中部的馬爾凱大區至阿布魯佐大區恰好處於中間地帶。從這一帶到南部以硬質小麥為主，生產製造乾燥義大利麵。山區小鎮法拉聖馬蒂諾有不少家製麵廠，當地居民大多從事與乾燥義大利麵生產有關的工作。

沿海地區可見到使用大量新鮮海產做成的海鮮湯或義大利麵料理，進入內陸地區，隨即轉變為肉類與蔬菜料理。

無論哪種料理都有個共通點，相當於阿布魯佐的料理特色——「diavolillo」，這是阿布魯佐方言的「辣椒」，語源來自惡魔（diavolo），意思是將火燒般的辣味應用在各種料理。當地人除了甜點與水果，其他食物幾乎都會用到辣椒。

第一道菜方面，以硬質小麥粉加蛋揉成團，放在像是綁上吉他弦的專用器具切割的長麵「吉他麵（Maccheroni alla chitarra）」，以及料多豐富的湯「Virtù」皆為特色料理。

阿布魯佐的產物中，最出名的是番紅花。大薩索山系的納韋利高原（Altopiano di Navelli）為主要產地，栽培方法代代相傳。不過，也許因為是高價貴重的商品，當地倒是少有使用番紅花的料理。另外，丘陵地與山區有放牧牛、羊及山羊，生產獨特的起司。

位於阿布魯佐群山中心地帶的國家公園。

阿布魯佐大區的傳統料理

◎亞得里亞海沿岸地區的料理

＊白酒海瓜子義大利麵 Spaghetti alle vongole

＊海鮮燉飯 Risotto alla marinara

＊海鮮湯 Minestra marinara……加入了龍利魚、紅點海鯡鯉、墨魚、海瓜子等的豪華海鮮湯。

＊佩斯卡拉海鮮湯 Brodetto pescarese……佩斯卡拉周邊的馬賽魚湯風味海鮮湯。傳統作法是加入石狗公、魟魚、章魚、龍蝦等，不放番茄，而是加洋蔥與甜椒。

＊生貝拼盤佐檸檬

＊海鮮沙拉

＊瓦斯托風味醋漬魚 Scapece alla vastese……將魟魚等深海魚切片油炸，以加了番紅花的葡萄酒醋醃漬。

＊炸魚 Agostinelle fritte……油炸小隻的紅點海鯡鯉。

＊醃小卷……以橄欖油、葡萄酒醋、洋蔥、辣椒等做成的醬汁醃漬生小卷。

＊檸檬香芹風味的水煮蝦沙拉

＊白酒風味的透抽鑲角蝦……將角蝦、麵包粉、義大利香芹、大蒜等填入透抽，以橄欖油煎過後，加白酒蒸烤。

＊迷迭香風味鮟鱇魚 Coda di rospo alrosmarino……鮟鱇魚切段油煎，以迷迭香、大蒜、辣椒等增添風味。

＊煉獄章魚 Polipi in purgatorio……辣味明顯的番茄燉章魚。

＊鑲餡紅點海鯡鯉 Triglie ripiene……紅點海鯡鯉填入混合了大蒜與迷迭香的麵包粉，放入平底鍋油煎。

＊朱利亞諾瓦風味龍利魚 Sogliole alla giuliese……朱利亞諾瓦的名菜，將龍利魚以大蒜、義大利香芹、檸檬汁蒸烤，最後擠上檸檬汁、放入黑橄欖。

◎山區、丘陵地的料理

＊吉他麵 Maccheroni alla chitarra……用像是綁上吉他弦的專用器具「吉他（chitarra）」切割麵皮，切面呈現四方形的手工長麵。搭配小羊肉與甜椒的醬汁是常見作法。

＊辣培根番茄麵 Spaghetti all'amatriciana……鹽漬豬頰肉、辣培根用番茄醬汁燉煮後，與圓直麵拌合，撒上佩克里諾羊乳起司。搭配的醬汁也經常放大蒜或洋蔥。料理名稱出現的阿馬特里切，過去屬於阿布魯佐大區（現在歸為阿吉歐大區）

＊起司蛋液麵疙瘩 Gnocchetti cacio e uova……以硬質小麥粉製成的小麵疙瘩，拌裹蛋液與佩克里諾羊乳起司。義式培根切成細條，以平底鍋拌炒後，加進麵疙瘩。算是培根蛋麵的一種。

＊義式玉米糊分享桌 Polenta sulla spianatora……將玉米糊鋪在被稱為「spianatora」的木製桌或大理石專用桌，撒上以番茄醬汁燉煮的香腸，多人圍坐桌邊一起享用。

＊蕁麻湯 Zuppa di ortiche

＊刺菜薊湯　＊肉丸與刺菜薊湯

＊起司濃湯 Condita……高湯加入蛋液與磨碎的佩克里諾羊乳起司攪煮而成的湯。

＊蛋捲雞湯 Scrippelle 'mbusse……麵粉加水、蛋拌成麵糊，煎成薄餅狀捲起，放進雞湯裡。這是泰拉莫省的名菜。

＊蠶豆麵湯 Sagne e fagioli……麵粉加水揉製成寬麵狀的義大利短麵，搭配蠶豆番茄湯。

＊維爾杜湯 Virtù……以豬肉、豬皮、豬腳、豬耳、生火腿、蠶豆、豌豆、菜豆、扁豆、鷹嘴豆、菊苣、若蓬菜、西洋芹、紅蘿蔔、洋蔥等蔬菜類、乾燥義大利麵、手工義大利麵等多種食材燉煮而成的湯。

＊薄餅雞捲 Fregnacce……以薄餅包捲雞肉或雞

肝、起司等，以烤箱烘烤。

＊斯卡莫札起司的串燒

＊豌豆炒煮鹽漬豬頰肉

＊鹽漬鱈魚乾炒煮西洋芹　　＊爐烤鱒魚

＊起司蛋液拌小羊肉 Agnello a cacio e uova……
切塊的小羊肉與大蒜、迷迭香一起以橄欖油煎，
再裹拌蛋液和起司的料理。

＊炭烤豬腳　　＊燉豬肉與甜椒

＊羊腸串 Torcinelli……這道菜原為牧羊人的料
理。將山羊或小羊內臟切成適當大小後，表面纏
繞羊腸，做成香腸狀。下鍋以橄欖油與豬油煎，
再加白酒、番茄醬汁燉煮。

＊小羊肉炒煮甜椒　　＊烤山羊

＊燉菜豆與豬皮

**＊弗朗切斯科風味雞 Pollo alla
franceschiello**……雞肉切塊以白酒炒煮，再加醃
菜與綠橄欖一起煮。據說這是弗朗切斯科二世
（Francesco II，兩西西里王國的末代國王）狩獵
時吃的料理。

＊獵人燉兔 Coniglio alla cacciatora……葡萄酒
醋酸味明顯的番茄醬汁燉兔肉。

＊烤鰻魚

阿布魯佐大區的特產

◎穀類、豆類

＊小麥（硬質、軟質）＜佩斯卡拉南部＞

＊扁豆＜奧克雷（Ocre）、羅卡迪梅佐（Rocca di
Mezzo）＞

＊鷹嘴豆＜戈里亞諾西科利（Goriano Sicoli）＞

＊菜豆
＜普拉托拉佩利尼亞（Pratola Peligna）＞

＊蠶豆＜波盧特里（Pollutri）＞

◎蔬菜、水果、堅果類

＊西洋芹

＊大蒜＜蘇爾莫納（Sulmona）＞

＊製糖用甜菜

＊刺菜薊……菊科蔬菜。朝鮮薊的同類，形似西
洋芹，略帶苦味。

＊馬鈴薯＜阿韋扎諾（Avezzano）＞

＊洋蔥＜法拉菲廖魯姆彼得里（Fara Filiorum
Petri）＞

＊辣椒＜蘭恰諾（Lanciano）＞

＊番茄

＊朝鮮薊
＜普雷扎（Prezza）、庫佩洛（Cupello＞

＊紅蘿蔔 carota dell'Altopiano del Fucino IGP ＜弗契
諾高原（Altopiano del Fucino）＞

＊阿斯科納橄欖 oliva ascolana del Piceno DOP ＜泰
拉莫省＞

＊栗子＜卡尼斯特羅（Canistro）＞

＊桃子＜阿泰薩（Atessa）＞

＊杏桃＜科爾菲尼奧（Corfinio）＞

＊女王葡萄（Regina）＜奧爾托納（Ortona）＞

13 ABRUZZO

＊櫻桃

＊蘋果

＊西洋梨＜佩斯卡塞羅利（Pescasseroli）＞

＊無花果

＊杏仁＜切爾基奧（Cerchio）、科拉爾梅萊（Collarmele）＞

＊核桃＜巴里夏諾（Barisciano）＞

◎香草、辛香料

＊阿奎拉阿奎拉省產的番紅花 Zafferano dell'Aquila DOP ＜納韋利高原（Altopiano di Navelli）＞

＊甘草＜阿特里、佩斯卡拉＞

◎海鮮類

＊沙丁魚、鰻魚、青花魚

＊鮟鱇魚、魟魚、石狗公

＊章魚

＊紅點海鯡鯉、無鬚鱈

◎肉類

＊豬

＊羊、山羊

＊兔　＊雞

＊中部亞平寧地區一歲多的小牛 vitellone bianco dell'Altopiano Centrale IGP

◎起司

＊佩克里諾阿布魯佐 pecorino abruzzese（羊奶，半硬質）

＊斯卡莫扎 scamorza（牛奶，軟質）……可撕成絲狀的起司，另有煙燻款。

＊杜松木煙燻瑞可達起司 ricotta al fumo di ginepro（羊奶，半硬質）

＊馬切多 marcetto（羊奶，軟質）

＊佩克里諾法林多拉 pecorino di Farindola（羊奶，硬質）

＊佩克里諾帕爾科 pecorino del Parco（羊奶，硬質）

＊潘帕內拉 pampanella（山羊奶，軟質）

◎加工肉品

＊維翠其納辣腸 ventricina……將切成略大塊狀的豬肉混拌茴香花、辣椒等製成的粗莎樂美腸。

＊豬雜莎樂美腸 salsiccia di fegato……豬肝、豬肺、豬心等絞碎後，與豬肉混拌、乾燥、熟成的莎樂美腸。切成薄片直接食用。亦稱 fegatazzo。

＊坎波托斯托摩德代拉香腸 mortadella di Campotosto……中間放了切成棒狀的豬背脂的豬肉莎樂美腸。熟成期間約一個月。

＊羊肉莎樂美腸 salame di pecora……羊肉混合豬脂的莎樂美腸。

＊豬頸肉的生火腿 lonza aquilana

＊辣味鹽漬豬頰肉 guanciale amatriciano……辣味明顯的鹽漬豬頰肉。

＊華斯度香腸 salsicciotto del vastese……以大略切塊的豬肉製成的扁平狀莎樂美腸。

＊番茄香料肉醬迷你莎樂美腸 salamini italiani alla cacciatore DOP

◎橄欖油

＊阿普魯諾佩斯卡雷斯 Aprutino Pescarese DOP

＊提亞提尼丘陵 Colline Teatine DOP

＊佩雷土其安諾 Pretuziano delle Colline Teramane DOP

◎麵包、糕點

＊麥穗麵包 pane spiga……以中種法（麵團內加入部分老麵）製成的麵包。spiga 即義大利語的麥穗，故在麵包表面劃出穗形花紋，這也是名稱的由來。

＊卡培利小麥麵包 pane di cappella……使用硬質小麥卡培利（Senatore Cappelli）製作的麵包。

＊玉米粉麵包 pane di mais

＊阿布魯佐卡薩塔 cassata abruzzese……將切碎的牛軋糖、巧克力、杏仁瓦片（croccante，堅果裹糖）各自與奶油霜混拌，做成海綿蛋糕的夾餡。海綿蛋糕以香草烈酒（centerba）浸濕是特徵，蘇爾莫納生產的很有名。

＊杏仁糖 confetti……糖衣杏仁，相當於法國的杏仁糖（dragée）。＜蘇爾莫納＞

＊義式牛軋糖 torrone……添加了榛果的軟式牛軋糖。

＊帕羅佐蛋糕 parozzo……加了杏仁粉的海綿蛋糕做成半圓球狀，以巧克力澆淋表面。

＊柏寇諾提小蛋糕 bocconotti……派皮包入碎杏仁、糖漬水果、香料等烤成的包餡甜點。

慢食捍衛運動（Presidio Slow Food）標籤

＊聖斯泰法諾迪塞桑約（Santo Stefano di Sessanio）產扁豆

＊卡斯泰爾德爾蒙泰（Castel del Monte）產的卡內斯特拉托起司（Canestrato，羊奶，硬質）

＊法林多拉產的佩克里諾羊乳起司……以豬胃當作凝乳酵素的稀有羊乳起司。

＊坎波托斯托（Campotosto）產摩德代拉香腸

＊馬耶拉山腳東部丘陵地製作的弗倫塔諾堡香腸（Salsiccioto Frentano）……以當地飼養的豬製成的莎樂美腸。壓上重物，進行二～三個月的熟成。弗羅塔諾堡地區是主要產地。

#149

Cozze allo zafferano

番紅花淡菜湯

這道香氣濃郁的淡菜湯，象徵此處正是番紅花的知名產地。不過，阿布魯佐大區的番紅花由於品質優良，多半銷往國內的大都市與海外，大區內的料理並不常用。本食譜作法和當地幾乎相同，但因番花紅的風味強烈，所以淡菜也要選大顆一點，這是關鍵。湯底也不是海鮮高湯，而是蔬菜高湯，如此一來更能突顯淡菜的風味。

鮎田淳治（LA COMETA）

ricetta

①洋蔥末下鍋，以特級初榨橄欖油拌炒，再放入帶殼的淡菜一起炒。蓋上鍋蓋燜煮，等到淡菜的殼開了，以錐形濾網過濾淡菜與湯汁。在湯汁裡加入蔬菜高湯和番紅花，煮至水分略為收乾。淡菜去殼，放入湯裡。
②盛盤，撒上義大利香芹末。

鮎田淳治（LA COMETA）

#150

Pallotte casce ova

炸起司球

原文名稱的「Pallotte casce ova」是此大區的方言，中譯的意思依序是「球、起司、蛋」。起司加蛋液、麵包粉等混拌後，揉成小球狀下鍋油炸，類似下酒菜的前菜。這個地方因為盛行飼羊，烹調料理時，多是使用羊奶製的佩克里諾羊乳起司。這道菜原本只用佩克里諾羊乳起司製作。但，近年來由於佩克里諾羊乳起司的氣味過於強烈，接受度降低，於是越來越多人將一半的量改成帕瑪森起司。我的餐廳是選用同類的洛迪賈諾起司（Lodigiano，倫巴底大區洛迪（Lodi）產的硬質起司）取代帕瑪森起司，本食譜的作法也是如此。

ricetta

①將等量且磨碎的佩克里諾羊乳起司與洛迪賈諾起司拌合後，再加蛋、麵包粉、大蒜、義大利香芹末拌勻。

②以湯匙等物塑整成紡錘形，以中溫的沙拉油炸至表面呈現金黃，瀝乾油分、盛盤。

#151

Chitarra all'amatriciana

阿馬特里切風味吉他麵

使用名為「chitarra（即義大利文的吉他）」的製麵器具製成的吉他麵，在義大利是舉國皆知的阿布魯佐大區名菜。斷面呈四方形、頗具嚼勁的吉他麵，適合搭配重口味的醬汁。一般多是使用番茄醬汁，燉小羊肉的醬汁等也很常見，本食譜是做成香辣蕃茄培根（amatriciana）口味。以麵條拌裹加了義式培根及鹽漬豬頰肉的番茄醬汁，據說是出身於阿馬特里切鎮（Amatrice）廚師做的料理。雖然這個小鎮現在屬於拉吉歐大區，但直到1900年代初期是隸屬阿布魯佐大區。

鮎田淳治（LA COMETA）

ricetta

①製作吉他麵。將 120g 的中筋麵粉、1 顆蛋、少量特級初榨橄欖油與鹽混拌、揉成團。以保鮮膜包好，靜置醒麵 30 分鐘。壓成約 5mm 的厚度，使用「chitarra（像吉他一樣綁上弦線的製麵器具）」切成細條狀。
②製作醬汁。切成細條的義式培根或鹽漬豬頰肉下鍋，以特級初榨橄欖油拌炒，待油脂差不多釋

出後，加進切末的大蒜、洋蔥和西洋芹一起炒。再加入切碎的紅辣椒與番茄醬汁一起煮。
③吉他麵放進鹽水煮，瀝乾水分後，與醬汁拌勻。盛盤，撒上佩克里諾羊乳起司。

※ 本食譜的麵團有兩種作法：加蛋或不加蛋只以溫水揉製。

#152

Sagne a pezzi

小羊醬汁拌菱形麵

鮎田淳治（LA COMETA）

「sagne」是一種扁平的義大利麵，相當於義大利標準語的千層麵（lasagne）。將麵皮切成邊長約 4cm 的菱形，搭配燉小羊肉（pezzi）。烹調重點是，麵片煮熟後放進稀釋成番茄湯般的醬汁，煮至水分收乾，使其入味。因為得花時間燉煮，所以將麵皮擀成約 2cm 的厚度。煮的過程中，醬汁會逐漸變稠，我會煮得比一般濃度再稀一點，這麼一來就能以麵片沾裹大量的醬汁想用。

ricetta

①製作菱形麵片。將 120g 中筋麵粉、1 顆蛋、少量特級初榨橄欖油與鹽混拌成團。包上保鮮膜，靜置醒麵 30 分鐘。接著壓成 2mm 厚，切成邊長 4cm 的菱形。製作醬汁的同時把麵片放進鹽水煮，但別煮太軟，保留些許硬度。
②製作醬汁。洋蔥、紅蘿蔔、西洋芹、紅椒全部切末，下鍋拌炒，加進小羊碎肉與水，蓋上鍋蓋燉煮。煮至水分變少、傳出香氣後，再放大略切塊的水煮番茄，已煮過的菱形麵片和煮麵水，小火燉煮約 5 分鐘，煮至變稠。
③麵片連同醬汁盛盤，撒上佩克里諾羊乳起司。

#153

Brodetto di pesce alla vastese

瓦斯托漁夫湯

亞得里亞海沿岸地區的居民將
漁夫湯（Zuppa di pesce）稱為
「brodetto」。不過，在不同的
地方，作法或口味仍有些許差
異。阿布魯佐大區的特徵是，
放入紅椒增加甜味。原本的作
法不放洋蔥也不放西洋芹，將
紅椒炒香後，加高湯或番茄醬
汁燉煮海鮮。本食譜為了不破
壞紅椒的香氣，只放了適量的
洋蔥，同時為了提升香氣，煮
好後再加入紅椒泥。湯底也不
是用味道強烈的海鮮高湯，而
是蔬菜高湯，使紅椒的香氣更
為突出。因此，若是使用番茄
醬汁，稀釋過再用比較適合。

鮎田淳治（LA COMETA）

ricetta

①洋蔥與西洋芹切末下鍋，以特級初榨橄欖油拌
炒，蓋上鍋蓋燜煮。接著加切成細條的紅椒，以
小火慢煎。再加蔬菜高湯與番茄醬汁、海鮮（一
尾石狗公與銀腹貪食舵魚、鮟鱇魚肉、帶殼海螯
蝦、帶殼海瓜子、小花枝）燉煮約30～40分鐘，
過程中不時撈除浮沫。

②海瓜子和小花枝煮熟後撈起備用。另取一鍋，
放入淡菜，蓋上鍋蓋燜煮至淡菜的殼打開。海鮮
湯快煮好前，將淡菜、海瓜子、小花枝放回鍋內
加熱。再加入甜椒泥（整顆甜椒炙烤、去皮後壓
成泥）增添香氣。
③盛盤，撒上義大利香芹末。

13

ABRUZZO

#154

Turcenelle

豬網油內臟卷

相較於其他大區，阿布魯佐大區
的料理經常混合各種內臟，烹調
方式也非常簡單，這是此地特色。
本食譜介紹的這道料理也是如此，
將煎過的豬肺、豬心、豬肝與水
煮蛋及起司以豬網油包好，下鍋
油煎。原本是使用小羊內臟製作，
因為不易取得，所以改用沖繩產
的豬內臟代替，完成的味道相當
到味。

鮎田淳治（LA COMETA）

ricetta

①本食譜以豬肺、豬心、豬肝取代小羊內臟。各
自切成 5～6cm 長的條狀，撒上鹽（略多）、
胡椒，下鍋以特級初榨橄欖油略煎表面。淋白
酒，待酒精蒸發，取出放涼備用。
②製作內餡用的水煮蛋，煮好後剝殼，切成半月
形，波羅伏洛起司切成細長條狀。
③將清理乾淨的豬網油切成四方形，攤開，平均
撒放豬內臟、水煮蛋和波羅伏洛起司，鋪成細長

條狀。再撒上磨碎的洛迪賈諾起司（Lodigiano，
倫巴底大區洛迪產的硬質起司）與義大利香芹末，
捲成緊密的卷狀。以豬小腸（對半縱切成兩條，
取一條使用）綁住內臟卷的一端，剩下的部分纏
繞豬網油表面，最後綁住另一端。
④放進加了特級初榨橄欖油的平底鍋，小火慢煎
至中心熟透，分切後盛盤。

263

#155

Polenta alla spianatora

玉米糊與番茄醬汁
烤琉球島豬軟骨

玉米糊是著名的北義料理，但在阿布魯佐大區也經常食用。北部通常是把熱騰騰的現煮玉米糊搭配肉類料理，或是冷卻凝固後，做成烤或炸玉米糕。在阿布魯佐大區自古流傳的作法是連同番茄醬汁舀入大皿一起烤以烤箱烘烤。這道料理可品嚐到玉米糊與醬汁融和的絕妙滋味。本食譜在醬汁內放了豬排骨，也可當成略為豐盛的第二主菜。此外，玉米糊是以蔬菜高湯攪煮，所以多了一股鮮味。

鮎田淳治（LA COMETA）

ricetta

①製作玉米糊。蔬菜高湯煮滾後，加入特級初榨橄欖油與鹽，篩入玉米粉。以小火攪煮成糊狀。
②製作醬汁。豬排骨撒上鹽、胡椒、麵粉，下鍋以特級初榨橄欖油煎。另取一鍋，以特級初榨橄欖油拌炒切成末的洋蔥、紅蘿蔔、西洋芹，接著加入煎好的豬排骨，倒少量的紅酒，煮至酒精蒸發後，再加滾水去皮的切塊番茄，以及番茄醬汁、蔬菜高湯，燉煮 1 小時以上。
③烤盤內倒入醬汁，以湯匙舀取玉米糊鋪滿表面，擺上豬排骨、撒些佩克里諾羊乳起司，放進220℃的蒸氣烤箱烤 10 分鐘。

鮎田淳治（LA COMETA）

#156

Agnello arrust

網烤小羊帶骨
里肌肉

阿布魯佐大區的方言「arrust」其實是「arrosto（英語 roast）」的衍生詞，爾後用法也跟著改變，成為「網烤」之意（roast 仍然讀作標準語的 arrosto）。這道菜的有趣之處在於，以迷迭香葉沾取葡萄酒醋加橄欖油與鹽混拌而成的醬汁，拍打烤好的小羊肉表面。醋的酸味緩和肉的油膩感，同時利用迷迭香的香氣抑制羊肉的腥羶味。看似簡單卻相當有效率的烹調方法。

ricetta

①將小羊帶骨里肌肉分切成一根根。淋特級初榨橄欖油、撒上迷迭香、百里香、鼠尾草、月桂葉醃漬一天。
②醃過的小羊肉撒鹽、胡椒，放在烤架上炙烤兩面。白酒醋加特級初榨橄欖油、鹽拌合，做成醬汁。快烤好前，以整枝迷迭香沾取醬汁，反覆拍塗小羊肉的表面。

#157

Cassata abruzzese

阿布魯佐卡薩塔蛋糕

在日本提到卡薩塔，不少人都知道是西西里島的甜點，但阿布魯佐大區的卡薩塔同樣是歷史悠久的傳統點心。儘管名稱相同，作法卻截然不同。相較於西西里島的卡薩塔是以瑞可達起司為基底，阿布魯佐的卡薩塔是以海綿蛋糕（Pan di Spagna）與奶油霜層層堆疊而成。海綿蛋糕刷塗了阿布魯佐產的香草烈酒（centerba），奶油霜也混合了特產的義式牛軋糖（torrone）與杏仁瓦片（croccante），充分展現當地的特色。香草烈酒的酒精濃度高達 72 度，如其名稱「百分百的香草」，使用了大量的香草釀製。

鮎田淳治（LA COMETA）

ricetta

①將 130g 的 00 型麵粉、5 顆蛋、160g 的砂糖拌成麵糊，倒入圓形烤模烤成海綿蛋糕。烤好後，橫切成四片。
②製作三種奶油霜。將奶油打軟，加蛋黃與糖粉，打成奶油霜。取少量奶油霜備用，剩下的分成三等分，各自加進切碎的義式牛軋糖、巧克力、杏仁瓦片（裹砂糖），做成三種風味。
③香草烈酒加入約一成的水稀釋，刷塗四片海綿蛋糕。
④把一片海綿蛋糕放在蛋糕轉台上，塗抹一種奶油霜，再擺第二片，塗抹另一種奶油霜，總共疊三層，最後放上第四片蛋糕。
⑤將剩下的三種奶油霜混合，塗抹整個蛋糕。側面沾撒蛋糕粉（切剩的蛋糕邊以篩網磨細），擺上糖漬水果或杏仁瓦片，以備用的奶油霜在邊緣擠花做裝飾。

莫利塞大區
MOLISE

亞得里亞海

泰爾莫利（Termoli）

伊塞爾尼亞

奧奇多湖（Lago di Occhito）

坎波巴索

●莫利塞大區的省與省都

坎波巴索省（Provincia di Campobasso）……坎波巴索市（大區首府）
伊塞爾尼亞省（Provincia di Isernia）……伊塞爾尼亞市

莫利塞大區的特徵

莫利塞大區是與阿布魯佐大區分開後誕生的新大區。東北側臨亞得里亞海，西北側鄰阿布魯佐大區、東南側接普利亞大區，夾在中間猶如緩衝墊。一半以上是保留美麗自然景觀的山區，其次是丘陵地，幾乎沒有平原。高山地帶冬季長期被雪覆蓋，格外嚴寒，不過越接近海，寒冷情況逐漸趨緩，變成溫暖的氣候。

儘管有栽培小麥、玉米及各種蔬菜，但自然環境條件嚴苛，所以仍是以小農為主。雖然臨海，但海鮮的捕獲量卻不多，於是丘陵地放牧的羊或山羊製成的起司與加工肉品（煙燻過的山區生火腿、辣味重的莎樂美腸等）成為主要產物。

每到春天，莫利塞大區的各家餐廳都會供應野生蕁麻（ortica）湯。以義式培根和洋蔥為基底，把採來的蕁麻葉切碎、莖拍爛煮成湯，當地人遵循傳統作法，延續這些來自山野間的鄉土味美食。

阿布魯佐大區的吉他麵、普利亞大區的油炸點心蜂蜜卷（cartellate）在莫利塞大區也很普遍，可見此處受到鄰近大區的影響有多深。尤其是使用辣椒這點，足以證明阿布魯佐大區的飲食文化早已深入紮根。

首府坎波巴索的風景。

莫利塞大區的傳統料理

◎亞得里亞海沿岸地區的料理

✱海瓜子義大利麵……不加番茄是傳統作法。

✱淡菜湯

✱泰爾莫利風味海鮮湯 Zuppa di pesce Termolese……以番茄燉煮鮮魚與青椒。

✱海鮮湯 Brodetto

✱醃鰻魚

✱燉章魚

✱茄汁燉鑲餡鮟鱇魚

◎山區、丘陵地的料理

✱吉他麵 Maccheroni alla chitarra……以像是綁上吉他弦的專用器具「吉他（chitarra）」切割麵皮，切面呈現四方形的手工長麵。受到阿布魯佐大區的影響，現也成為莫利塞大區的料理。一般是搭配小羊肉與甜椒的醬汁，或是辣味明顯的番茄醬汁。

✱小羊肉醬海螺麵 Cavatelli con ragù di agnello……硬質小麥粉加水揉製成海螺殼狀的義大利麵，與番茄燉煮的小羊肉醬拌合。

✱莫利塞風味螺旋麵 Fusilli alla molisana……螺旋麵（形似螺絲的義大利短麵）與加了辣椒的番茄醬汁拌合。

✱瑞可達起司餃 Calcioni di ricotta……包入瑞可達起司、波羅伏洛起司、生火腿等餡料的圓形義式餃。一般除了油炸，還有以烤箱烤的作法。

✱番紅花風味的法老小麥鷹嘴豆湯

✱蕁麻湯 Zuppa di ortiche……加了番茄、義式培根的蕁麻湯。

✱菜豆麵湯 Pasta e fagioli……義大利麵與菜豆的湯。

✱小牛肉丸湯 Zuppa santè……還會放入切成薄片的麵包與起司。這是在聖誕節吃的傳統料理。

✱蛋捲湯 Scrippelle……卷狀的薄餅淋上湯汁。

✱玉米糊佐豬肉醬

✱培根醬玉米糊 Fascadielle……玉米糊淋上義式培根做成的醬汁與起司。

✱爐烤鱒魚

✱小牛頭肉凍沙拉 Nierve e musse……小牛頭水煮後撥散筋肉，利用本身的膠質凝固成肉凍（terrine），搭配西洋芹做成沙拉。

✱烤羊腸串 Torcinelli arrostiti……將小羊內臟切成適當的大小，纏繞羊腸做成香腸狀的羊腸串，以烤箱烘烤。現已是阿布魯佐大區與莫利塞大區的常見料理。

✱炙烤小羊

✱爐烤小羊或小山羊頭

✱獵人燉兔 Coniglio alla cacciatora……兔肉以葡萄酒醋酸味明顯的番茄醬汁燉煮。

✱鼠尾草迷迭香風味串燒兔

✱豬肉炒煮甜椒

✱起司蛋液拌小羊肉 Agnello a cacio e uova……以大蒜與迷迭香的橄欖油煎炒切塊小羊肉，最後與蛋液及磨碎的佩克里諾羊乳起司拌合。

莫利塞大區的特產

◎穀類、豆類

＊小麥（硬質、軟質）＜泰爾莫利＞

＊玉米　　＊扁豆＜卡普拉科塔（Capracotta）＞

＊菜豆　　＊鷹嘴豆

◎蔬菜、水果類

＊茴香　　＊莙蓬菜（厚皮菜）

＊西洋芹＜卡斯泰爾毛羅（Castelmauro）＞

＊高麗菜＜卡爾皮諾內（Carpinone）＞

＊甜椒＜博亞諾（Bojano）、蒙泰法爾科內內爾
桑尼奧（Montefalcone nel Sannio）、蒙泰羅杜尼
（Monteroduni）＞

＊無花果＜阿夸維瓦科萊克羅切（Acquaviva
Collecroce）＞

◎海鮮類

＊鯷魚　　＊角蝦　　＊章魚

◎肉類

＊羊、山羊　　＊豬　　＊兔　　＊雞

＊中部亞平寧地區一歲多的小牛 vitellone bianco
dell'Appennino Centrale IGP

◎起司

＊卡丘卡巴羅阿尼奧內 caciocavallo di Agnone（牛
奶，半硬質）……炙烤後撒上現磨的黑胡椒是。

＊卡丘卡巴羅西拉諾 caciocavallo silano DOP

＊碎奇拉 stracciate（牛奶，新鮮）

＊坎帕尼亞瑞可達 ricotta di bufala campana DOP

＊佩克里諾卡普拉切塔 pecorino di Capracotta（羊
奶，硬質）

＊佩克里諾桑尼奧 pecorino del Sannio（羊奶，硬
質）

＊卡普里諾莫利塞 caprino del Molise（山羊奶，
硬質）

＊皮耶特拉卡泰拉 formaggio di Pietracatella（牛奶
混合羊奶、山羊奶，硬質）

＊斯卡莫札 scamorza（牛奶，軟質）

◎加工肉品

＊維翠其納辣腸 ventricina……豬肉加茴香花、辣
椒等製成的粗莎樂美腸。

＊豬雜香腸 salsiccia di fegato……豬肉加絞碎的
肝、肺、心等製成的莎樂美腸。亦稱「fegatazzo」。

＊莫利塞香腸 soppressata molisana

＊煙燻生火腿 prosciutto affumicato ＜廖內羅桑尼
蒂科（Rionero Sannitico）＞

＊番茄香料肉醬迷你莎樂美腸 salamini italiani alla
cacciatore DOP

◎橄欖油

＊莫利塞 Molise DOP

◎調味料

＊蜂蜜 miele della Lunigiana DOP

◎麵包、糕點

＊卡莎列丘 pane casareccio……以中種法（麵團內
加入部分老麵）製成的麵包。

＊堅果餃 calgiunitti……堅果、香料、鷹嘴豆泥或
栗子泥混拌為餡料，以派皮包成半月形，油炸或
烘烤的點心。

＊蜂蜜卷 cartellate　　玫瑰造型的油炸點心，淋
上蜂蜜或濃縮葡萄汁（煮稠的葡萄汁）後食用。

＊櫻桃餅 ceppelliate……餅乾麵團包入櫻桃果醬
做成圓形，以烤箱烘烤的點心。

慢食捍衛運動（Presidio Slow Food）標籤

＊孔卡卡薩萊（Conca Casale）產的女士香腸
（Signora）……辣味明顯的莎樂美腸。

#158

Tiella

茄子千層派

「tiella」是方言，相當於義大利標準語的「平底淺鍋（tegame）」，意即以淺鍋製作的料理。通常是以橢圓形大容器做成大份量，本食譜改用直徑約 8cm 的小慕斯圈，以精緻的餐廳風格呈現。使用大容器製作時，因為蔬菜會釋出許多水分，所以最好不要使用蒸氣烤箱。烤好後趁熱吃很美味，但放涼後還是很好吃。在義大利基本上沒有生吃蔬菜的習慣，許多蔬菜料理都是預先做好。

鮎田淳治（LA COMETA）

ricetta

①將圓茄切成厚 8mm 的片狀，撒些鹽靜置一會兒後，擦乾茄子釋出的水分。洋蔥、馬鈴薯、番茄也同樣切成片狀。
②大蒜、西洋芹、義大利香芹全部切末，以乾燥奧勒岡、鹽、胡椒調味（A）。
③在烤盤內放入直徑約 8cm 的慕斯圈，先鋪入茄片、淋上特級初榨橄欖油，接著依序擺入洋蔥片、馬鈴薯片、番茄片、A 的香味蔬菜。這個步驟重覆兩次，疊成三層。最上面再淋上特級初榨橄欖油，放進 170℃的烤箱烤 20 分鐘。
④新鮮番茄泥與番茄醬汁、特級初榨橄欖油混拌，在盤裡倒入薄薄一層。茄子千層派盛裝至盤內，拿掉慕斯圈。

14

MOLISE

#159

Zuppa molisana

鷹嘴豆與斯卡莫札起司湯

如同料理名稱「molisana（molise）」所示，這是此大區最具代表性的湯品。雖然只用了鷹嘴豆（ceci）、斯卡莫札起司（scamorza）、麵包製作，但因為豆量多，相當有飽足感。斯卡莫札起司與莫札瑞拉起司一樣是以熱水搓揉、捏製而成的起司，在南義很受歡迎。莫利塞大區的產量也很豐富，除了用於烹調料理，也可簡單地切薄、烤成脆片吃。

鮎田淳治（LA COMETA）

ricetta

①鷹嘴豆泡水一晚使其變軟。隔天再和洋蔥、大略切碎的西洋芹、月桂葉一起以鹽水煮至軟透。
②洋蔥切成薄片，下鍋以特級初榨橄欖油拌炒。轉小火，蓋上鍋蓋燜蒸，讓洋蔥充分釋出甜味與香氣。接著加鷹嘴豆及煮汁，燉煮一會兒。
③鄉村麵包切成厚約 8mm 的片狀（一人份是三片），沾裹蛋液。在耐熱盤內塗抹特級初榨橄欖油，鋪放一片麵包。倒入②的豆湯，撒上削成薄片的斯卡莫札起司與磨碎的洛迪賈諾起司（Lodigiano，倫巴底大區洛迪（Lodi）產的硬質起司）。再次鋪放麵包、倒豆湯、撒起司。最後擺上麵包、撒起司，放進 200℃的烤箱烤約 10 分鐘。

#160

Laganelle ai gamberi di fiume

螯蝦醬拌拉加內列寬麵

拉加內列寬麵（laganelle）的形狀與寬麵（tagliatelle）相同，製作時不加蛋黃，只使用蛋白與橄欖油，味道清淡。因為是搭配螯蝦醬，為了消除海鮮的腥味，麵團裡加了迷迭香、鼠尾草、馬鬱蘭做成香草風味。莫利塞大區與阿布魯佐大區可捕獲大量的螯蝦，在海鮮中屬於高級品的等級。與日本阿寒湖產的螯蝦味道最相近，因此本食譜選用阿寒湖螯蝦製作。

鮎田淳治（LA COMETA）

ricetta

①將新鮮的迷迭香、馬鬱蘭、鼠尾草全部切末。
②製作拉加內列寬麵。400g 的中筋麵粉加蛋白（3 顆的量）、4g ①的香草末、特級初榨橄欖油、少量的鹽混拌成團。靜置醒麵約 1 小時後，壓薄、切成和寬麵相同的寬度。
③製作螯蝦醬。帶殼螯蝦切除頭胸部兩側的鰓、挑掉背部的沙腸。蒜末下鍋，以特級初榨橄欖油

拌炒，等到蒜末稍微變色，放入螯蝦、撒入低筋麵粉香煎。當蝦殼開始變色後，加白酒與蔬菜高湯，煮至水分略為收乾。
④拉加內列寬麵以鹽水煮過後，瀝乾水分，加進③的鍋內。倒些特級初榨橄欖油、撒上義大利香芹末、肉豆蔻、鹽、胡椒，整鍋拌勻。

#161

Coniglio ripieno alla molisana

莫利塞風味鑲餡兔肉

莫利塞大區與義大利其他地方一樣有養兔，而且自古以來就有食兔的習慣。據說這地方的牲肉食用量，兔肉是繼羊肉的第二多。這道料理使用豬絞肉（當地通常是用小牛肉）加佩克里諾起司、麵包粉、蛋拌成內餡，填入兔肉烤，但內餡裡放入味道強烈的佩克里諾起司是很少見的作法。此外，也常加入牛肝菌或香腸。烤的時候，在最初與收尾的階段將表面烤至焦香，過程中加少量高湯，蓋上鍋蓋蒸烤。這麼一來，兔肉就不會烤得太乾，內餡也會均勻熟透。

鮎田淳治（LA COMETA）

ricetta

①製作內餡。將豬絞肉、麵包粉、佩克里諾羊乳起司、義大利香芹末、蛋、鹽、胡椒拌勻。
②切除兔子的頭部與腿部，胸部至背部的肉去骨、攤平。把①的內餡塗在肉上，捲成柱狀，以料理棉線綁住定型。
③取一深鍋，倒入特級初榨橄欖油，放入②的兔肉與切厚片的洋蔥，撒上迷迭香、鼠尾草，放

進 150℃的烤箱烤。待洋蔥變軟、兔肉變色後，再加少量的蔬菜高湯。蓋上鍋蓋，烤箱溫度調至170℃，燜烤 30～40 分鐘。
④若見湯汁收乾，舀起鍋底的湯汁和油澆淋兔肉，烤至兔肉完全上色。
⑤取出兔肉分切，連同湯汁盛盤。

#162

Scarpelle

炸馬鈴薯球

義大利各地以發酵麵團製作的
油炸點心種類豐富,加入馬鈴
薯泥是莫利塞大區的特徵。儘
管這地方有許多肉鋪與麵包
店,賣蔬菜的店家卻很少,因
此耐放的馬鈴薯是很方便的食
材,就連甜點也會用到。味道
單純加上柔軟口感,形成舒心
的美味。建議多撒點糖粉比較
好吃,也可嘗試在麵團裡加肉
桂或香草,做成不同風味。

鮎田淳治(LA COMETA)

ricetta

①馬鈴薯放入鹽水煮熟,壓成泥。
②取一調理碗,倒入 250g 低筋麵粉,再放 250g
馬鈴薯泥、酵母水(以 20cc 溫水溶解 10g 酵母
粉)、50g 砂糖慢慢拌合。拌至產生黏性後包上
保鮮膜,置於溫暖的場所發酵 40 分鐘。

③沙拉油與特級初榨橄欖油以 7:3 的比例混合,
加熱至中溫。以大湯匙舀取②的麵糊,下鍋油炸。
④瀝乾油分、盛盤,撒上大量的糖粉。

14

坎帕尼亞大區

CAMPANIA

卡普阿
（Capua）
貝內文托
卡塞塔
阿韋爾薩（Aversa）
阿韋利諾
拿坡里
◎　▲維蘇威火山（Vesuvio）
伊斯基亞島
（Ischia）
格拉尼亞諾（Gragnano）
蘇連多
（Sorrento）
薩雷諾
阿瑪菲（Amalfi）
卡布里島
（Isola di Capri）

第勒尼安海

●坎帕尼亞大區的省與省都

阿韋利諾省 （Provincia di Avellino）……阿韋利諾市
卡塞塔省（Provincia di Caserta）……卡塞塔市
薩雷諾省（Provincia di Salerno）……薩雷諾市
拿坡里省（Napoli）……拿坡里市（大區首府）
貝內文托省（Provincia di Benevento）……貝內文托市

坎帕尼亞大區的特徵

　　肥沃的坎帕尼亞平原前是遼闊的第勒尼安海，首府拿坡里的人口數在義大利是繼羅馬、米蘭之後的第三多。儘管背臨險峻的亞平寧山脈，整體仍受到溫暖氣候的眷顧，農耕歷史悠久，自古羅馬時代就為首都羅馬提供豐富蔬菜等食材。

　　當中又以番茄的栽培最盛行，無論生鮮用或加工用，產量皆豐碩，加工廠也很多，鄰近的普利亞大區也會將採收到的番茄運來此處。雖然有栽培作為加工用番茄的知名品種聖馬札諾番茄（San Marazo），但此品種不耐氣候變化與病蟲害，產量連年驟減。近年來，慢食協會持續推廣擴大生產，就現況來看，生產者依然寥寥無幾。現在生產的加工用長形番茄是耐病蟲害的混合品種，雖然外形與聖馬札諾番茄相似，其實截然不同。此外，還有種在維蘇威火山山腳的鐘擺小番茄（pomodorino），方言稱為「piennolo」，把莖綁成束吊掛起來，夏季採收的小番茄可保存至春季。

　　當地的家庭在製作保存食品的番茄醬汁時，一定會放入和番茄很對味的羅勒。這裡使用的羅勒品種與利古里亞大區青醬所用的品種不同，拿坡里的羅勒葉片較大且微捲，香味更強烈。另外，這區也栽培了多種蔬果。

　　在格拉尼亞諾、托雷德爾格雷科（Torre del Greco），人們遵循傳統作法，使用硬質小麥粉加少量的水揉製成上等的乾燥麵。這與艾米利亞 - 羅馬涅大區使用軟質小麥加蛋製成的手工麵並列義大利麵雙雄。

　　畜產業方面，除了牛、豬，因為過去曾是濕地，水牛飼育的盛行成為特色。使用水牛奶生產的莫札瑞拉起司，比起用牛奶製的味道更為濃郁。近年為迎合瘦身趨勢，脂肪含量少的水牛肉也開始在市場流通。

　　內陸的山區，栗子或蕈菇、黑松露等山產豐富。海岸線的漁業也很興盛，不光是鮮魚，在切塔拉（Cetara）還會將鹽漬鯷魚釋出的液體製成鯷魚露（colatura di alici）。

　　拿坡里自羅馬時代就擁有豐富、具變通性的獨特飲食文化，在拿坡里王國與西西里王國合併的兩西西里王國的繁盛時期，因為貿易活躍進行，料理與糕點皆受到西班牙、阿拉伯、法國等國家的影響。除了使用多種食材、費時烹調的上流階層菜式，以披薩為代表的速食也非常多。如此多元化的要素正是此地最大的飲食特色。此外，拿坡里糕點鋪裡常見的千層貝殼酥（sfogliatelle）、小麥起司塔（pastiera）、巴巴（babà）等，現在也是義大利普遍且具代表性的甜點。

坎帕尼亞大區的傳統料理

◎拿坡里省、薩雷諾省的料理

＊羅勒番茄義大利麵 Spaghetti con filetti di pomodoro Fusilli alla vesuviana……以番茄醬汁、莫札瑞拉起司、佩克里諾羊乳起司、奧勒岡拌合的螺旋麵（形似螺絲的義大利短麵）

＊通心粉派 Timballo di maccheroni……派皮包入以醬汁調味過的通心麵，以烤箱烘烤。

＊米餡塔 Sartù……將肉丸、香腸、莫札瑞拉起司、雞內臟、蕈菇、豌豆等放入深底圓模（timbale），進爐烘烤的米飯料理。

＊拿坡里披薩 Pizza napoletana……麵粉加水、酵母、鹽混拌成團，靜置發酵後，以手拉展成圓盤狀，擺上配料，放進高溫窯爐短時間烘烤。過程中，邊緣會膨脹，稱為「cornicione（鼓起的邊）」，烤好的披薩同時擁有柔軟的口感與焦脆的部分，這正是此款披薩的特徵。當中又以瑪格麗特披薩（Pizza Margherita）與瑪麗娜拉披薩（Pizza marinara）最有名。瑪格麗特披薩是在餅皮上放番茄、橄欖油、莫札瑞拉起司或牛奶花起司（Fior di Latte，牛奶製的莫札瑞拉起司）、羅勒。瑪麗娜拉披薩則是放番茄、橄欖油、奧勒岡、大蒜。拿坡里披薩已於 2012 年二月正式獲得歐盟的傳統專業認證（specialità tradizionale garantita，STG）。

＊炸披薩餃 Pizza fritta……做成半月形的披薩下鍋油炸。內餡除了原味，還有番茄醬汁加莫札瑞拉起司、瑞可達起司加斯卡羅拉生菜（scarola）等口味。這是拿坡里人常吃的早餐或點心。

＊披薩餃 Calzone……將火腿、莫札瑞拉起司、瑞可達起司、帕瑪森起司以披薩餅皮包成半月形，以烤箱烘烤。

＊斯卡羅拉披薩 Pizza di scarola……將斯卡羅拉生菜（scarola）、黑橄欖、葡萄乾、松子、酸豆、鯷魚包入麵皮，進爐烤成塔。

＊四季豆湯

＊烤番茄鑲麵包粉

＊鑲餡朝鮮薊

＊馬鈴薯鹹蛋糕 Gattò di patate……馬鈴薯泥加火腿、莫札瑞拉起司、其他起司混拌後，以烤箱烘烤。

＊拿坡里燉章魚 Polpo alla luciana……章魚以加了大蒜與辣椒的番茄醬汁燉煮。

＊拿坡里風味甜椒鱈魚乾……番茄燉鹽漬鱈魚乾與甜椒。

＊麵包粉烤鰻魚

＊胡椒淡菜……淡菜燜煮後，撒上義大利香芹、淋檸檬汁，最後撒些現磨胡椒。

＊拿坡里風味肉醬 Ragù alla napoletana……不使用絞肉，而是以牛、豬、小牛等禽類的各部位肉塊，以番茄醬汁長時間燉煮。

＊拿坡里燉牛肉 Genovese……番茄燉牛肉塊。

＊伊斯基亞風味燉兔 Coniglio all'ischitana……番茄燉兔肉。將各部位的帶骨切塊兔肉以大蒜、橄欖油炒香後，加白酒、番茄、羅勒、迷迭香等燜煮。

◎阿韋利諾省、貝內文托省的料理

＊貓耳麵 Orecchiette……以硬質小麥粉加水揉製出外形類似耳垂的義大利麵。與番茄醬汁或蔬菜拌合。

＊粗管麵 Paccheri……外觀就像粗短的大通心麵，以番茄醬汁或肉醬拌合。

＊烤山羊肉與馬鈴薯

＊烤小山羊或雞

◎坎帕尼亞大區的常見料理

＊拉車圓直麵 Spaghetti alla carrettiera……料理名稱是以，將葡萄酒與橄欖油從山坡運送至羅馬的人力拉車（carretti）命名。以麵包粉、義大利

香芹、大蒜、奧勒岡、橄欖油拌合的義大利麵。
有時也會加磨碎的起司。

＊**煙花女麵 Spaghetti alla puttanesca**……以加
了大蒜、鯷魚、黑橄欖、酸豆的番茄醬汁拌合
的義大利麵。

＊**白酒海瓜子義大利麵 Spaghetti alle
vongole**……以酒蒸海瓜子湯汁拌合的義大利
麵。有時會放番茄。

＊**吸管麵 Zite**……中空的義大利長麵。折成適
當長度後下鍋煮，與番茄醬汁或各種肉醬拌
合。又稱 ziti。

＊**鷹嘴豆寬麵 Laganelle e ceci**……使用硬質小
麥粉加水揉製成長的寬麵（laganelle）與鷹嘴
豆拌合。

＊**海瓜子湯**

＊**莫札瑞拉起司馬車 Mozzarella in
carrozza**……將切薄的麵包夾入莫札瑞拉起司，
沾蛋液下鍋油炸。料理名稱的「carrozza」是義
大利語的四輪馬車。

＊**卡布里沙拉 Insalata caprese**……番茄與莫札
瑞拉起司、羅勒葉交疊擺盤的沙拉。

＊**焗烤千層茄 Parmigiana di melanzane**……
將炸或炙烤過的茄子、切成薄片的莫札瑞拉起
司、番茄醬汁交疊成層，撒上帕瑪森起司，以
烤箱烘烤。

＊**烤鑲餡甜椒**

＊**醃櫛瓜**

＊**醃鯷**

＊**水煮魚 Acqua pazza**……淺鍋內放橄欖油、
大蒜、辣椒、番茄等，擺上整條魚，加少量的
水，進爐烘烤。

＊**披薩師傅式燉牛肉 Manzo alla pizzaiola**……
以披薩醬汁燉煮牛肉。披薩醬汁是加了奧勒
岡、義大利香芹、大蒜等的番茄醬汁，料理名
稱的「pizzaiola」就是義大利語的披薩師傅。

拿坡里灣最大的島──伊斯基亞島。

坎帕尼亞大區的特產

◎穀類、豆類

＊小麥＜貝內文托周邊、薩雷諾南部＞

＊菜豆＜阿切拉（Acerra）＞

＊豌豆＜奧塔維亞諾（Ottaviano）＞

◎蔬菜、水果、堅果類

＊鐘擺小番茄 pomodorino del piennolo del Vesuvio DOP……以棉線綁成一大串，吊掛乾燥的小顆番茄。栽培於維蘇威火山的山腳。＜蓬泰卡尼亞諾法伊阿諾（Pontecagnano Faiano）、薩雷諾周邊、托雷德爾格雷科＞

＊聖馬札諾番茄 pomodoro San Marzano dell'Agro Sarnese-Nocerino DOP……加工用品種的長形番茄。＜薩爾尼塞 - 諾切里諾農耕地區＞

＊朝鮮薊 carciofo di Paestum IGP ＜帕埃斯圖姆（Paestum）、斯塔比亞海堡（Castellammare di Stabia）＞

＊馬鈴薯＜貝內文托＞

＊白花椰菜

＊帶葉洋蔥 cipollotto Nocerino DOP ＜諾切里諾＞

＊甜椒＜卡普阿、諾切拉因佛拉（Nocera Inferiore）＞

＊洋蔥＜阿韋拉（Avella）＞

＊綠蘆筍＜阿切拉、卡伊瓦諾（Caivano）＞

＊斯卡羅拉生菜 scarola……類似菊苣，葉片略為皺縮的蔬菜。

＊芥藍菜 friarelli……類似油菜花的葉菜蔬菜。

＊櫛瓜

＊桃子
＜坎帕尼亞朱利亞諾（Giugliano in Campania）、馬拉諾拿坡里（Marano di Napoli）＞

＊杏桃、西洋李　　＊櫻桃

＊蘋果 melannurca campana IGP ＜安奴拉卡（Annurca）＞

＊柳橙＜斯塔比亞海堡＞

＊檸檬 limone Costa d'Amalfi IGP，limone di Sorrento IGP ＜阿瑪菲海岸、蘇連多＞

＊草莓＜卡爾迪托（Cardito）＞

＊葡萄
＜帕爾馬坎帕尼亞（Palma Campania）＞

＊多塔托（Dottato）無花果 fico bianco del Cilento DOP……淺綠色表皮的無花果。＜奇倫托（Cilento）＞

＊栗子 castagna di Montella IGP ＜蒙泰拉（Montella）、伊爾皮納（Irpinia）＞

＊栗子 marrone di Roccadaspide IGP ＜羅卡達斯皮德（Roccadaspide）＞

＊核桃＜蘇連多＞

＊榛果 nocciola di Giffoni IGP ＜吉福尼（Giffoni）、貝內文托、阿韋利諾＞

◎海鮮類

＊鯛魚、紅點海鯡鯉、其他鯛科的魚

＊沙丁魚、鰻魚、青花魚等青皮魚

＊透抽、墨魚　　＊蝦類

◎肉類

＊豬

＊水牛

＊小牛（Cubante 種）＜貝內文托周邊＞

＊羊、山羊

＊兔

＊中部亞平寧地區一歲多的小牛 vitellone bianco

dell' Appennino Centrale IGP

◎起司

＊卡丘卡巴羅波多里可 caciocavallo podolico（牛奶，硬質）

＊卡丘卡巴羅西拉諾 caciocavallo silano DOP（牛奶，硬質）

＊莫札瑞拉水牛起司 mozzarella di bufaa campana DOP（水牛奶，軟質、新鮮）……在卡塞塔省阿韋爾薩與卡普阿之間的馬佐尼（Mazzoni）地區是傳統產地。分為小圓球形的「博康奇尼（bocconcini，意即義大利語的一口大小）」、形似髮辮的「辮子（treccia）」等多種造型。

＊牛奶花 fior di latte（牛奶，軟質）……不是使用水牛奶，而是以牛奶製成的莫札瑞拉起司，有各種形狀，像是小圓球形的「博康奇尼（bocconcini）」、形似髮辮的「辮子（treccia）」。為了與水牛奶製品有所區別，有時會稱作「mozzarella di vacca（vacca 即義大利語的母牛）」。

＊香桃木莫札瑞拉起司 mozzarella nella mortella（牛奶，軟質）

＊修士波羅伏洛 provolone del Monaco DOP（牛奶，硬質）

＊斯卡莫札 scamorza（牛奶，軟質）

＊布里諾蔻提查 burrino in corteccia（牛奶，半硬質）……內填奶油，外層包裹斯卡莫札類的紡絲型起司。

＊卡爾瑪夏諾 carmasciano（羊奶，硬質）

＊坎帕尼亞水牛瑞可達 ricotta di bufala campana DOP（水牛奶，新鮮）

◎加工肉品

＊拿波里莎樂美腸 salame Napoli……煙燻處理過的豬肉莎樂美腸。進行三十天以上的熟成。

＊皮耶特拉羅亞生火腿 proscitto di Pietraroja……皮耶特拉羅山區生產的生火腿。

＊梭普列沙塔 soppressata……形狀扁平的豬肉莎樂美腸。

◎橄欖油

＊奇倫托 Cilento DOP

＊沙列尼塔尼丘陵 Colline Salernitane DOP

＊伊爾皮尼亞丘陵 Irpinia-Colline dell'Unita DOP

＊蘇連多半島 Penisola Sorrentina DOP

◎調味料、飲料

＊鯷魚露 colatura di alici……以鹽漬鯷魚的醃汁製成的魚醬。＜切塔拉＞

＊檸檬甜酒 limoncello……添加檸檬皮製成的利口酒。

＊女巫利口酒 strega……以貝內文托產的綜合香草製成的利口酒。

◎麵包、糕點

＊圈圈餅 taralli……甜甜圈狀的小型乾燥麵包。有時會在麵團裡加茴香籽。發酵過程中，下鍋水煮（燙麵）是特徵。

＊小麥麵包 pane cafone……軟質小麥粉製成的大型麵包。

＊漁夫麵包 pane del pescatore……混加鯷魚與黑橄欖，用硬質小麥粉製成的麵包。過去廣泛出現於奇倫托海岸線一帶，現在只剩薩普里（Sapri）看得到。

＊蜂蜜球 struffoli……將麵粉、蛋、砂糖、白酒混拌而成的麵團，揉成一口大小的圓球狀，下鍋油炸，淋上蜂蜜。

＊貝殼千層酥 sfogliatelle……以硬質小麥粉加精

製豬油揉成麵團，包捲數次做成貝殼造型，填入瑞可達起司奶油的烘焙點心。

＊義式泡芙 zeppole……包入卡士達醬的炸泡芙，近來也出現以烤箱烤的作法。

＊義式牛軋糖 torrone……添加榛果的牛軋糖。貝內文托、阿韋利諾是知名產地。

＊杏仁巧克力蛋糕 torta caprese……以杏仁粉製作的巧克力蛋糕。

＊小麥起司塔 pastiera……添加彈牙麥粒的瑞可達起司奶油塔。

＊巴巴 babà……將發酵麵團做成菇狀，烤好後淋上大量糖漿。

慢食捍衛運動（Presidio Slow Food）標籤

＊孔特羅內（Controne）產的菜豆

＊拿波里巴巴切拉甜椒（Papaccella napoletana）……小甜椒的品種，用於油漬或醋漬。

＊鐘擺小番茄 pomodorino del piennolo……栽培於維蘇威火山山腳的小番茄。採收後綁成一串吊掛乾燥，可保存至春季。

＊聖馬札諾番茄……加工用品種的深紅色長形番茄，特徵是使用立高的支柱栽培，採收期長。

＊佩爾托薩（Pertosa）產的淺色朝鮮薊……淺綠色、味道細膩的朝鮮薊。

＊卡斯泰拉馬雷（Castellammare）產的紫色朝鮮薊

＊長網（menaica）漁法捕獲的鯷魚……長網漁法是使用細網眼（避免捕到稚魚）的漁網，在海面上拋網捕撈沙丁魚群的方法，三月～八月會進行這種漁法。捕撈到的鯷魚，立刻一隻隻去頭及內臟，以鹽水洗淨，不冷藏直接帶回港口，以鹽醃漬。

＊伊斯基亞島的穴鰻魚

＊以傳統製法製作，產自切塔拉的鯷魚醬

＊奇倫托產的山羊乳製成的卡丘瑞可達起司（cacioricotta）

＊康喬托羅馬諾 Conciato Romano（羊奶、山羊奶、牛奶，硬質）……1 ～ 2kg 的起司，以煮麵水清洗表面，淋橄欖油、葡萄酒醋，撒上辣椒，放進陶瓦容器內，進行至少六個月的熟成。

＊卡斯泰爾波托（Castelpoto）產的紅香腸……加了辣椒的豬肉香腸，經過三週的熟成後，切薄直接吃，或是炙烤後再享用。

＊焦伊產的臘腸……中間放入大塊的方形棒狀豬背脂，形狀扁平的豬肉莎樂美腸。

#163

Totani, patate e carciofi

魷魚馬鈴薯燜朝鮮薊

在坎帕尼亞大區，像這樣使用大量蔬菜的料理通常是當作第二主菜。日本的餐廳也是當成第二主菜，不過我在店裡是減量為一人份，做成溫前菜供應。雖然滋味樸素，就像媽媽做的家常料理，但因魷魚在蒸煮過程中會釋出不少水分，所以鮮味濃郁。初嚐這道菜時，使我深感「美味」的料理果然是世界共通。為了營造餐廳料理般的豪華感，於是加了朝鮮薊。

杉原一禎（OSTERIA O'GIRASOLE）

ricetta

①魷魚去除內臟與透明軟骨，切成圈狀。魷魚腳切成適口大小。
②鍋內放入橄欖油及人蒜加熱，等到人蒜稍微變色，加入切成厚 5mm 的馬鈴薯片炒一炒。待馬鈴薯片吸油後，再放入魷魚與朝鮮薊（已處理且切小塊）、切碎的義大利香芹、鹽（最後調味的六成量）拌炒。

③立刻蓋上鍋蓋、關火，靜置 2～3 分鐘。魷魚被餘溫燜熟會釋出褐色濁湯，為避免湯汁蒸發，以小火慢慢逼出湯汁。這個湯汁會被魷魚及蔬菜吸收，持續加熱，直到水分減為原本的一成左右，最後再撒些鹽。切記不要加水，以免馬鈴薯煮爛。煮好後直接享用，或靜置一天會更濃郁入味。

#164
Antipasto misto

前菜拼盤

燜炒甜椒 Peperonata（自左前起，順時針方向）
醋漬櫛瓜 Scabece di zucchine
拿坡里莎樂美腸 Salame napoletano
焗烤鑲餡茄 Barchetta di melanzane
章魚沙拉 Insalata di polpo
炸海藻麵包 Zeppoline

將當地的蔬菜或魚做成炸物或醃漬、莫札瑞拉起司等皆為坎帕尼
亞大區的基本款前菜。一般高級餐廳會將這些菜做成一道拼盤，
普通店家則是以小盤分裝上桌。本食譜介紹的六種料理在拿坡里
都是很受歡迎的菜色。作法幾乎沒有改變，橄欖等食材是從當地
採購，根據料理分開使用。不過，炸海藻麵包在拿坡里是使用海
草製作，在日本改用能取得美味的岩海苔。製作異國料理，有時
基於美味必須稍做調整。

ricetta

燜炒甜椒 Peperonata
大蒜拍碎後下鍋，以橄欖油拌炒，再放切成大塊的紅、黃甜椒，待
甜椒稍微變色，蓋上鍋蓋，以小火燜烤。等到甜椒變得軟透，加進
酸豆、黑橄欖（加埃塔產），以鹽調味。

醋漬櫛瓜 Scabece di zucchine
櫛瓜切成圓片，直接下鍋以橄欖油炸，瀝乾油分。白酒醋加蒜片、
剁碎的薄荷葉、鹽拌合後，與炸櫛瓜片快速拌一拌。最後放薄荷葉
做裝飾。

拿坡里莎樂美腸 Salame napoletano
作法省略。

焗烤鑲餡茄 Barchetta di melanzane
茄子對半切開，挖除茄肉，做成空心茄（中空小船狀）。挖除的茄
肉切丁，空心茄直接以橄欖油炸。大蒜拍碎，下鍋以橄欖油煎，接
著放入茄丁、酸豆、黑橄欖、櫻桃番茄拌炒，以鹽調味。待整體味
道融合，填入炸過的空心茄、撒上帕瑪森起司，以烤箱烘烤。最後
擺上羅勒葉。

章魚沙拉 Insalata di polpo
章魚煮軟後切塊，以大蒜、檸檬汁、特級初榨橄欖油拌合。以鹽調味，
再加西洋芹片、綠橄欖（普利亞大區產的大粒品種）一起攪拌。

炸海藻麵包 Zeppoline
麵粉加水、生酵母、鹽揉拌成水分略多的披薩麵團，再加岩海苔混
拌。揉成圓球，下鍋以橄欖油炸至香酥。

渡辺陽一（Partenope）

Primo Piatto

#165

Paccheri al sugo di gallinella

水煮綠鰭魚拌粗管麵

水煮魚（acqua pazza）原為漁夫的簡易料理，拿坡里的餐廳通常是和義大利麵一起供應，讓麵體吸足魚湯。先品嚐麵，再分切魚肉當成第二主菜。純粗粒小麥粉製作的乾燥義大利麵，在拿坡里已是歷史悠久，種類也很多。本食譜使用的粗管麵，特徵是短且粗孔。富有嚼勁，可以吸附大量的醬汁。

渡辺陽一（Partenope）

ricetta

①將綠鰭魚清理乾淨，撒些鹽、放進平底鍋。再加拍碎的大蒜與數粒櫻桃番茄，倒入蓋過魚身一半的水，以及少量的橄欖油，加熱燉煮。

②粗管麵以鹽水煮好後，加①的煮汁拌合。
③把水煮綠鰭魚連同湯汁一起盛盤，放入粗管麵，撒上義大利香芹末。

15

CAMPANIA

渡辺陽一（Partenope）

#166

Ziti alla genovese

熱那亞風味醬
吸管麵

吸管麵是長約 50cm、形狀中空的義大利麵，烹煮前先用手折短。在乾燥義大利麵中，這款麵具有嚼勁，深受拿坡里人喜愛。本食譜搭配的是熱那亞風味醬。提到「熱那亞風味」，羅勒、松子、佩克里諾羊乳起司製作的熱那亞青醬最為有名，但在拿坡里，熱那亞風味是指慢火燉煮的洋蔥牛肉。多半用來搭配吸管麵或水管麵等義大利短麵，有時也會當成第二主菜的肉類料理，以較大塊的肉燉煮。

15

CAMPANIA

---

ricetta

①將牛肩肉、牛五花肉、牛腱肉等部位的肉切成適當大小。鍋內倒入橄欖油加熱，牛肉下鍋拌炒，再加入大量的洋蔥薄片，燉煮半天的時間。接著加少量的櫻桃番茄與羅勒繼續燉煮，以些許鹽調味。

②吸管麵用手折成方便入口的長度，放進大量的鹽水裡煮。與①的燉牛肉拌合，撒上帕瑪森起司及羅勒葉。品嚐的時候，依個人喜好撒些黑胡椒。

#167

Fettucce con olive,capperi e noci

黑橄欖酸豆核桃糊拌寬扁麵

寬扁麵是寬約 1.5cm 的手工乾燥
粗麵。以粗粒小麥粉與麵粉加水
揉成長約 1m 的麵團，掛在棍棒
上風乾，以對摺的狀態販售。我
向拿坡里郊外小規模工坊訂購
的寬扁麵，麵粉的風味、香味與
嚼勁都非常紮實，能夠實實在在
「品嚐」到麵味的義大利麵真的
不多。黑橄欖及酸豆的義大利麵
也是符合拿坡里特色的組合，完
全不使用動物性食品，被稱為最
無害（不殺生）的料理。

杉原一禎（OSTERIA O'GIRASOLE）

ricetta

①寬扁麵下鍋煮約 15 分鐘。
②另取一鍋，橄欖油與大蒜慢慢加熱，讓大蒜釋
出香氣，再加去籽的黑橄欖、洗掉鹽分的酸豆、
煮麵水，蓋上鍋蓋燉煮一會兒，煮出橄欖及酸豆
的香氣。
③將煮好的寬扁麵、核桃糊（＊）下鍋，加帕瑪
森起司和佩克里諾羊乳起司拌合，最後撒上義大

利香芹末、佩克里諾羊乳起司。

＊核桃糊
核桃以烤箱烤過後，放進研磨缽磨成粗粒及細粒，與切
半的大蒜一起裝瓶，倒入橄欖油（量要蓋過所有材料）
泡軟。使用前要拌勻。

#168

Minestra di cavolfiore e pasta

白花椰菜燉麵

這是將蔬菜煮至軟爛，再放入各種義大利麵煮至入味的第一主菜料理。使用的蔬菜包含所有豆類或綠花椰菜、蕪菁葉、南瓜、馬鈴薯等。通常蔬菜湯（minestra）是裝在湯盤裡喝，這道卻是沒有湯汁的蔬菜湯。在義大利學藝時，這道料理令我大感驚奇，將料理名稱加上意指無水分狀態的「asciutta」，應該更能表達其意涵。拿坡里人被稱為「通心麵狂」，其實更早以前，他們因為愛吃蔬菜曾被叫作「食菜狂」。葉菜類蔬菜的使用也是坎帕尼亞料理的特色。

杉原一禎（OSTERIA O'GIRASOLE）

ricetta

①鍋內放橄欖油、大蒜、紅辣椒加熱，趁大蒜變褐色前，加入切碎的醃豬背脂與義式培根拌炒，逼出油脂。
②白花椰菜分成小朵後洗淨，不瀝乾水分直接下鍋，立刻蓋上鍋蓋，讓白花椰菜被釋出的水分燜煮成軟爛泥狀。由於味道會變淡，煮的時候不要加高湯，加清水即可。這麼一來，蔬菜裡的礦物質會充分釋出，使味道變得豐富。燉白花椰菜到此步驟已經完成。
③品嚐之前，將燉白花椰菜加熱水煮滾，熱水的量最好是義大利麵煮好時差不多收乾的量。

放進細管麵、圓直麵、寬扁麵、筆管麵、波浪麵（mafaldine）等義大利麵，煮至彈牙口感的狀態。另外，因為這道料理是以湯匙舀著吃，若是用義大利長麵，先折成適當長度再放入。最後撒上義大利香芹末。

※ 在油脂的使用上，比起北義，坎帕尼亞大區用的奶油量較少，多是以醃豬背脂或義式培根取代。這兩種食材不是當作肉類，而是當作油脂。烹調過程中（①）充分逼出油脂是重點。

#169

Scialatielli con frutti di mare e zucchine

海瓜子、淡菜與櫛瓜長棍麵

長約 5 ～ 6cm、和緞帶麵（fettuccine）差不多粗的長棍麵是阿瑪菲地區的手工義大利麵。將麵粉、牛奶、羅勒、佩克里諾羊乳起司拌成團，不醒麵、直接擀壓切條，下鍋水煮，撈起後以橄欖油拌一拌。軟度接近麵疙瘩的輕柔口感是特徵。當地人傳授的作法是麵團不要揉，避免揉出筋度。我在餐廳仍會稍微揉出筋性，但口感依然柔軟。醬汁也是使用海瓜子及淡菜做成阿瑪菲風味。

杉原一禎（OSTERIA O'GIRASOLE）

15

CAMPANIA

ricetta

①製作長棍麵。300g 的 00 型麵粉加 1 顆蛋、100g 的牛奶、磨碎的佩克里諾羊乳起司、大略撕碎的羅勒（因為會出水，不能撕太碎）揉拌成光滑的麵團。在當地只用攪拌機略為攪拌，不會用手揉，為使麵團產生彈性，本食譜是用手揉拌至光滑狀態。以擀麵棍將麵團擀成厚約 3mm、長 5 ～ 6cm 的麵皮，為避免麵團出筋變硬，擀麵時別擀太多次。以刀切成 3 ～ 5mm 寬的麵條後，立刻放進熱鹽水裡煮，煮至麵條浮上水面，撈起瀝乾水分，淋拌橄欖油。

②鍋內放橄欖油與大蒜加熱，傳出蒜香後，加入海瓜子及淡菜，蓋上鍋蓋，燜至兩種貝類的殼打開。

③另取一鍋，放橄欖油、大蒜、對半縱切成薄片的櫛瓜、撕碎的羅勒，蓋上鍋蓋燜煮，煮至櫛瓜釋出水分、變軟。接著加已過濾的貝類煮汁，煮滾後，立刻將長棍麵與貝類下鍋拌合。由於長棍麵會快速吸收水分，拌 20 ～ 30 秒即可，最後撒上義大利香芹末。

#170

Sartù di riso

肉醬米餡餅塔

拿坡里肉醬的特色是以肉塊燉煮。也會加醃豬背脂或生火腿皮等，像是要把肉的風味煮進番茄裡，煮至肉變乾。換言之，拿坡里肉醬不是把肉煮成番茄味，而是煮至番茄充滿肉味。通常會將肉取出，當成第二主菜，醬汁用於第一主菜，但在我的餐廳不供應肉，只使用醬汁。本食譜以這個肉醬搭配坎帕尼亞的必備料理米餡餅塔。

米餡餅塔是將煮成番茄味的米飯與肉丸、雞肝、豌豆等，疊放成定音鼓（timbale）的形狀，以烤箱烘烤，配料多變。味道不像外觀看起來那麼厚重，米飯與番茄的味道也很豐富。

杉原一禎（OSTERIA O'GIRASOLE）

ricetta

①製作肉醬。橄欖油、大蒜、月桂葉下鍋加熱，散出香氣後，放入醃豬背脂的皮與生火腿的皮拌炒，逼出油脂。接著加入以料理棉線綁好的豬前腿肉，煮至變軟。再加入洋蔥末，調整火候，蒸熟豬肉。將紅酒、壓成泥的番茄倒進鍋中，過程中邊煮邊加水，煮 7～8 個小時。快煮好的 30～40 分鐘前，放入自製香腸。煮好後，取出豬肉和香腸，切碎備用。

②煮米。肉醬加水煮滾後，米下鍋煮至彈牙口感的狀態。米煮好時，水量差不多收乾是最理想的水量。接著加蛋、磨碎的帕瑪森起司、鹽、胡椒混拌。

③製作內餡。牛肉比例較多的牛豬混合絞肉、蛋、帕瑪森起司拌勻，做成小肉丸，直接下鍋油炸。雞肝、豌豆、洋蔥末、泡軟切碎的牛肝菌以橄欖油快速拌炒，再與小肉丸、切碎的水煮蛋、莫札瑞拉起司與斯卡莫札起司、①的豬肉和香腸拌合。

④在直徑 18cm 的圓形烤模內塗抹豬油或奶油，撒上大量的麵包粉。先鋪少量的肉醬，再依序放米、內餡、米。中間挖個洞，周圍放入切成薄片的莫札瑞拉起司，多撒些麵包粉，再鋪一層切成薄片的奶油。放進 180℃的烤箱烤約 30 分鐘。烤的過程中若發現已烤上色，上方以鋁箔紙蓋住。但若沒有充分烤透，脫模時會變形。

⑤脫模，在中間的洞內填入大量內餡。分切盛盤，旁邊以肉醬、擺羅勒做裝飾。

#171

Polpetta di trippa e mortadella alla sannita

桑尼奧風味牛胃茄子肉丸

將預煮過的牛胃與莎樂美腸炒成絞肉狀，再加炸茄子做成大肉丸，沾麵包粉下鍋煎炸。這是從以前的文獻找到的食譜之一，因為製作費時費工，如今已不是主流料理。我在學藝時期持續閱讀許多料理的相關文獻，從中發現名菜真的非常有趣。

我稍微調整作法，將這道料理的牛胃切成大塊，結果成為店內的人氣菜色。外側的麵包粉炸得酥脆，裡面的牛胃膠質融化成滑稠狀態。

杉原一禎（OSTERIA O'GIRASOLE）

ricetta

①牛胃與香味蔬菜（請參考 P36 ＊）一起放進鍋中煮軟，切成一口大小。

②大蒜、洋蔥、紅蘿蔔、西洋芹切成末，以橄欖油拌炒，接著加切碎的莎樂美腸與辣味莎樂美腸（salame piccante）、摩德代拉香腸一起炒。炒至蔬菜約五成的水分蒸發，再放牛胃下鍋炒。加白酒，煮至酒精蒸發，再加壓成泥的番茄與水煮櫻桃番茄（罐頭），煮至水分幾乎收乾、牛胃變成淡粉色即完成。

③大略放涼後，與切成 2cm 丁狀的炸茄子、蛋、磨碎的帕瑪森起司混拌，靜置冷卻。

④填入直徑 5 ～ 7cm 的慕斯圈塑形，撒上麵粉、

裹蛋液、沾麵包粉。取一鍋，倒入略多的橄欖油與少量的奶油加熱，肉丸下鍋煎，邊煎邊舀淋熱油，煎封表面後，再慢慢煎炸至熟透。先煎封表面是因為牛胃加熱後，融出的膠質會讓肉丸變形。以烤肉鐵叉試溫度，鐵叉變熱即可關火。

⑤盛盤，擺上綠莎莎醬（＊）、水煮蛋、芝麻葉，撒些帕瑪森起司、淋特級初榨橄欖油。

＊綠莎莎醬
將醃菜、義大利香芹、鯷魚、醋漬酸豆、麵包白色的部分（麵包肉）、特級初榨橄欖油用食物調理機攪打成糊狀，連同整顆大蒜一起裝瓶醃漬而成。

#172

Coniglio all'ischitana

伊斯基亞島
風味燜兔

伊斯基亞島是坎帕尼亞大區最大的島，除了天然湧出的溫泉，還保有美麗的自然景觀。我對那個曾經生活了三年的地方，充滿特殊的感情。島民每逢婚禮或聖體領受（comunione）等基督教的活動就有吃兔肉的習慣，所以兔肉料理很有名。本食譜介紹的這道料理是以白酒與番茄稍微燜煮，名稱也是「伊斯基亞島風味」。因為是以帶骨兔肉燜煮，不加高湯，使味道濃縮。做這道菜的重點是，兔肉煮熟的同時，湯汁也呈現差不多收乾的狀態。

渡辺陽一（Partenope）

ricetta

①將一隻兔子清理乾淨，切成帶骨肉塊。肝、腎等內臟保留，各部位撒鹽備用。
②鍋內倒橄欖油加熱，放入拍碎的大蒜拌炒，再加兔肉及內臟一起炒，下鍋時從難熟的部位先放。炒至差不多上色後，加少量的白酒，4顆櫻桃番茄、2～3片的羅勒葉、少量的水，蓋上鍋蓋燜煮。
③盛盤，舀入湯汁，撒放羅勒葉。

#173

Delizia al limone

蘇連多檸檬蛋糕

檸檬利口酒的「檸檬甜酒
（Limoncello）」是蘇連多特產，
以此做成的檸檬蛋糕也很有
名。比起義式泡芙（zeppole，
聖約瑟夫節（San Giuseppe）
的炸泡芙）或小麥起司塔
（pastiera，復活節的烘焙點心
）、義式牛軋糖（torrone）等
拿坡里的點心，這算是比較近
期的糕點。將海綿蛋糕做成檸
檬的造型，夾入檸檬風味的卡
士達奶油，最後再撒上檸檬
皮，充滿玩心的一道點心。

渡辺陽一（Partenope）

ricetta

①取一調理碗，倒入蛋黃與砂糖攪拌，再加打發
的蛋白、低筋麵粉混拌。將麵糊填入擠花袋，擠
成檸檬般的橢圓形，以烤箱烘烤。
②烤好的蛋糕對半橫切，刷塗檸檬甜酒，夾入檸
檬卡士達奶油（作法省略）。

③鮮奶油以打蛋器打至五分發（用打蛋器舀起時，
呈線狀快速落下），淋覆蛋糕。盛盤，撒些磨碎
的檸檬皮，以薄荷葉、覆盆子做裝飾，撒上糖粉。

杉原一禎（OSTERIA O'GIRASOLE）

#174

Melanzane al cioccolato

巧克力茄子

炸茄子與卡士達醬層層堆疊，最後淋上巧克力的甜點。將阿瑪菲地區在八月節（Ferragosto，又稱仲夏節）吃的傳統點心稍作改變，茄子除了油炸，還有以糖漿煮的作法。大量使用曾被視為高級品的可可，使人想起阿瑪菲過去為貿易活動頻繁的海洋都市。起初會覺得這個組合很奇怪，但炸過的茄子水潤且軟綿化口，幾乎吃不出是茄子，形成絕妙的協調感，也只有蔬菜能產生那種潤口感。原本只使用茄子與巧克力，本食譜又夾入添加糖漬橙皮及堅果的卡士達醬，增加味道的變化。

15

CAMPANIA

ricetta

①茄子去皮，縱切成厚約 1cm 的片狀，撒上麵粉、裹蛋液，下鍋以橄欖油炸至金黃，以餐巾紙吸乾油分。

②煮卡士達醬，加入切碎的橙皮、略為拍碎的杏仁、松子混拌。

③趁卡士達醬還熱的時候，取一略深的托盤，依序疊放炸茄片、卡士達醬，大致疊三層，最上層是炸茄片。

④可可粉與細砂糖、低筋麵粉混拌，為避免結塊，少量地加牛奶攪拌。接著放到爐上加熱，煮至接近白醬的稠度。趁熱淋在③上，將炸茄片完全覆蓋。放進冰箱至少冷藏兩天。

⑤切成方便入口的大小享用。第三、四天的茄子與卡士達醬已充分融合，是最佳品嚐狀態。

#175

Code di aragosta

龍蝦尾千層酥

坎帕尼亞大區的代表性甜點不
少，像是巴巴（說明請參閱
P284）、檸檬塔、千層貝殼酥
（sfogliatelle，貝殼造型的派皮
點心）等。這個龍蝦尾千層酥
與千層貝殼酥是同系列的點心，
名稱由來是因為形似「龍蝦的
尾巴」。以高筋麵粉加水揉成
略硬的麵團，擀薄捲成圓錐狀
後，填入泡芙麵糊，以烤箱烘
烤。麵皮隨著麵糊的膨脹而拉
長，最後變成這個形狀。外表
看似酥薄，其實頗硬，口感脆
且紮實，吃的時候請小心別劃
破嘴。在拿坡里學藝時，為了
學會這道甜點，我在糕點鋪工
作了半年，可見這是相當深奧
的甜點。

杉原一禎（OSTERIA O'GIRASOLE）

ricetta

①高筋麵粉加水揉拌，揉成無法再揉的硬麵團。
接著以身體的重量邊揉邊壓，此步驟約進行 1 小
時以上 。靜置醒麵一晚後，麵團會變成橡皮般
的硬度。
②以擀麵棍慢慢擀壓麵團，擀成薄可透光、長約
2.5m 的薄麵皮。
③將麵皮擺成短邊在上下、長邊在左右的狀態，
從靠近自己這側的短邊緊密捲出細硬的芯，再捲
成鉛筆般的粗度，整體塗上薄薄一層豬油後繼續

捲，捲好的麵卷直徑約 4cm。
④把麵卷自邊端切成厚約 1cm 小塊，以雙手姆指
按住中心，慢慢推展成圓錐狀，填入泡芙麵糊。
放進 200℃的烤箱烤約 20 分鐘，稍微調低溫度，
再烤一段時間。中間的泡芙麵糊膨脹後，麵皮會
撐開，從原本的圓錐狀變成龍蝦尾的形狀。
⑤放涼後，以手指挖洞，擠入卡士達醬（作法省
略）。開口處以鮮奶油擠花裝飾，撒上糖粉。

普利亞大區
PUGLIA

●普利亞大區的省與省都

塔蘭托省（Provincia di Taranto）……塔蘭托

巴里省（Provincia di Bari）……巴里（大區首府）

巴爾萊塔 - 安德里亞 - 特蘭尼省（Provincia di Barletta-Andria-Trani）……巴爾萊塔、安德里亞、特蘭尼

福賈省（Provincia di Foggia）……福賈市

布林迪西省（Provincia di Brindisi）……布林迪西市

雷契省（Provincia di Lecce）……雷契市

普利亞大區的特徵

大區在形似長靴的義大利半島，相當於鞋跟的部分，南北狹長，距離超過 400km。夾在亞得里亞海與愛奧尼亞海之間，和西北側的莫利塞大區、西側的坎帕尼亞大區的邊界稍微接近亞平寧山脈，但大部分是平坦的地形。以福賈為中心，擁有義大利中南部面積最大的塔沃列雷平原。以前曾是濕地，經過整地後，現在已是知名的重要農耕地帶。儘管東南部的穆爾賈地區略有高度、野草叢生，尾端仍是銜接薩蘭托平原。

受惠於溫暖的地中海型氣候，冬季雖冷並不嚴寒，不過夏季總是豔陽高照。加上降雨量少，河川水量也少，經常面臨缺水困境，於是設置了周全的灌溉用水路。因此，平地的農耕相當盛行，硬質小麥與橄欖為主要產物。在塔沃列雷平原一帶栽培了優質的硬質小麥。

橄欖雖然隨處可見，主要產地還是在巴里省比通托為中心的廣大橄欖田，以及布林迪西省樹齡超過百年的橄欖樹林。每年皆有數一數二的橄欖油產量，佔義大利國內的 30% 以上。

各式各樣的蔬果產量也很豐富，不只供應義大利北部的都市，更出口至歐洲諸國。也有栽培獨特的蔬菜，如蕪菁葉（cima di rapa）與各種菊苣（cicoria，Catalogna／Cicoria selvatica 等）、葡萄風信子球根（lampascioni，類似小洋蔥的蔬菜）、小型瓜類可可玫洛（cocomero）、卡羅謝羅（carosello）等，為當地的飲食增色不少。自兩處大海捕獲的海鮮也很豐沛，市場內人聲鼎沸，每當天氣轉暖，提供生吃現撈海膽或貝類的攤販就會出現。餐廳的前菜也會供應擠上檸檬汁生吃的新鮮貝類或小卷，相較於其他大區，這兒的人相當習慣生吃海鮮。

匯集來自山野海洋豐富的新鮮食材，普利亞大區料理的重點是，以橄欖油為基底，採簡單的烹調方式，品嚐食材的自然原味。此外，受到地中海沿岸諸國的影響也是特色之一。例如，將乾燥蠶豆打成泥，搭配水煮菊苣是埃及也吃得到的料理。使用鷹嘴豆的料理或烤蔬菜、陶瓦鍋的燉煮料理等則是受到阿拉伯各國的影響。在普利亞大區，蔬菜不只是配菜，也是具有強烈存在感的料理。

義大利麵方面，硬質小麥粉加水製成的耳垂形貓耳麵（orecchiette）相當有名，與特產的蕪菁葉一起煮，就是普利亞具代表性的一道菜。肉料理以小羊、小山羊等為主，也會活用其內臟烹調出有特色的味道。乳製品也經常使用，布瑞達（burrata）或碎奇拉（stracciatella）等起司，鮮度很重要，餐廳都是現刨現用。

說到普利亞大區的飲食，還有一項不可或缺的就是麵包。除了有多家烘焙坊的阿爾塔穆拉，在拉泰爾扎等地使用硬質小麥粉揉成麵團，柴火窯烤的大麵包至今仍是麵包店的常備品項。餐桌上的麵包盒一定會放切成薄片的大麵包，以及形似小甜甜圈的乾麵包「圈圈餅（taralli）」。

普利亞大區的傳統料理

◎巴里省的料理

＊淡菜馬鈴薯焗烤飯 Tiella di riso e cozze……巴里省的名菜。在烤皿內疊放淡菜、馬鈴薯、米、番茄、佩克里諾羊乳起司等，加淡菜的湯汁、橄欖油、水等，以烤箱烘烤。

＊麵包蔬菜湯 Cialledda……將變硬的麵包切成薄片，放入以奧勒岡增添風味的蔬菜湯。

＊綜合豆湯（菜豆、鷹嘴豆、山鱉豆）……山鱉豆（cicerchia）是類似鷹嘴豆的豆類。

＊海鮮湯

＊炸紅點海鯡鯉

＊醃鰻魚

＊羊腸串 Gnummerieddi……以小羊腸或山羊腸纏捲小羊的肝、肺、腎等內臟，與月桂葉交互插成串，以炭火炙烤。

＊爐烤紙包小羊與葡萄風信子球根 Agnello e lampascioni al cartoccio……將帶骨的小羊里肌肉與葡萄風信子球根、綠橄欖等使用料理紙包起來，以烤箱烘烤。

＊串燒小羊

＊獵人風味燉小羊 Agnello alla cacciatore……小羊腿肉分切後，與番茄、馬鈴薯一起以烤箱燜烤，以奧勒岡增添風味。

＊烤小羊與豌豆

◎福賈省的料理

＊多寇利 Troccoli……硬質麵粉加水揉成團後壓薄，以專用器具「troccolaturo（擀麵棍上刻有刀片般的等距溝紋）」滾切成長條狀，切面呈紡錘形。以番茄醬汁或蔬菜等各種醬汁拌合。

＊扭指麵 Cavatelli……看起來像是把貓耳麵捲成細長條狀的義大利麵。以番茄醬汁、肉醬等拌合。亦稱「cavatieddi」。

＊麵包湯 Pancotto……將切成薄片的麵包放入有馬鈴薯、芝麻葉等的蔬菜湯。

＊炸朝鮮薊

◎雷契省、薩蘭托省的料理

＊鷹嘴豆短寬麵 Ciceri e tria……鷹嘴豆與義大利麵以水燉煮而成的料理。傳統的作法是，使用硬質小麥粉加水做成手工麵。麵的形狀像是切短的寬麵，取部分麵條油炸後混入是特色。

＊炸三明治 Panzerotti……包入番茄與莫札瑞拉起司，做成半月形的炸麵包。

＊炸麵球 Pittule……小圓球狀的炸麵包。有時裡面會放黑橄欖、酸豆、小番茄、煮過的鹽漬鱈魚乾或白花椰菜等。又稱酥炸麵球（pettole）。有時會淋蜂蜜或濃縮葡萄汁當成甜點吃。

＊普迪卡 Puddica……麵團上放番茄、進爐烘烤的厚佛卡夏。

＊番茄燉三色甜椒 Peperonata……紅、黃甜椒與青椒以洋蔥、番茄等燉煮。

＊炙烤茄子

＊烤薯泥 Pitta di patate……薯泥中間夾入炒過的番茄與小洋蔥（cipollotto），以烤箱烘烤。

＊雷契風味淡菜 Cozze alla leccese……淡菜蒸煮後，淋上以香芹、檸檬、橄欖油混拌而成的醬汁。

＊鑲餡透抽 Calamari ripieni……透抽填入麵包粉、大蒜、義大利香芹、佩克里諾羊乳起司等餡料，以番茄燉煮。

＊烤小羊

＊烤小山羊腿肉

＊海鮮湯

＊烤鯷魚 Alici arracanate……鯷魚加入大蒜、薄荷、酸豆、奧勒岡、麵包粉、橄欖油，以烤箱烘烤。

＊炸小魚

＊海鮮沙拉

＊爐烤紙包紅點海鯡鯉 Triglie al cartoccio……紅點海鯡鯉與黑橄欖、奧勒岡、義大利香芹等使用料理紙包起來，以烤箱烘烤。

＊麵包粉烤淡菜

＊生貝拼盤……擠上檸檬汁享用。

＊炙烤章魚

＊陶瓦鍋燉章魚 Polpo a pignatu……白酒燉章魚與馬鈴薯。料理名稱的「pignatu」是指陶瓦製的淺鍋。

◎普利亞大區的常見料理

＊貓耳麵 Orecchiette……硬質小麥粉加溫水、鹽做成狀似耳垂、有凹洞的圓形義大利麵。亦稱 recchie、recchietelle，小一點的叫 chianchiarelle，大一點的叫 pociacche。與蕪菁葉一起煮是普利亞大區的代表性義大利麵。另外，還可搭配番茄燉肉卷（braciole）的醬汁、番茄燉肉丸（polpette）的醬汁、小羊肉醬等各種醬汁。

＊扁貓耳麵 Strascinati……扁平略大的貓耳麵，以番茄醬汁或各種肉醬拌合。

＊烤葡萄風信子球根（lampascioni）……將葡萄風信子球根和馬鈴薯、蕈菇等一起烤的料理。

＊炸葡萄風信子球根

＊葡萄風信子球根烘蛋……蛋液加煮過的葡萄風信子球根，以烤箱烘烤成柔軟的烘蛋。

＊白酒燉葡萄風信子球根

＊起司焗茄子

＊烤鑲餡茄子

＊蠶豆泥與菊苣 Purè di fave e cicoria……乾燥蠶豆打成泥，搭配煮過的菊苣（cicoria selvatica 或 cicoria catalogna）。又名「capriata」，是歷史悠久的料理。

＊肉卷 Braciole……相當於「involtini（肉卷）」。以馬肉、驢肉、牛肉等薄切肉片包捲起司、豬背脂、義大利香芹、大蒜等餡料，以番茄醬汁長時間燉煮。有時會用這個醬汁拌義大利麵。

16

PUGLIA

普利亞大區的特產

◎穀類、豆類

＊硬質小麥＜以福賈為中心的塔沃列雷平原＞……產量是義大利國內最大。

＊野燕麥

＊鷹嘴豆＜納爾德奧（Nardò）＞

＊蠶豆

＊扁豆＜阿爾塔穆拉＞

◎蔬菜、水果、蕈菇、堅果類

＊番茄

＊糖用甜菜

＊蕪菁葉 cime di rapa……油菜花的一種，食用部位是花蕾、莖與葉。＜特拉尼（Trani）＞

＊朝鮮薊＜梅薩涅（Mesagne）、聖費爾迪南多迪普利亞（San Ferdinando di Puglia）＞

＊白花椰菜＜安德里亞（Andria）＞

＊茴香＜盧切拉（Lucera）＞

＊西洋芹＜蒙泰聖安傑洛（Monte Sant'Angelo）＞

＊馬鈴薯

＊洋蔥＜阿夸維瓦德萊豐蒂（Acquaviva delle Fonti）、扎波內塔（Zapponeta）＞

＊櫛瓜

＊可可玫洛 cocomero……表皮呈淺綠色的小橢圓形瓜。

＊卡羅謝羅 carosello……形似小黃瓜的小型瓜，表皮有略呈深綠至淺綠色。

＊茄子

＊甜椒

＊野生菊苣 cicoria selvatica……帶苦味的葉菜類

蔬菜，種類達十幾種，甚至更多，皆為野生品種。

＊鋸齒菊苣 catalogna……菊苣的同類，帶苦味的葉菜類。莖梗細白，形似水芹。＜安德里亞＞

＊葡萄風信子球根 lampascioni……類似小洋蔥的百合科植物鱗莖，有強烈的苦味。＜科佩爾蒂諾（Copertino）＞

＊櫻桃＜孔韋爾薩諾（Conversano）、圖里（Turi）＞

＊杏桃＜曼弗雷多尼亞（Manfredonia）、奧特朗托（Otranto）＞

＊西瓜＜布林迪西＞

＊哈蜜瓜＜卡尼亞諾瓦拉諾（Cagnano Varano）＞

＊葡萄＜卡諾薩迪普利亞（Canosa di Puglia）＞

＊檸檬、柳橙、橘子等柑橘類水果＜羅迪加爾加尼科（Rodi garganico）、吉諾薩（Ginosa）＞

＊寬皮柑 crementine del Golfo di Taranto IGP……芸香科柑桔類水果。＜塔蘭托灣（Golfo di Taranto）沿岸地區＞

＊費米奈羅檸檬 limone femminello del Gargano IGP＜加爾加諾＞

＊柳橙 arancia del Gargano IGP ＜加爾加諾＞

＊貝拉德拉道尼亞橄欖（綠、黑）La bella della daunia DOP ＜切里尼奧拉（Cerignola）＞

＊卡多切利菇（cardoncelli）……類似杏鮑菇的菇類。

＊核桃＜諾奇（Noci）＞

＊杏仁＜諾奇＞

◎海鮮類

＊淡菜、象拔蚌

＊龍蝦、蝦類

＊遠東擬沙丁魚、鯷魚、青花魚

＊海膽

＊鯛魚、馬頭鯛、鱸魚、紅點海鯡鯉、　魚

＊章魚、透抽、墨魚

◎肉類

＊豬

＊小羊、小山羊

＊馬

◎起司

＊卡內斯特拉多普列亞斯起司 canestrato pugliese DOP

＊卡丘費歐雷 caciofiore（羊奶，半硬質）

＊卡丘瑞可塔達 cacioricotta……以羊奶、山羊奶，或是羊奶混合山羊奶為原料，乾燥熟成的瑞可達起司。熟成期較短的直接單吃，熟成期較長的磨碎使用。＜全普利亞大區＞

＊布瑞達 burrata（牛奶，新鮮）……安德里亞為主要產地。以鮮奶油與撕成絲狀的莫札瑞拉起司包入塊狀的莫札瑞拉起司，做成小包袱狀的新鮮起司。

＊水牛乳碎奇拉 stracciatella di bufala（水牛奶，新鮮）……將撕成絲狀的水牛乳莫札瑞拉起司混合鮮奶油製成的起司。

＊卡丘卡巴羅加爾加諾 caciocavallo podolico del Gargano（牛奶，硬質）……牛奶製成的紡絲型卡丘卡巴羅起司。產地是加爾加諾，長期熟成款特別受到好評。

＊卡丘卡巴羅西拉諾 caciocavallo silano DOP（牛奶，硬質）

＊水牛乳瑞可達 ricotta di bufala campana DOP（水

牛奶，新鮮）

◎加工肉品

＊醃豬肩頸肉 capocollo……使用豬肩頸肉製成的生火腿，等同於艾米利亞 - 羅馬涅大區的科帕火腿（coppa）。全普利亞大區皆有生產，當中又以馬丁納弗蘭卡（Martina Franca）產的生火腿最有名。

＊臘腸 soppressata……豬瘦肉的絞肉加切丁的豬背脂，稍微煙燻過的莎樂美腸。

＊萊切香腸 salsiccia leccese……小牛肉加豬肉、肉桂、丁香、磨碎的檸檬皮製成的香腸，以豬脂醃漬保存。

＊牧西沙燻肉 muscisca……羊、山羊、牛、馬等禽類的瘦肉切成寬 3～4cm、長 20～30cm 的條狀，以鹽、紅辣椒、茴香菜、大蒜等調味、乾燥而成。有時會用野生香草煙燻。

◎橄欖油

＊布林迪西丘陵 Collina di Brindisi DOP ＜布林迪西周邊＞

＊達烏諾 Dauno DOP ＜塔沃列雷地區＞

＊巴里 Terra di Bari DOP ＜比通托、卡斯泰爾德爾蒙泰（Castel del Monte）、穆爾賈地區＞

＊奧特朗托 Terra d'Otranto DOP ＜奧特朗托周邊＞

＊達倫提內 Terra tarentine DOP

◎調味料

＊鹽田的鹽 sale di salina……產自義大利最大鹽田的鹽。＜馬爾蓋里塔迪薩沃亞（Margherita di Savoia）＞

＊濃縮葡萄汁 vincotto……甜葡萄汁加熱濃縮而成。另有添加成熟甜無花果一起加熱，過濾後再次加熱濃縮的作法。可當成取代蜂蜜的甜味料，

淋在蜂蜜卷（詳細說明請參閱糕點）等點心上。

◎麵包、糕點

＊阿爾塔穆拉麵包 pane di Altamura DOP……使用穆賈地區的硬質小麥粉，柴燒窯烤而成的大型麵包。外皮厚硬、內部組織呈淡奶油色，質地細緻潤口。

＊圈圈餅 taralli……小甜甜圈狀的麵包。麵團以熱水煮（燙麵）為特徵，烤好後口感像乾燥麵包一樣硬。

＊普利亞麵包 pane pugliese……硬質小麥粉製成的大型麵包，特徵是內部組織有發酵時產生的大氣孔。

＊普恰 puccia……添加黑橄欖的圓麵包。

＊麵包圈 friselle……將烤成甜甜圈狀的麵包切成薄片再烤乾。以水浸濕，擺上鯷魚或番茄，淋橄欖油吃是現在的一般吃法。

＊蜂蜜卷 cartellate……將麵皮捲成玫瑰花的造型，以橄欖油炸的點心。淋蜂蜜或濃縮葡萄汁吃。

＊榅桲凍 cotognata……把榅桲（melacotogna，木梨）煮成濃稠凍狀的點心。＜雷契＞

＊瑞可達起司薄餅卷 dita degli apostoli……薄餅包捲瑞可達起司奶油（加巧克力或糖漬水果等）。名稱意指十二使徒的手指。這是復活節時期吃的點心。

＊杏仁餅 pasticcini di mandorle……以杏仁粉、砂糖、蛋白等拌成糊，進爐烘烤的餅乾。撒糖粉、放糖漬水果，或是淋巧克力醬。

＊摩斯塔奇歐利 mostaccioli……杏仁粉加濃縮葡萄汁拌勻，切成菱形等形狀，進爐烘烤的餅乾。

◎慢食捍衛運動（Presidio Slow Food）標籤

＊托雷瓜切多（Torre Guaceto）產的番茄……番茄醬汁用的品種。

＊法薩諾（Fasano）與奧斯圖尼（Ostuni）產的女王小番茄（Regina）……如成串葡萄般吊掛保存，放到隔年還能使用。

＊阿夸維瓦德萊豐蒂產的紫洋蔥

＊卡爾皮諾（Carpino）的蠶豆　　＊波利尼亞諾（Polignano）產的紅蘿蔔

＊加爾加諾地區產的柑橘類水果

＊托里托（Toritto）產的杏仁

＊加爾加諾地區產的波多里寇母牛（Podolico）

＊加爾加諾地區產的山羊

＊加爾加諾地區產的波多里寇卡丘卡巴羅起司（Caciocavallo podolico）

＊馬丁納弗蘭卡產的醃豬肩頸肉……將豬的肩頸肉以鹽醃漬，以濃縮葡萄汁與香料調味後灌入腸衣，稍微煙燻的熟成生火腿。

＊柴燒窯烤的阿爾塔穆拉傳統麵包

＊切列梅薩皮卡（Ceglie Messapica）的杏仁義式脆餅

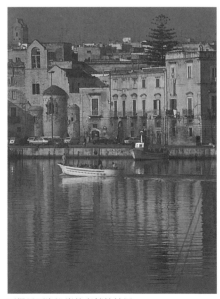

亞得里亞海沿岸的老鎮特拉尼。

176

Friselline miste

麵包圈前菜拼盤

麵包圈是中央有洞的乾燥麵包，通常是以對半橫切的形狀販售。稍微泡水後快速撈起，擺上各種配料做成兩盤。第一盤是以鹹口味為主的三種前菜拼盤（A），第二盤是甜口味的雙甜點拼盤（B）。除了麵包圈，在普利亞大區還有許多當成開胃小點或手指小食（finger food）的乾燥麵包，以及類似餅乾的麵粉製品。普利亞風格的吃法並非品嚐酥脆的口感，而是略含水分的微妙軟韌度。

江部敏史（Cortesia）

ricetta

將麵包圈稍微泡水、快速撈起，擺上配料。

新鮮番茄與奧勒岡（A）
將成熟的番茄去皮切丁，撒鹽、淋特級初榨橄欖油，放上乾燥奧勒岡、泡過水的紫洋蔥薄片。若是水果番茄（fruit tomato，糖度 8 以上的番茄，一般番茄的糖度是 4～5 度），不去皮也沒關係。

普利亞莎樂美腸與卡丘卡巴羅起司（A）
把普利亞莎樂美腸切片，擺在卡丘卡巴羅起司上，再放烤過的黃椒、撒些切碎的義大利香芹。

卡丘瑞可達起司佐番茄醬汁（A）
將普利亞產的卡丘瑞可達起司（以羊奶及山羊奶的乳清製成的瑞可達起司。本食譜用的熟成期較

短）切成條狀，放在辣番茄醬汁（大蒜與紅辣椒用橄欖油拌炒後，加水煮番茄略為燉煮）上擺成格子狀，再放煮過的青花菜做裝飾。

馬斯卡彭起司奶油佐無花果乾（B）
蛋黃加糖漿用打蛋器攪打，變成奶油狀後，再加馬斯卡彭起司、六分發的鮮奶油、煮溶的吉利丁液混拌，做成馬斯卡彭起司奶油。上面再放普利亞名產的無花果乾切片。

仙人掌果醬與草莓（B）
在仙人掌果醬上放自製的草莓果醬與糖漬水果，擺薄荷葉做裝飾。

16

PUGLIA

#177

Focaccia alla pugliese

普利亞風味佛卡夏

普利亞風味的佛卡夏是在麵團
裡混加水煮馬鈴薯泥揉製而
成。在當地是平日常吃的食物，
Q彈口感是特色。可當作前菜，
也可當成咖啡館等處的輕食小
點。這道料理能夠充分品嚐到
特產橄欖油的美味。我的餐廳
搭配自製普利亞麵包供應。

江部敏史（Cortesia）

ricetta

①製作麵團。麵粉（00 型）加煮過壓成泥的馬
鈴薯、水、酵母粉、鹽、橄欖油揉拌成團。比例
是 500g 的麵粉：約 200g 的馬鈴薯泥。靜置醒
麵約 1 小時。
②將麵團壓成 1.5cm 厚，切成兩塊，各自擺上不

同配料。一塊放洋蔥（撒鹽脫水並擠乾水分）、
奧勒岡與酸豆，另一塊放小番茄、奧勒岡、酸豆
及大蒜。兩塊皆撒些許的鹽、淋橄欖油，放進
200℃的烤箱烤 15 ～ 20 分鐘。

#178

Antipasto dello chef

主廚精選前菜

炸鯷魚 Alici fritte
巴里風味生火腿 Prosciutto barese
溺水章魚（燉章魚）Polpo affogato
羅勒醃茄 Melanzane al basilico
麵包粉烤淡菜 Cozze al gratin
焗烤櫛瓜 Parmigiana di zucchine

在普利亞大區，前菜一般是裝在小盤裡供
應。無論冷熱都是做好就立刻上桌，讓客
人品嚐最棒的味道。這幾道普利亞風味的
前菜，對我而言是當地生活體驗中，回憶
最深的料理。

工部敏史（Cortesia）
cetta　P322

16

PUGLIA

#179

Purè di fave e cicoria

蠶豆泥佐菊苣

乾燥蠶豆煮成泥，搭配帶苦味的菊苣是普利亞大區的代表性料理。葉菜類蔬菜的菊苣嚐起來有類似油菜的苦味，當地通常是以油煮至軟爛，做成燉菜（stufato），或是水煮食用。本食譜使用的是群馬縣農家有機栽培的菊苣。微苦味與蠶豆泥柔和的甜味形成絕妙的協調感。為了讓客人一口品嚐到完整的味道，同時減少份量的負擔，我在店裡是把蠶豆泥與菊苣混拌後，擺在麵包圈上（請參閱 P307），當成前菜供應。

江部敏史（Cortesia）

ricetta

①製作蠶豆泥。乾燥蠶豆泡水一晚，連同馬鈴薯放進陶鍋煮，煮滾後加鹽，煮至變軟為止。接著以手動式食物研磨器過濾，使其變成柔滑泥狀。以普利亞產的特級初榨橄欖油調味。

②菊苣以鹽水煮，淋上普利亞產的特級初榨橄欖油，和蠶豆泥一起盛盤即完成。

16

PUGLIA

#180

Ceci e trie

鷹嘴豆短寬麵

這是我向普利亞大區雷契市的女主廚學來的料理，又稱「Ciceri e trie」。以煮軟的鷹嘴豆與名為「trie」的手工短寬麵組合而成的簡單料理。這道菜的作法很有趣，將義大麵以烙煎、水煮兩種方式做成一盤。義大利麵烙煎後釋出的香氣，使味道產生變化，這種巧思可謂窮人美食（cucina povera）的美味精髓。另外，基本上鷹嘴豆是以陶瓦鍋文火慢燉 3～4 小時，豆子的味道會變得截然不同，真的很神奇。

江部敏史（Cortesia）

16

PUGLIA

ricetta

①製作短寬麵。麵粉（00 型）加少量的粗粒小麥粉、水、鹽混拌成團。稍微擀開，切成食指般的寬度，長度盡量相同。

②鷹嘴豆（普利亞產）泡水一天，使其變軟，再加西洋芹、紅蘿蔔、帶皮的大蒜、鹽一起煮軟。

③陶瓦鍋內倒特級初榨橄欖油加熱，取約 1/3 量的生麵下鍋，煎出香氣。接著加鷹嘴豆與煮汁，以及剩下已用鹽水煮過的短寬麵。

④煮至入味後，盛盤，撒些黑胡椒、淋上特級初榨橄欖油。

#181

Orecchiette con cime di rapa
蕪菁葉貓耳麵

耳麵搭配蕪菁葉（油菜的一種）是普利亞大區的招牌料理，但在當地，各家餐廳的作法仍有差異。有些會煮得很軟稠，幾乎看不出蕪菁葉的樣貌，有些則是煮到自然釋出菜葉的精華，或是最後才和麵拌合，所以麵看起來還是白白的。我認為 Q 彈的麵拌上軟爛的蕪菁葉，以及略為煮爛的花蕾，正是這道料理的美味之處。有時也會加紅辣椒或小番茄、番茄乾等。

江部敏史（Cortesia）

ricetta

①燒一鍋鹽水，將蕪菁葉與貓耳麵放進鍋裡（本食譜是用普利亞大區產的手工乾燥麵）煮。
②另取一鍋，放橄欖油和拍碎的大蒜加熱，炒出蒜香後，取出稍微變色的大蒜，鯷魚下鍋拌炒。

接著加煮過的蕪菁葉與貓耳麵拌合，輕炒入味。最後依個人喜好淋些特級初榨橄欖油或撒鹽、胡椒。

#182

Tiella di riso, patate e cozze

馬鈴薯淡菜焗烤飯

tiella 是「烤盤、淺鍋（teglia）」的方言，又稱 tiedda，意指使用淺鍋製作的烤箱料理。這是義大利各地皆有的料理，種類變化依地方而異，本食譜介紹的是以米與馬鈴薯、淡菜做成的巴里風味焗烤飯。雖然只是將所有食材疊烤的簡單料理，越簡單越能嚐到鄉土料理的美味。我的作法是，由下而上依序疊放洋蔥、米、淡菜，讓米夾在中間充分吸收上下食材的鮮味。淡菜的殼和疊在上方的馬鈴薯片發揮了蓋子般的效果，封住香氣及鮮味。儘管樸素，卻是能感受到先人智慧與當地淳樸溫情的佳餚。

江部敏史（Cortesia）

ricetta

①洋蔥片下鍋，以特級初榨橄欖油拌炒，炒出香氣後，取出洋蔥片。倒入卡納羅利米拌炒，再加放了一小撮鹽的熱水，蓋上鍋蓋，放進烤箱，燜蒸至半熟狀態。
②取一個較淺的耐熱容器，依序疊放生洋蔥片、①的半熟米、淡菜（去除一邊殼的生淡菜與淡菜釋出的汁液）、番茄、義大利香芹、蒜末、馬鈴薯片、磨碎的佩克里諾羊乳起司及帕瑪森起司、

黑胡椒、特級初榨橄欖油，再加水。放淡菜時，殼面朝上。
③放進 230℃ 的烤箱烤 15 ～ 20 分鐘，烤至表面呈現金黃色，最後撒上義大利香芹。

※ 本食譜介紹的是一人份的速成獨創作法。通常是使用大淺鍋製作多人份，將生米放進烤箱，以 30 ～ 40 分鐘慢慢燜烤而成。

#183

Seppie ripiene al pomodoro

番茄燉鑲餡花枝

普利亞大區的五個省皆臨亞
得里亞海或愛奧尼亞海。靠海
的餐廳使用海鮮的料理相當
豐富，客人點菜後才刮除魚鱗
已是慣例。這道菜的原型也是
來自面海的小鎮塔蘭托，當地
是把炸花枝填入餡料，淋上番
茄醬汁以烤箱烤。為了讓花枝
與番茄醬汁更融為一體，炒洋
蔥時，趁洋蔥快變成焦糖色前
放入花枝，把花枝稍微炒上
色，再加番茄燉煮。透過炒這
個步驟，讓主食材與香味蔬菜
互相轉移香氣，這麼一來，燉
煮過程中，彼此的風味就會濃
縮，產生一致感。此外，煮好
後靜置一會兒，味道會變得更
醇厚。

江部敏史（Cortesia）

ricetta

①切除花枝腳，去除眼、口、內臟，清理乾淨。
花枝身去皮。
②製作內餡。將麵包粉、蛋、磨碎的佩克里諾羊
乳起司、黑橄欖、鹽漬酸豆（已洗掉鹽分）、蒜
末、油漬鯷魚、奧勒岡、鹽、黑胡椒混拌。
③把內餡填入花枝身，調整形狀，以料理棉線綁
住定型，撒上些許的鹽。

④洋蔥片下鍋，以特級初榨橄欖油拌炒。趁洋蔥
快炒成焦糖色前，放入切粗末的義大利香芹、已
填餡的花枝身、花枝腳一起炒數分鐘，炒到花枝
稍微變色。再加壓成泥的水煮番茄，以大火煮滾。
最後加鹽，蓋上鍋蓋，轉小火燉煮約 30 分鐘。

#184

Troccoli con sugo di seppie

花枝醬拌多寇利麵

多寇利麵（troccoli）是普利亞大區北部常吃的手工長麵。這款麵也和普利亞知名的貓耳麵或海螺麵（cavatelli ／ cavatieddi）等短麵一樣，使用粗粒小麥粉且不加蛋製作。以像是表面有溝槽的擀麵棍切割為特徵，表面並不扁平，而是呈現圓弧狀。相當有嚼勁。一般多是搭配番茄醬汁或海鮮。在義大利的家庭，將燉煮料理的醬汁用於義大利麵是很普遍的事，本食譜也是利用「番茄燉鑲餡花枝（P314）」充滿花枝鮮味的醬汁來拌麵。

江部敏史（Cortesia）

16

PUGLIA

ricetta

①製作多寇利麵。麵粉（00 型）加粗粒小麥粉（2：1 的比例）、鹽、水混拌，揉成耳垂般硬度的麵團。靜置醒麵，至少 45 分鐘。
②以擀麵棍擀壓①的麵團，厚度配合切麵棍的溝槽深度。

③將切麵棍放在麵團上滾壓，切割成條後，用手一條條分開。
④把麵放進鹽水煮，以「番茄燉鑲餡花枝（請參閱 P314）」的醬汁拌合。

#185

Cardoncelli alla brace

炭烤卡多切利菇

卡多切利菇（cardoncelli）是普
利亞大區的特產，屬於杏鮑菇
的同類。在日本，九月～四月
這段期間也會空運進口鮮貨。
口感介於日本的香菇與杏鮑菇
之間，雖然香氣及風味沒那
麼明顯，還是有著義大利蕈菇
的獨特滋味。價格比牛肝菌便
宜，算是實用的食材，而且還
是當地生產，能夠品嚐到普利
亞的在地味。通常是當成配菜
（contorno）供應，除了炙烤或
加麵包粉烤，狀態好的話可以
生吃，做成沙拉也很棒。本食
譜是炙烤後拌紅辣椒，做成偏
辣的口味。

江部敏史（Cortesia）

ricetta

①將卡多切利菇切除硬蒂，清理乾淨，置於烤架
上炭烤。

②以特級初榨橄欖油、鹽、義大利香芹、切碎的
紅辣椒拌合，靜置一會兒，使其入味。

#186

Spigola alla marinara

蒜香番茄鱸魚

直接品嚐到魚肉美味的料理，這是我非常喜歡的烹調方式。燜煮至鬆軟的鱸魚肉味道鮮美，以烤過的自製普利亞麵包沾醬汁更是好吃，堪稱完美組合。這道料理做起來很簡單，因此火候的拿捏與時間點就是關鍵。

江部敏史（Cortesia）

16

PUGLIA

ricetta

①刮除鱸魚的魚鱗，去鰓剖肚，取出內臟。
②在鍋內放水、小番茄、義大利香芹、大蒜、特級初榨橄欖油、鹽、胡椒，煮約 5 分鐘，煮至整鍋味道變得勻稱。

③鱸魚下鍋，蓋上鍋蓋加熱。
④起鍋移入大盤，擺上烤過的自製普利亞麵包（作法省略）。

#187

Braciole di cavallo

馬肉卷

肉卷（braciole）是義大利南部
的說法，意思是以薄肉片包捲
成卷狀物（involtini）。加番茄
燉煮，醬汁搭配貓耳麵等義大
利麵是固定作法。除了小牛肉
或牛肉，馬肉也常被用來做成
肉卷。馬肉是普利亞大區內陸
的人氣食材，通常會做成生肉
冷盤、肉排、燉煮料理、香腸
等。越咀嚼越有鮮味的馬肉，
一般用於燉煮的部位，肉質略
硬，但切薄後慢燉就會變軟。
雖然只有洋蔥、紅酒與普利亞
產的水煮罐頭番茄燉煮，馬肉
的鮮味完全釋出，使醬汁變成
非常豐富的味道。

江部敏史（Cortesia）

16

PUGLIA

ricetta

①馬腿肉切薄後，以肉槌稍微拍扁。多撒些黑胡
椒，擺上鹽漬酸豆（去除鹽分）、切粗末的大蒜
與香芹、切成 5mm 丁狀的佩克里諾羊乳起司捲
起來，以料理棉繩綁住定型，表面輕輕抹鹽。
②鍋內放特級初榨橄欖油加熱，洋蔥片與①的馬

肉卷一起下鍋，煎至上色。
③接著加紅酒，煮至酒精蒸發，再加壓成泥的水
煮番茄，轉大火煮滾，放鹽調味。蓋上鍋蓋，以
文火燉煮 1.5 ～ 2 小時。

#188

Agnello con patate alla contadina

農家風味烤小羊與馬鈴薯

小羊肉與馬鈴薯等蔬菜一起烘烤的簡單料理，因為用了許多蔬菜，所以稱為「農家風味」。這道料理的特色是，肉及蔬菜都是在生的狀態下慢慢蒸烤，大量的蔬菜被烤熟的過程中，小羊肉也跟著變軟，蔬菜吸收小羊肉的鮮味，變得更有味道。紅酒加水稀釋，盡可能保留食材的原味。最後放的起司是普利亞產的卡丘瑞可達熟成起司。義大利麵料理收尾時，這款起司是必備食材。儘管在日本不好買，為了表現普利亞的特徵，我還是設法取得。

江部敏史（Cortesia）

ricetta

①將馬鈴薯、洋蔥、紅蘿蔔，綠蘆筍、蘑菇、大蒜切成適當大小。
②取一耐熱容器，放入帶骨小羊里肌肉、①的蔬菜、小番茄、黑橄欖、鹽漬酸豆（去除鹽分）、紅辣椒、迷迭香、奧勒岡、香芹、月桂葉、水、紅酒（水的 1/3 量）、特級初榨橄欖油、鹽、黑胡椒，最後再放磨碎的卡丘瑞可達起司（以羊與山羊乳清製成的瑞可達起司。本食譜用的是熟成款）。水量要能浸泡約 2/3 的食材（帶骨里肌肉八根約 1ℓ）。
③放進 200℃的烤箱，烤至表面上色即可。

#189

Pettole con miele e vincotto

酥炸麵球裹蜂蜜與
濃縮葡萄汁

義大利有各式各樣的油炸點
心,這個酥炸麵球正是普利亞
大區的特色小點。也可說是以
發酵麵團做成的炸麵包,特殊
軟Q的口感,類似在其他地方
稱為義式泡芙(zeppole)的油
炸點心。如同多數的炸點心與
聖人節或節慶活動有著深切的
關係,酥炸麵球也是聖誕節時
期不可或缺的點心。在當地除
了當成甜點,鹹的口味也很常
見。我曾在麵團裡加鰻魚或番
茄、酸豆等,做為前菜供應。
製作的訣竅就是使用橄欖油炸
至香酥。雖然麵團滋味單純,
橄欖油的香醇及風味會讓味道
變得濃郁。最後沾裹普利亞大
區特產的濃縮葡萄汁、蜂蜜、
細砂糖,做成三種口味。

江部敏史(Cortesia)

ricetta

①將 5g 已完成發酵的生酵母加 250g 的 00 型麵
粉、1g 的鹽、250g 的溫水,以手揉拌成柔軟的
麵團。置於室溫下,發酵 1 小時以上。
②鍋內放入欖油加熱,以湯匙舀取①,下鍋炸至

金黃色。
③以蜂蜜、濃縮葡萄汁(葡萄汁煮稠後,靜置熟
成的甜味劑)沾裹炸麵球,撒上細砂糖。

#190

Dita di apostoli

瑞可達起司薄餅卷

利亞大區的傳統甜點之一，直譯成中文是「十二使徒的手指」。只使用蛋白煎成如可麗餅的薄餅皮，包捲瑞可達起司餡，感覺奇特卻有股令人懷念的滋味。製作這道甜點的秘訣是，蛋白打至三分發左右，拌入空氣，使麵糊的口感變得輕盈。外，瑞可達起司加利口酒，那股清爽風味與香氣讓內餡的味道更明顯也是重點。本食譜使用君度橙酒（Cointreau）增添了柳橙香。

江部敏史（Cortesia）

ricetta

①製作內餡。將瑞可達起司、可可粉、細砂糖、君度橙酒混拌。
②製作餅皮麵糊。蛋白加鹽，以打蛋器充分攪散，手的動作介於「混拌」與「打發」之間，攪打至略含空氣、具流動性的狀態即可。

③平底鍋內放入奶油與沙拉油加熱，舀入②的麵糊抹平，煎成可麗餅般的薄餅皮。
④把內餡放在餅皮上捲起。
⑤盛盤，撒上糖粉及肉桂粉。

#178　Antipasto

Antipasto dello chef

主廚精選前菜

江部敏史（Cortesia）

炸鯷魚 Alici fritte
鯷魚去頭剖腹清除內臟。沾裹 00 型麵粉，
下鍋油炸。整條撒上些許的普利亞產細粒海
鹽，盛盤後，旁邊擺放葉菜類生菜與檸檬。

巴里風味生火腿 Prosciutto barese
將生火腿切丁，淋上特級初榨橄欖油、撒胡
椒混拌。盛盤，旁邊擺上綠橄欖（完成後直
接上桌品嚐，或是靜置一晚更入味）。

溺水章魚（燉章魚） Polpo affogato
鍋內倒橄欖油加熱，洋蔥末下鍋快速拌炒。放
入切成一口大小的章魚，再加少量的麵粉稍微
混拌。接著加水煮番茄與紅辣椒、胡椒，蓋上
鍋蓋，燉煮至章魚變軟。盛盤，撒上切碎的義
大利香芹。

羅勒醃茄 Melanzane al basilico
圓茄去皮，切成略厚的片狀炙烤。擺入盤內，
撒鹽和胡椒、淋特級初榨橄欖油、撒上蒜末。
放上切薄的番茄，撒大量略為切碎的羅勒葉。

麵包粉烤淡菜 Cozze al gratin
將生淡菜的殼打開，去除一邊的殼。以加了帕
瑪森起司、佩克里諾羊乳起司、義大利香芹末
的麵包粉鋪蓋淡菜，澆淋特級初榨橄欖油，以
烤箱烘烤。

焗烤櫛瓜 Parmigiana di zucchine
櫛瓜切成圓片，撒鹽去除多餘水分。裹上麵
粉，沾浸加了帕瑪森起司、佩克里諾羊乳起
司、胡椒的蛋液，下鍋油炸。接著放進焗烤盤，
依序疊放莫札瑞拉起司、切成薄片的熟火腿
（prosciutto cotto）、帕瑪森起司、番茄醬汁，
以烤箱烘烤。

巴西利卡塔大區
BASILICATA

17 BASILICATA

穆羅盧卡諾
（Muro Lucano）

波坦察 ◎

馬泰拉

愛奧尼亞海

馬拉泰亞（Maratea）

第勒尼安海

●巴西利卡塔大區的省與省都

波坦察省（Provincia di Potenza）⋯⋯波坦察市（大區首府）
馬泰拉省（Provincia di Matera）⋯⋯馬泰拉市

巴西利卡塔大區的特徵

面積小的巴西利卡塔大區介於坎帕尼亞大區、普利亞大區之間，南接卡拉布里亞大區，僅局部地區臨第勒尼安海、愛奧尼亞海。平地少，幾乎都是丘陵地與山區，人口密度低。小歸小，各地區的氣候卻各不相同，近海地區夏熱冬暖，內陸的山區夏涼冬寒，降雪量也多。雖然位處義大利南部，首府波坦察卻屢屢創下義大利國內最低氣溫的記錄。

許多山林被開墾為耕作地，用來栽培硬質小麥、野燕麥、大麥等穀物，以及扁豆、菜豆等豆類。地形高聳險峻，盛行羊與山羊的放牧，各村都有生產獨特的起司，像是只使用羊奶、山羊奶，或是兩種奶混合、煙燻處理、放在天然洞穴熟成等。以原生種波多黎卡牛（Podolica）乳汁製成的卡丘卡巴羅起司（Caciocavallo）是經長期間熟成的起司，味道很有特色。

此外，巴西利卡塔大區承襲古法製作香腸，被稱為香腸的發源地。在義大利北部會將細長的香腸稱為盧卡尼亞腸（lucania）、盧加內加腸（luganega），這些名稱就是從巴西利卡塔大區的舊稱「盧卡尼亞（Lucania）」而來。

雖然漁業不太盛行，因為面臨兩處大海，餐桌上也可見到醃鯷魚或海鮮湯等料理，內陸地區則是方便長期保存的鹽漬鱈魚乾（baccalà）。

飲食特色就整體趨勢來看，受到鄰近大區的強烈影響，古早味的簡樸料理仍保留至今，蠶豆泥與菊苣的組合等在普利亞大區或西西里島也看得到，貓耳麵、拖捲麵（strascinati）等義大利麵也是與普利亞大區共通的食物，螺旋麵（fusilli）在拿坡里也能吃到。因為採收得到上等的辣椒（peperoncino），各種料理常加入辣味也是一大特色。

山坡上佔地寬闊的馬拉泰亞鎮（Maratea）。

巴西利卡塔大區的傳統料理

◎巴西利卡塔大區的常見料理

＊貓耳麵 Orecchiette……硬質小麥粉加水揉製成耳垂形的義大利麵。以各種肉醬或番茄醬汁拌合。另外像是，拖捲麵（strascinati＝大而寬的貓耳麵）、通心麵（maccheroncini）、螺旋麵（fusilli）、棒針麵（ferricelli，以棒針捲成中空狀的細長麵條）等義大利麵也是相同作法。

＊海螺麵 Cavatelli……以硬質小麥粉加水揉製成的小麵疙瘩。

＊拉加內麵 Lagane……硬質小麥粉做成的長條形寬麵。與煮過的菜豆或扁豆、蠶豆一起以豬油拌炒是代表性的作法。

＊義式餃 Cauzuni……半月形的義式餃。內餡除了瑞可達起司，也會放米、蛋、義大利香芹、新鮮起司等。

＊披薩餃 Calzone……麵團包餡做成半月形，進爐烘烤。內餡種類豐富，如煮過的莙蓬菜或炒過的吉康菜、葡萄乾與黑橄欖、加了辣椒的餡料、小羊肉醬等。

＊義式餃 Calzoncini……半月形的包餡義大利麵，包入瑞可達起司、砂糖、肉桂、肉豆蔻做成的內餡，與羊肉的肉醬拌合。又稱「ucazini」。

＊硬質小麥肉醬……將豬肉、牛肉、臘腸、紅酒、香味蔬菜、番茄糊燉煮成肉醬，混拌煮過的硬質小麥。

＊米與卡多切利菇（cardoncelli）的湯

＊阿夸薩列 Acquasale……洋蔥與大蒜拌炒，加義大利香芹、番茄、水燉煮，以鹽調味的湯，淋在切成薄片的硬麵包上。

＊蠶豆泥與莙蓬菜 Fave e bietra……乾燥蠶豆做成泥，搭配水煮過的莙蓬菜。

＊番茄燉卡多切利菇

＊炙烤卡多切利菇

＊起司焗茄

＊杏仁風味番茄燉甜椒……番茄燉切碎的生杏仁與甜椒。

＊巧代達燉菜 Ciaudedda……將蠶豆、馬鈴薯、朝鮮薊、洋蔥用橄欖油加鹽燉煮。

＊巧莫塔燉菜 Ciammotta……以番茄燉煮炸過的馬鈴薯、茄子、甜椒等。亦稱「ciambotta」。

＊炒煮鹽漬鱈魚乾與紅甜椒乾 Baccala e cruschi……紅甜椒乾（cruschi）即乾燥的紅椒。加鹽漬鱈魚乾一起炒煮。

＊番茄燉鹽漬鱈魚乾，加黑橄欖與葡萄乾

＊奧勒岡風味田螺

＊盧卡尼亞式小山羊 Capretto alla lucana……小山羊肉切塊炒煮後，加蛋液與佩克里諾羊乳起司混拌。

＊陶瓦鍋燉小羊 Cutturiddi……相當於鍋燉小羊（Agnello in casseruola）。將小羊肩肉或五花肉與西洋芹、洋蔥、迷迭香等一起放進陶瓦鍋燉煮。又稱「Cuttureidde」。

＊烤小羊與卡多切利菇

＊豬皮卷 Cotechinata……大蒜、義大利香芹、醃豬背脂切成末，包入豬皮捲成卷狀，以番茄燉煮。

＊燉山鷸

巴西利卡塔大區的特產

◎穀類、豆類

＊硬質小麥

＊野燕麥

＊大麥

＊菜豆 fagiolo di Sarconi IGP ＜薩爾科尼＞

＊扁豆＜阿維利亞諾（Avigliano）、勞里亞（Lauria）＞

＊蠶豆＜拉韋洛（Lavello）＞

◎蔬菜、水果、蕈菇、堅果類

＊糖用甜菜

＊番茄

＊甜椒 peperone di Senise IGP……牛角形（Corno di Bue）的紅椒。肉薄水分少，適合乾燥，日曬後做成的紅甜椒乾稱為「cruschi」。＜塞尼塞（Senise）＞

＊辣椒＜塞尼塞＞

＊茴香＜梅爾菲（Melfi）＞

＊紅茄 melanzana rossa di rotonda ＜羅通達（Rotonda）＞

＊桃子＜聖阿爾坎傑洛（Sant'Arcangelo）＞

＊草莓

＊香水檸檬、柳橙等柑橘類＜蒙塔爾巴諾約尼科（Montalbano Jonico）、圖爾西（Tursi）＞

＊無花果＜基亞拉蒙泰（Chiaramonte）＞

＊栗子＜阿泰拉（Atella）、拉戈內格羅（Lagonegro）＞

＊卡多切利菇（cardoncelli 杏鮑菇的同類）＜蒙蒂基奧（Monticchio）＞

＊杏仁＜蒙泰米洛內（monte millione）＞

＊核桃＜蒙泰米洛內＞

◎海鮮類

＊鰻魚　＊石狗公

◎肉類

＊小羊、小山羊

◎起司

＊布里諾 burrino……紡絲型起司包入奶油製成的起司。

＊波多里寇卡丘卡巴羅起司 caciocavallo di podolico（牛奶，硬質）

＊卡西耶洛 casiello（山羊奶，硬質）

＊卡丘多 caciotto（羊奶混合牛奶，半硬質）

＊卡內斯托拉多莫利泰爾諾 canestrato di Moliterno IGP（羊奶，硬質）

＊佩克里諾菲利亞諾 pecorino di Filiano DOP（山羊奶混合羊奶，硬質）……置於天然洞穴內熟成。

＊硬質鹽味瑞可達 ricotta dura salata（羊奶混合山羊奶，半硬質）……進行兩個月至一年的熟成，有時會煙燻。

＊卡丘瑞可達 cacioricotta（羊奶、山羊奶、羊奶混合山羊奶，半硬質）……進行二～三個月的熟成。

＊卡西耶杜 casieddu（山羊奶，新鮮）……以羊齒葉包裹的山羊奶起司。

＊瑞可達 ricotta（羊奶，新鮮）

＊牛奶花 fior di latte（牛奶，新鮮）……牛奶製成的莫札瑞拉起司。

＊卡丘卡巴羅西拉諾 caciocavallo silano DOP（牛奶，硬質）

◎加工肉品

＊豬頸肉生火腿 capicollo lucano

＊鹽漬熟成的豬五花肉 pancetta tesa

＊臘腸 soppressata……豬腿肉莎樂美腸，切面呈橢圓形。

＊拉特羅尼科生火腿 prosciutto lucano ＜拉特羅尼科（Latronico）＞

＊貝拉穆羅香腸 salsiccia di Bella-Muro……加了茴香籽的香腸。

＊辣味香腸 pezzenta……加了辣椒的粗香腸。

◎麵包、糕點

＊油炸圈餅 ciambella……用硬質小麥粉製成的大甜圈圈狀麵包。

＊馬泰拉麵包 pane di Matera IGP……使用馬泰拉近郊的優質硬質小麥粉做成的大型麵包。

＊奇奇拉塔 cicirata……將杏仁粉、麵粉、蛋混拌成團，揉成鷹嘴豆大小的圓球下鍋油炸，淋上蜂蜜的甜點。

＊瑞可達起司塔 torta di ricotta……派皮填入瑞可達起司烤成的塔。

＊鷹嘴豆泥酥炸餃 panzerotti……鷹嘴豆打成泥，加巧克力、砂糖、肉桂混拌，包入以麵粉揉製的發酵麵團，下鍋油炸或進爐烘烤的點心。做成半月形，撒砂糖或淋蜂蜜品嚐。

＊葡萄林格特 linguette……用加了濃縮葡萄汁的麵團烤成的大型餅乾。

慢食捍衛運動（Presidio Slow Food）標籤

＊羅通達產的紅圓茄……深橘色的圓茄子，用於油漬或醋漬。

＊費蘭迪納（Ferrandina）產的烤橄欖

＊波坦察省產的波多里寇卡丘卡巴羅起司 caciocavallo di podolico……以波多里寇牛奶製成的硬質起司。

＊馬泰拉近郊山區生產的佩欠迭腸 Pezzente……以原生種黑豬肉製成的香腸。

#191

Torta di latticini alla lucana

盧卡尼亞風味
起司塔

使用斯卡莫札、莫札瑞拉、瑞可
達這三種起司製作的樸素起司塔。
起司不加鹽，烤的過程中會釋出
鹽分，形成恰到好處的鹹味。在
義大利鄉下，這類的新鮮起司，
人們都是去起司店購買，好比日
本的豆腐。雖然日本無法買到像
當地那樣新鮮的起司，為了品嚐
起司溫和的原始風味，簡單的烹
調方式最理想。另外，盧卡尼亞
（Lucania）是巴西利卡塔大區的舊
稱，「alla lucana」即指「巴西利
卡塔大區的」之意。

島田　正（OSTERIA Buono）

ricetta

①製作塔皮。調理碗內放低筋麵粉、酵母粉、水、
豬油、鹽揉拌成團，靜置發酵 30 分鐘，壓薄後
鋪入塔模。
②製作起司糊。蛋液、鮮奶油、切碎的莎樂美腸

與義大利香芹、切成一口大小的斯卡莫札起司、
瑞可達起司，以及磨碎的帕瑪森起司混拌。
③將起司糊倒進①的塔模，以 180℃ 的烤箱烤
30 ～ 40 分鐘。

#192

Pizza alla lucana

盧卡尼亞風味披薩

在巴西利卡塔大區穆羅盧卡諾小鎮的餐廳，披薩也被當作前菜的一種。本食譜介紹的是，麵團上放馬鈴薯與培根、迷迭香，烤至香酥的脆皮披薩。原本是使用當地極為普遍的食材，且為增加飽足感，放了大量的馬鈴薯。炸過的馬鈴薯味道變得更鮮，儘管土地貧瘠，設法將能夠栽種的作物做成美食，足見先人的智慧。

島田　正（OSTERIA Buono）

ricetta

①酵母粉加砂糖、水拌合，靜置使其發酵。再將上述發酵液加入高筋麵粉、一起加熱過的牛奶與橄欖油、鹽混拌成團，靜置發酵 1 小時。
②馬鈴薯切成約 5mm 厚的片狀，直接下鍋油炸，撒些許的鹽。

③將麵團壓薄，擺上②的馬鈴薯片、厚切培根，撒上些許現磨胡椒，放進 200℃的烤箱烤 8 ～ 10 分鐘。快烤好前再擺撕碎的迷迭香葉，回烤幾分鐘後即完成。

#193

Strascinati al nero di seppia

墨魚醬拖捲麵

拖捲麵（strascinati）是巴西利卡塔大區具代表性的手工麵，麵粉與豬油、鹽、水揉成團，一片片壓成圓扁的麵皮，形似略大的貓耳麵。滑溜順口，拌裹肉醬或番茄醬汁，或是煮成蔬菜湯，適用於所有的第一主菜料理。本食譜搭配的是墨魚醬，這是我吃過的拖捲麵中最喜歡的口味，也是臨海小鎮馬拉泰亞某家餐廳的特餐。盤內滿滿的墨魚醬，幾乎蓋住了拖捲麵。

島田　正（OSTERIA Buono）

ricetta

①製作拖捲麵。高筋麵粉加豬油、鹽、水拌至柔滑狀態後，靜置一會兒。將麵團搓成與拇指差不多粗的細長棒狀，切成 5mm 的小團。以兩手的拇指把每塊小團的中央壓扁，邊緣保留些許厚度，壓成直徑 4cm 大的麵皮。因為麵皮容易乾燥，建議分批做，吃多少做多少。

②製作醬汁。橄欖油與大蒜、紅辣椒下鍋加熱，炒出香氣後，放入切成圈狀的透抽拌炒。撒些鹽、胡椒，再加番茄醬汁（作法請參閱 P332 ricetta 的②）及墨魚醬略煮片刻。
③拖捲麵以鹽水煮約 3 分鐘，放進醬汁內拌合，最後淋上特級初榨橄欖油。

#194

Conchigliette con rafano

茄醬貝殼麵佐辣根

在巴西利卡塔大區，享用美食
的同時搭配手上的生辣椒是很
常見的景象，這道料理辣歸辣，
搭配的卻是辣根。看似奇特的
組合，吃過就會發現，辣根提
升了番茄醬汁的清爽鮮味。在
我吃過的巴西利卡塔料理中，
這道最令我感動。形似小貝殼
的貝殼麵是巴西利卡塔大區、
普利亞大區等常見的手工麵。
雖然一個個以手指滾搓塑形費
時費事，為了強調獨特的嚼勁，
所以我的餐廳仍堅持以手工製
作。在當地也常見到左鄰右舍
的婦女聚在一起，邊聊天邊製
作貝殼麵。

島田　正（OSTERIA Buono）

ricetta

①製作貝殼麵。麵粉（00 型）加橄欖油、鹽、
溫水揉拌成光滑狀態，靜置醒麵一會兒。將麵團
壓扁搓成柱狀，再切成 1cm 的圓片。每片麵搓
滾成細長條狀，從邊端切成 1cm 的寬度。放在
平台上，中指置於麵皮中央，食指與無名指輕輕
放上，中指出力將麵皮往靠近自己的這一側拉。
這麼一來，麵皮就會變薄、捲起，形成貝殼的形
狀。

②製作番茄醬汁。洋蔥末下鍋，以橄欖油拌炒，
再加低筋麵粉一起炒，炒至沒有粉粒殘留。接著
加水煮番茄，煮至變稠後，以鹽調味。
③貝殼麵放入鹽水煮約 3 分鐘，放進番茄醬汁拌
合。盛盤，撒上佩克里諾羊乳起司，盤邊放入磨
碎的辣根泥。

#195

Manate al ragù di capretto con carciofi

馬那特手工麵拌朝鮮薊小山羊肉醬

馬那特手工麵（manate）因為製作費工，在當地已經很少見，但那彈牙的口感相當美味，是很傳統的義大利麵。作法因人而異，像是粉料的差異，有些人是以粗粒小麥粉或 00 型麵粉製作。有些人是用手逐一搓成條狀，或是像製作麵線般，甩拉成圈狀，也有人是直接以機器製作。我學到的作法是來自大區首府的朋友傳授的配方，只用了粗粒小麥粉，逐一滾搓成條。manate 的原意是「用手延壓」，也就是用手一條條搓開。巴西利卡塔大區由於較多山區，搭配的醬汁通常很簡單，例如小山羊肉、小羊肉、豬肉等各種肉做成的肉醬，或是以番茄等燉煮肉塊，煮汁帶有肉味的「波坦察風味肉醬」。

小池教之（incanto）

ricetta

①製作馬那特手工麵。將顆粒細的粗粒小麥粉加溫水、鹽、少量的橄欖油揉拌成柔軟的麵團。包上保鮮膜，放進冰箱冷藏醒麵一晚。取出麵團，切成 1cm 寬的塊狀，再切成 1cm 寬、呈現四方形的柱狀麵團。以掌心搓滾成細條狀，切成與圓直麵差不多的長度。
②製作小山羊肉醬。把小山羊的肩肉或腿肉切碎，撒上鹽仔細搓拌。平底鍋內倒入橄欖油以大火加熱，小山羊肉下鍋快速煎炒，去除雜質。接著加入以洋蔥、紅蘿蔔、西洋芹等做成的調味菜（作法請參閱 P244），倒白酒，待酒精蒸發，再加小山羊骨熬成的高湯、香草束（新鮮的鼠尾

草、迷迭香、百里香、月桂葉、馬鬱蘭），轉小火煮至變軟。
③朝鮮薊（普利亞大區產的無刺圓朝鮮薊）放進加了檸檬汁的水浸泡去澀，洗乾淨後，切成半月形塊狀。
④平底鍋內放橄欖油與拍碎的大蒜、百里香、馬鬱蘭加熱，炒出香氣後，把③的朝鮮薊下鍋煎，再加②的小山羊肉醬略為燉煮，煮至整鍋入味。
⑤馬那特手工麵以鹽水煮好後，放進④的肉醬裡拌勻。盛盤，撒上磨碎的卡內斯托拉多起司（Canestrato，普利亞大區產的羊乳製半硬質起司），最後以馬鬱蘭做裝飾。

#196

Orzo al ragù

水煮大麥拌肉醬

這道料理的原型是以硬質、軟質小麥粒製作的「麥粒燉肉（Grano al ragù）」，本食譜改以方便取得的大麥粒代替。巴西利卡塔大區與相鄰的普利亞大區在義大利是屈指可數的小麥及大麥產地，這可說是產地才有的特色菜。過去，上等麵粉多是當作商品或做為稅收，貧窮的農民每日三餐只能以精製度低的麵粉或小麥粒搭配手邊的肉及蔬菜。儘管這道菜外觀樸素、作法簡單，營養價值卻很高且富飽足感，相當符合農民的需求。透過這樣的料理能夠感受並重視義大利料理根基的「樸實剛健精神」。

小池教之（incanto）

ricetta

①將豬的粗絞肉、鹽、胡椒、蒜末、茴香籽、紅椒粉、辣椒粉拌合，做成盧卡尼卡腸（lucanica）的內餡，放進冰箱冷藏一晚。
②紅椒切成兩等分，去囊與籽，下鍋以橄欖油燜烤至變軟後，放入果汁機打成泥狀。
③製作肉醬。平底鍋以大火加熱，放入①的盧卡尼卡腸（lucanica）內餡，邊炒邊撥散，炒上色後，倒掉多餘油脂。接著加入以洋蔥、紅蘿蔔、

西洋芹等做成的調味菜（作法請參閱 P244），再加水煮番茄、少量的紅椒泥（②），燉煮至入味。
④大麥粒以鹽水煮至彈牙程度的狀態，瀝乾水分、盛盤。淋上③的肉醬，撒些卡內斯托拉多起司（Canestrato，普利亞大區產的羊乳製半硬質起司），或是卡丘卡巴羅起司，以及切碎的義大利香芹。

17

BASILICATA

Gamberi alla marateota

馬拉泰亞風味
番茄燉蝦

臨第勒尼安海的馬拉泰亞鎮，在多山的巴西利卡塔大區是少數的沿海小鎮。介於坎帕尼亞大區與卡拉布里亞大區之間的一小部分面海處，人們總願意花好幾個小時到這兒戲水逐浪。基本上，整個巴西利卡塔大區幾乎沒什麼海鮮料理，有些地方的人根本沒聽過鹽醃魚卵，唯有此處是例外。本食譜介紹的是我在馬拉泰亞鎮吃到的一道料理。雖是很簡單的番茄燉蝦，與紅椒的風味非常搭，相當好吃。為了使蝦肉在短時間吸收番茄的味道，連殼剖背下鍋煮是重點。

島田　正（OSTERIA Buono）

17

BASILICATA

---

ricetta

①紅椒直火炙烤，剝除薄皮。
②鍋內放橄欖油與大蒜加熱，炒出蒜香後，放入①的紅椒、帶殼開背保留頭部的蝦、番茄醬汁（作法請參閱 P332 ricetta 的②）、紅辣椒略煮片刻，煮至蝦子變熟，以鹽調味。盛盤，撒放義大利香芹葉與義大利香芹末。

#198

Insalata di baccalà con cruschi

鹽漬鱈魚乾與紅甜椒乾溫沙拉

紅甜椒乾（cruschi）是使用肉薄的牛角形紅椒乾燥而成，南部一帶經常使用。山區的農家會將夏季收成的大量紅椒垂掛在屋簷下曬乾，做成整年可用於烹調的保存食品。本食譜介紹的這道料理，所搭配的鹽漬鱈魚乾雖然是海產加工品，在內陸地區也是很重要的食材。保存食品的雙重組合，形成必然的美味。為了在日本重現這道菜，每年夏天我都在自家陽台栽種義大利的紅椒，曬製成紅椒乾。日本的濕度較高，不易曬乾，一旦成功，香氣與甜味就會很突出，完成的料理很接近當地的感覺，所以就算費工，我仍甘之如飴。

小池教之（incanto）

ricetta

①製作鹽漬鱈魚乾。鱈魚保留鰓蓋與魚皮，切成魚片，撒上大量的鹽醃漬一晚。隔天以水洗淨，擦乾水分置於網架，放在陰涼處陰乾一天。這個步驟重複三～四次，直到鹽分滲透魚片內部。
②把①的鹽漬鱈魚乾泡水，每天換水，泡四～五天，去除鹽分。切成略大的塊狀，下鍋以小火加熱，煮熟後瀝乾水分。
③製作紅甜椒乾。取一支針在肉薄的紅椒上戳幾個洞，蒂頭的部分穿線，串入十幾個紅椒。置於

夏日豔陽下，約莫曬一星期，曬至完全變乾。切成兩等分、去籽。
④小鍋內放入略多的特級初榨橄欖油與拍碎的大蒜加熱，取出變色的大蒜，放入紅甜椒乾，炸出香氣。
⑤將大略撥散的鹽漬鱈魚乾放入調理碗，再加二～三等分的炸紅甜椒乾、剝散的綠橄欖、義大利香芹末。澆淋炸紅甜椒乾的橄欖油，擠些檸檬汁混拌，趁熱盛盤。

#199

Pezzetti di carne e lucanica di agnello
con patate nella pignata di terracotta

陶鍋燉小羊肉、小羊腸與
馬鈴薯

義大利南部用名為「pignata」的素燒陶鍋製作的燉肉，直接把鍋名當成料理名稱。我在當地吃到的是，將帶骨肉塊丟進鍋裡煮的粗獷風格，這樣烹調很合理，因為是帶骨燉煮，味道相當夠味。做成餐廳料理後，考量到食用的方便性，我在店裡都是將小羊肉去骨燉煮，然後再加入骨頭熬成的高湯，煮至湯汁收乾入味。另外，香腸以一般的豬肉腸即可，由於店裡煮燉肉時會用上半頭小羊，為了不浪費碎肉，且讓味道產生一致感，所以用小羊肉做成香腸。

小池教之（incanto）

ricetta

①剖切半頭小羊肉，肩肉與腿肉切塊、撒鹽，充分搓揉。切剩的碎肉絞細，加鹽、胡椒、蒜末、紅椒粉、辣椒粉、莞荽粉、八角粉混拌，灌入豬腸做成香腸。
②陶鍋內倒橄欖油，放香草束（新鮮的大蒜、辣椒、月桂葉、鼠尾草、迷迭香）加熱至傳出香氣。小羊肉塊與切成半月形塊狀的洋蔥接著下鍋，略煎一會兒後，倒入蓋過鍋中物的水量煮滾。仔細撈除浮沫，加入番茄糊及甜椒，蓋上鍋蓋，放進150℃的烤箱烤1～2小時，再以文火燉煮。
③取出變軟的小羊肉塊，煮汁加入小羊骨熬成的高湯一起煮至水分稍微收乾，味道變得濃厚。小羊肉塊放回鍋中，靜置一晚，分裝成一人份保存。
④將分裝的燉小羊肉倒進鍋裡，加①的香腸、切成一口大小的馬鈴薯一起煮軟。盛盤，撒上卡內斯托拉多起司（Canestrato，普利亞大區產的羊乳製半硬質起司）。

17

BASILICATA

#200

Maiale alla lucana

盧卡尼亞式
辣茄燉豬雜

義大利的鄉下人常吃豬肉，巴西利卡塔大區也是如此。這道料理是把豬肉以外的部位，如豬腳、豬舌、豬耳、豬胃，以番茄與紅辣椒燉煮成味道辛辣的第二主菜。因為是生產出口用番茄罐頭的產地，所以料理中常用到番茄。雖然辣味料理並非當地特色，以紅辣椒入菜的料理倒也不少。

島田 正（OSTERIA Buono）

---

ricetta

①鍋內倒水，將豬腳、豬舌、豬耳、豬胃切成大塊，與香芹梗、大蒜一起下鍋煮，煮至稍微變軟的程度。
②另取一鍋，放入橄欖油與略多的紅辣椒、洋蔥

片及紅蘿蔔拌炒，再加煮過的豬腳、豬舌、豬耳、豬胃，以及高湯、水煮番茄、百里香、月桂葉煮至變軟。最後以鹽調味。
③盛盤，撒上義大利香芹末與胡椒。

#201

Sanguinaccio alla lucana

盧卡尼亞豬血
巧克力蛋糕

這是加了豬血的聖誕節傳統巧克力蛋糕。每到冬季人們會宰殺豬隻，製作隔年的加工肉品，順便將豬血做成營養豐富的甜點。口感獨特，柔滑稠密中帶著粗粒感。先是感受到珊布卡（Sambuca）利口酒的清爽香氣，然後有股淡淡的動物性風味，吃起來很順口。日本人聽到豬血總心生排斥，於是我參考在當地吃到的味道，調整作法，增加鮮奶油與牛奶的用量，烤成濕潤的口感。

17

BASILICATA

島田　正（OSTERIA Buono）

ricetta

①製作豬血巧克力蛋糕的麵糊。調理碗內放半甜巧克力、豬血、蛋黃、細砂糖、可可粉、少量的低筋麵粉，隔水加熱，拌至巧克力融化。取出調理碗，加鮮奶油、牛奶、切碎的橙皮與檸檬皮、肉桂、香草精、珊布卡利口酒（大茴香系的利口酒）混拌。巧克力與豬血、鮮奶油加牛奶的比例是 1：0.5：1。

②先在方形烤模內鋪入比烤模大的派皮，再倒①的蛋糕麵糊。超出烤模的派皮往內摺。放進160～180℃的烤箱烤約40分鐘，烤好後先不脫模，靜置放涼。
③切片、盛盤，旁邊填上打發的鮮奶油與薄荷葉。

#202

Dolce di noci

核桃酥

將核桃與杏仁以杏仁香甜酒
（amaretto）風味的蛋白霜拌
合，搓成蠶豆般大小的圓球，
烘烤而成的小點心。口感獨
特，外酥內黏密。這是一般
家庭常做的點心，我在當地
是從核桃與杏仁的脫殼廠學到
作法。在店裡是和餐後酒一起
供應，搭配的也是全義大利有
名、巴西利卡塔大區產的利口
酒盧卡諾（Lucano）。

島田　正（OSTERIA Buono）

ricetta

①蛋白加細砂糖打發，再加杏仁香甜酒，攪打成
蛋白霜。
②將切碎的核桃與杏仁、杏仁粉以食物調理機打
碎攪勻。

③接著把②倒入調理碗，加①的蛋白霜混拌均勻。
④以雙手搓成蠶豆般大小的圓球狀，放進 80 ～
100℃的烤箱烤約 1 小時。

卡拉布里亞大區
CALABRIA

羅薩諾（Rossano）

奇羅（Cirò）

科森札

錫拉山（Sila）

克羅托內

第勒尼安海

卡坦札羅
◎

特羅佩亞
（Tropea）

維博瓦倫蒂亞

墨西拿海峽
（Stretto di Messina）

阿斯普羅蒙特

愛奧尼亞海

雷焦卡拉布里亞

●卡拉布里亞大區的省與省都

維博瓦倫蒂亞省（Provincia di Vibo Valentia）……維博瓦倫蒂亞市
卡坦札羅省（Provincia di Catanzaro）……卡坦札羅市（大區首府）
克羅托內省（Provincia di Crotone）……克羅托內市
科森札省（Provincia di Cosenza）……科森札市
雷焦卡拉布里亞省 （Provincia di Reggio Calabria）……雷焦卡拉布里亞市

卡拉布里亞大區的特徵

南北狹長的卡拉布里亞大區位於義大利半島南端，介於第勒尼安海、愛奧尼亞海之間。除了局部沿海的平地，其餘皆為保留天然險峻景觀的丘陵地與山區。氣候多變，海岸一帶夏熱冬暖，山區夏涼冬寒，降雨量多、易積雪。

因為平地少，難以進行大規模耕作，但柑橘類的栽培盛行，尤其是橘子（mandarin）、克雷門提小柑橘（clementine，芸香科柑橘類）的產量，更居義大利國內之冠。同時也廣栽柳橙、檸檬、枸櫞（citrus medica），當中又以雷焦卡拉布里亞周邊栽培的香檸檬（bergamot）最具特色。萃取的精油除了用來製造利口酒或糖果，也用於化妝品的香料。此外，和柑橘類一樣自西元前就開始種植的橄欖也是隨處可見，橄欖油產量豐富，在義大利與普利亞大區經常位居前兩名。特別值得一提的是，樹齡超過百年的橄欖樹很多。這裡也栽培了多種蔬菜，紡錘形的特羅佩亞紫洋蔥更是有名，甜度極高在國內外皆獲得好評。

由於環海，漁業也很發達，青背魚（鯷魚、遠東擬沙丁魚等）經常出現在料理中。與西西里島之間的墨西拿海峽盛行鮪魚或旗魚的捕撈，捕獲的鮪魚除了當作生鮮食材，也會以油醃漬魚肉，卵巢加工成鹽醃魚卵。

丘陵地與山區飼養山羊或羊，乳汁製成別具特色的起司，肉也會拿來食用。依循傳統作法製作豬肉加工品，醃豬肩頸肉（capocollo）、臘腸（soppressata）等皆獲得DOP認證。

不過，卡拉布里亞大區飲食的最大特徵是，頻繁使用紅辣椒（peperoncino）。不光是料理的烹調，畜肉加工品一定也會放，海產加工品更是不可或缺的佐料。例如，克魯科利（Crucoli）產的紅魚子醬（Rosamarina）就是將　仔魚（沙丁魚的幼魚）加鹽、辣椒，油漬而成。塗在前菜開胃小點的烤麵包片上，或是裹拌義大利麵、加進醬汁裡，用途相當廣泛。

義大利的超市等處有賣各式各樣的蔬菜加工品，購買的消費者也持續增加，相較於其他大區，卡拉布里亞大區的家庭依然維持自製油漬、醋漬蔬菜的習慣。

面向第勒尼安海的小鎮特羅佩亞。

卡拉布里亞大區的傳統料理

◎內陸地區的料理

＊肉醬煙燻瑞可達義大利麵 Scivateddi……以豬肉肉醬與煙燻瑞可達起司（ricotta affumicata）拌合的手工義大利麵。

＊馬卡魯尼義大利麵 Maccaruni……以棒針捲成中空的手工義大利麵，一般是與肉醬拌合。

＊薩尼亞奇內千層麵 Sagna chine……加了肉醬或豌豆的千層麵。

＊麵包粉義大利麵 Pasta con la mollica……以橄欖油為基底，與麵包粉、鯷魚、奧勒岡拌合的義大利麵。有時也會加黑橄欖、酸豆。

＊皮塔 Pitta……麵團壓薄後，擺上番茄或鯷魚、油漬鮪魚，進爐烘烤的一種披薩。

＊馬鈴薯洋蔥湯 Licurdia

＊馬里奧拉 Mariola……麵包粉加義大利香芹、磨碎的佩克里諾羊乳起司烤成脆餅、切小塊，當作湯料放進湯裡。

＊米里寇斯得湯 Millecosedde……扁豆或菜豆等豆類與各種蔬菜下鍋燉煮，最後再放義大利短麵的一種蔬菜湯。

＊焗烤朝鮮薊 Tiella di carciofi……朝鮮薊、馬鈴薯、佩克里諾羊乳起司交疊放在烤皿內，加少量的水，以烤箱烘烤。

＊烤鑲餡茄子

＊烤鑲肉朝鮮薊

＊薄荷風味水煮茄

＊炒煮甜椒番茄

＊疊烤馬鈴薯番茄

＊烤鑲餡甜椒

＊查貝洛塔 Ciambrotta……馬鈴薯、番茄、茄子、甜椒炒煮而成的料理。

＊馬姆莫拉（Mammola）風味鱈魚乾 Stocco alla mammolese……將鱈魚乾與洋蔥、番茄、馬鈴薯、綠橄欖、紅椒放入陶瓦鍋燉煮。馬姆莫拉地區的鱈魚乾品質極優，已被指定為義大利農林政策部的傳統食物。

＊炒煮馬鈴薯鱈魚乾

＊奧勒岡風味田螺 Lumache all'origano……田螺加大蒜、奧勒岡、甜椒，以番茄燉煮。有時也會搭配烤過的麵包，做成湯品。

＊姆賽杜 Murseddu……將小牛肝、豬肝及其他內臟以番茄醬汁加甜椒燉煮，包入麵團烘烤。

＊烤包餡乳飼小羊

＊糖醋肉丸 Polpettone in agrodolce……將小牛或豬的絞肉揉成略大的肉丸，下鍋煎熟，加濃縮葡萄汁（煮稠的葡萄汁）及番茄醬汁燉煮。

◎海岸地帶的料理

＊小卷義大利麵 Spaghetti al ragù di totani……陶瓦鍋裡放洋蔥、大蒜與小卷拌炒，加番茄醬汁、羅勒燉煮，以煮好的醬汁拌義大利麵。

＊拌漬炸小魚 Pesciolini a scapece……加了葡萄酒醋的麵包粉、大蒜、薄荷混拌，拌漬炸過的小魚，增添風味。

＊沙丁魚通心麵 Maccheroncelli con le sarde……與沙丁魚、麵包粉、葡萄乾拌合的義大利麵。通心麵是硬質小麥粉加水揉成麵團，以竹棒捲成條狀的義大利短麵。

＊旗魚卷……將麵包粉、酸豆、橄欖拌成餡料，以切成薄片的旗魚包捲成卷，與番茄醬汁燉煮。或是包入磨碎的起司炙烤。

＊巴尼亞拉（Bagnara）風味燉旗魚 Pesce spada alla bagnarese……把蒸過的旗魚以加了橄欖油、檸檬汁、香芹、奧勒岡、黑橄欖、酸豆的番茄醬汁燉煮。

卡拉布里亞大區的特產

◎卡拉布里亞大區的常見保存食品

＊**油漬番茄乾**

＊**油漬菇**

＊**油漬茄**

＊**醋醃甜椒**

＊**烤黑橄欖**

＊**醃碎橄欖 Olive verdi schiacciate**……將綠橄欖
略為壓爛，加大蒜、義大利香芹等香草拌漬。

◎穀類、豆類

＊硬質小麥
＜維博瓦倫蒂亞周邊、克羅托內周邊＞

＊菜豆＜布里亞蒂科（Briatico）＞

◎蔬菜、水果、蕈菇類

＊番茄
＜保拉（Paola）、貝爾蒙泰（Belmonte）＞

＊甜椒

＊辣椒

＊馬鈴薯 patate della Sila IGP ＜大區北部的錫拉地
區＞

＊茄子

＊朝鮮薊＜比亞恩科（Bianco）、帕爾蓋利亞
（Parghelia）＞

＊紫洋蔥 cipolla rossa di Tropea IGP
＜特羅佩亞＞

＊葡萄＜傑拉切（Gerace）＞

＊桃子＜格里索利亞（Grisolia）＞

＊香檸檬 bergamotto di Reggio Calabria DOP……柑
橘類水果的一種，果肉酸不適合食用。萃取的精
油用於利口酒，果皮以砂糖醃漬。義大利是世界
唯一的生產國。＜雷焦卡拉布里亞的周邊＞

＊柳橙＜雷焦卡拉布里亞省＞

＊其他柑橘類水果……橘子、檸檬、香水檸檬
（枸櫞）等。＜皮佐（Pizzo）、科里利亞諾卡拉
布羅（Corigliano Calabro）＞

＊克雷門提小柑橘 clementine di Calabria IGP……
芸香科的柑橘類水果。

＊西瓜＜克羅托內＞

＊無花果＜博基列羅（Bocchigliero）＞

＊牛肝菌
＜錫拉山（La Sila）、波里諾山（Pollino）＞

◎香草、辛香料

＊甘草

◎海鮮類

＊鰻魚、沙丁魚、青花魚

＊石狗公、石斑魚

＊墨魚、章魚

＊蝦類

＊旗魚
＜巴尼亞拉卡拉布拉（Bagnara Calabra）＞

＊鮪魚

◎肉類

＊羊、山羊

＊豬

◎水產加工品

＊油漬沙丁魚 rosamarina……小沙丁魚用加了辣椒的橄欖油醃漬。又稱「慕思提卡（mustica）」。
＜奇羅、克魯科利（Crucoli）、
卡里亞蒂（Cariati）＞

＊油漬鮪魚

＊鮪魚子……鹽漬熟成的鮪魚卵巢。＜皮佐＞

◎起司

＊卡丘卡巴羅西拉諾 caciocavallo silano DOP（牛奶，硬質）

＊布里諾 burrino（牛奶，硬質）……內填奶油的紡絲型起司。

＊拉斯科 rasco（牛奶，硬質）

＊斯卡莫札 scamorza（牛奶，半硬質）

＊煙燻瑞可達 ricotta affumicata（羊奶、山羊奶、羊奶混合山羊奶，半硬質）……將瑞可達起司以鹽醃漬、煙燻後，乾燥熟成的起司。

＊吉卡塔 giuncata（山羊奶混合羊奶，硬質）

＊佩克里諾蒙波羅 pecorino del Monte Poro（羊奶混合山羊奶，硬質）

＊佩克里諾克羅托內 pecorino di Crotone（羊奶混合山羊奶，硬質）……亦稱「卡內斯托拉多托克羅托內（canestrato di Crotone）」。

＊阿斯普羅蒙特山羊起司 caprino d'Aspromonte……山羊乳製成的起司。熟成期較短的直接食用，熟成期較長的磨碎用於烹調。

◎加工肉品

＊醃豬肩頸肉 capocollo di Calabria DOP

＊辣肉膏 'nduja……添加辣椒，非常辣的膏狀香腸。塗在麵包上吃。

＊義式培根 pancetta di Calabria DOP

＊香腸 salsiccia di Calabria DOP

＊臘腸 soppressata di Calabria DOP

◎橄欖油

＊克羅多內思高地 Alto Crotonese DOP

＊布魯齊奧 Bruzio DOP

＊拉梅齊亞 Lametia DOP

◎麵包、糕點

＊庫杜拉 cuddura……做成髮辮造型的麵團繞成圈狀，表面沾芝麻，進爐烘烤的麵包。

＊碎栗麵包 pane di castagne……把壓碎的水煮栗混入麵團，進爐烘烤的麵包。

＊薯泥麵包 pane di patate……麵粉加馬鈴薯泥混拌成團，進爐烘烤的麵包。

＊布切拉多 buccellato……大甜甜圈狀的麵包。

＊麵包圈 friselle……將烤成甜甜圈狀的麵包對半橫切，烤至乾燥的麵包。要吃之前先用水浸濕。

＊奇努里力 chinulilli……「chinulilli」意即「內餡（ripieno）」，以發酵麵團包餡下鍋油炸，或是進爐烘烤。形狀有圓盤形與半月形。餡料有栗子奶油、巧克力、義式牛軋糖或葡萄果醬（當地稱為 mostarda）等。。

＊夾心無花果 crocetta……切開無花果乾，夾入烤過的杏仁，交疊成十字架（croce）的形狀，進爐烘烤後，用糖漿醃漬。

＊酥酥美列 susumelle……加了蜂蜜或葡萄乾的餅乾，披覆上翻糖或巧克力。

＊巧克力柑橘牛軋糖 torrone gelato……糖漬的香水檸檬、柳橙、橘子與切薄的杏仁混入翻糖，做成圓柱狀或方柱狀，淋上巧克力。雖然名稱有「gelato」，卻是和義式冰淇淋無關的點心。

＊果乾卷麵包 pittanchiusa……粗粒小麥粉加橄欖油、蜜思嘉葡萄酒（Moscato）混拌後壓薄，包捲葡萄乾、核桃、杏仁、肉桂等。再切成筒狀，切口朝上擺入塔樟，進爐烘烤的點心。

慢食捍衛運動（**Presidio Slow Food**）標籤

＊莫爾曼諾產的扁豆

＊格列卡尼可生火腿 Capocollo Grecanico……添加茴香菜或辣椒，以鹽醃漬的生火腿。生產於深受希臘文化影響的地區（雷焦卡拉布里亞省的一部分）。

#203

Antipasto misto

前菜拼盤

茄子鯷魚蒸糕（左後）Sformato di melanzane e alici
辣椒醃生魩仔魚佐普切塔（右後）Bruschetta rosamarina
自製鑲鮪魚辣椒（右前）Peperoncini ripieni al tonno
豬頭肉凍（左前）Coppa di maiale

ricetta

茄子鯷魚蒸糕
①製作茄子糊。茄子以烤箱烤過後，去皮、瀝乾水分，放進食物調理機打碎。加鹽、胡椒、佩克里諾羊乳起司、蛋混拌。
②將去頭與骨的鯷魚鋪貼在布丁模的內側，倒入茄子糊，以烤箱隔水蒸烤。
③烤好後脫模、盛盤，擺上番茄丁（以鹽、胡椒、羅勒、特級初榨橄欖油調味）及烤過的茄皮絲。

辣椒醃生魩仔魚佐普切塔
①生魩仔魚以辣椒粉、鹽、胡椒醃漬約兩個月後，辣椒醃生魩仔魚即完成。
②烤奧勒岡風味的普切塔（基底是香蒜普切塔），擺上辣椒醃生魩仔魚、胡椒油漬魩仔魚，放細葉香蔥做裝飾。

自製鑲鮪魚辣椒
①圓形辣椒炙烤去皮，蒂頭周圍劃一圈，取出辣椒籽。
②將自製油漬鮪魚、鯷魚、酸豆、特級初榨橄欖油放進食物調理機打碎後，調整鹹淡。
③把②的餡料填入①的辣椒，蓋上蒂頭，以特級初榨橄欖油浸泡半天左右。

豬頭肉凍
①清理豬頭肉，與香味蔬菜（請參考P36＊）、白酒醋、水、原鹽（岩鹽或日曬海鹽，是精製鹽或特殊用鹽的原料）、胡椒一起下鍋煮。邊煮邊撈除浮沫，煮至肉質變軟，可從骨頭分離的程度即可取出。以菜刀剁碎成絞肉狀，以鹽、胡椒調味，移入托盤、壓上重物，放進冰箱冷藏一晚，使其凝固。
②分切肉凍並盛盤，擺上切成薄片的水煮蛋、酸豆、橄欖、紫洋蔥、醃菜，旁邊放綠莎莎醬（作法省略）。

以卡拉布里亞大區的特產做成豐盛的前菜拼盤。豬頭肉凍（coppa di maiale）是靠豬肉本身的膠質凝固而成，是此大區自古流傳下來的傳統作法。辣椒醃生　仔魚（rosamarina）吃起來是發酵食品般的複雜滋味。填入鮪魚的圓辣椒，可品嚐到辣椒的原味。發揮巧思，使用南部特產的沙丁魚及茄子，做成餐廳風格的料理。製作每道菜時，都有參考其原型。

18

CALABRIA

有水 KAORI（Trattoria YOSHIDA）

#204

Antipasti

各種前菜

鹽漬鱈魚乾、鯷魚、　仔魚、茄子、甜椒等，以
這些卡拉布里亞大區的人常吃的食材做成六道前
菜。鹽漬鱈魚乾是將一尾鱈魚依個人口味喜好撒
鹽，乾燥而成的自製品，尤其是冬季，絕對少不
了這一道。茄子炸球原本的主食材是壓爛的茄泥，
馬鈴薯只是用來增加黏性，試過幾次後，發現茄
子與馬鈴薯分量最理想的狀態。醃橄欖加入橙皮
是為了使人感受到，卡拉布里亞大區是柑橘類水
果的產地。醃菜和卡拉布里亞特產的辣味加工肉
品也很對味。除了經典菜色，我在餐廳會另外準
備這類季節性的料理，當客人點餐時順便推薦，
或是加入前菜拼盤裡。

有水 KAORI（Trattoria YOSHIDA）
ricetta P360

奧勒岡風味醋漬鯷魚
Marinato di alici all'origano

自製醃菜與柳橙風味醃橄欖
Verdure sott'aceto e olive all'arancia

鄉村風燉鱈魚乾、馬鈴薯與甜椒
Baccalà alla campagnola

18

CALABRIA

香檸檬辣椒風味醃生鯷仔魚
Bianchetti marinate al bergamotto

焗烤鯷魚
Tortiera di alici

茄子馬鈴薯辣肉腸炸球
Palline di melanzane e patate

#205

Bucatini al ragù piccante e ceci

豬肉、辣肉膏與鷹嘴豆拌細管麵

卡拉布里亞大區的義大利麵，最受歡迎的是乾麵。本食譜介紹的是口感有趣、形狀中空的細管麵（bucatini），略粗一點的稱為短管麵（maccheroni），再粗一點的稱為吸管麵（ziti）。一般是搭配番茄肉醬與瑞可達起司，番茄醬汁裡加瑞可達起司，混拌成粉紅色，是一道別具風味的平民料理。本食譜將卡拉布里亞大區的特產食材豬肉和鷹嘴豆燉煮，再加辣椒醃豬肉的「辣肉膏（'nduja）」，使味道變得有深度，以餐廳風格的料理呈現。

有水 KAORI（Trattoria YOSHIDA）

CALABRIA

ricetta

①製作調味菜。鍋內放沙拉油與拍碎的大蒜加熱。傳出蒜香後，取出變成金黃色的大蒜備用，放入切成粗末的紅蘿蔔、洋蔥、西洋芹仔細拌炒。
②接著將豬肩肉、取出備用的大蒜也下鍋炒，再

加水煮番茄、水、白酒、高湯，煮到肉變軟。
③把辣肉膏（'nduja）與已經煮過的鷹嘴豆也放進鍋裡煮，試吃並調味。
④最後和鹽水煮過的細管麵拌合，撒上佩克里諾羊乳起司。

#206

Fusilli alla rosamarina e cipolla

自製辣椒醃鯷仔魚與
特羅佩亞紫洋蔥拌螺旋麵

螺旋麵是一種義大利短麵，又稱為 fusilli casarecci，與細管麵、扭指麵（cavatelli）皆為卡拉布里亞大區的代表性乾麵。圓弧形的切口部分很能沾附醬汁。當地會以炒紫洋蔥拌螺旋麵，或是用辣椒醃生鯷仔魚（rosamarina）拌義大利麵，這樣就已美味十足。為了當成餐廳的菜色，我試著結合兩者，甜味、辣味與鹹味非常協調，產生出嶄新的味覺。這道激辣料理也是店內的人氣菜色。

有水 KAORI（Trattoria YOSHIDA）

ricetta

①鍋內放橄欖油與拍碎的大蒜加熱。傳出蒜香後，取出變成金黃色的大蒜備用，放入切成薄片的紫洋蔥拌炒。接著加壓的水煮番茄、辣椒醃生鯷仔魚（rosamarina），以及取出備用的大蒜略煮片刻。以鹽、胡椒調味。
②最後和用鹽水煮過的螺旋麵拌合，撒上麵包粉與義大利香芹末。

※ 原本是以磨得更細的麵包粉，但與洋蔥、番茄、辣椒醃生鯷仔魚拌在一起後，感覺變得沉重，口感也不佳，所以本食譜改用自製麵包粉，使口感變好（麵包棒以果汁機略為打碎，加少量的橄欖油快速拌炒）。

#207

Rigatoni al pecoraro Pietro

牧羊人風味水管麵

這是卡拉布里亞大區自古就有的義大利麵料理。以鮮奶油與瑞可達起司、辣肉腸（soppressata piccante）、番茄醬汁製作拌麵醬，收尾時再加佩克里諾羊乳起司。原本是因應客人要求，做成奶油系醬汁的義大利麵，考量到番茄奶油的口味容易吃膩，所以用自製半乾番茄取代番茄。有了半乾番茄與辣肉腸的口感及味道點綴，使整體產生變化。瑞可達起司的量比鮮奶油多，吃起來沒有外觀那般濃厚，本食譜搭配的是水管麵。

有水 KAORI（Trattoria YOSHIDA）

ricetta.

①將辣肉腸（soppressata piccante）切碎，下鍋以少量的橄欖油拌炒。放入自製的半乾番茄、鮮奶油、肉豆蔻、鹽、胡椒略煮片刻，試吃並調味。關火後，加瑞可達起司。

②接著和以鹽水煮過的水管麵拌合，再加佩克里諾羊乳起司即完成。盛盤，撒上佩克里諾羊乳起司、義大利香芹末。

#208

Pesce spade con salsa di peperoni rossi e menta

炙烤旗魚佐甜椒醬與薄荷醬

說到卡拉布里亞大區的海鮮料理，無論魚類或貝類，通常都是烤或炸過後，搭配橄欖油、檸檬吃的簡單作法。本食譜使用的是旗魚，做成使人聯想到希臘的薄荷風味。因為日本的旗魚較小，所以是把兩塊拼組成一塊，佐搭紅（紅椒）、綠（薄荷）雙色醬汁。

有水 KAORI（Trattoria YOSHIDA）

ricetta

①旗魚片撒上鹽、胡椒後炙烤。
②製作紅醬。紅椒切片，與少量的洋蔥下鍋拌炒。加水燉煮後，以果汁機打碎、過濾。再加特級初榨橄欖油、鹽、胡椒調味。

③製作綠醬。薄荷、佩克里諾羊乳起司、特級初榨橄欖油、鹽、胡椒放進果汁機打碎。
④旗魚片盛盤，撒上切碎的義大利香芹。交錯舀入紅醬與綠醬，盤邊放檸檬片、義大利香芹葉。

18

CALABRIA

#209

Arrosto di pollo e patatine

e cipolla rossa di Tropea

烤特羅佩亞紫洋蔥、馬鈴薯
與土雞

這道料理是在最基本的烤雞中，加入從卡拉布里亞大區進口的大量蔬菜。紫洋蔥也是來自義大利最大的洋蔥產地特羅佩亞。味濃甜度高，在當地通常是炙烤或切片做成沙拉。在錫拉山的山腳下採收的小馬鈴薯（patatina，日本是冷凍進口）滋味濃郁，質地也很獨特。兩者光是燜烤就十分美味，相當值得購入品嚐。

有水 KAORI（Trattoria YOSHIDA）

ricetta

①雞腿肉以特級初榨橄欖油、白酒、大蒜、檸檬片醃漬備用。
②特羅佩亞產的紫洋蔥切成半月形塊狀，與特羅佩亞產的小馬鈴薯（冷凍）、雞腿肉一起放入耐熱盤，撒上迷迭香、鹽、胡椒，以烤箱烘烤，烤熟的食材先取出。

#210

Costine di maiale e cavolo

高麗菜燉排骨

卡拉布里亞大區最常吃的肉是豬肉，搭配上同為餐桌常客的高麗菜，是餐廳常備菜色的人氣料理之一。做法很簡單，先以調味菜加水、番茄、辣椒、月桂葉燉肉，再利用其湯汁煮高麗菜。清水燉煮的肉及高麗菜變得軟爛化口，兩者的精華也融入湯汁裡，形成深奧的滋味。為了讓人吃完覺得分量剛好，比起用高湯燉煮的料理，味道顯得清爽不膩。

有水 KAORI（Trattoria YOSHIDA）

ricetta

①製作調味菜。鍋內放沙拉油與大蒜加熱，炒出蒜香後，取出變成金黃色的大蒜備用，加入切成粗末的紅蘿蔔、洋蔥、西洋芹充分拌炒。
②豬排骨（帶骨豬五花肉）撒上鹽、胡椒，沾裹麵粉，下鍋用沙拉油封煎表面。倒掉油，澆淋白酒。

③另取一鍋，放入調味菜與②的豬排骨，加水、水煮番茄、紅辣椒（卡拉布里亞大區產）、月桂菜、取出備用的大蒜一起煮。調整鹹淡，煮至肉質變軟後，取出豬排骨。
④在③的鍋裡加入切成半月形塊狀的高麗菜，煮至入味。

#211

Granita al limone e bergamotto

檸檬與香檸檬的
義式冰沙

這道義式冰沙是使用卡拉布里
亞大區特產的柑橘類水果－香
檸檬的利口酒製成。

義式冰沙在南義各地很普遍，
其實就是刨冰，但加了香檸檬
後，立刻使人感受到卡拉布里
亞的氣息。搭配的烤蛋白餅，
添加含香檸檬香氣的伯爵茶茶
葉，入口後，滿嘴都是香檸檬
的清香。

有水 KAORI（Trattoria YOSHIDA）

ricetta

①將西西里島產的檸檬汁、磨碎的檸檬皮（日本
產、無農藥）與檸檬汁、礦泉水、蜂蜜、細砂糖
混拌。放進冰箱冷凍，結凍後刨成碎冰，再放回
冰箱冷凍。最後加香檸檬利口酒。

②伯爵茶的茶葉磨成粉，加砂糖烤成蛋白餅，搭
配冰沙一起吃。

212

Dolci

甜點拼盤

吉切拉塔淋橙花蜂蜜
Cicerata con miele di arancio

芝麻杏仁牛軋糖
Giungiulana

濃縮葡萄汁
漬無花果乾的甜塔
Bucchinotta

以三種能夠感受到卡拉布里亞大區文化的點心做成拼盤。吉切拉塔是聖誕節甜點，將炸麵團淋上蜂蜜，裝飾成皇冠的造型。芝麻杏仁牛軋糖是阿拉伯的象徵，甜塔則是平日常見的點心。因為都很樸素，不易做成餐廳甜點，通常是當作茶點供應。為了讓更多人願意品嚐，甜度與口感等都做了調整。

有水 KAORI（Trattoria YOSHIDA）

18

CALABRIA

ricetta

吉切拉塔淋橙花蜂蜜
將低筋麵粉、砂糖、奶油、蛋混拌成團，揉成鷹嘴豆般大小的球狀，下鍋油炸。淋上橙花蜂蜜，撒上彩色巧克力米。

芝麻杏仁牛軋糖
橙花蜂蜜倒進鍋中煮稠，加白芝麻、切碎的烤杏仁、磨碎的檸檬皮一起煮。等到傳出芝麻香，立刻關火，倒入烤盤，靜置凝固，再切成小塊的菱形。

濃縮葡萄汁醃無花果乾的甜塔
無花果乾以濃縮葡萄汁（葡萄汁煮稠後，靜置熟成的甜味料）醃漬後切碎，烤過的杏仁切成丁，與無花果乾拌合。將基礎塔皮（pasta frolla，烤餅乾用的麵團）鋪入烤模，填塞拌好的無花果乾與杏仁丁，再蓋上另一塊基礎塔皮。放進 170℃ 的烤箱烤，最後撒上糖粉。

#204　Antipastio

各種前菜　　Antipasti

奧勒岡風味醋漬鯷魚
Marinato di alici all'origano

鯷魚去頭與內臟，剖開去中骨、撒鹽。靜置一會兒，擦乾水分，以葡萄酒醋加檸檬汁浸泡，直到魚肉變白。擦掉醃汁，淋特級初榨橄欖油、撒放奧勒岡，靜置片刻使其入味。

自製醃菜與柳橙風味醃橄欖
Verdure sott'aceto e olive all'arancia

將鹽漬橄欖（綠與黑）用乾燥橙皮加少量大蒜、紅辣椒（卡拉布里亞大區產）、特級初榨橄欖油拌成的醬汁醃漬。與醃菜（作法省略）一起盛盤。

鄉村風燉鱈魚乾、馬鈴薯與甜椒
Baccalà alla campagnola

①鹽漬鱈魚乾用水泡軟後，再下鍋煮軟。直接放涼，去骨與皮，大略撥散。
②馬鈴薯去皮，切成適口大小，下鍋水煮，煮汁留起來備用。
③另取一鍋，放橄欖油與拍碎的大蒜加熱，炒出蒜香後，取出變成金黃色的大蒜，加洋蔥片炒至軟

透。再加①的鱈魚乾略為拌炒，淋上白酒。
④接著加②的馬鈴薯、切成適口大小的甜椒（紅椒與黃椒）、水煮番茄、馬鈴薯的煮汁、

黑橄欖、紅辣椒（卡拉布里亞大區產）、月桂葉，煮至馬鈴薯入味。以鹽、胡椒調味，淋上大量的特級初榨橄欖油，撒些義大利香芹

香檸檬辣椒風味的醃生仔魚
Bianchetti marinate al bergamotto

新鮮生仔魚撒些鹽、胡椒，淋香檸檬利口酒、特級初榨橄欖油拌一拌。盛盤，撒上辣椒粉（卡拉布里亞大區產）。

焗烤鯷魚
Tortiera di alici

鯷魚去頭與內臟，剖開去中骨後，與香草麵包粉交互放入燉鍋（casserole），擺

上切片的櫻桃番茄，以烤箱烘烤。香草麵包粉是用麵包粉加佩克里諾羅馬諾起司、義大利香芹與檸檬皮、奧勒岡、大蒜、特級初榨橄欖油、鹽、胡椒混拌而成。

茄子馬鈴薯辣肉腸炸球
Palline di melanzane e patate

①茄子切小塊後撒鹽，去除澀味。擦乾水分，以橄欖油拌炒。
②馬鈴薯帶皮水煮，煮好後去皮壓爛。再加①的茄子、切碎的辣肉腸、鹽、胡椒、佩克里諾羅馬諾起司、肉豆蔻混拌。
③揉成圓球狀，沾裹麵粉、蛋液、麵包粉，下鍋油炸。

有水 KAORI（Trattoria YOSHIDA）

西西里島
SICILIA

埃奧利群島
（Isole Eolie）

第勒尼安海

利帕里島（Lipari）

特拉帕尼

◎ 巴勒莫

• 墨西拿

康卡德奧羅平原
（金色貝殼，Conca d'Oro）

布龍泰
（Bronte）

塔奧敏納（Taormina）

馬爾薩拉
（Marsala）

迪泰諾河谷

▲ 埃特納火山

卡爾塔尼塞塔

• 恩納

卡塔尼亞

愛奧尼亞海

卡塔尼亞平原

阿格里真托

傑拉
（Gela）

傑拉平原

拉古薩

• 錫拉庫薩

地中海

莫迪卡
（Modica）

潘泰萊里亞島
（Pantelleria）

●西西里島的省與省都

阿格里真托（Provincia di Agrigento）……阿格里真托
恩納（Enna）……恩納
卡塔尼亞（Provincia di Catania）……卡塔尼亞
卡爾塔尼塞塔（Provincia di Caltanissetta）……卡爾塔尼塞塔
錫拉庫薩（Provincia di Siracusa）……錫拉庫薩
特拉帕尼（Provincia di Trapani）……特拉帕尼
巴勒莫（Provincia di Palermo）……巴勒莫（大區首府）
墨西拿（Provincia di Messina）……墨西拿
拉古薩（Provincia di Ragusa）……拉古薩

西西里島的特徵

在形似長靴的義大利半島，相當於鞋尖部分，隔著墨西拿海峽，是地中海最大的島。自古希臘時代就被稱為特里納克里亞（Trinacria，三角島），形狀近似三角形，包含埃加迪群島（Isole Egadi）、埃奧利群島、潘泰萊里亞島等分佈在地中海的島嶼，在二十大區中是面積最大的大區。雖有平地卻很少，像是位於海岸旁，首府巴勒莫所在的康卡德奧羅平原、卡塔尼亞平原、傑拉平原等。內陸地區丘陵多，北部從半島接續亞平寧山脈，卡塔尼亞附近標高3323m、歐洲最大的活火山埃特納火山至今仍持續活動。

此大區是典型的地中海型氣候，冬暖夏乾熱。內陸地區隨著高度增加，氣候變得截然不同，還會見到積雪。整體降雨量少，就算是炎熱時期也會起風，氣溫算是舒適，偶爾會有非洲撒哈拉沙漠吹來的焚風西洛可風（scirocco），夾帶海洋的水氣，造成降雨。

西西里島位處地中海的中心，是重要的戰略性據點，歷史上曾淪為數個民族的攻擊目標。自腓尼基人（Phoenicia）開始，陸續受到希臘、拜占庭、阿拉伯、諾曼、法國、西班牙的統治，對飲食文化也留下影響。如今義大利料理不可或缺的橄欖、奧勒岡、羅勒、釀造葡萄酒皆為希臘傳來之物，強烈的鹽味是拜占庭的特色，阿拉伯則是傳入多樣化的食材與加工技術。西西里島代表性的產物柑橘類、茴香、鮪魚及其加工品的鹽醃魚卵、番紅花、肉桂等各種香料，也是由阿拉伯人傳入。西側的特拉帕尼省一帶，以北非的「庫斯庫斯（couscous）」搭配海鮮湯的獨特作法已深入紮根，鹽漬鱈魚乾與鱈魚乾來自遙遠的諾曼。被法國統治時，留下香料的活用法、填餡料理等烹調方法，大航海時代的西班牙也陸續傳入番茄、茄子等新大陸的產物，誕生出西西里燉菜（caponata）等知名料理。

當中受到阿拉伯強烈影響的就是甜點。以杏仁粉製成的水果杏仁膏（frutta di Martorana）、義式冰淇淋或義式冰沙（granita）等冰品，以及現在義大利代表性的糕點卡薩塔（cassata），原本都是阿拉伯的點心。

擁有如此豐富的飲食文化，加上島內栽培生氣勃勃的蔬果、別具風味的起司與新鮮海產，使西西里島料理富有變化、多采多姿。

保存許多遺跡的山城塔奧敏納。

19

SICILIA

西西里島的傳統料理

◎巴勒莫省的料理

✽烏斯蒂卡島風味義大利麵……將圓直麵與羅勒、酸豆、大蒜、小番茄、橄欖油打成的糊拌合。

✽沙丁魚義大利麵 Pasta con le sarde……沙丁魚、葡萄乾、松子、茴香菜等拌炒後，與義大利麵拌合。

✽焗烤燉飯 Riso al forno……煮過的米以番茄醬汁拌合，再加炸過的茄子、起司、肉醬、水煮蛋、豌豆等，放入烤模，進爐烘烤。烤好後分切食用。

✽炸鷹嘴豆餅 Panelle……鷹嘴豆粉攪煮成糊，凝固後切塊下鍋油炸。當成前菜或義式三明治（Panino，帕尼諾）的配料。

✽西西里披薩 Sfincione……擺上番茄、鯷魚、洋蔥、卡丘卡巴羅起司等食材的軟佛卡夏。

✽焗烤千層茄子 Melanzane alla siciliana

✽小魚烘蛋 Frittata di neonata

◎特拉帕尼省的料理

✽特拉帕尼風味糊 Pesto alla trapanese……將番茄、杏仁、大蒜、羅勒、佩克里諾羊乳起司等，以研磨缽搗成糊。

✽鐵線麵（或稱蘆桿麵）Busiati……硬質小麥粉揉成的麵團，以棒子滾捲成螺絲狀的手工長麵。

✽潘泰萊里亞風味義式餃 Ravioli panteschi……包入瑞可達起司與薄荷的義式餃。

✽鑲餡朝鮮薊

✽鮪魚子義大利麵

✽酸豆奧勒岡風味醃鮪魚子

✽鮪魚丸 Polpette di tonno……切碎的鮪魚肉、松子、葡萄乾、麵包、蛋、香芹等混拌做成圓球狀，與番茄燉煮。

✽鮪魚卷 Braciole di tonno……切成薄片的鮪魚包餡捲成卷狀，與番茄燉煮。

✽潘泰里亞風味煎旗魚 Pesce spada alla pantesca……切成薄片的旗魚撒上麵粉，以平底鍋香煎，最後再加酸豆、義大利香芹。

✽海鮮庫斯庫斯 Cuscus trapanese……把番茄燉海鮮的湯汁淋在蒸過的庫斯庫斯上。

◎墨西拿省的料理

✽海鮮湯　✽炸香魚或鰻魚

✽炸白花椰菜 Cavolfiore a vastedda……白花椰菜水煮後，沾裹以蛋加鯷魚、麵粉、水拌成的麵糊，下鍋油炸。

✽茄汁佐香煎旗魚 Pesce spada a ghiotta……煎過的旗魚搭配加了酸豆、松子、葡萄乾的番茄醬汁。

✽墨西拿風味燉鱈魚乾 Stoccafisso alla messinese……番茄燉鱈魚乾與馬鈴薯，還有加酸豆、橄欖等。

✽迷迭香風味烤山羊

◎卡塔尼亞省、錫拉庫薩省的料理

✽諾爾馬風味義大利麵 Pasta alla Norma……義大利麵與番茄醬汁拌合後，擺上炸茄子、撒些磨碎的佩克里諾羊乳起司。

✽麵包粉與鯷魚拌義大利麵 Spaghetti con mollica e acciughe

✽開心果糊拌義大利麵

✽錫拉庫薩風味義大利麵 Pasta alla siracusana……加了茄子、黃甜椒。黑橄欖、酸豆的番茄醬汁拌合的義大利麵。

✽墨醬燉飯 Risotto nero

✽斯卡恰塔 Scacciata……將起司、火腿、鯷魚、番茄、黑橄欖包入麵團，放入塔模，進爐烘烤。

✽酸甜酒醋兔 Coniglio in agrodolce……把以紅酒醃漬過的兔肉炒煮後，以砂糖及葡萄酒醋調成酸甜滋味。還會放西洋芹、綠橄欖、酸豆、松子、葡萄乾。

◎西西里島的常見料理

＊瑞可達起司義大利麵 Pasta con la ricotta……瑞可達起司與磨碎的佩克里諾羊乳起司拌合的義大利麵。

＊麵包屑佐義大利麵 Pasta con la mollica……義大利麵與番茄醬汁拌合後，撒上麵包屑（mollica，乾燥的麵包肉以橄欖油拌炒而成）。

＊白花椰菜義大利麵 Pasta con cavolfiore……炒過的淺綠色白花椰菜加番紅花、松子、葡萄乾，與細管麵拌合。

＊炸飯球 Arancini……球形（約柳丁大小）的米飯炸球。

＊蠶豆糊 Maccu……乾燥蠶豆打成泥，以橄欖油、茴香菜等增添風味。亦稱「Macco」。

＊西西里燉茄 Caponata di melamzane……將炸過的茄子與番茄燉煮，以砂糖及醋調成酸甜滋味。有時也會加洋蔥、西洋芹、甜椒、橄欖等。

＊疊烤茄子與帕瑪森起司

＊烤夾餡茄子　　＊鑲餡朝鮮薊

＊鑲餡甜椒 Peperoni imbottiti……甜椒內填入麵包粉、鯷魚、酸豆、義大利香芹、番茄、佩克里諾羊乳起司等餡料，以烤箱烘烤。

＊番茄燉甜椒 Peperonata……洋蔥與甜椒拌炒後，加番茄燉煮。

＊糖醋櫛瓜 Zucchine in agrodolce……加了松子與葡萄乾的炒煮櫛瓜。

＊柳橙沙拉

＊香水檸檬沙拉 Insalata di cedro……一般的作法是，將帶皮的香水檸檬（或是只剝外皮、保留白囊部分）切成薄片，與茴香菜、鹽、橄欖油拌合。

＊西西里香草油醋 Salsa di salmoriglio……大蒜、香芹、奧勒岡、檸檬汁、橄欖油混拌而成的醬汁，搭配烤肉或烤魚。

＊炙烤旗魚佐西西里香草油醋

＊旗魚卷 Braciole di pesce spada……將切成薄片的旗魚包餡捲成卷後，以炙烤或串燒、燉煮的方式烹調。

＊醃鯷魚

＊西西里風味焗烤沙丁魚 Sarde a beccafico……這是以西西里島西部為中心，廣泛流傳的料理。沙丁魚剖開後，包入麵包粉、松子、葡萄乾捲起來，以烤箱烘烤。因為形似園林鶯（beccafico），故得此名。

＊鑲餡沙丁魚 Sarde ripiene……這是以西西里島東部為中心，廣泛流傳的料理。沙丁魚剖開後，包餡捲折，進爐烘烤或下鍋油炸。

＊糖醋兔 Coniglio in agrodolce……先將兔肉以加了月桂葉的紅酒醃漬，再放入砂糖、葡萄酒醋等炒煮。

＊馬爾薩拉風味煎豬肉 Scaloppine di maiale al marsala

＊牛肉卷 Farsumagru……小牛肉或牛肉的肉卷。內餡是小牛或牛的絞肉加香腸、生火腿、佩克里諾羊乳起司等。通常是以加了濃縮番茄醬（estratto）的番茄醬汁燉煮。

西西里島的特產

◎穀類、豆類

＊硬質小麥……用於製作庫斯庫斯的粗磨粗粒小麥粉，以及製作手工義大利麵的細磨硬質小麥粉（rimacinata）。＜阿格里真托周邊、恩納至傑拉一帶＞

＊軟質小麥＜阿格里真托周邊＞

＊扁豆＜烏斯蒂卡島＞

＊蠶豆＜卡爾塔尼塞塔周邊＞

＊菜豆＜卡爾塔尼塞塔周邊＞

＊豌豆＜弗洛雷斯塔（Floresta）＞

◎蔬菜、水果、堅果類

＊番茄 pomodoro di Pachino IGP ＜帕基諾（Pachino）、維多利亞（Vittoria）＞

＊茄子　　＊櫛瓜　　＊甜椒

＊茴香＜比沃納（Bivona）＞　　＊白花椰菜

＊朝鮮薊＜傑拉、卡斯泰爾韋特拉諾（Castelvetrano）、卡塔尼亞周邊＞

＊酸豆 cappero di Pantelleria IGP ＜潘泰萊里亞島、薩利納島＞

＊血橙 arancia rossa di Sicilia IGP……血橙的品種分為，塔羅科血橙（Tarocco）、桑吉耐勞血橙（Sanguinello）、摩洛血橙（Moro）等。＜全西西里島＞

＊仙人掌果實 fico di India Dell'Etna DOP ＜埃特納＞

＊諾切拉拉 nocellara del Belice 橄欖 DOP ＜貝利切溪谷＞

＊檸檬＜錫拉庫薩周邊＞

＊橘子＜錫拉庫薩周邊＞

＊香水檸檬＜諾托（Noto）＞

＊混種檸檬 limone interdonato di Messina IGP……香水檸檬與檸檬的交配種。＜墨西拿＞

＊桃子 pesca di Leonforte IGP ＜萊翁福爾泰（Leonforte）＞

＊蛇莓（fragoline）＜里貝拉（Ribera）＞

＊哈蜜瓜＜帕基諾＞

＊西瓜＜阿爾卡莫（Alcamo）＞

＊葡萄 uva da tavola di Canicattì IGP ＜卡尼卡特伊＞，uva da tavola di Mazzarrone IGP ＜馬扎羅內＞

＊榛果＜蘭達佐（Randazzo）＞

＊開心果 pistacchio verde di Bronte DOP ＜布龍泰＞

＊杏仁＜阿沃拉（Avola）、諾托、卡里尼（Carini）、卡爾塔尼塞塔＞

◎香草、辛香料

＊茴香菜　　＊奧勒岡

◎海鮮類

＊鮪魚＜法維尼亞納島（Favignana）＞

＊旗魚＜墨西拿海峽＞

＊龍蝦、蝦類　　＊章魚、透抽、墨魚

＊紅點海鯡鯉、龍利魚

＊沙丁魚、鯷魚、青花魚　　＊淡菜、海瓜子

◎肉類

＊羊、山羊

＊豬＜阿拉戈納（Aragona）、比亞恩卡維拉（Biancavilla）、恩納＞

◎水產加工品

＊鹽醃鮪魚卵 bottarga di tonno ＜法維尼亞納島＞

＊鹽漬乾燥鮪魚心、鮪魚腸＜法維尼亞納島＞

＊油漬鮪魚＜法維尼亞納島＞

＊鹽漬鮪魚精囊 lettume ＜法維尼亞納島＞

＊鹽漬鮪魚乾 mosciame ＜法維尼亞納島、特拉帕尼＞

＊鹽漬鮪魚背血合肉（黑肉）ficazza

＊鯷魚 alice sotto sale……鹽漬鯷魚（俗稱苦蚵仔）或遠東擬沙丁魚。＜夏卡（Sciacca）＞

◎起司

＊羊乳瑞可達 ricotta di pecora（羊奶，新鮮）＜特拉帕尼省＞

＊佩克里諾西西里諾 pecorino siciliano DOP（羊奶，硬質）……有時會加黑胡椒。

＊皮亞切提諾 piacentino（羊奶，硬質）……添加黑胡椒的番紅花風味起司。

＊波蘿伏拉 provola（牛奶，硬質）

＊卡內斯托拉多 canestrato（山羊奶、牛奶、羊奶、混奶、硬質）

＊普利莫 primosale（羊奶、羊奶混合牛奶，半硬質）

＊帕度尼 padduni（山羊奶，新鮮）

＊馬佑奇諾 maiorchino（羊奶，硬質）

＊爐烤瑞可達起司 ricotta Infornata（羊奶混合山羊奶、牛奶，軟質）

＊拉古薩 ragusano DOP（牛奶，硬質）

＊貝利切溪谷的沃斯德塔 vastedda della valle del Belice DOP（牛奶，軟質）

◎加工肉品

＊西西里生火腿 prosciutto siciliano

＊聶柏地山生火腿 prosciutto dei Monti Nebrodi

＊基亞拉蒙泰 - 古爾菲莎樂美腸 salame di Chiaramonte Gulfi

＊聖安傑洛莎樂美 salame Sant'Angelo IGP

＊豬肉凍 gelatina di maiale……豬腳、豬皮、豬耳、豬頭水煮後，以鹽、辣椒、月桂葉、檸檬調味，裝入玻璃瓶。

＊費拉塔 fellata……用大略切塊的豬肉製成的粗莎樂美腸。使用的是聶柏地山區的黑豬與大白豬（Large White）、ランドロック混種的豬肉。

＊尼科夏香腸 salsiccia di Nicosia……豬肉混合兔肉製成的香腸。

＊聶柏地山義式培根 pancetta arrotolata dei Monti Nebrodi……豬五花肉捲成卷狀，靜置熟成。以奧勒岡、辣椒、鹽、胡椒調味。＜聶柏地山區＞

＊尼科夏莎樂美腸 supprissato di Nicosia……豬肉製成的莎樂美腸，放進灰裡熟成。

＊蠶豆燉豬肉 budello origanato……豬肉以奧勒岡增添風味後，乾燥熟成。與蠶豆等食材一起燉煮食用。

◎橄欖油

＊埃特納火山 Monte Etna DOP

＊布萊山 Monti Iblei DOP

＊馬扎拉溪谷 Val di Mazara DOP

＊瓦爾德莫內 Valdemone DOP

＊貝利切溪谷 Valle del Belice DOP

＊特拉帕尼山谷 Valli trapanesi DOP

◎調味料

＊鹽田製的鹽＜特拉帕尼省＞

◎麵包、糕點

＊芝麻麵包……以硬質小麥粉製成質地緻密的麵包，表面佈滿芝麻。在西西里島，名稱依形狀而不同，像是 filone、pagnotta 等。其他地區則稱為西西里麵包（pane siciliano）。

＊迪泰諾麵包 pagnotta del Dittaino DOP……於恩納省、卡塔尼亞省的迪泰諾河谷生產的大圓形麵包，使用當地原生種的硬質小麥粉與天然酵母製作。

＊馬法爾達麵包 pane mafalda……造型獨特的芝麻麵包。將繩狀麵團緊密繞圈不留縫隙（看起來像是三個直向排列的 S），中央再繞過一條麵團定型，撒放芝麻，進爐烘烤。

＊里亞那塔 rianata……以硬質小麥粉製成的厚佛卡夏，擺上番茄、奧勒岡、鯷魚、普利莫起司。<特拉帕尼周邊，特別是埃里切（Erice）>

＊西西里風味卡薩塔 cassata siciliana……海綿蛋糕夾入瑞可達起司奶油，側面以開心果風味的綠色杏仁膏圍住，再以翻糖披覆表面，擺上糖漬水果做裝飾的點心。

＊西西里卡諾里卷 cannoli siciliani……把做成筒狀的派皮卷油炸後，填入瑞可達起司奶油。

＊芝麻牛軋糖 cubbaita……以芝麻為基底，加入堅果類，以蜂蜜與蛋白凝固的義式牛軋糖。

＊義式冰沙 granita……檸檬或咖啡、杏仁、薄荷風味的冰品。

＊榲桲凍 cotognata……將榲桲以砂糖煮成濃稠凍狀的點心。

＊杏仁糕點 pasticcini di mandorle……杏仁粉製成的餅乾，以香水檸檬、柳橙增添風味，擺上糖漬櫻桃，口感黏密。

＊杏仁奶酪 biancomangiare……牛奶加杏仁煮出風味後，再加玉米粉拌勻，冷卻凝固的點心。相當於法式牛奶凍（blanc manger）。

＊皮帕爾利 piparelli……杏仁果、蜂蜜、蛋、肉桂、丁香混拌成團，烘烤兩次的脆硬餅乾。

＊水果杏仁膏 frutta Martorana……砂糖加杏仁粉揉成團、調色後，做成各種水果的造型。也就是俗稱的杏仁糖膏（Marzapane），亦稱 Pasta Reale。「Martorana」是修道院的名稱。

＊莫迪卡巧克力……古法製作的巧克力，化口性佳卻帶有顆粒感。<拉古薩省莫迪卡>

慢食捍衛運動（**Presidio Slow Food**）標籤

＊波利齊（Polizzi）產的巴達豆（Fagiolo Badda）……菜豆的一種。

＊烏斯蒂卡島的扁豆

＊努比亞（Nubia）產的紅大蒜

＊賈拉塔納（Giarratana）產的大洋蔥

＊阿爾卡莫產的冬季甜瓜　＊蒙雷阿萊

（Monreale）產的白李

＊混種檸檬 Limone interdonato……香水檸檬與當地品種檸檬的混種。

＊恰古里（Ciaculli）產的晚生種橘子

＊米努塔橄欖（Minuta）

＊薩利納島產的酸豆

＊諾托產的杏仁

＊布龍泰產的開心果

＊卡塔尼亞灣傳統漁法捕獲的鯷魚……透過「馬奇亞（magghia）」漁法（將魚頭塞在漁網的網眼）捕獲的鯷魚。

＊吉魯珍塔那山羊（Girgentana）

＊拉古薩產的驢子　　＊莫迪卡牛

＊聶柏地山產的黑豬

＊馬佑奇諾起司（Maiorchino 羊奶，硬質）

＊貝利切溪谷的沃斯德塔起司（Vastedda）

＊聶柏地山產的羊乳紡絲型波蘿伏拉 起司（Provola，牛奶，硬質）

＊馬多涅山脈（Madonie）產的波蘿伏拉起司（牛奶，硬質）

＊特拉帕尼產的鹽田鹽

＊西古拉黑蜂（Sicula）的蜂蜜

＊馬多涅山脈產的嗎哪糖（manna）……樹液製成的甜味料。

＊卡斯泰爾韋特拉諾的黑麥麵包（pane nero）……使用當地古老品種提米里亞硬質小麥（timiia）的全麥粉做成的圓形黑麵包（約 1kg）。

＊倫蒂尼（Lentini）產的 S 形傳統麵包

＊德利亞（Delia）產的油炸點心庫德里雷德拉（Cuddrireddra）

石川　勉（Trattoria Siciliana Don Ciccio）

#213

Caponata alla palermitana

巴勒摩風味
西西里燉菜

將炸過的茄子以番茄燉煮成酸甜滋味的西西里燉菜（caponata）是代表性傳統料理之一，但在西西里島，各地使用的食材或作法仍有差異。本食譜介紹的是巴勒摩風味。卡塔尼亞通常是加櫛瓜或甜椒，到了其他地方又是不同的內容。基本上，我在店裡會準備巴勒摩風味與卡塔尼亞風味這兩種。品嚐茄子是這道菜的重點，請留意別煮得太爛。此外，燉煮過程中茄子會釋出水分，因此收乾湯汁、煮成適當濃度很重要。

ricetta

①圓茄切成一口大小，撒鹽除澀。洗淨後，擦乾水分，以高溫油炸至金黃。
②洋蔥、西洋芹切成小丁，以熱水汆燙。酸豆（已去除鹽分）、對半切開且去籽的綠橄欖同樣以熱水汆燙一下。

③鍋內放橄欖油與拍碎的大蒜，開火加熱。傳出蒜香後，加入洋蔥末拌炒，炒至洋蔥末變透明，再加汆燙過的洋蔥丁、西洋芹丁。接著加酸豆、綠橄欖、番茄糊、砂糖、紅酒醋、適量的水，煮40～50分鐘。
④煮好放涼後，與炸茄子拌合，放進冰箱冷藏。

#214

Antipasti siciliani

西西里風味前菜

在此為各位介紹使用西西里島代表性特產，如酸豆或鮪魚子（鹽醃魚卵）等製作的前菜。總共有四道，包含形似柳丁的「炸飯球（arancini）」、炸鷹嘴豆粉糊的「炸鷹嘴豆餅（panelle）」等，以西西里島的名產做成豐盛的前菜拼盤。

Capperi marinati

醃酸豆（左後）

在西西里島東北方的埃奧利群島是酸豆的盛產地，島上隨處可見野生酸豆。本食譜介紹的是當地食譜書的作法，不是當成調味料，而是品嚐酸豆完整的美味。使用大顆的鹽漬酸豆做最好吃，因此事前處理時，別將鹽分完全去除是重點。

Crostini con bottarga di tonno

鮪魚 × 鮪魚子的開胃麵包片（右前）

在西西里島，鮪魚子（鹽漬鮪魚卵巢）比烏魚子更受歡迎。曬得較乾的鮪魚子是磨碎使用，口感濕潤細緻的則是切成薄片，淋上橄欖油，或是當作配料。本食譜用的是日本宮城縣氣仙沼市產的鮪魚子，將西西里燉菜風味的炒蔬菜混拌生鮪魚後，放上鮪魚子薄片，做成開胃麵包片。

Panelle

炸鷹嘴豆餅（右後）

鷹嘴豆多半用於燉煮，磨成粉後加水拌成糊、下鍋炸的炸鷹嘴豆餅也是頗受歡迎的鹹點。在市場（mercato）等處的攤販也很常見，好比柑仔店賣的零食。本食譜是切成棒狀，也可做成圓盤狀或四方形等，造型多變。為了更貼近餐廳料理的感覺，增加了水量，使口感更加柔軟細膩。

Arancini

炸飯球（左前）

因為做成球狀被稱為「小柳丁（arancini）」的炸飯球是西西里島的代表性熟食。其實一般是做成棒球般的大小，為了當作餐廳的前菜，改成方便食用的小球狀，這樣的分量也較適合日本人。內餡的燉飯混拌了波隆那肉醬，也可加起司或火腿等做成清淡的口味，調味隨個人喜好調整。

ricetta

醃酸豆
①酸豆（西西里島產的鹽漬酸豆）稍微泡水，去除鹽分後，擠乾水分。
②平底鍋內放特級初榨橄欖油與蒜末、紅辣椒加熱，炒出香氣。
③接著加酸豆拌炒，再加義大利香芹末一起炒，以鹽調味。

炸鷹嘴豆餅
①鍋內倒 500m*l* 的水，煮滾後加 100g 的鷹嘴豆粉。以手提式電動攪拌機一邊攪打，煮約 15 分鐘至呈現柔滑糊狀。以鹽、胡椒調味，倒入托盤，冷卻凝固。

②自托盤扣出，切成邊長 1cm× 長度 5cm 的柱狀，下鍋用 170 ～ 180℃ 的沙拉油炸至金黃。

鮪魚 × 鮪魚子的開胃麵包片
①鮪魚生魚片剁碎。
②洋蔥、茄子、滾水去皮的番茄全部切成 1cm 的丁狀。
③平底鍋內倒橄欖油，②的洋蔥丁下鍋以小火慢炒，炒軟後加茄丁，炒熟後再加番茄丁、奧勒岡、鹽、胡椒，轉大火拌炒，關火起鍋，靜置放涼。
④把①的鮪魚與松子、葡萄乾加進③裡。
⑤棍子麵包斜切成厚 1cm 的片狀，放到已加熱

日高良實（ACQUA PAZZA）

的烤網上，烤至兩面酥香。將④盛盤，擺上切成薄片的鮪魚子。

炸飯球

①鍋內倒橄欖油，洋蔥末下鍋小火炒，加卡納羅利米，轉中火拌炒。炒至所有米粒皆沾上油，淋白酒，煮至酒精蒸發。倒入熱的雞高湯（＊1），量要蓋過米，輕輕拌煮。過程中若發現水分變少，少量地加雞高湯，重複這樣的步驟，煮約 12 ～ 13 分鐘。
②接著加波隆那肉醬（＊2），以帕瑪森起司、鹽、胡椒調味，倒入托盤放涼。
③再加切成 1cm 丁狀的帕瑪森起司混拌，揉成

一個 15g 的球狀，依序沾裹麵粉、蛋液、麵包粉。
④以 170 ～ 180℃ 的沙拉油炸至金黃酥香，插上一小撮迷迭香。

＊1 雞高湯

全雞與洋蔥、紅蘿蔔、西洋芹、月桂葉、香芹、黑胡椒粒等放入鍋中，加水熬煮 3 小時後，過濾而成的湯汁。

＊2 波隆那肉醬（salsa bolognese）

混合絞肉加入調味菜、紅酒、已過濾的水煮番茄、月桂葉燉煮約 2 小時。

371

#215

Alici all'arancia

爐烤鯷魚

鯷魚、柳橙、檸檬、松子等，用
的全是在地特產。尤其鯷魚是西
西里島常見的人氣食材，除了用
烤箱烤，也可鑲餡或是做成卷
狀，醃漬生的鯷魚等，利用各種
烹調方式，使味道產生變化。青
皮魚與柑橘類水果的組合，應該
是大眾能夠接受的味道。

石川　勉（Trattoria Siciliana Don Ciccio）

ricetta

①在耐熱容器的內側塗抹橄欖油、撒麵包粉。鋪
排檸檬片，擺上清理過的鯷魚，撒放切成粗末的
橄欖、松子、義大利香芹、大蒜、酸豆。接著鋪
排柳橙片，再次擺上鯷魚，依序撒放切成粗末的
橄欖等。

②最上面撒上麵包粉與佩克里諾羊乳起司，淋白
酒、橄欖油，放進 180℃的烤箱烤 15～20 分鐘。
烤的過程中淋些柳橙汁。

#216

Spaghetti alle vongole e bottarga di tonno

海瓜子與鮪魚子的圓直麵

在西西里島，只用海瓜子或鹽漬魚卵拌的義大利麵很常見，因為不易取得像當地那樣夠味的鹽漬魚卵，所以搭配海瓜子。磨成粉末的鮪魚子很會吸水，收尾時，必須酌量添加煮麵水。本食譜使用的是嚼勁十足的西西里島產圓直麵。

石川　勉（Trattoria Siciliana Don Ciccio）

ricetta

①平底鍋內放橄欖油與拍碎的大蒜、紅辣椒，開火加熱。傳出香氣後，取出變色的大蒜，放入海瓜子。再加義大利香芹及白酒，蓋上鍋蓋，以小火燜煮。

②等到海瓜子的殼開了，加進用鹽水煮至彈牙口感的圓直麵，視水量的多寡添加煮麵水，加少量的羅勒拌合。

③最後撒上鹽醃魚卵（鮪魚子）的粉末。盛盤，撒放義大利香芹末。

#217

Pasta con le sarde

沙丁魚茴香義大利麵

這道招牌義大利麵使用的遠東擬沙丁魚與茴香葉皆為西西里島一帶產量豐富的食材。義大利麵的種類不限，細管麵、水管麵、麻花捲麵（casarecci）等，長麵短麵都可以。由於醬汁水分不多，中空或表面有溝紋的複雜形狀較易沾附醬汁，本食譜是形似搓繩的麻花捲麵。另外，使用的茴香葉並非球莖肥大的結球茴香，而是葉子或種子被當成辛香料的茴香菜。因為有點硬，水煮後再和沙丁魚一起炒。奇妙的是，茴香菜水煮後有股海藻的香氣，這與沙丁魚也很搭。把茴香菜的煮汁做成醬汁，同時用來煮麵，充分利用其香氣。

日高良實（ACQUA PAZZA）

ricetta

①遠東擬沙丁魚去除魚鱗與內臟，切成三片。接著去腹骨，剁碎魚肉。
②茴香菜的葉子以大量的熱鹽水（鹽分1%）煮軟，瀝乾水分、切碎。煮汁留取備用。
③平底鍋內放橄欖油加熱，洋蔥末下鍋炒至軟透。再加①的魚肉、番紅花、松子充分拌炒。

④番茄滾水去皮、切成小丁後，與②的茴香菜葉一起加進③裡，倒入備用的煮汁，量比蓋過所有食材再多一些。煮約5分鐘，以鹽調味。
⑤另取一鍋，倒入剩下的煮汁煮滾，麻花捲麵下鍋煮。煮好後，趁④還在加熱時加進鍋中拌合，再淋特級初榨橄欖油拌一拌。

#218

Spaghetti con capperi

酸豆義大利麵

說到使用酸豆的義大利麵料理，多半是以少量的酸豆花苞（刺山柑漿果）拌一拌而已。本食譜介紹的是將酸豆打成泥當作醬汁，可以品嘗到酸豆豐富的風味。這是我在酸豆盛產地－埃奧利群島的薩利納島（Salina）的某家餐廳學到的作法，這個糊狀的醬在當地稱為「埃奧利亞風味醬」，用於蔬菜、肉、魚等各種料理。將酸豆、番茄醬汁、羅勒等用果汁機攪拌而成，美味的重點是加了杏仁。西西里島的杏仁風味濃郁，使醬汁更為香醇。

日高良實（ACQUA PAZZA）

ricetta

①將西西里島產的生杏仁煮至可剝皮的程度，擦乾水分，以手搓掉表皮。西西里島產的鹽漬酸豆稍微泡水，去除鹽分，擠乾水分。
②把 12 粒杏仁、45g 酸豆與切小段的紅辣椒（一小條）、20 片羅勒葉、120㎖ 的番茄醬汁、

60㎖ 的特級初榨橄欖油、鹽、胡椒用果汁機打成泥（兩人份的量）。接著倒入鍋中加熱。
③圓直麵以鹽水煮至彈牙程度的狀態，瀝乾水分，與②的酸豆泥醬拌合。盛盤，撒上去除鹽分的酸豆，放羅勒葉做裝飾。

#219

Couscous trapanese

海鮮庫斯庫斯

庫斯庫斯（或稱古斯米）是由阿
拉伯傳入西西里島的料理，也是
位於西端、面向地中海的特拉帕
尼市的名菜。這道料理的特色在
於，不使用肉，而是以海鮮製作，
也不是把燉好的海鮮淋在庫斯庫
斯上，而是過濾去渣後，只取濃
縮的湯汁淋拌。尤其是透過搗壓
的方式，讓海鮮的精華釋出，使
味道變得更濃郁。義大利有些店
是連同燉海鮮一起直接供應，但
我最初在西西里島品嚐到的是只
有湯的作法，這應該是原型。建
議使用鮮味濃烈的海鮮，如斑鰭
石狗公之類的岩礁魚與甲殼類。
另外，烹調庫斯庫斯時，我加了
番紅花增添風味，蒸過後略炒，
減少稠度。儘管表面變乾，吸足
湯汁的庫斯庫斯也已經十分入味。

日高良實（ACQUA PAZZA）

19

SICILIA

ricetta

①製作海鮮湯。斑鰭石狗公、綠鰭魚等岩礁魚去
除魚鱗與內臟，帶骨切塊。草蝦等甲殼類保留頭
與殼，挑掉背部的沙腸。
②鍋內倒橄欖油加熱，放入洋蔥末及拍碎的大
蒜，以小火充分拌炒。再加①的魚、蝦快炒上色。
接著加入切成小段的紅辣椒、番茄糊、水，轉大
火煮滾，撈除浮沫後，轉小火燉煮 1～1.5 小時。
過程中若水分變少，加適量的水。
③利用錐形濾網過濾湯汁，以擀麵棍搗壓魚蝦，
讓精華流入湯內。

④庫斯庫斯與少量的番紅花以湯汁浸濕，包上耐
熱保鮮膜，蒸約 10 分鐘。再放進加奶油或橄欖
油預熱過的平底鍋，快速煎炒。
⑤把④盛入湯盤內，另取一容器，倒入③的海鮮
湯，享用前再淋上湯汁。

※本食譜使用的庫斯庫斯是讓粗磨硬質小麥吸水結粒，
　加熱乾燥的市售加工品。

#220

Involtini di pesce spada

旗魚卷

旗魚卷和西西里燉菜一樣是西西里島的傳統料理，但在當地，作法依店家而略有差異。本食譜介紹的是巴勒摩風味，內餡添加柳橙汁為特徵。這道料理變化豐富，有些地方不放柳橙汁，有些地方不沾麵包粉，只稍微浸泡香草油就以烤箱烘烤，或是中間夾入起司等。烤至內熟外香酥的狀態。如果烤太久，魚肉會變乾、湯汁流失，這點請留意。

石川　勉（Trattoria Siciliana Don Ciccio）

ricetta

①將旗魚肉切成一口大小（約 30g），蓋上塑膠袋，使用肉槌拍薄（手放在魚片下隱約可見的程度），請小心別拍破。
②製作內餡。洋蔥末下鍋以橄欖油拌炒，炒至快變成褐色前，加入鯷魚、葡萄乾、松子一起炒。待洋蔥變成褐色後，關火起鍋。靜置放涼，再加柳橙汁、麵包粉、帕瑪森起司、黑胡椒。

③取一小撮內餡，包入旗魚片。先摺上下、再摺左右，捲成卷狀。包好四個後，中間夾放切成半月形片狀的紫洋蔥及月桂葉，用竹籤插成一串。
④沾裹麵包粉、淋橄欖油，以火炙烤。
⑤盛盤，旁邊放葉菜類蔬菜、檸檬片與柳橙片。

#221

Farsumagru

小牛肉卷

將小牛腿肉壓薄，包入水煮蛋、絞肉、莎樂美腸等，捲成卷狀，下鍋蒸煮。又稱「falsomagro」，是西西里島的名菜。在巴勒摩附近選用的是小牛肉，但在卡塔尼亞一帶是選用成牛，食材依地方而異。內餡也是如此，基本上是以豬肉加工品或碎肉為基底，然而製作者或地區的不同，產生出豐富的變化。西西里島多是活用食材原味的簡單烹調方式，如炙烤或水煮，這道料理使用多種食材且作法複雜，算是相當少見，也成為其特色。

石川　勉（Trattoria Siciliana Don Ciccio）

ricetta

①製作內餡。將香腸、莎樂美腸、牛絞肉、麵包粉、豌豆、切成末的義大利香芹與小洋蔥混拌。
②小牛腿肉壓薄成四方形後，鋪排帕爾馬產的熟火腿（prosciutto cotto）、義式培根、切片的水煮蛋。再放①的內餡捲起來，以料理棉繩定型。
③撒上麵粉，放進平底鍋煎烤表面。移入另一

鍋，加白酒與壓爛的水煮番茄，量是讓小牛肉卷稍微浸泡的程度，蓋上鍋蓋，燜煮約1小時。
④小牛肉卷切片、盛盤，舀放調好味的煮汁，旁邊擺上炸馬鈴薯與葉菜類蔬菜。

石川　勉（Trattoria Siciliana Don Ciccio）

#222

Polpettine di vitello all'agrodolce

酸甜小牛肉丸

西西里島的名菜之一，把用小牛肉做成的小肉丸（poleettine）炒煮成酸甜（agrodolce）口味。西西里島有許多酸甜滋味的料理，當地通常是利用柑橘類水果或葡萄乾等，本食譜是用砂糖及白酒醋調出酸甜味。

ricetta

①製作小肉丸。小牛腿肉絞成絞肉，加蛋、麵包粉、少量的牛奶、帕瑪森起司、碎杏仁、鹽、胡椒拌勻，揉成小圓球狀。撒上麵粉，以橄欖油煎。
②拍碎的大蒜與切成薄片的洋蔥以橄欖油拌炒，取出大蒜，接著加砂糖、白酒醋、月桂葉。再放入①的小肉丸，倒入以小牛肉與蔬菜熬煮的高湯，煮至稍微收乾水分即可。
③盛盤，撒上碎杏仁，旁邊放葉菜類蔬菜。

#223

Agnello aggrassato

燉小羊

來自巴勒摩的料理，以豬油炒出洋蔥的甜味作為整
體味道的基底。再將小羊肉與小洋蔥下鍋拌炒，加
白酒醋及高湯燉煮，以佩克里諾西西里諾起司增加
稠度。豬油使這道菜更香醇。

石川　勉（Trattoria Siciliana Don Ciccio）

ricetta

①將半隻帶骨小羊肉切成一口大小。
②洋蔥片下鍋以豬油炒至軟透，接著加鼠尾草、
迷迭香、小羊肉一起拌炒。

③再加白酒、高湯，以小火燉煮約 1 小時，調整
鹹淡。燉煮過程中，再放小洋蔥。
④最後加佩克里諾西西里諾起司，快速拌合，增
添風味。

#224

Biancomangiare

杏仁牛奶布丁

杏仁牛奶布丁就是法式杏仁奶酪（blanc manger）。如同其名，這是以杏仁與牛奶做成的「純白甜點」。全西西里島都吃得到，但軟度與甜度依店家而異。能確實感受到杏仁的風味很重要，所以用牛奶煮杏仁時，煮好後稍微放涼，讓味道充分釋出是重點。我個人偏愛Q彈有韌性，可保持布丁形狀的軟度，清爽的柳橙香也是不可或缺的要素。

石川　勉（Trattoria Siciliana Don Ciccio）

ricetta

①吉利丁片泡水還原。
②鍋內放西西里島產的無皮杏仁與牛奶加熱，煮約5分鐘。再加細砂糖、少量的酸奶油一起煮，煮出杏仁香後，關火起鍋，靜置放涼。
③接著過濾②，加牛奶、水、①的吉利丁攪溶，放進冰箱冷藏。呈現八成凝固狀態時，混拌打至三～四分發的鮮奶油，加入杏仁精，倒入布丁模，放回冰箱冷藏凝固。
④脫模、盛盤，撒上磨碎的橙皮。

#225

Cannoli e semifreddo di mandorle

卡諾里卷與冰糕

卡諾里卷是西西里島的代表
性糕點，輕盈酥脆的派皮、
入口後在嘴裡化開的滑順瑞
可達起司餡形成對比，這正
是美味的關鍵。瑞可達起司
是影響整體味道的要因。當
地的卡諾里卷，分量大又甜，
我在店裡製作時，降低了甜
度，大小也減為一半左右。
至於裝飾部分，通常是用切
碎的開心果。冰糕則是口感
介於義式冰淇淋與慕斯之間
的冷凍點心，口味變化多。
本食譜搭配的是杏仁榛果冰
糕。裹上焦糖的堅果香脆爽
口，成為完美的點綴。

石川　勉（Trattoria Siciliana Don Ciccio）

---

ricetta

卡諾里卷
①製作派皮。將 00 型麵粉、細砂糖、鹽過篩成
細緻的散沙狀。加豬油略為拌合，再加蛋、瑪薩
拉酒混拌。取適當的量，壓成直徑約 10cm 的圓
形。包纏圓形丹麥管，放進冰箱冷藏定型，下鍋
以豬油炸至酥脆。炸好後拿掉管子，置於常溫下
放涼。
②製作填餡。羊乳瑞可達起司（ricotta di
pecora）瀝乾水分，壓成泥。加巧克力、糖粉混
拌，放進冰箱充分冷藏。
③要吃之前，將瑞可達起司餡填入派皮卷，放糖
漬橙皮做裝飾，撒上糖粉。

冰糕
①製作果仁糖。帶皮杏仁與榛果對半切開，細砂
糖下鍋煮成焦糖狀，倒入杏仁與榛果裹拌，起鍋
後攤平，靜置放涼。
②鮮奶油打至八分發，再加入以蛋白和糖漿打發
的義式蛋白霜混拌，倒入柳橙蜂蜜、細砂糖略為
拌合。
③將①的果仁糖切成適當的大小，加到②裡大略
混拌。裝入容器，放進冰箱冷凍凝固。
④盛盤，旁邊舀放柳橙蜂蜜。

#226

Cassata siciliana

瑞可達起司卡薩塔

卡薩塔有使用奶油霜製作的阿布魯佐風味、以鮮奶油為主體，冷凍定型的冰糕式作法，本食譜介紹的是代表西西里島的「西西里風味卡薩塔」。特徵是用了羊乳製的瑞可達起司與多種糖漬果乾（frutta candita），這兩種食材的品質是左右卡薩塔味道的關鍵。特別是糖漬果乾，在日本選擇性少，不易取得優質產品，目前都是從泰國、台灣或日本的國產製品中，選擇甜度、鮮味、硬度適合的產品。此外，當地的卡薩塔非常甜，一般人可能無法接受，因此減少瑞可達起司加的砂糖量。也省略了原本在周圍貼淡綠色開心果翻糖做裝飾的步驟，只有撒上烤過的開心果強調香氣。

日高良實（ACQUA PAZZA）

ricetta

①製作海綿蛋糕。麵粉加蛋黃、蛋白、細砂糖、牛奶拌成麵糊，倒入直徑 18cm 的圓形烤模烤。烤好後脫模放涼，橫切成兩片，厚度約 1cm。
②羊乳瑞可達起司與細砂糖混拌。
③去皮的開心果放進 170℃的烤箱烤約 6 分鐘。
④先將一片海綿蛋糕置於盤內，擺上直徑 18cm 的慕斯圈，填入②的瑞可達起司。再放另一片海綿蛋糕，拿掉慕斯圈，表面塗上厚厚一層瑞可達起司。
⑤均勻擺放切薄的果乾（金桔、柑橘、草莓、奇異果、哈蜜瓜、蘋果、芒果等）、③的開心果做裝飾，放進冰箱充分冷藏。

#227

Brioche con gelato

布里歐
冰淇淋三明治

以布里歐麵包夾義式冰淇淋是西
西里島的獨特吃法，這在義式冰
淇淋專賣店或咖啡廳很常見。有
些地方是以類似漢堡麵包的圓麵
包，稱為「panino con gelato」。
因為是用手拿著吃的點心，無法
當作餐廳料理，若是擺在盤內組
合，多少保留了西西里島的特色。
搭配雪酪也很好吃，但布里歐麵
包還是和加了乳製品的義式冰淇
淋最對味。雖然香草、巧克力、
開心果、榛果是義式冰淇淋的代
表性口味，在我經營的義式冰品
店（gelateria），最受歡迎的是
起司蛋糕、提拉米蘇、糖漬栗子
（marron glacé）。

日高良實（ACQUA PAZZA）

---

ricetta

①製作布里歐麵包。高筋麵粉、低筋麵粉、鹽、
細砂糖、速發酵母粉倒入調理碗拌勻，再加蛋與
水，混拌成不黏手的光滑麵團。
②奶油以保鮮膜等包好，用擀麵棍等硬物敲軟。
加進①的麵團，揉拌至整體呈現光澤感。
③包上保鮮膜，放進冰箱冷藏 6～8 小時，完
成基礎發酵。待麵團膨脹至兩倍大左右，分切成

50g 並揉圓，整齊擺入托盤。蓋上保鮮膜，置於
常溫下約 20 分鐘，進行最後發酵，讓麵團膨脹
至兩倍大左右。
④放進 190℃的烤箱烤約 13 分鐘，烤成金黃飽
滿、散發香氣。取出後放在網架上放涼。
⑤將布里歐麵包橫劃一刀，夾入義式冰淇淋（上
圖是檸檬奶油口味，作法省略）。

薩丁尼亞島
SARDEGNA

●薩丁尼亞島的省與省都

奧里亞斯特拉省（Provincia dell'Ogliastra）⋯⋯拉努塞伊市（Lanusei）、托爾托利市（Tortolì）
奧里斯塔諾省（Provincia di Oristano）⋯⋯奧里斯塔諾市
奧爾比亞 - 坦皮奧省（Provincia di Olbia-Tempio）⋯⋯坦皮奧袍沙尼亞市（Tempio Pausania）
卡利亞里省（Provincia di Cagliari）⋯⋯卡利亞里市（大區首府）
卡博尼亞 - 伊格萊西亞斯省（Provincia di Carbonia-Iglesias）⋯⋯卡博尼亞市、伊格萊西亞斯市
薩薩里省（Provincia di Sassari）⋯⋯薩薩里市
努奧羅省（Provincia di Nuoro）⋯⋯努奧羅市
米迪奧 - 坎皮達諾省（Provincia di Medio Campidano）⋯⋯桑盧里市（Sanluri）、
維拉奇德羅市（Villacidro）

薩丁尼亞島的特徵

這座長方形島嶼在地中海是僅次西西里島的第二大島。位於義大利半島托斯卡尼大區奧爾貝泰洛（Orbetello）西邊 180km 的海面上，又稱為牧羊人島。首府卡利亞里在南部，東北部有知名高級度假地翡翠海岸（Costa Smeralda），內陸是險峻丘陵連綿的巴爾巴加地區，西側的奧里斯塔諾有卡布拉斯潟湖，保留著粗獷獨特的自然美景。除了距海遙遠的部分內陸地區，整體皆為溫暖的地中海型氣候，夏季與冬季的氣溫都很舒適宜人。降雨量較少，通常集中在早春及晚秋。

四周環海，卻不是以漁業為重心。雖然阿爾蓋羅的龍蝦料理、鮪魚捕撈基地的卡爾洛福爾泰很有名，但比起海產，使用山產的傳統料理更多。當中足以代表薩丁尼亞島的知名料理莫過於，在以險惡地形聞名的巴爾巴加地區流傳的牧羊人料理。義大利麵與湯為基礎，料理名稱也是用獨特的薩丁尼亞語。而且，各地區都有不同的方言，實在難以理解。例如，包入新鮮佩克里諾羊乳起司的義式餃，在奧列納稱為「angiulottus」，在稍遠的努奧羅卻是「culurzones」，到了其他地區又變成「culurgiones」。由此可知，各地至今仍維持著守護傳統的習慣。

小羊、小山羊、小豬是常用肉類，將這些肉大火燒烤，做成串燒（spiedo）是薩丁尼亞島的風格。柴火是使用島內產量豐富的野生香桃木或杜松木。另外像是野兔等野味，有時會用饒富野趣的方式烹調，例如直接在野地挖洞，鋪放加熱過的石頭，把調好味的兔肉擺到熱石上，再疊放熱石燜烤。

象徵性的特產是以羊奶製成的佩克里諾羊乳起司。形狀種類多樣化，全部都是用現擠的羊奶製作，包含類似優格的新鮮起司「吉歐古（gioddu）」、熟成期間短、風味纖細的「波那沙伊（bonassai）」、熟成期間長的「佩克里諾沙多（pecorino sardo）」、煙燻處理過的「薩丁尼亞之花（fiore sardo）」等。此外，還有一項與羊相同重要的產物是橄欖，全島生產的橄欖油皆獲得 DOP 認證。而薩丁尼亞島栽培釀酒用的葡萄廣為人知，不過，有件事卻鮮少人知道，其實酒瓶的軟木塞也是薩丁尼亞島的特產。

特色食材方面，將鮪魚與烏魚的卵巢鹽漬、熟成的鹽醃魚卵（烏魚子），常用於海鮮料理或義大利麵料理。

薩丁尼亞島的傳統料理

◎卡利亞里省的料理

＊**卡斯卡 Casca**……以蔬菜絞肉醬調味而成的庫斯庫斯。

＊**核桃醬拌魚肉 Burrida**……虎紋貓鯊水煮後，以義大利香芹與大蒜風味的核桃醬拌合。

＊**奧勒岡風味番茄醬汁燉田螺**

＊**水煮龍蝦**……以橄欖油及檸檬汁調味。

◎奧里斯塔諾省的料理

＊**鹽醃魚卵義大利麵**

＊**馬爾卡 Merca**……烏魚水煮後撒鹽，用鹽角草（Salicornia）、紀巴（giba）等沼地的野草包裹，靜置醃漬兩天。

＊**龍蝦沙拉**

◎努奧羅省的料理

＊**飛林代奧麵 Filindeu**……以硬質小麥粉製成的極細長麵，搭配羊高湯一起吃是固定吃法。

＊**茴香風味燜烤小羊**

＊**串燒肉**……義大利文「spiedo」即串燒之意，用於小山羊或山羊、豬等各種肉類的烹調方式。

＊**烤小山羊或小羊**

◎薩丁尼亞島的料理

＊**伊巴那答思 Impanadas**……用硬質小麥粉揉成麵團，壓薄後包肉餡，進爐烘烤。有時也會放朝鮮薊或豌豆等蔬菜。亦稱 panadas。

＊**義式餃 Angiulottus**……一種包入新鮮的瑞可達起司與莙薘菜的義式餃。各地名稱不一，又名 culurzones、culingiones 等。內餡也隨地區而有不同。

＊**珍珠麵 Fregula**……用硬質小麥粉製成的米形義大利麵。水煮後撒上佩克里諾羊乳起司，以烤箱烘烤，或是與加了海瓜子的番茄醬汁燉煮。亦稱 fregola。

＊**弗拉達麵包 Pane frattau**……肉高湯加蛋、佩克里諾羊乳起司、番茄醬汁、葡萄酒醋煮成湯，再放撕碎的薄片麵包（Pane carasau，詳細說明請參閱特產的麵包）。亦稱 Pane fratau。

＊**薩丁尼亞麵疙瘩（Malloreddus）**……硬質小麥粉加水揉製成的小麵疙瘩。亦稱 caidos、gnocchetti sardi。

＊**馬卡羅內德布沙 Maccarrones de busa**……將硬質小麥粉揉成的麵團，以棒針狀的細長棒子捲滾成中等長度的手工義大利麵。

＊**馬鈴薯炒煮朝鮮薊**

＊**海鮮湯 Cassola**

＊**維切那（Vernaccia）風味香煎紅點海鯡鯉**

＊**烤乳豬 Porchetto allo spiedo**……串燒乳飼小豬。使用香桃木或杜松子等有香味的木材燒烤，食材也可換成小羊或小山羊。亦稱 procetto。

＊**燉小羊 Spezzatino di agnello**……切塊的小羊肉加番茄、茴香菜等略為燉煮。

＊**法瓦塔 Favata**……乾燥蠶豆與醃豬背脂、豬皮、香腸、帶骨豬肉等一起燉煮。

＊**燉羊腸 corda**……番茄醬汁燉小羊腸，亦稱 cordula。

＊**香桃木風味雞肉**……煮好的全雞用香桃木包覆，靜置至完全冷卻（放到隔天），讓雞肉吸收香桃木的風味。

薩丁尼亞島的特產

◎穀類、豆類

＊硬質小麥

＊菜豆＜阿里特佐（Aritzo）＞

＊蠶豆

◎蔬菜、水果

＊番茄

＊茄子

＊朝鮮薊＜博薩＞

＊櫛瓜＜維拉奇德羅＞

＊卡迪 cardi ＜穆拉韋拉（Muravera）＞

＊綠蘆筍

＊茴香＜泰拉爾巴（Terralba）＞

＊柳橙＜米利斯（Milis）＞

＊橘子＜米利斯＞

＊葡萄＜夸爾圖聖埃萊娜（Quartu S'Elena）＞

◎香草、辛香料

＊番紅花 zafferano di Sardegna DOP ＜聖加維諾蒙雷亞萊（San Gavino Monreale）＞

＊香桃木

◎海鮮類

＊鰻魚、烏魚＜卡拉布里斯潟湖＞

＊龍蝦＜阿爾蓋羅（Alghero）＞

＊鮪魚＜卡爾洛福爾泰＞

＊沙丁魚

＊石狗公、鯛魚

＊透抽

＊貝類

◎肉類

＊羊、小山羊

＊豬

＊小羊 agnello di Sardegna IGP

◎水產加工品

＊烏魚子 bottarga di muggine……鹽醃烏魚卵＜卡布拉斯＞

＊鮪魚子 bottarga di tonno……鹽醃鮪魚卵＜卡爾洛福爾泰、聖安蒂奧科島（Sant'Antioco）、波爾托斯庫索（Portoscuso）＞

＊鹽漬鮪魚乾 mosciame……鹽漬熟成的鮪魚肉乾。以前是用海豚肉製作，現在是用鮪魚。＜卡爾洛福爾泰＞

◎起司

＊薩丁尼亞之花 fiore sardo DOP（羊奶，硬質）

＊佩克里諾沙多 pecorino sardo DOP（羊奶，硬質）

＊佩克里諾羅馬諾 pecorino romanno DOP（羊奶，硬質）

＊波那沙伊 bonassai（羊奶，熟成期間短的半硬質）……外觀如奶油般的長方形。

＊真提列瑞叮塔 ricotta gentile（羊奶，新鮮）

＊伊爾卡諾 ircano（山羊奶，半硬質）

＊弗列沙 fresa（牛奶，半硬質或硬質）

＊吉歐古 gioddu（羊奶，優格狀）

◎加工肉品

＊泰爾古莎樂美腸 salame di Tergu……在放牧黑

389

豬的腿肉內放入大塊的豬脂，做成馬蹄形的莎樂美腸。

＊幕斯代拉 mustela……將豬里肌肉塊用鹽醃漬，靜置熟成的生火腿，又稱 musteba。

＊德蘇洛生火腿 prosciutto di Desulo……使用林牧豬的腿肉製成的生火腿。＜德蘇洛＞

＊山豬生火腿 prosciutto di cinghiale

◎橄欖油

＊撒丁島 Sardegna DOP

◎麵包、糕點

＊吉布拉修 civraxiu……以硬質小麥粉製成的麵包，亦稱 chivalzu。

＊薄片麵包 pane carasau……以硬質小麥粉製成的大圓盤狀超薄麵包，又名「樂譜餅（carta da musica）」。

＊義式杏仁餅 amaretti……將杏仁粉、蛋白、砂糖混拌後，做成半圓球形的餅乾。

＊炸起司餡餅佐蜂蜜 seadas……原為代替第二主菜的食物。包入熟成期短的起司做成的炸義式麵餃。淋上楊梅（樹梅）蜂蜜。起司是以山羊奶或羊奶製成的酸奶起司（formaggio acido ＝ casu axedu）等。

＊義式牛軋糖 torrone……蛋白與蜂蜜混拌後，加入杏仁製成的糖果。

＊巴巴西那思 papassinas……硬質小麥粉、精製豬油、蛋、葡萄乾、松子、核桃、杏仁、糖漬水果、沙巴葡萄甜漿（煮稠的葡萄汁）混拌成團，做成菱形的餅乾。

＊復活節起司蛋糕 pardulas……將羊乳的瑞可達起司或熟成期短的起司填入用硬質小麥粉揉成的麵團，以烤箱烘烤成一人份的起司蛋糕。這是復活節吃的糕點。另外還有鹽味，有時會當成前菜吃。又稱 casadinas、formaggelle。

慢食捍衛運動（Presidio Slow Food）標籤

＊聖加維諾蒙雷亞萊（San Gavino Monreale）產的番紅花

＊旁比亞柑橘 Pompìa……野生柑橘類水果的一種。果肉苦澀，果皮用蜂蜜煮甜後使用。

＊薩丁尼亞莫迪卡牛（Sardo Modica）

＊卡其左露起司 casizolu……以放牧的莫迪卡牛、布魯諾沙爾德牛（Bruno Sarde）的乳汁製成的紡絲型起司。

＊牧羊人製作的薩丁尼亞之花起司（Fiore Sardo，羊奶，硬質）

＊奧西洛（Osilo）產的佩克里諾羊乳起司（羊奶，硬質）

多山、起伏多變的薩丁尼亞島海岸線。

#238 Dolce

薩丁尼亞島的烘焙點心
Dolci sardi

炸起司餡餅佐蜂蜜 Seadas

薩丁尼亞島的代表性點心，歷史悠久，據說是歐洲最古老的點心。原始作法是將新鮮的佩克里諾羊乳起司包入麵皮下鍋油炸，淋上帶苦味的楊梅（corbezzolo，又稱樹梅）蜂蜜。由於起司加熱後會融化，也可用莫札瑞拉起司代替。楊梅蜂蜜不易取得，可用柳橙風味的蜂蜜取代。

①將麵粉（低筋麵粉加高筋麵粉）、豬油、水揉拌成團。靜置醒麵約 30 分鐘後，用直徑 10cm 的圓形模分切。
②新鮮的佩克里諾沙多起司切成直徑約 8cm 的圓盤狀，放進熱水煮軟，去除內部水分，撈出後擦乾水分。取兩片①的麵皮，邊緣刷塗蛋黃液，把煮過的佩克里諾羊乳起司夾在中間，捏合邊緣。
③下鍋以沙拉油炸至表皮酥脆，淋上楊梅蜂蜜。

卡斯格塔斯 Caschettas

經常被當作婚禮等喜慶活動的點心，或許是因為荷葉邊的造型給人華麗的感覺。荷葉邊是以薩丁尼亞島產的特殊切麵刀裁切而成，還有各種不同形狀的刀片，可依需求分開使用。每次去薩丁尼亞島，如果看到新的款式我就會買回家。

①將高筋麵粉、豬油、水揉拌成團。靜置醒麵約 30 分鐘後，以派皮刀切成適當大小的緞帶狀（上圖為寬 3cm、長 50cm）。
②烤過的杏仁略為切碎，裹拌蜂蜜與沙巴葡萄甜漿（葡萄果汁煮稠的甜糖漿）。
③在①的麵皮中間擺上②，對摺。從邊緣彎成 S 形，最後像是把整體圍住似的，繞一圈做成圓柱狀（上圖為直徑 10cm）。放進 160～170℃的烤箱烤 10 分鐘，請留意不要烤上色。

復活節起司蛋糕 Pardulas

這款以羊乳製的瑞可達起司做成的起司蛋糕，應該很合日本人的口味，也是我最喜歡且常吃的點心。在當地又稱為「formaggelle」，這是義大利語起司（formaggio）的衍生詞。

①將低筋麵粉、豬油、水揉拌成團。靜置醒麵約 30 分鐘後，切成適當大小的六角形麵皮（上圖為直徑 10cm）。
②蛋打散，加砂糖混拌，再加番紅花與羊乳瑞可達起司拌勻，做成內餡。
③把②的內餡擺在①的麵皮上，邊緣往內摺，邊與邊的接合處用手指捏合。放進 180℃的烤箱烤 10～15 分鐘。

巴巴西那思 Papassinas

做成一口大小的餅乾，混拌的材料依地方而異，有些是加堅果，有些看起來顏色偏黑，因為加了沙巴葡萄甜漿（saba／sapa）。本食譜介紹的是加葡萄乾的作法。

①豬油與砂糖混拌後，依序倒入蛋、低筋麵粉拌合。再加葡萄乾，塑整成厚約 1cm 的方柱狀，包上溼布，放進冰箱冷藏醒麵約 30 分鐘。
②將①的麵團切成一口大的菱形，放進 170℃的烤箱烤 15 分鐘。蛋白加砂糖充分打發，塗在烤好的巴巴西那思上，置於室溫下使其變乾，最後撒上彩色巧克力米。

#228

Insalata alla sarda

西洋芹、烏魚子與佩克里諾羊乳起司沙拉

鹽醃魚卵（烏魚子）是薩丁尼亞島的著名特產，其實產地大本營是西海岸的奧里斯塔諾。在當地，除了拌義大利麵吃，像這樣做成沙拉也是常見的吃法。在日本有烏魚子配生蘿蔔等的組合，在薩丁尼亞島通常是搭配西洋芹。烏魚子濃郁的味道與清爽多汁的西洋芹非常搭。另外，本食譜還加了薩丁尼亞島特產的佩克里諾沙多起司，只以橄欖油和檸檬汁簡單調味。儘管風味強烈，整體味道很勻稱，充滿薩丁尼亞島的氣息。

馬場圭太郎（Tharros）

ricetta
_____

①西洋芹去除老筋，斜切成薄片。烏魚子與佩克里諾沙多起司（熟成六個月以上）切成極薄片狀。

②將①的食材倒入調理碗內拌合，加特級初榨橄欖油、檸檬汁、鹽、胡椒拌一拌，盛盤。建議使用薩丁尼亞島產的橄欖油，風味會更好。

#229

Burrida

核桃醬拌魚肉

這是大區首府卡利亞里一帶的知名料理，將煮過的星鯊肉以加了葡萄酒醋、酸味明顯的核桃醬醃漬。星鯊肉質軟嫩且滋味佳，是薩丁尼亞島民常吃的魚，在日本近海也能捕獲，算是方便取得的食材。加葡萄酒醋是為了抑制鯊魚特有的氨臭味，但我又放了少量的砂糖緩和酸度，使味道更為順口。這道菜並非當天做好就吃，必須靜置一天使其入味。

馬場圭太郎（Tharros）

20

SARDEGNA

---

ricetta

①製作核桃醬。將核桃、紫洋蔥、大蒜、義大利香芹、白酒醋、特級初榨橄欖油用食物調理機攪拌成糊。倒入鍋中，放鹽與少量的砂糖快速加熱一下，放涼備用。
②帶骨的星鯊肉放進加了白酒醋、鹽、月桂葉的熱水裡煮熟，撈起後大略放涼。
③把星鯊肉移入核桃醬中，放進冰箱冷藏一天使其入味。要吃之前，去除魚骨，切成適口大小，與醬汁一起盛盤。擺上義大利香芹及核桃做裝飾。

馬場圭太郎（Tharros）

#230

Zuppa cuata

加盧拉風味湯

這道湯並非液體多的湯，而是依其原意「浸濕的麵包」做成的料理。來自大區東北部的加盧拉地區，將剩下的麵包做成美食，相當於日本的「雜燴粥」。我在薩丁尼亞島學藝時，第一次吃到這道菜是餐廳老闆做的員工伙食。把麵包用大量的高湯浸濕，以起司及香草調味，放入烤箱烘烤，作法簡單卻超乎想像的好吃，令我相當驚豔，而且很有飽足感。本食譜介紹的是基本作法，另外還有以茴香、奧勒岡、百里香增添風味，或是加肉醬增添鮮味的進階版等，是一道變化豐富的料理。

ricetta

①將變硬的麵包（拖鞋麵包或鄉村麵包）切成1cm厚。雞高湯加鹽、加熱，讓麵包充分吸收雞湯後，鋪排在焗烤盤內。撒放切末的佩克里諾沙多起司、義大利香芹、羅勒，再重複一次相同的步驟疊放。

②放進180℃的烤箱烤10～15分鐘，烤至表面呈現焦黃色。

#231

Malloreddus a sa campidanesa

坎皮達諾風味的
薩丁尼亞麵疙瘩

薩丁尼亞麵疙瘩 (malloreddus）
是表面有溝紋的小貝殼形義
大利麵，這名稱來自薩丁尼
亞島西南方的坎皮達諾平原
一帶。在薩丁尼亞島之外的
地方，被稱為「gnoccetti sardi
（薩丁尼亞島的小麵疙瘩）」。
本食譜介紹的是坎皮達諾的
代表性吃法，以加了香腸的
番茄醬汁拌合。而利用番紅
花增添風味是因為，這裡是
番紅花的知名產地，薩丁尼
亞麵疙瘩的麵團裡也加了番
紅花。這個麵疙瘩完全煮透、
不留麵芯更能感受到麵粉的
美味，吃起來更好吃。

馬場圭太郎（Tharros）

ricetta

①大蒜拍碎後下鍋，以特級初榨橄欖油拌炒，接
著加去皮、撕成小塊的自製香腸（添加茴香籽與
小茴香籽）與番紅花一起炒。香腸炒熟後，再加
番茄醬汁調味。

②將市售的薩丁尼亞麵疙瘩放進鹽水煮，瀝乾水
分後，倒入①的鍋中與醬汁拌合、盛盤。最後撒
上佩克里諾沙多起司末、義大利香芹末，以茴香
葉做裝飾。

#232

Culurgionis de patata

穗紋義式餃

義式餃的一種，又稱為
「culurgiones」。餃皮的包法
是特徵，將圓形麵皮像包餃
子一樣對齊邊緣摺合，從左
右兩端交疊、摺捏摺合處，
做出穗狀摺痕。最初在薩丁
尼亞島見到那美麗的外觀，
我覺得很感動。如今在薩丁
尼亞島已經很少有餐廳會手
工包製，我利用剪成圓形的
紙練習，或是到義大利生麵
的專賣店以生麵皮練習才學
會。馬鈴薯與薄荷是代表性
的內餡，如同其他大區的義
式餃，還有菠菜、肉、魚等
多種口味。

馬場圭太郎（Tharros）

ricetta

①製作餃皮。將粗粒小麥粉、蛋、鹽混拌成團，
壓薄後分切成直徑 8cm 的圓形。
②製作內餡。以鹽水煮過的馬鈴薯壓成泥，與半
乾番茄、佩克里諾沙多起司、以特級初榨橄欖油
炒過的蒜末拌合。

③在餃皮中央擺上內餡，對折餃皮，捏合邊緣時，
稍微重疊，捏出穗狀摺痕。
④餃子包好後，放進鹽水煮軟。盛盤，淋番茄醬
汁、撒上佩克里諾沙多起司，最後放新鮮薄荷葉
做裝飾。

20

SARDEGNA

#233

pane frattau

弗拉達麵包

薩丁尼亞島有一種薄如紙張、
烤至酥脆的麵包「薄片麵包
（pane carasau，圖片請參閱
P400）」，除了當作餐用麵包，
也常用於料理。當中最具代表
性的就是本食譜介紹的這道簡
單料理，把以高湯泡軟的薄
片麵包塗抹番茄醬汁、淋橄欖
油、撒上佩克里諾羊乳起司。
薄片麵包是薩丁尼亞島中部努
奧羅一帶生產的麵包，弗拉達
麵包同樣來自當地的牧羊人料
理。因此，我認為原本是只以
羊高湯與佩克里諾羊乳起司等
少許食材做出來的樸素料理。
若要做成現代餐廳的菜色，使
用雞高湯製作也不錯，味道會
變得濃郁，也可搭配蔬菜或香
腸等，應用方式多變。

馬場圭太郎（Tharros）

ricetta

①將兩片薄片麵包（薩丁尼亞島產的進口品）放
進溫熱的雞高湯裡泡軟，取一片鋪在盤內。塗抹
番茄醬汁、撒上佩克里諾沙多起司，接著疊放另
一片，再次塗抹番茄醬汁、撒上佩克里諾沙多起

司。
②以雞高湯煮水波蛋，擺在①的中央，以羅勒葉
做裝飾，淋上特級初榨橄欖油。

#234

Fregula cun cocciula

海瓜子珍珠麵

珍珠麵（fregula）的原意是「魚卵」，這種米香粒狀的迷你義大利麵是薩丁尼亞島的特色麵。造訪當地前，我從未見過，看到時很驚訝，心中暗自決定，回日本後也要在店裡供應。還在薩丁尼亞島工作時，大部分的店家都是使用市售品，我閱讀原文書學會了作法。麵粒沒有固定的大小，我是做成三種尺寸，從魚子醬般的大小到鮭魚卵般的大小。清爽口味的料理搭配小麵粒，味道濃厚的料理搭配大麵粒。本食譜介紹的是最具代表性的料理，把最小的麵粒與海瓜子（當地是以名為cocciula的雙殼貝）、番茄乾、大蒜、油簡單燉煮。這道菜也是店內七成客人會點的人氣料理。另外，fregula 是薩丁尼亞島的方言，義大利標準語是 fregola。

馬場圭太郎（Tharros）

ricetta

①製作珍珠麵。準備兩種顆粒大小不同的粗粒小麥粉，先在調理碗內倒入大顆粒的粗粒小麥粉，以少量的水澆濕表面。接著篩入少量的小顆粒粗粒小麥粉混拌，像是要蓋住大顆粒的粗粒小麥粉表面。澆水、篩拌小顆粒的粗粒小麥粉，這樣的步驟重複幾次，顆粒會變大。等到變成米粒般的大小後，倒入烤盤攤平，放進 90℃的烤箱烤乾。再以網篩過篩，無法過篩的，以網眼更大的網篩過篩，分成大中小三種顆粒的珍珠麵。這道料理是用小顆的珍珠麵，

②拍碎的大蒜下鍋以特級初榨橄欖油拌炒，炒出蒜香後，放入帶殼海瓜子、切成細條的番茄乾、珍珠麵、少量的水，蓋上鍋蓋煮約 7 分鐘，煮至珍珠麵變軟，最後撒上義大利香芹末增加香氣。

③取出大蒜，連同湯汁一起盛盤。

#235

Anguidda arrustia

串燒鰻魚

許多人或許不知道，鰻魚也是薩丁尼亞島的特產之一。烹調方式有炙烤、爐烤、燉煮等，像是加月桂葉一起煮，撒上佩克里諾羊乳起司等，變化相當豐富。西部的博薩（Bosa）是產地之一，我在當地的餐廳點了鰻魚料理，端上桌的卻是整尾捲成盤蛇狀的烤鰻魚，雖然外觀看起來不可口，味道卻超讚，帶給我雙重驚喜的體驗。本食譜也是將整尾的鰻魚做成串燒，但只用鹽調味。這道作法簡單的料理，鰻魚的品質是關鍵，只要使用優質鰻魚就不會有腥味，能夠充分品嚐白肉魚鮮潤的美味。耐心等待、慢火煎烤很重要，如此一來，魚肉才會柔嫩多汁。

馬場圭太郎（Tharros）

ricetta

①鰻魚先以水洗掉黏液後，清洗乾淨，彎折成 S 形插入烤串，魚體的彎曲處也插入一片月桂葉。整體撒鹽、淋特級初榨橄欖油。
②將帶皮大蒜、去皮切片的馬鈴薯、切成厚片的洋蔥、薄荷鋪入淺底鍋，撒鹽、淋特級初榨橄欖油，再擺上①的鰻魚串，放進 200℃的烤箱烤 15 ～ 20 分鐘，烤至魚肉變得蓬鬆柔軟。

薩丁尼亞島的麵包
放在串燒鰻魚後方的是，使用粗粒小麥粉製成的薩丁尼亞島代表性麵包——薄片麵包（pane carasau，左）與可可伊麵包（pane coccoi，右）。薄片麵包（是擀壓得很薄的大圓形麵包，通常是直接吃，我餐廳提供的是，將購自薩丁尼亞島的這款麵包淋上特級初榨橄欖油、撒鹽與乾燥的迷迭香，以烤箱烤熱（這種作法稱為「pane guttiau」。可可伊麵包則是主要用於祝祭節日的裝飾麵包，麵團上劃入複雜切痕，做出立體的花朵、植物、動物等造型。上圖的是自製可可伊麵包。

#236

Bombas de anzone

羊肉丸

義大利各大區都有肉丸（polpette），在薩丁尼亞島也是日常食物之一。通常是以牛肉或豬肉、馬肉製作，使用羊肉與佩克里諾羊乳起司應該是象徵薩丁尼亞島的特色。肉丸和醬汁皆可隨意調味，薩丁尼亞島的口味豐富多變，因製作者而異。本食譜介紹的作法除了羊肉與佩克里諾羊乳起司，添加葡萄乾、松子、茴香籽也是特徵，這些副食材也可使人感受到薩丁尼亞島的氣息。

馬場圭太郎（Tharros）

ricetta

①製作肉丸。將羊絞肉、佩克里諾沙多起司、蒜末、用水泡軟的葡萄乾、松子、茴香籽、蛋、鹽、胡椒和勻。
②揉成高爾夫球般的大小，下鍋以特級初榨橄欖油煎烤表面，放進番茄醬汁燉煮 20 ～ 30 分鐘。
③連同醬汁盛盤，最後撒上磨碎的佩克里諾沙多起司。

#237

Tonno alla carlofortina

卡爾洛福爾泰風味鮪魚

薩丁尼亞島西南方海面的聖彼得羅島（San pietro）近海有鮪魚捕撈，料理名稱的卡爾洛福爾泰即主要基地。當地的代表性吃法是將鮪魚切塊油炸，以酸甜的洋蔥醬汁燉煮的卡爾洛福爾泰風味。雖然當地人會混合使用鮪魚的各種部位，但日本人不喜歡口感乾柴的鮪魚，所以我認為帶油脂的鮪魚肚中腹肉比較適合。本食譜介紹的作法並非油炸，而是以鹽水煮，靜置放涼後，再放進洋蔥醬汁燉煮。吸收了鹽水的魚肉，燉煮時醬汁更易入味，肉也會更軟嫩，烹調容易變柴的海鮮，這個方法很有效。這道清爽的料理很適合夏天品嚐。

馬場圭太郎（Tharros）

ricetta

①鮪魚肚中腹肉分切成 5cm 的四方形，以濃度 3% 的鹽水煮至中心變熟。煮好後，留在煮汁裡放涼。
②拍碎的大蒜與切成薄片的洋蔥下鍋，以特級初榨橄欖油拌炒，炒出香氣後，加白酒醋、少量的

砂糖、番茄糊、月桂葉煮滾。再將①的鮪魚瀝乾水分放入鍋中，煮至入味。
③連同湯汁盛盤，旁邊放義大利香芹與番茄做裝飾。

#238

Dolci sardi

薩丁尼亞島的烘焙點心

炸起司餡餅佐蜂蜜 Seadas（左後）
卡斯格塔斯 Caschettas（右中）
復活節起司蛋糕 Pardulas（右後）
巴巴西那思 Papassinas（前）

薩丁尼亞島的點心雖然樸素，使用羊乳
起司、堅果、蜂蜜等特產製作的烘焙麵
點相當豐富，在此選出四種做成拼盤。
加進麵團的油脂是使用豬油，這是當地
的傳統，本食譜也遵照此作法。

馬場圭太郎（Tharros）
ricetta　P392

#239

Amarettus e mirto

義式杏仁餅佐
香桃木酒

義式杏仁餅是使用杏仁粉與蛋白做成一口大小的烘焙點心,雖然皮埃蒙特大區產的較有名,但其實全義大利都可以見到,大小或風味各有特色。薩丁尼亞島有很多杏仁口味的點心,義式杏仁餅也非常受歡迎,通常是做成直徑 3～5cm 的略大塊狀,以檸檬皮增添風味。這類杏仁口味的烘焙點心就要搭配薩丁尼亞島特產的餐後酒香桃木酒。這是一種把香桃木的葉子或果實加糖漿及酒,醃漬成風味絕佳的利口酒,以葉子醃漬的酒呈現淺黃色,右圖酒色深紅的即是以果實醃漬而成。

馬場圭太郎（Tharros）

20

SARDEGNA

---

ricetta

①杏仁以果汁機打碎,為保有口感,攪打成略帶碎粒的狀態。
②蛋白加砂糖打發成蛋白霜,加磨碎的檸檬皮與①的杏仁混拌。

③填入擠花袋,擠成小圓餅狀,放進 150℃的烤箱烤約 15 分鐘,放涼後撒上糖粉。

前菜 Antipasi

第一主菜 Primo Piatto

407

第二主菜 Secondo Piatto

甜點 Dolce

食材別　料理索引

岡谷文雄（OKAYA FUMIO）／瓦萊達奧斯塔大區

Rossi
東京都千代田區六番町 1-2
03-5212-3215

1966 年生於岐阜縣。曾任職於名古屋的餐廳，89 年赴義，在各地研習廚藝。90 年返日後，進入西麻布的「ACQUA PAZZA」工作，並於六本木開設了「Rossi」。後來在青山的「Felicità」擔任總廚長達 12 年，2011 年 9 月將「Rossi」恢復營業。放長假時會前往義大利與各地餐廳的廚師，如瓦萊達奧斯塔大區的「la clusaz」在廚房切磋交流。

堀川 亮（HORIKAWA RYO）／皮埃蒙特大區

Fiocchi
東京都世田谷區祖師谷
3-4-9
03-3789-3355
http://www.fiocchi-web.
com/

1972 年生於東京都。曾任職於東京的餐廳，97 年赴義，陸續在威尼托大區、艾米利亞 - 羅馬涅大區、皮埃蒙特大區、托斯卡尼大區南部等地研習廚藝。當中研習期間最久、受影響最深的餐廳是，位於皮埃蒙特大區托雷佩利切鎮（Torre Pellice）的「fripot」。99 年返日後，進入「RISTORANTE Le Acacie」工作，2000 年 10 月在東京祖師谷開設了「TRATTORIA Fiocchi」。04 年改變經營理念，以「Fiocchi」之名重新開幕。14 年 11 月又在 2 樓開設了「Zupperia Osteria Pitigliano」。

堀江純一郎（HORIE JUNICHIROU）／皮埃蒙特大區、利古里亞大區

Ristorante i-lunga
奈良市春日野町 16
0742-93-8300
http://i-lunga.jp/

1971 年生於東京。大學畢業後，一改原先的教職志願，立志成為廚師，96 年赴義進修。在托斯卡尼大區普拉托與維亞雷焦的餐廳各自學習一年半，之後進入皮埃蒙特大區伊索拉達斯蒂的米其林一星餐廳研習三年。2002 年，該大區阿奎泰爾梅的餐廳「pisterna」開幕時，受邀擔任主廚。隔年 12 月出版的《米其林指南 04 年版》，該餐廳摘下一星殊榮。05 年返日後，進入「LA GRADISCA（位於東京西麻布，現已歇業）擔任負責人兼主廚，09 年 8 月在奈良開設了由舊民房改建而成的餐廳「Ristorante i-lunga」。

小塚博之（KOZUKA HIROYUKI）／利古里亞大區

LA LUNA

1959 年生於德島縣。19 歲起進入神戶的義式餐廳「bergen」研習三年半。22 歲時成為辛巴威共和國日本大使館的專屬廚師，工作了三年半。26 歲至 29 歲赴義進修。返日後的八年間，參與百貨公司投資的餐廳「Paracucchi」日本分店的開業準備，並且成為行政總廚。97 年起擔任「LA MURENA」（大阪京町堀）的主廚，04 年在大阪本町橋開設了「LA LUNA」。2013 年 5 月辭世。

後藤俊二（GOTO SHUNJI）／倫巴底大區

LA BOTTEGA GOLOSA
神奈川縣足柄下郡湯河原町
鍛冶屋
832-19
0465-62-6949
http://www.bottega-golosa.
com

1959 年生於愛知縣。曾任職於法式餐廳，27 歲時進入「Al Porto」（東京西麻布）。89 年赴義，在人稱義大利理聖地的「Albergo Del Sole」（倫巴底大區米蘭近郊）已故 大廚 Franco Colombani 的手下工作。之後陸續在托斯卡尼、威尼托等地的數家餐廳進行約兩年的研習，返日後在名古屋負責兩家餐廳「GRAN PIATTO」、「un goccio」，2000 年 4 月於東京北青山開設了由日式舊民房改建而成的餐廳「Ateo」。09 年 2 月遷移至自然景觀豐富的神奈川縣湯河原，隔年 1 月開設了「LA BOTTEGA GOLOSA」。

西口大輔（NISHIGUCHI DAISUKE）／倫巴底大區、威尼托大區

Volo Cosi
東京都文京區白山 4-37-22
03-5319-3351
http://volocosi.com/

1969 年生於東京。18 歲時立志朝料理界發展，師事於西麻布「Capitolino」（2008 年歇業）的主廚吉川敏明門下。93 年赴義，以北部為中心，在威尼托大區的特雷維索、威尼斯與倫巴底大區的米蘭進行三年的研習。96 年返日後，在代代木上原開設了「Buona Vita」。2000 年再度赴義，在威尼托大區等地工作，更在倫巴底大區帕維亞的米其林一星餐廳「Ristorante Locanda Vecchia Pavia」擔任主廚長達五年。06 年返日後，在東京文京區的白山開設了「Volo Cosi」。

林　亨（HAYASHI TORU）／威尼托大區

TORUchio
東京都千代田區九段南 2-1-
32 B1 F
03-3556-0525

出生於大阪市，在大阪心齋橋的義式餐廳開始研習。1984 年赴義，在羅馬、佛羅倫斯、米蘭、威尼斯、特雷維索、杜林，以及鄰國的摩納哥等地鑽研廚藝。89 年返日，先後擔任青山「Tula Baratti」的主廚、銀座「ENOTECA PINCHIORRI」的義大利麵主廚、茗荷谷「TAVERNETTA L'AGRESTO」的主廚，2002 年 1 月在九段開設了「TORUchio」。

高師宏明（TAKASHI HIROAKI）／特倫提諾 - 上阿迪傑大區

Alberata
東京都新宿區神樂坂 3-6 1F
03-5225-3033
http://www.alberata.com/

1963 年生於東京都。曾任職於六本木的「CHIANTI」，擔任過「La Tigre」（虎之門）的主廚。93 年赴義，陸續在威尼托大區、托斯卡尼大區、特倫提諾 - 上阿迪傑大區等地研習，當中研習期間最長的是特倫提諾 - 上阿迪傑大區的「schöneck」。之後曾在米蘭的米其林二星餐廳「SADLER」工作，返日後進入「PESCHERIA」（千葉縣浦安）擔任主廚。在「AL PONTE」（水天宮）工作一年後，2000 年 9 月於神樂坂開設了「Alberata」。

渾川　知（NIGORIKAWA AKIRA）／弗留利 - 威尼斯朱利亞大區

RISTORANTE la primula
東京都港區白金台 5-15-1
FORMA 白金 B1F
03-6277-2509
http://www.la-primula.jp/

1973 年生於愛知縣。20 歲時進入名古屋的「CHIANTI」開始學習義大利料理。96 年赴義，進入西恩納的廚藝學校學習，先後在弗留利 - 威尼斯朱利亞、倫巴底、皮埃蒙特、托斯卡尼等大區共五家餐廳研習廚藝。99 年返日，曾任職於廣尾的「ACCA」，2002 年獨立開店。07 年起擔任麻布十番「RISTORANTE la primula」的主廚，該店於 2012 年遷往白金台。

沼尻芳彥（NUMAJIRI YOSHIHIKO）／艾米利亞 - 羅馬涅大區

TRATTORIA DADINI
東京都文京區白山 5-2-7
FOR M 大樓 1F
03-6801-5022

1971 年生於東京。95 年赴義，先後在艾米利亞 - 羅馬涅大區的餐廳「Locanda Solarola」與特倫提諾 - 上阿迪傑大區等地研習。隔年返日，進入淺草的「RISTORANTE GIARDINO」工作一年後，再度赴義，回到艾米利亞 - 羅馬涅大區的同一家餐廳進行兩年的研習。99 年返日後，擔任「VINO DELLA PACE」的主廚，2002 年於惠比壽開設了「DA DINO」。14 年 9 月遷移至文京區白山，開設了「TRATTORIA DADINI」。

三浦　仁（MIURA JIN）／艾米利亞 - 羅馬涅大區

Grappolo
東京都港區白金台 4-9-18
Barbizon32 B1F
03-5793-5300
http://www.ilgrappolo-
damiura.com/

1963 年生於東京。過去曾是美容師、髮妝師，28 歲時投身餐飲業，曾任職於 O'RYAN 集團的「BISBOCCIA」等數家店。31 歲時赴義，在艾米利亞 - 羅馬涅大區里米尼的義大利語言學校學習的同時，也在該大區里喬內的米其林星級飯店等處工作了一年。返日後，於 98 年擔任「Osteria il Grappolo」（惠比壽）的總廚，2003 年以負責人兼主廚的身分在白金台開設了「IL GRAPPOLO DA MIURA（現已更名為 Gurapporo）」。10 年 8 月又在附近開設了「OSTERIA RUSTICA DOMUS」。

辻　大輔（TSUJI DAISUKE）／托斯卡尼大區

Convivio
東京都澀谷區千駄谷 3-17-12
Kamimura 大樓 1F
03-6434-7907

1981 年生於京都市。高中畢業造訪羅馬後，立志朝義大利料理界發展。赴西恩納學習義大利語，2002 年起在西恩納近郊的海鮮餐廳「Da Antonio」開始研習。04 年起在基安蒂的「Antica Trattoria La Torre」學習肉類料理，05 年起進入帕維亞的「Ristorante Locanda Vecchia Pavia」，在當時的總廚西口大輔（現任職於「Volo Cosi」）手下工作。06 年返日後，成為「Volo Cosi」的二廚，09 年起擔任「BIODINAMICO」的主廚，12 年 11 月「Convivio」開幕時，受邀擔任主廚。

奧村忠士（OKUMURA TADASHI）／溫布里亞大區

RISTORANTE Le Acacie
　東京都港區南青山 4-1-15
　Alteka Belte Plaza B1F
　03-3478-0771

1955 年生於岐阜市。在東京九段下的「LA COLOMBA」（現已歇業）等處學習義大利料理。82 年赴義，在溫布里亞大區斯佩洛的「IL MOLINO」研習半年。之後轉往托斯卡尼大區與米蘭繼續學習，84 年返日前，重回斯佩洛的同一家店工作了三個月。返日後進入東京西麻布的「Al Porto」擔任二廚，後來也到銀座的「Morandi」擔任主廚，96 年獨立創業，開設了「RISTORANTE Le Acacie」。創業前六個月，以皮埃蒙特大區為據點，在各大區的餐廳或飯店管理學院進行研修。

石川重幸（ISHIKAWA SHIGEYUKI）／馬爾凱大區

Cucina Shige
　東京都江東區大島 2-41-16
　POPEYE 大樓 1F
　03-3681-9495
　http://www.cucinashige.com

1973 年生於東京。在「CUCINA HIRATA」、「VINO HIRATA」學習五年後，99 年赴義。在馬爾凱大區的海鮮餐廳「Madonnina del Pescatore」研習一年半後，陸續在皮埃蒙特、托斯卡尼、特倫提諾 - 上阿迪傑、倫巴底等各大區持續鑽研廚藝。2002 年返日，擔任「VINO HIRATA」的主廚，10 年 5 月獨立創業，於東京西大島開設了「Cucina Shige」。在馬爾凱大區研習時，學會如何挑選、烹調魚貨，擅長使用四季的當令海鮮製作料理。

京　大輔（KYO DAISUKE）／拉吉歐大區

CORNICE
　東京都世田谷區奧澤 2-25-2
　Maison de 綠丘 1F
　03-5731-3738
　http://www.r-cornice.com

1972 年生於東京。自廚藝學校畢業後，進入青山的「SABATINI」、西麻布的「ACQUA PAZZA」工作。23 歲時赴義，陸續在羅馬、阿布魯佐大區、托斯卡尼大區的餐館、披薩專賣店（pizzeria）、餐廳進行兩年的研習。返日後，任職於東京都內的餐廳，28 歲時獨立創業，在東京綠丘開設了「CORNICE」。

小池教之（KOIKE NORIYUKI）／拉吉歐大區、巴西利卡塔大區

incanto
　東京都港區南麻布 4-12-2
　Purele 廣尾 2F
　03-3473-0567
　http://www.incanto.jp/

1972 年生於埼玉縣。就讀大學時已開始學習料理，在「LA COMETA」（東京麻布十番）、「Partenope」（惠比壽）等東京都內的數家義式餐廳累積經驗。為了深入理解義大利各地的傳統與文化，2003 年時赴義進修，在各地研習，足跡遍及全義。06 年返日，07 年進入當年剛開幕的「incanto」擔任總廚。以推廣全義大利豐富的鄉土料理為目標，每日都在鑽研其本質。

鮎田淳治（AYUTA JYUNJI）／阿布魯佐大區、莫利塞大區

LA COMETA
　東京都港區麻布十番 1-7-2
　ESPOIR 麻布 2F
　03-3470-5105

1951 年生於栃木縣。74 年進入西餐廳工作，踏入廚師這一行。隔年赴義，在羅馬當時的國立飯店管理學院「ENALC」學習義大利料理基礎長達三年。之後陸續在羅馬市內、溫布里亞大區、托斯卡尼大區、西西里島等地的飯店研習，82 年返日後，獨立創業開設了「LA COMETA」。由於太太出身於莫利塞大區與阿布魯佐大區邊界的博雷洛，因此精通兩大區的料理。2003 年成立進口販售義大利食材的股份有限公司「ISLAND FOODS」。16 年榮獲義大利授予的騎士 章（Cavaliere）。

渡辺陽一（WATANABE YOICHI）／坎帕尼亞大區

Partenope 惠比壽店
　東京都澀谷區惠比壽 1-22-20
　03-5791-5663
　http://www.partenope.jp/shop/ebisu.html

1961 年生於愛知縣。自廚藝學校畢業後，任職於六本木的「ANTONIO'S」。84 年赴義，在羅馬的梵蒂岡大使館擔任總廚，在拿坡里的飯店管理學院學習一年後，陸續在伊斯基亞島的飯店等處工作了三年。返日後，進入東京銀座的「Little italy」工作。90 年再度赴義，以拿坡里、阿布魯佐大區、普利亞大區等義大利南部為中心鑽研廚藝。97 年返日，擔任東京中目黑「Salvatore」的總廚，2000 年擔任東京廣尾「Partenope」的總廚。目前以總主廚的身分管理三家店。

杉原一禎（SUGIHARA KAZUYOSHI）／坎帕尼亞大區

OSTERIA O'GIRASOLE
兵庫縣芦戶市宮塚町 15-6
CUBE 芦屋
0797-35-0847
　http://www.o-girasole.com/

1974 年生於兵庫縣。在日本的義式餐廳工作五年後，97 年赴義。深受拿坡里吸引，立刻進入傳承五代的典型餐館工作了兩年半，又在市內的糕點鋪研習了半年，在拿坡里近郊的米其林二星餐廳「TORRE DEL SARACINO」研習了一年半，總共累積四年半的研習經驗。在義大利的期間也取得 AIS（Associazione Italiana Sommelier，義大利侍酒師協會）的侍酒師資格。返日後，2002 年在芦屋開設了「OSTERIA O'GIRASOLE」。

江部敏史（EBE SATOSHI）／普利亞大區

Cortesia
　東京都港區南青山 5-4-24
　B1F
　03-5468-6481
　http://www.r-cortesia.com/

1967 年生於東京。自廚藝學校畢業後，曾任職於東京都內數家餐廳，擔任過「Vini di Arai」的主廚。94 年赴義，在佛羅倫斯、波隆那、普利亞大區的塔蘭托等地研習，返日後進入東京水天宮的「AL PONTE」工作了五年。後來再次前往義大利，以普利亞大區為中心展開學習。返日後，99 年進入千葉縣浦安的「PESCHERIA」擔任主廚，隨著該店的遷移、改名，成為小石川「AL PESCE D'RO」（現已歇業）的主廚。2006 年擔任表參道的餐廳「Cortesia」的主廚。熱愛普利亞大區活用食材的簡單料理方式，致力追求那種單純的美味。

島田　正（SHIMADA TADASHI）／巴西利卡塔大區

OSTERIA Buono
　東京都目黑區東山 3-15-12
　B1F
　03-3713-0151
　http://www.osteriabuono.com/

1963 年生於千葉縣。18 歲起在各種類型的店家研習，曾任職於東京澀谷的餐廳「LEZARD」（現已歇業）。94 年獨立創業，在池尻大橋開設了「OSTERIA Buono」，之後又在附近開了兩家店「MUROLUCANO」、「Grappa di Bassano」。每年都會抽空造訪義大利各地，97 年經朋友介紹去了巴西利卡塔大區的穆羅盧卡諾鎮後，年年必去此地。

有水 KAORI（ARIMIZU KAORI）／卡拉布里亞大區

Trattoria YOSHIDA
　東京都品川區大井 1-49-12
　LIONS MANSION 1F
　03-3777-8646

1971 年生於東京都。自廚藝學校畢業後，任職於東京都內的義式餐廳，後來進入 SUNROUTE（股）工作。在新宿「HOTEL SUNROUTE 東京」附設的義式餐廳「Restauran CARIOCA」認識了當時的主廚吉田政國。陸續待過幾家餐廳後，以帕爾馬為中心，赴義研習半年。返日後，98 年進入吉田先生在東京大井町開設的「Trattoria Fabiano」擔任主廚。為營造差別化，積極推廣卡拉布里亞特色的料理。

石川　勉（ISHIKAWA TSUTOMU）／西西里島

Trattoria Siciliana Don Ciccio
　東京都澀谷區澀谷 2-3-6
　03-3498-1828

1961 年生於岩手縣。曾任職於東京神宮前的「La Patata」，84 年赴義，進入西西里島巴勒莫的「Charleston」工作，深受影響。之後曾到佛羅倫斯與波隆那工作，87 年返日，在東京都內的餐廳擔任主廚，2000 年 5 月於東京外苑前開設了主打西西里島特色料理的餐廳「Trattoria da Tommasino」。為確保餐廳的定位，經常與工作人員前往西西里島。06 年遷移至東京澀谷，開設了「Trattoria Siciliana Don Ciccio」。

日髙良實（HIDAKA YOSHIMI）／西西里島

ACQUA PAZZA
　東京都澀谷區廣尾 5-17-10
　EastWest B1F
　03-5447-5501
　http://www.acquapazza.co.jp/

1957 年生於神戶市。在「RISTORANTE HANADA」（現已歇業）開始學習義大利料理。86 年赴義，從北義至南義，花費三年的時間進入 14 家餐廳研習，進而發覺到鄉土料理的魅力。返日後，90 年開設了「ACQUA PAZZA」並擔任總廚。之後又在同棟大樓的 1 樓開設了「ACQA VINO」與「GELATERIA ACQUAPAZZA」，也在橫須賀市立美術館內開了「ACQUAMARE」。在西西里島研習時，雖然工作地點是利帕里島，返日後仍經常造訪該地，對其獨特的風土文化與料理深深著迷。

馬場圭太郎（BABA KEITARO）／薩丁尼亞島

Tharros
　東京都澀谷區道玄坂 1-5-2
　澀谷 SEDE 大樓 1F
　03-3464-8511
　http://www.tharros.jp

1971 年生於新潟縣。曾任職於東京都內的法式餐廳與義式餐廳，94 年赴義，陸續在托斯卡尼大區、薩丁尼亞島、西西里島的餐廳累積了五年的研習經驗。在薩丁尼亞島的「La ritta」、「Corsaro」、「Al tonno di corsa」等各餐廳工作了兩年，學習當地的地方料理。99 年返日後，擔任「Napule」（東京表參道）、「La scogliera」（東京赤坂）的總廚，2007 年開設了提供薩丁尼亞島家庭料理的餐廳「Tharros」。透過料理、葡萄酒與店內的氣氛重現薩丁尼亞島的風情。15 年在湘南國際村以「自然與融合」為主題，策劃開設了「SOLIS Agriturismo」。

知識篇　主要參考文獻

Lessico Universale Italiano, Istituto della Enciclopedia Italiana Treccani.
Regioni d'Italia, Giunti.
Geografia, Deagostini.
Anna Gosetti della Salda, *Le Ricette Regionali Italiane,* Casa Editrice Solares.
Grande Enciclopedia Illustrata della Gastronomia, Reader's Digest.
Luigi Carnacina & Luigi Veronelli, *La Cucina Rustica Regionale,* Rizzoli.
Davide Paolini, *Viaggio nei Giacimenti Golosi,* Mondadori.
Massimo Alberini & Giorgio Mistretta, *Guida all'Italia Gastronomica,* Touring Club Italiano.
Fernanda Gosetti, *La Grande Cucina Regionale Italiana - I Pesci,* Fabbri Editori.
Fernanda Gosetti, *I Dolci della Cucina Regionale Italiana ,* Fabbri Editori.
Il Pane, Rai- Eri.
Flavio Birri & Carla Coco, *Nel Segno del Baccalà,* Marsilio Editori.
Salami d'Italia, Slow Food Editore.
L'Italia del Pane, Slow Food Editore.
Formaggi d'Italia, Slow Food Editore.
L'Italia dei Dolci, Slow Food Editore.
Ennio Celant, *Val d'Aosta in Bocca,* Gulliver.
Alessandro Molinari Pradelli, *La Cucina Piemontese,* Newton Compton Editori.
La Grande Cucina Piemontese, Editrice Artistica Piemontese.
L'Antica Cuciniera Genovese, Nuova Editrice Genovese.
Prodotti di Liguria, Regione Liguria -Assessorato Agricoltura .
Fabiano Guatteri, *La Cucina Milanese,* Hoepli.
Franco Marenghi, *La Cucina Mantovana Ieri e Oggi,* Edizioni Edimarenghi.
La Cucina delle Regioni d'Italia-Veneto, Edizioni Mida.
Giovanni Righi Parenti, *La Cucina Toscana,* Newton Compton Editori.
Alessandro Molinari Pradelli, *La Cucina delle Marche,* Newton Compton Editori.
Luigi Sada, *La Cucina Pugliese,* Newton Compton Editori.
Amedeo Sandri & Maurizio Falloppi, *La Cucina Vicentina,* Franco Muzzio Editore.
Guglielma Corsi, *Un Secolo di Cucina Umbra,* Edizioni Porziuncola.
Carlo Gosetti & Annalisa Breschi, *Cucina Umbra,* Carlo Gosetti Editore.
Lucia Lazari, *Cucina Salentina,* Mario Congedo Editore.
Graziano Gruppioni, *La Cucina Ferrarese,* Casa Editrice Liberty House.
Paolo Petroni, *Cucina Emiliana e Romagnola,* Edizioni Il Centauro.
Monica Cesari Sartoni & Alessandro Molinari Pradelli, *La Cucina Bolognese,* Newton Compton Editori.
Paolo Petroni, *Cucina Fiorentina,* Bonechi.
Giuseppe Perisi, *Cucina di Sardegna,* Franco Muzzio Editore.
Giovanni Righi Parenti, *Dolci di Siena e della Toscana,* Franco Muzzio Editore.
Maria Adele Di Leo, *I Dolci Siciliani,* Newton Compton Editori.
Giuseppe Coria, *Profumi di Sicilia,* Vito Cavallotto Editore.

知識篇　主要參考網站

www.regione.vda.it/turismo/scopri/enogastronomia/ricette/default_i.asp
www.piemonteitalia.eu/it/home-profilo.html
www.turismoinliguria.it/turismo/it/home.do
www.buonalombardia.it/browse.asp?goto=2&livello=2
www.turismo.milano.it
www.veneto.to/web/guest
www.comune.trento.it
www.altoadige-suedtirol.it/
www3.comune.gorizia.it/turismo/it
www.marecarso.it/
www.emiliaromagnaturismo.it/index.asp
www.turismo.intoscana.it/
www.regioneumbria.eu/default.aspx
www.italy-marche.info/jp/wine_foods/kyoudo.html#003
www.regione.lazio.it/web2/main/
www.abruzzoturismo.it//tourism/index.php?lan=it
www.molise.org/
www.incampania.com/index.cfm
www.sito.regione.campania.it/agricoltura/Tipici/indice.htm
www.viaggiareinpuglia.it/
www.vacanzeinbasilicata.it/
www.regione.sicilia.it/turismo/web_turismo/
www.sardegnaturismo.it/
www.saporetipico.it/
www.taccuinistorici.it/ita
www.formaggio.it/italia.htm
www.agraria.org/prodottitipici/salamemilanosalameocamortara.htm

國家圖書館出版品預行編目 (CIP) 資料

義大利的地方料理 / 柴田書店編集；連雪雅譯. ——
初版. —— 新北市：遠足文化，2017.03 (Master;17)
譯自：イタリアの地方料理：北から南まで 20 州 273
品の料理
ISBN 978-986-94233-2-8 (精裝)
1. 飲食風俗 2. 義大利

538.7845   105024880

MASTER 17

從北到南 20州273品在地佳餚
義大利的地方料理

イタリアの地方料理—
北から南まで 20州273品の料理

編集———— 柴田書店
譯者———— 連雪雅
攝影———— 天方晴子、海老原俊之、大山裕平、川島英嗣、高島不二男、
　　　　　　高瀬信夫、高橋栄一、長瀬ゆかり、夫馬潤子
取材———— 河合寛子、菅沼淳江、須山雄子、土田美登世、横山せつ子
義大利風景照片提供————イタリア政府観光局 (ENIT) Giovanni Gerardi
總編輯—— 郭昕詠
責任編輯— 王凱林
編輯———— 徐昉驊、陳柔君、賴虹伶
通路行銷— 何冠龍
封面設計— 霧室
排版———— 健呈電腦排版股份有限公司

社長———— 郭重興
發行人兼
出版總監— 曾大福

出版者———— 遠足文化事業股份有限公司
地址———— 231 新北市新店區民權路 108-2 號 9 樓
電話———— (02)2218-1417
傳真———— (02)2218-1142
電郵———— service@bookrep.com.tw
郵撥帳號— 19504465
客服專線— 0800-221-029
部落格—— http://777walkers.blogspot.com/
網址———— http://www.bookrep.com.tw
法律顧問— 華洋法律事務所　蘇文生律師
印製———— 呈靖彩藝有限公司

初版一刷　西元 2017 年 3 月
Printed in Taiwan
有著作權　侵害必究